SALAMÕRVARITE ÖÖ

SALAMÕRVARITE ÖÖ

Rääkimata lugu Hitleri salaplaanist tappa Roosevelt, Churchill ja Stalin

HOWARD BLUM

Tõlkinud Lauri Liiders

TÄNAPÄEV

Originaali tiitel:
Howard Blum
„Night of the Assassins“
Harper, 2020

Tõlge eesti keelde © Lauri Liiders ja Tänapäev, 2022
Toimetanud Siiri Rebane
Kujundanud Margit Randmäe

ISBN 978-9916-17-249-0

Trükitud AS Pakett trükikojas
www.tnp.ee

SUSAN JA DAVID RICHILE,
mu headele sõpradele

Who was the man who sowed the dragon's teeth,
That fabulous or fanciful patriarch
Who sowed so ill for his descent, beneath
King's Chapel in this underworld and dark?

Robert Lowell, "At the Indian Killer's Grave"

Saksa liidrid teavad, et Saksamaa on lüüa saanud,
kuid teised loodavad endiselt, et Hitler saab hakkama imega,
nagu lepe venelastega või midagi muud sellesarnast.

USA luureteenistuse OSS ametlik raport,
Bern, november 1943

SISUKORD

Proloog:
„Päris hea saak"

The New York Times

STALIN PALJASTAS PRESIDENDI VASTU SUUNATUD VANDENÕU

— — —

VEENIS TEDA KOLIMA NÕUKOGUDE SAATKONDA, ET EI PEAKS TÄNAVAID LÄBIMA

— — —

NEW YORK TIMESI EKSKLUSIIVLUGU

WASHINGTON, 17. DETS. — President Roosevelt andis täna teada, et venelased teatasid talle tema elu ohustavast vandenõust Teheranis, millest teadasaamise järel kolis ta Ameerika esindusest ümber Nõukogude saatkonda.

Mr Roosevelt andis sellest teada pressikonverentsil, kui jutuks tulid julgeolekuküsimused, ent ei maininud otsesõnu, kas vandenõu oli suunatud kõigi kolme kohtumisele tulnud riigijuhi vastu, kuigi ta andis seda mõista.

President veetis esimest õhtut Ameerika esinduses, kui Stalin, Nõukogude riigijuht, saatis talle sõna vandenõu kohta ja soovitas tal üle kolida Nõukogude saatkonda, mis asub Briti saatkonna kõrval samas hoonetekompleksis.

Kuigi president ei uskunud enda väitel, et olukord on kuigi tõsine, kolis ta siiski järgmisel päeval ümber ja sealtpeale kulges kõik hästi. Kõik kolm riigijuhti asusid nüüd samas kompleksis ega pidanud tänavaid läbima. Ameerika esindus asub Nõukogude saatkonnast rohkem kui miil maad eemal.

President märkis, et Teherani-taolises paigas on ilmselt sadu sakslaste spioone ja sakslaste jaoks olnuks see päris hea saak, kui nad suutnuks tänavatel kõigi kolme konverentsil osaleja eluküünla kustutada.

I OSA

„SAATUSE MÕISTETAMATUD KEERDKÄIGUD"

1

KUI KOITIS 1943. AASTA JUUNI esimese päeva selge ja karge hommik oma pilvitu sinise taeva ja täiusliku lennuilmaga, istus spioon Lissaboni lähedal Portela lennujaama reisijate terminalis ja valmistus telefonikõnet võtma. Sellest saanuks surmaotsus.

Ta istus puupingil tagumise seina ääres ja jälgis enda ees avanevat kaootilist stseeni elukutselise vaatleja keskendunud pilgul. Kell oli alles kuus saanud, kuid terminal oli juba inimestest tulvil, nende häältekõma täitis kogu kõrge laega ruumi. Kisa ja kära, milles kostis meeleheite noote. Mehed, naised ja lapsed olid tihedalt kokku pressitud nagu silgud karbis, nad kõik lootsid saada piletit kell 7.30 väljuvale British Overseas Airway Corporationi (BOAC) lennukile, mis suundus Whitchurchi Inglismaal – päästepaadile, millega põgeneda sellelt kähku vajuvalt laevalt, milleks Euroopa oli muutunud.

Viimase kolme kataklüsmilise aasta kestel oli Natsi-Saksamaa madu suurema osa maailmajaost oma keermete vahele pigistanud, kuid resoluutne Portugal oli siiski suutnud jääda neutraalseks riigiks. Kümned tuhanded põgenikud – juudid, kunstnikud, kommunistid ja muud *Reich*'i vabamõtlejatest vaenlased – olid kodinad kokku pakkinud ja kiirustasid põgenema marsisammul saabuvate hordide eest, voolates Portugali. See oli neile oaasiks –

ent selliseks, mis oli ajutine ja halvaendeliselt ohtlik. Riik ei võtnud neid avasüli vastu: korrakohaste viisadega põgenikele anti vaid 30 päevaks luba maale jääda. Selle ajalimiidi ületajad ei kartnud kuigivõrd avalikku julgeolekupolitseid, mis piirdus rikkumiste tuvastamisel reeglina vaid filosoofilise silmapilgutuse ja peanoogutusega, ent palju enam peljati seda, et riik ei pruugi enam kauaks neutraalseks jääda.

Neutraalsus oli ohtlik riiklik strateegia: leping, mis polnud väärt isegi paberit, millele see oli kirja pandud. Iga hetk võivad üle Püreneede siia jõuda sõjatuuled, mis puhuvad falangistide Hispaania ja Vichy Prantsusmaa suunalt – ning siis jäävad põgenikud lõksu maailmajao edelatippu vastu Atlandi ookeani, olles otse Gestapo sihikul.

Kahe propellermootoriga DC-3 tegi igal nädalal neli lendu Lissabonist Whitchurchi lennuväljale Bristoli lähistel, ja see oli üks viis, kuidas mõrvarlike natside küüsist alatiseks pääseda. Inglismaad võis pidada turvaliseks varjupaigaks; sealt oli lootust jõuda paika, kus alustada uut elu, näiteks Ameerikas või Palestiinas. Sellisest võimalusest tasus unistada.

Kuid BOAC-i lennule pileti saamine polnud kaugeltki lihtne. Üheks takistuseks – millest mõne kavala skeemi või raske rahakoti abil vahest üle sai – oli transiitviisa nõue. Teised takistused olid veel rängemad, seondudes halastamatu matemaatikaga: DC-3 pardal leidus kohti vaid kolmeteistkümnele reisijale.

Terminal oli müüja turg. Siin käis päevast päeva üksteise räige ülepakkumine.

Aga nagu igal missioonile saadetud välitöötajal, polnud ka spioonil põhjust eriliselt huvituda kõigist neist lugematutest suurtest ja väikestest draamadest, mis selles kaootilises terminalis aset leidsid. Küll aga oli tal vaja keskenduda nägudele. Ning pilku heita ka stardiraja suunas.

Pingilt avanes talle täiuslik vaade. Terminali vastasseinas paiknesid reas kolm sümmeetrilist akent, kõik sama laiad nagu ukseava ja ka pea sama kõrged, läbi mille avanes suurepärane vaade stardiraja mustale asfaldile. Seal, varahommikuse päikese säras, ootas reisijaid moondamisvärvides lennuk, mille nimi „Ibis", saadud selle kondise linnuliigi järgi, oli kalligraafiliselt maalitud kokpiti akna alla, ning sabale kolm triipu kõigile tuttavates BOAC-i tunnusvärvides – punane, valge ja sinine.

Spioon vaatas ja ootas. Ta oli siin lennujaamas viibinud juba mitu päeva, olles siia tulnud kohe, kui Berliinist käsk kohale jõudis, ning tänane ei erinenud eilsest, mis ei erinenud üleeilsest. Kõik temasugused profid olid kannatlikud mehed, töö oli selle neile selgeks õpetanud: jälitustegevus on pikalt kestev mäng, ning sageli jääb visadus tasustamata – jahisaak ei ilmugi välja.

Antud ülesande puhul oli talle ka hästi teada, et see oli teistest märksa madalama eduväljavaatega, pigem puhas õnnemäng kui kindla peale välja minek. Kuigi see Tähtis Isik oli sama aasta jaanuaris Bermudalt koju naasnud Boeingu suurel vesilennukil – esimene transatlantiline lend ajaloos, mille mõni tähtis riigijuht tegi –, polnud kaugeltki kindel, et ta midagi sarnast kordab. Isegi seesama Tähtis Isik oli hiljem pidanud enesekriitiliselt tunnistama, et otsus loobuda teda ootavast lahingulaevast koos kiiretest hävitajatest koosneva eskordiga oli „mõtlematu tegu". Mõte sellest, et astuks uuesti sama hulljulge sammu, reisides sõja ajal kaitseta BOAC-i reisilennukil, oli sarnane usuga, et välk lööb taas samasse kohta. Aga Berliini agendid, kes luurasid Põhja-Aafrika turgudel ja kohvikutes, kandsid ette ahvatlevast kõlakast: peale militaarkohtumisi Alžiiris ja Tunises pidavat see Tähtis Isik Gibraltarist Lissaboni lendama. Seal astub ta ühele neist DC-3 lennukitest, et koju naasta. Küsimus oli vaid selles, millisel päeval ja millise lennukiga.

Nii püsis spioon kohusetundlikult valvepostil. Tähtsa Isiku välimus oli tal hästi meeles, kuigi ta tegelikult ei lootnud teda oma silmaga näha. Nüüd oli kell juba 7.25 ja Ibise propellerid hakkasid keerlema, kogudes üha kiirust. Peagi kihutab lennuk juba stardirada mööda, kerkib õhku ja võtab suuna Inglismaale. Järjekordne asjatu valvekord.

Ent siis: kaks sündmust järjest, üks uskumatum kui teine.

Esiteks väljusid lennukist kaks inimest. Kiiruga ukse juurde kärutatud treppi pidi tulid alla väike poiss ja vanem naisterahvas. Ka naine tundus olevat professionaalne passija, kuigi ta tegi seda pigem emalikult kui salamisi; tundus, et tegu võib olla poisi ema või lapsehoidjaga. Aga miks nad lennukilt maha tulevad? Keegi ei hakka ju loobuma istekohast Inglismaale suunduval lennukil. Kui mitte ...

Vaevalt jõudis hämmastav hüpotees tema peas kuju võtma hakata, kui see silmapilk kinnitust sai. Treppi mööda kõndis üles kühmus seljaga priske mees, kes kandis avarat triibulist ülikonda, kikilipsu topeltlõua all, seitsmetollist sigarit paksude huulte vahel ja peas tumedat viltkübarat, mis kaugelt vaadates teekannusoojendajat meenutas. Riietus, mis nõnda kindlalt selle isiku juurde kuulus, et see oli nagu ametlik munder. Lisakinnitust, mida küll vaja polnud, pakkus mees, kes temast sammugi maha ei jäänud – pikk, kõhn ja aupakliku olekuga sell, kes sobis täielikult luure-raportite kirjeldusega Tähtsa Isiku isiklikust ihukaitsjast, kes teda alati saatis.

Nüüd oli ka selge, miks poiss ja tema saatja lennukilt lahkuma pidid. Nad olid maha tõstetud, nende piletid said tühistatud, et ruumi teha kahele viimasel minutil saabunud tähtsamale isikule.

Mõne väga närvilise hetke pärast – sest kes saanuks spiooni süüdistada selles, et ta tundis, kuidas süda peksab rinnus nagu sõjatrumm? – oli ta juba telefoni juures, et jagada oma raskesti kätte tulnud avastust: Winston Churchill koos selle Scotland Yardi inspektoriga, kes teda sageli saadab, viibib Inglismaale mineval hommikusel lennul.

Lissaboni unises rohelises äärelinnas kõrgel künkal trooniv Saksamaa saatkond seisis oma kõrge raudtara taga nagu vallutamatu punastest tellistest kindlus. Selle ülakorruse tubadesse, mille katuseakendest avanes vaade Atlandi ookeanile ja veel vallutamata maailmale horisondi taga, oli oma peakorteri sisse seadnud Abwehr, Saksa sõjaväeluure. Jaama pealikuks oli Albert von Karsthoff, kuigi vähesed saatkonnas teadsid seda, ja veel vähem leidus sellest teadjaid mujal.

Saksa armee majorina, kes pärines kuulsusrikkast sõjamehesuguvõsast, oli ta luureameti reeglite kohaselt endale võtnud varjunime (kuigi ka sel oli ees tiitel „von", tema päritud ülikuseisuse tunnus). Saatkonna personali nimekirjas oli talle antud sihilikult ähmane diplomaaditiitel „adjunkt". Ta elas selle ameti väärilist elu tipp-proffidele kohasel moel, ning nagu parimad maskeeringud ikka, oli see talle loomuomane. Karsthoff sõitis Lissaboni peal ringi läikivas Cadillacis, sageli koos oma lemmikloomast ahviga esiistmel, ning tema tumeda diplomaadiülikonna rinnataskusse oli peidetud kokaiinikarp. Iga õhtu oli tõeline pidu. Ta tundus nõnda lustliku ja lõbusa sellina, et need liitlasriikide luureagendid, keda neutraalses Lissabonis leidus leegionite viisi, ei osanud kunagi kahtlustada, et tegu on kolleegiga – rääkimata veel sellest, et teda oleks peetud kõige kõrgemaks natsispiooniks kogu linnas. Karsthoffi privaatliinile – viis numbrit, mida iga kohalik Abwehri agent une pealt mäletas – lennujaama spioon helistaski.

Õnnekombel viibiski Karsthoff oma laua taga – olles äsja tööle saabunud, või mis vahest tõenäolisem, veel õhturiietes ja valmistudes peale pikka ööd koju minema –, kui varahommikune kõne saabus. Ta kuulas tähelepanelikult: Ibise lennuplaani detailid olid üliolulised. Ta sai kohe aru, et ta peab langetama otsuse, mis mõjutab tema karjääri – ja mis veel olulisem, ka sõja edasist käiku. Ja tal on selleks vaid mõni hetk aega.

Wehrmacht oli relvajõud, mis toetus reeglitele ja protseduuridele, mida järgiti sakslastele tüüpilise piinliku täpsusega. Luft-waffe Põhja-Atlandi õhuüksustega kontakteerumine oli seega ülikonkreetselt sätestatud „Luftwaffe eeskirjas nr 16: õhusõja pidamine", millele oli alla kirjutanud nõnda kõrge tegelane nagu riigimarssal Hermann Göring isiklikult. See käsiraamat kuulutas, et käsuahelat pidi tuleb liikuda täpselt õiges järjekorras: esiteks tuleb kontakteeruda õhuflotilli ülemaga Pariisis, ja kui tema leiab, et asi on tõesti oluline, siis ta edastab üksikasjad õhukorpuse piirkondliku juhtimiskeskusesse, mis asus Prantsuse sadamalinnas Lorientis; sealt edastatakse viimaks tegevuskäsk väliülemale Mérignaci õhuväebaasis Bordeaux' lähedal, kelle eskaadrid valvasid taevast Biscaia lahe lainete kohal. Aga kuna siin oli iga sekund kaalul ja Karsthoff oli kibedatest kogemustest juba õppinud, et luureandmetel on väärtus vaid õigeaegse tegutsemise korral, otsustas ta eeskirju eirata. Nii astus ta otsustava sammu, millest hiljem saab oluline osa seda operatsiooni saatvast legendist, ja otsis otseühendust hävitajasalga KG 40 ülemaga Mérignac'is.

Luftwaffe baasis oli kell juba kümme, kui sireen viimaks üürgama pistis ja tegi lõpu hommikusele rahule. Piloodid koos meeskondadega tormasid kohe üle asfaldi hävitajate poole. Kaheksa Junkers Ju-88 hävitajat, kiired ja hästirelvastatud ründelennukid, kerkisid terava nurga all päikeselisse taevasse. Võimsad Jumo mootorid mõirgamas, ronisid nad peagi pilvede kohale. Nad kihutasid V-kujulises formatsioonis lääne suunas, ning piloodid oma klaaskatusega kokpittides uurisid hoolega horisonti, lootes jahisaaki leida.

Ibise piloot kuulis neid juba enne, kui ta midagi märkas. Tema pea kohalt kostis eksimatult äratuntav lennukimüra. Mitte vaid ühe lennuki: neid oli kaks. Kaks lennukit on peidus seal kusagil, kõrgel tema kokpiti kohal, kuid nende propellerite vihin ja mootorite müra ja sellest sündiv kõhedus tekitasid temas tunde, et nad on nii lähedal, et neil pruugib vaid käsi välja sirutada ja tal kraest kinni võtta.

„Mind jälitab tundmatu õhusõiduk," andis Ibise piloot raadio teel teada.

Kui ta oli need sõnad öelnud, langesid kaks Junkersit pilvedest alla, olles sihtmärgi leidnud. „Indiaanlased kella 11 suunas," teatas Luftwaffe salgaülem.

Ibise ainsaks lootuseks oli ründelennukitest kiirem olla. „Lähen täiskiirusele," teatas julge piloot Portela lennujuhtidele.

Kuid aeglasel DC-3 polnud mingit võimalust. Pikeerivad Junkersid, turbomootorid täisvõimsusel, lähenesid pilvede vahelt uskumatul kiirusel, kuulipildujad aeglasele sihtmärgile suunatud. „A! A!" kuulutas Luftwaffe salgaülem. See oli märguandeks rünnata.

Kahekümnemillimeetrised mürsud vihisesid läbi õhu ning kuulipildujad asusid välja pritsima oma laskemoona tempoga 1200 kuuli minutis.

„Mürsud ja kuulid läbistavad keret," andis „Ibis" raadio kaudu teada. „Kontroll kadumas, annan oma parima."

DC-3 oli leekides. Pakpoordipoolne mootor seiskus ja lennuk kukkus taevast alla.

Äkitselt kargasid allasadavast lennukist välja kolm langevarjurit. Ent nende kuplid lõid leegitsema ja nad kukkusid kividena alla lainetesse. Ka lennuk kukkus vette. Hetkeks tundus, et see jääb lainetele püsima, kuid see vajus peagi Biscaia lahe tumedasse ja jääkülma sügavikku.

Kaheksa Junkersit tiirutasid aeglaselt õnnetuspaiga kohal ja nende meeskonnad hoidsid kahtlaselt rahulikul merel hoolsasti silma peal. Kui nad olid veendunud, et ellujääjaid pole, naasid hävitajad baasi, sest missioon oli edukalt sooritatud.

Ainult et see oli vale missioon. Jah, operatsioon ise oli taktikaliselt edukas. Ent strateegiliselt oli see täielik ja totaalne viga. Probleem peitus luureandmetes, millele õhurünnak tugines.

Whitchurchi lennuki pardale läks kaks viimasel minutil saabunud reisijat. Üks neist oli tõepoolest priske, kortsus ülikonnaga mees, pikk sigar suus ja viltkübar peas; ja tema saatja oli pikk, vibalik ja valvas mees. Probleemiks oli aga see, et tegu polnud Inglismaa peaministri ja tema Scotland Yardi ihukaitsjaga.

Tegu oli kahe inimesega, kes neid vaid välimuse poolest meenutasid. Leslie Howard, 51-aastane briti näitleja, kes oli filmides kuulsaks saanud leidliku ja alistamatu Scarlet Pimpernelina, oli selle impulsiivse Abwehri agendi arust detektiiv Walter Thompson. Näitleja ärimänedžer ja reisikaaslane Alfred Chenhalls – kes, kuni sigarini välja, oli kostümeeritud oma rolli jaoks – sai aga segi aetud Winston Churchilliga.

Selleks ajaks, kui Briti ajalehed raevutsesid kaitsetuid tsiviilisikuid kandnud lend 777 allatulistamise pärast, oli ehtsa peaministri lennuk juba turvaliselt Inglismaa pinnal. Ta oli õhku tõusnud pimeduse katte all Gibraltarilt, seda sõjaväelennukis, ning ületanud ookeani Kuninglike Õhujõudude (RAF) hävitajate eskordi saatel.

Järgnevatel palavikulistel sõjapäevadel, mis kõik sisaldasid lugematuid mõttetuid surmi ja kahetsusväärseid tragöödiaid, sai Abwehri ekslikust katsest muuta sõjakulgu ühe oportunistliku atentaadiga kõigest tilluke ja kurb allmärkus selles mahukas ja tollal veel lahtise lõpptulemusega sõjakroonikas. „Sakslaste julmus," märkis selle atentaadi sihtmärk mõistetava pahameelega, „oli võrreldav vaid nende agentide rumalusega." Kuid isegi Churchill otsustas viimaks tüdinud, vahest isegi müstilise stoilisusega ajada nende viieteistkümne inimese hukkasaamise, kes oma õnnetuseks lennu 777 pardal viibisid, „saatuse mõistetamatute keerdkäikude" süüks.

Kuid liitlasriigid olid triumviraat, kolmepäine koletis. „Hüdraks" nimetas neid klassikalise hariduse saanud Abwehri ülem, admiral Wilhelm Canaris, ühes jutuajamises oma kabinetis teiste kõrgemate luuretegelastega üsna varsti peale seda, kui vale lennuk oli alla tulistatud. Juhuks, kui tema vestluskaaslased pole antiikmütoloogiaga sama hästi kursis, tuletas ta neile ka meelde, kuidas see vanakreeka legend lõppes: Herakles suutis koletise tappa, aga alles siis, kui k õ i k selle pead said maha raiutud.

Sellele jutuajamisele järgnenud pingelistel päevadel otsustas natside ülemjuhatus, et Churchilli pääsemine oli lihtsalt halb õnn ega kinnita veel, et kõik edasised sarnased mõrvaüritused tingimata edutuks kujunevad. Oma tõde peitus ka Canarise märkuses, et sel koletisel on mitu pead.

Tehti otsus, et sihikule tuleks võtta ka USA president ja Nõukogude riigijuht.

Nende uueks ideeks oli president Roosevelti merel rünnata. See julge salaplaan, mis nuputati välja Riigi Julgeoleku Peaameti (Reichssicherheitshauptamt, lühendatult RSHA) VI ametis, pidi olema järg operatsioon Pastoriusele (see nimi oli irooniline austusavaldus mehele, kes rajas esimese sakslaste asunduse Ameerika pinnal). Selle 1942. aasta juuni missiooni puhul viidi põhjaliku väljaõppe saanud natsiagendid allveelaevadega Long Islandi ja Florida randadele. Nende sihiks oli Ameerikat terroriseerida – õhku lasta sildu, tehaseid, raudteid, ja koguni mürgitada New Yorgi veevarustust. Nende pommid oleksidki hakanud lõhkema üle kogu riigi, kui üks sabotööridest, kes eelistas Ameerikasse elama jääda, mitte seda õhku laskma hakata, poleks end FBI-le üles andnud. Tema ülestunnistuse abiga arreteerisid FBI agendid kähku kõik vandenõulased.

Kuid see läbikukkumine – logistiline triumf, mille nurjas vaid ühe operatiivagendi reetlikkus, nagu luurejuhid endale kinnitasid – ei tähendanud veel tingimata seda, et sarnane missioon president Franklin D. Roosevelti mõrvamiseks on ebaõnnestuma määratud. Taas nägi plaan ette, et agendid viiakse Long Islandi rannale. Salamõrvarid peavad jõudma Washingtoni ja seal teeb üks hästisihitud kuul türannile lõpu. Kuidas saaks see nurjuda? Isegi Hitler oli omal ajal nentinud, et sellised lihtsakoelised salaplaanid on praktikas elluviidavad: üksainus tulistaja võib suuta mida tahes. „Ma saan aru, miks 90% atentaatidest ajaloos edukaks kujunesid ... Kellegi julgeolekut ei saa täiuslikult tagada," tunnistas füürer.

Kuigi see plaan sai paberile pandud, ei hakatud seda ellu viima. Mispärast? Kas taktikalisi detaile peeti liiga problemaatilisteks? Kas snaiprite toimetamine Ameerikasse ja hästivalvatud presidendile nii lähedale pääsemine, et teda saaks sihikule võtta, oleks endast kujutanud liiga suurt väljakutset? Või, nagu leidis üks kõrge ametiisik natside välisministri kantseleis, kel selle

operatsiooni kirjeldust lugeda õnnestus, oli Ameerika presidendi
mõrvamise idee isegi natside arust „täielik hullumeelsus"? (Ta
tegi oma moraalsetest kõhklustest juttu küll alles peale sõja lõp-
pu.) Mis iganes ka põhjuseks oli, luureülemad ei hakanud seda
ellu viima.

See jättis alles Stalini. Natside plaan tappa Nõukogude riigi-
juht läks käiku. Saksa sõjaväe transpordilennuk tõusis õhku
Riiast, pardal kaks venelasest reeturit koos pommiga, mida
võis pidada surmavalt leidlikuks meistritööks. „Meie eksperdid
valmistasid ühe kummalise mehhanismi, mil oli vaid üks ees-
märk – Stalin mõrvata," uhkustas Riigi Julgeoleku Peaameti
välisluureteenistuse ülem. „See lõhkeseadeldis oli rusikasuurune,
meenutades peotäit muda. See tuli kinnitada Stalini limu-
siinile ... Raadiosaatja, mis pommi aktiveerima pidi, oli sigareti-
paki suurune ja võis pommi automaatselt lõhata kümne kilo-
meetri kauguselt. Plahvatus oli nii tugev, et katse käigus hävis
auto pea täielikult."

Ühel vihmasel ööl visati kaks agenti, lõhkeseadeldis ranitsas,
langevarjudega Venemaa kohal alla. Nende sihiks oli salaja sisse
pääseda rajatisse, mida Abwehr pidas Stalini välipeakorteriks.
Kui Stalini sõiduk on kindlaks tehtud ja tappev muda selle põhja
külge kinnitatud, siis edasine saab olema lihtne: tuleb vaid
külmaverelise kannatlikkusega oodata õiget hetke, mil saatja
detoneerimisnupule vajutada.

Aga nad ei jõudnud kunagi selle auto lähedale. Sakslaste
versiooni kohaselt maandusid kaks langevarjurit oma õnnetu-
seks otse patrullivate Nõukogude sõjaväelaste keskel. Venelaste
versioon oli hoopis teistsugune: tegu polnudki reeturitega, vaid
hoopis topeltagentidega, kes olid algusest peale töötanud NKVD
heaks.

Ent lõpptulemuses ei jäänud kahtlust: taas olid natsid läbi kukkunud.

Veel hullem oli see, et ajastus poleks saanud halvem ollagi. Vähe sellest, et sõda kulges nüüd sakslaste jaoks halvasti. Kui 1943. aasta jäine talv oli läbi saamas, kui 6. armee oli Stalingradis lüüa saanud, ja kui liitlasjõud, olles täienduseks juurde saanud võitlusindu täis Ameerika väeüksusi ja uusi pommitajaeskaadreid, hakkasid avalikult kõnelema teise rinde avamisest Mandri-Euroopas, oli suurem osa natsiliidritest juba valmis tunnistama, et seda sõda ei võideta.

Selle asemele tuli resigneerunud, külmalt pragmaatiline lõppmängustrateegia: *Reich* suudab kaotust vältida, pöörates selle viigiks. Wehrmacht sunnib maailma edasi sõdima, jätkab võitlust elu ja surma peale, kuni jõutakse vastuvõetavate tingimustega rahuleppeni. Vaenutegevuse lõppedes jääb Saksamaa endiselt tugevaks ja – vähemalt optimistlikumad tõsiusklikud lootsid seda ikka veel – säilitab kontrolli vallutatud territooriumite üle Ida-Euroopas.

Kulisside taga käisid juba kõnelused – „ametlikult mitteametlikud", nagu teadlikult ähmase keelekasutusega diplomaadid neid nimetasid – sellise leppeni jõudmise nimel. Bernis oli Allen Dulles, Ameerika kõrgeim luureülemus Euroopas, kohtunud Saksa vastupanuliikumise tsiviil- ja militaaresindajatega. Stockholmis käis Abram Stevens Hewitt, Ameerika luureametnik, kellele meeldis end nimetada Franklin D. Roosevelti (ehk FDR) „isiklikuks esindajaks", päev päeva järel lõdvestumas massaažilaual, kus tema valutava selja kallal toimetas töntsakas soomlasest arst, kelle oli sinna saatnud *SS-Reichsführer* Heinrich Himmler. Kui dr Felix Kersteni – kellele mõned SS-lased olid andnud hüüdnime „Himmleri maagiline Buddha", mida

Reichsführer'i kuuldes mõistagi kasutada ei juletud – osavad sõrmed luuraja ihu mudisid, pidas ta oma patsiendiga poolametlikke kõnelusi küsimuse üle, et mida läheks vaja sõja lõpetamiseks.

Kuni sõda venis edasi oma vältimatu lõpu poole, mida juba oodati nii lahinguväljadel, tagatubades kui massaažilaudadel, oli just Himmler see, kes üritas sõnadesse panna ülemjuhatuse uut, tasapisi muutuma hakanud poliitikat. „Vaprus koosneb usust," kõneles ta kokkutulnud SS-kindralitele ja staabiohvitseridele. „Usuga võidetakse lahingud, usuga saavutatakse suuri võite."

Kuid peagi muutus uskumine võimatuks.

USA president ja Briti peaminister kohtusid vabastatud Casablancas ning konverentsi viimasel päeval, 24. jaanuaril 1943, võttis FDR enda peale nende tingimuste sõnastamise, millega sõda lõpetada saaks. „Me võitleme edasi kuni Saksamaa, Itaalia ja Jaapani tingimusteta alistumiseni," kuulutas ta häirimatu enesekindlusega konverentsi lõpetaval pressikonverentsil.

Need konkreetsed sõnad – „tingimusteta alistumine" – tegid natside ülemjuhatuse fantaasiatele viimaks lõpu. Läbirääkimistega rahuni ei jõuta. Kindralid ja nende käsutäitjad said kähku aru, et neid ootab peagi ees tulevik, kus neil tuleb liitlaste sõjatribunalide ees aru anda oma andestamatute kuritegude eest: juutide ja teiste tsiviilisikute metoodiline hävitamine ja muud õudused, mida maailmas oli korda saadetud. Kindlasti tuleb neil selle kõige eest tasuda. Ilmselt oma eluga.

Selle teadmise tõttu hakati taas kõiki neid läbikukkunud atentaate meenutama, ja enam ei tundunud need vaid rea puudulikult planeeritud operatsioonidena. Enam ei piisanud enda läbikukkumise õigustamiseks lohutavatest sõnadest „saatuse keerdkäikude" kohta. Need murelikud mehed, kes *Reich*'i valitsesid, said üha selgemini aru, et tegu oli missioonidega, millest tegelikult sõltus kõik. Neil oli olnud ajalooline tähtsus. Need olid olnud viimane võimalus sõja käigu ja rahutingimuste muutmiseks. Paraku olid need kõik läbi kukkunud, ja rohkem selliseid võimalusi tulla ei pruugi.

II OSA

LOHEHAMMASTE KÜLVAMINE

2

SALATEENISTUSE AGENT MIKE REILLY oli samuti andesta-
matult läbi kukkunud, või vähemalt nii ta tollal uskus.
Temalt oodati, et ta kasutaks oma keha kilbina presidendi
kaitsmiseks. See oli tema ameti põhireegel, mille vastu ei võinud
eksida. Kuuli või noatera pead sa peatama oma ihuga. Ta pidi
presidendi lähedal püsima ja olema valmis sekundi murdosa
vältel reageerima, tema ette hüppama. Kuid tol 1936. aasta
vananaistesuve pärastlõunal oli ta teinud rumala apsaka.

Üheainsa jubeda hetke jooksul – mis tema kurbades
meenutustes igavikupikkuseks venis – jälgis ta, kuidas nuga
lendab läbi õhu presidendi suunas.

Tegelikult ei saanud kumbki – Mike, ja kindlasti mitte FDR –
selle peatamiseks midagi ette võtta. Kuigi midagi hullu õnneks
ei sündinud, ja nähtavasti oligi see pigem lihtsalt poosetamine
ning presidendile ei tahetud päriselt viga teha, jäi see intsident
tema mõtteid kummitama. Sellest sai unustamatu sündmus,
kõige hullem asi üldse, mis paigutas õigesse mõõtkavasse kõik
tema muud hirmud.

Kuni selle intsidendini oli tegu ühe kõige õnnelikuma kampaaniareisiga Mike'i lühikeses karjääris presidendi ihukaitsjana. Franklin D. Rooseveltile meeldis neid kampaaniareise teha, see oli vabastav võimalus pääseda kaugemale Washingtoni väiklasest vennatapusõjast ja vaadata ringi mujal riigis. Valimiskampaania tegemine kuulus tema tugevate külgede hulka ja publiku marulised ovatsioonid, mis järgnesid tema ülevoolavalt optimistlikele rahvamehekõnedele, toitsid tema edevust; ka Mike, kes postil olles ei tohtinud oma tundeid välja näidata, oli seda nähes salamisi rahul. See oli juhtunud ka kõigil varasematel avalikel esinemistel, mil Boss (nagu Mike presidenti alati nimetas) rahva ette ilmunud oli.

Seekordne Ameerika ringreis erines meeleolult eelmistest. 1936. aasta valimiskampaania – FDR kandideeris teiseks ametiajaks Alf Landoni vastu – meenutas võidumarssi. Kõik presidendi lähikondsed ja tema hiilguse paistel peesitajad alates tema kauaaegsest kampaaniajuhist Jim Farleyst ja lõpetades Valge Maja väärika ülemteenri John Maysiga, kes oli sealsete suurmeeste soove täitnud juba alates McKinley ametiajast[1], pidasid käesolevat kampaaniareisi vaid formaalsuseks. See tegi kogu selle pika ja väsitava ringsõidu presidendi kaaskonna jaoks ebatavaliselt toredaks seikluseks.

Selleks ajaks, kui FDR jõudis viimastel sügispäevadel Erie'sse Pennsylvania osariigis, tundsid Mike ja teised salateenistuse mehed end võrdlemisi vabalt; novembrikuised valimised olid vaid mõne nädala kaugusel, finišisirge juba paistis. Tõsi küll, keegi neist ei suútnud unustada seda „ränka õhtut", nagu Mike sellele professionaalse taktitundega viitas, mis oleks taasvalimiskampaania alguse peaaegu ära rikkunud.

Sel õhtul sai eriti ilmseks see unikaalne väljakutse, millest harva juttu tehti, ent mis seisis presidendi kaitsmise operatiivkülje

---

1 William McKinley, USA president 1897–1901. Tõlkija märkus.

keskmes: FDR oli, nagu Mike ausalt välja ütles, „abitu invaliid, kes ei suutnud iseseisvalt paari sammugi astuda." Autoimmuunne neuropaatia (mida tollal diagnoositi poliomüeliidina) oli ta viisteist aastat varem, kui ta oli 39-aastane, jätnud alakehast halvatuks. Talle lähedal seisjad üritasid seda tervisehäda Ameerika avalikkuse eest varjata, niipalju kui see võimalik oli. Rasked terasklambrid ta jalgade ümber olid mustaks värvitud, et need pükstega kokku sulanduksid, ning koostöövalmis pressifotograafid vältisid üldiselt tema pildistamist ratastoolis. Kuid teda valvavad mehed teadsid, et nad kaitsevad liikumisvõimetut sihtmärki.

See komplikatsioon sai eriti ilmsiks tol õhtul Franklin Fieldil. Kakskümmend neli tundi peale seda, kui demokraatide üldkogu oli FDR-i kandidaadiks kinnitanud, ilmus ta siia hiiglaslikule kolledžijalgpalli staadionile, mis oli tulvil heasoovijatest, et pidada nominatsioonikõne. Poeg Jimmy käsivarre külge klammerdudes liikus presidendikandidaat aegamööda, paindumatute jalgadega lühikesi samme tehes – iga selline nõudis talt suurt pingutust – läbi kitsa koridori, mille Mike ja teised ihukaitsjad olid talle õnnitlejate vahele loonud. See teekond kulges aeglaselt, sest nii paljud inimesed soovisid näost säravat FDR-i õnnitleda. Lavale lähenedes lehvitas president vaba käega ammusele tuttavale Edwin Markhamile. Vanaldane poeet, kelle vöökohani ulatuv hall habe tegi ta mõne metsiku piibliprohveti sarnaseks, ulatas talle tervituseks käe; veteranpoliitikule omase refleksiga üritas FDR seda läbi inimmere suruda. Ent selle peale lõi rahvamass lainetama. Jimmy tõugati isa vastu ja selle lisaraskuse tõttu läks presidendi parem jalaklamber lahti. President kukkus kokku. Ta vajus ettepoole nagu mahalangev puu metsas peale viimast kirvehoopi. Aga enne, kui ta oleks maad tabanud, jõudis puhtalt instinkti najal tegutsev Mike oma õla presidendi parema kaenlaaugu alla suruda. Tal oli ka piisavalt oidu, et Markhamile hüüda: „Ärge liigutage!" Ta kartis, et mõni liigagar agent võib halli habemega mehe heatahtlikku tervituskatset ründamiseks pidada ja ta lisaküsimusi esitamata maha lasta. Markham tegi, nagu kästud, vahest oli ta ka liiga ehmunud, et liigutada. Mike suutis üheainsa võimsa tõmbega presidendi jalgele tõsta. Ta hoidis FDR-ist kõvasti kinni ja aitas tal tasakaalu leida. Mõlemad mehed värisesid üle kere.

Teine ihukaitsja Gus Gennerich kinnitas klambri uuesti jala ümber. Ent president, kes ka muul ajal eriti ei usaldanud neid raskeid terasseadeldisi, millesse ta jalad olid kängitsetud, polnud valmis lavale astuma. Ta jäi paigale, Mike'i ja Gennerichi kätest toetatud, nägu tontlikult kahvatu. Kaua aega ei öelnud keegi midagi ja Mike'ile tundus, et nii tema kui ka Boss tunnevad puhast hirmu.

Viimaks, olles end kokku võtnud, nähvas FDR: „Tehke mind puhtaks." Peagi liikusid nad juba lava poole.

Sellele intsidendile olid tunnistajaks vaid lava taga olijad, ning kuna tegu oli truude parteipooldajatega, tegid nad sellest harva juttu. Staadioni tribüünidel istuvatel tuhandetel inimestel polnud juhtunust aimugi. Sellest õhtust jäid neile meelde hoopis presidendi sisendusjõulised sõnad: „Ameeriklaste seda põlvkonda ootab ees kohtumine saatusega." Nad ei unustanud ka FDR-i võiduringi staadionimurul oma lahtises autos, kui tseremoonia oli läbi saanud, ning seda kollektiivset kurgupõhjast tulevat hõiskamist, mis kerkis Philadelphia kohal öösse ja oli nii kauakestev ja vali, et Mike'ile tundus, nagu kajaks sellest kogu tähine taevalaotus.

Mike ei saanud sellest „rängast õhtust" niisama kergesti üle. Ent olles nüüd jõudnud Erie'sse, kus arvatavasti võiduga lõppeva kampaania lõpp oli juba nägemisulatuses, ootas ta seda õhtut rõõmsa enesekindlusega. Teatavat pingelangust soodustas ka tänane esinemispaik: Boss kõneleb kitsalt platvormilt presidendirongi viimases vagunis.

Mike kaebas sageli selle üle, et valvsuse säilitamine on ihu-kaitsja „alatine peavalu". Kuid oma kohusetundliku karjääri vältel oli Mike selgeks saanud, et mõned peavalud on teistest hullemad. Talle tundus, et autokorteežid on kõige ohtlikumad. „Minu arust on president kõige haavatavam aeglaselt läbi linna sõites," leidis ta varasemate pingeliste kogemuste põhjal. „Siis tuleb silma peal hoida rahval tee kõrval, katustel, akendel." Ent alati jäi õhku võimalus, et midagi on kahe silma vahele jäetud – see üks aken või katus, kus salamõrvar oma hetke ootab.

Aga kui Boss presidendirongilt ei lahkunud, võis valve-meeskond kergemalt hingata. Rong oli turvaline nagu kindlus, selle oli ehitanud Pullmani firma ja varustanud selle kolme tolli paksuste kuulikindlate klaasakendega ja soomustatud terasest kerepaneelidega. Veoauto võib sellele otsa sõita, dünamiit võib rööbastel plahvatada, seda võidakse kuulipildujatest tulistada – presidendivagunis olevate inimestega ei tohiks midagi juhtuda. Tagumine kupee oli koguni varustatud kahe leidliku tõstuki-süsteemiga, millega ratastoolis presidenti maapinnale asetada, et mõni turske salateenistuse agent ei peaks teda ebaväärikal kombel rongist süles välja tassima nagu last.

Teine hea asi oli see, et kui presidendi rong mõnda linna sisenes, siis polnud vaja autokonvoid, millega president ootava rahvamassi juurde toimetada – iga selline retk sisaldas ju riski. Selle asemel võttis FDR püsti seistes koha sisse rongi tillukesel tagumisel platvormil, kus varjatud terasklambrid hoidsid ta jalgu sirgetena nagu telefonipostid; salateenistuse agendid seisid diskreetselt tema selja taga; ning rahvas lubati rööbastele tema ette seisma.

Sel saatuslikul õhtul Erie's seisis FDR, heatahtlik naeratus näol, tagumisel platvormil vöökoha kõrgusele ulatuva käsipuu taga ning üritas oma kõrge ja mahlaka häälega veenda rahvast hääletama demokraatide ja nende uue kursi (*New Deal*) poolt.

Samal ajal oli Mike, kel polnud mingeid erilisi mureküsimusi, koha sisse võtnud pealtvaatajate seas.

Kuid äkitselt viskas keegi presidendi poole noa. Tera näis suunduvat otse tema rindu.

FDR nägi seda tulemas. Kuid ta ei saanud midagi teha. Ta ei saanud liikuda. Tema jalad olid kammitsetud.

Ka Mike ei saanud midagi teha. Ta viibis rahva seas ja vaatas seda võimetult pealt – esmane ehmatus asendus taipamisega, et kohtupäev on kätte jõudnud.

3

NELI AASTAT VAREM OLI see vaid juhus, et Mike läks tööle USA rahandusministeeriumisse, mis ühtlasi kontrollis ka salateenistust. Kui ta poleks ühel 1932. aasta vihmasel päeval otsustanud teha ebatavalist väljaminekut ja kulutada 20 senti taksosõidule, poleks toimunud ka seda vestlust, mille tõttu temast sai viimaks presidendi ihukaitsja.

Mike oli Washingtoni saabunud eriliste ambitsioonideta 22-aastase noormehena, kel oli plaan juurat õppima minna – ja seegi oli pigem umbropsu tehtud valik kui mingil tegelikul huvil või veendumusel põhinev otsus. Ta oli üles kasvanud metsiku looduse keskel, Montana osariigi vasekaevanduslinnakeses Anacondas, mis asus kõrge mäeaheliku jalamil, mille järgi asula oli ka nime saanud. Tema isa Bernard töötas kaevanduses ja sarnaselt enamiku kaevuritega oli temagi pärit Iirimaalt: püha Patricku päeva tähistati kohaliku kombe kohaselt nädalapikkuse rõõmsa joominguga. Mike oli isalt pärinud uhke iirlasehinge koos katoliku usuga, ning ka tumedad lokkis juuksed, pruunid säravad silmad, enesekriitilise vaimukuse ja armastuse vägijookide vastu. Paljud arvasid (pigem lõbustatult kui kohut mõistes), et ta on tõepoolest otsekui oma isa suust kukkunud, sest temagi veetis pikki õhtuid baarileti taga, viskiklaas käes, ning nende joomismaratonide kestel kõikus tema meeleolu metsikult, naljatuju võis asenduda mõtlikkuse ja siis nutuse tundelisusega vastavalt sellele, kuidas pudel tühjenes. Ka Mike pidi häbelikult tunnistama, et „tõsised pohmellid pole talle võõrad."

Poeg erines isast küll kogukuse poolest. Mike oli laiaõlgne mehemürakas poksija paksude kulmudega, oma tumedaverelisel nägusal moel sama muljetavaldav nagu need mäetipud, mida ta oma magamistoa aknast näha võis. Kuigi Mike võis närvi minnes või lihtsalt tahtmise korral vägagi ähvardavalt mõjuda, oli ta üldiselt siiski leebe ja leplik mees, liigutades oma suurt keret sündinud atleedi kerge graatsiaga. See loomupärane anne, millele mängu alates andis palju juurde ka võidutahe, tegi temast korvpallis ohtliku korvialuse jõu, kes palju punkte tõi, ning ameerika jalgpallis usaldusväärse *right end*'i – seda Regises, jesuiitide kolledžis Denveris, kuhu ta oli stipendiumi saanud.

Suurem osa kolledži nõudlikest ainekursustest õnnestus tal lõpetada C-dega („igasuguse tõenäosuse vastaselt", nagu ta enesekriitilise aususega märkis). Linnakus tegi ta endale nime eelkõige sportlasena ning ka lustliku (vähemalt kaine olles) ja lõbuhimulise korbivennana, nii et kui ta headelt jesuiidiisadelt küsis, mida oma edasise eluga peale hakata, soovitas keegi talle juurat. Mike teadis, et tal pole vähimatki soovi naasta pisikesse Anacondasse, vasekaevanduse sügavate käikude igavesse öösse. Seetõttu otsustas ta juuraga katsetada. Heade tutvustega jesuiidid leidsid talle koha Ameerika teises otsas, George Washingtoni ülikoolis riigi pealinnas. Ta alustas seal loengutel käimist 1932. aasta septembris.

Kuue keerulise kuu järel, mil tal oli raskusi nii õppetöös kui ka rahaliselt ots otsaga kokku tulemisel (juurakoolid ei andnud endistele jalgpallimängijatele stipendiumeid), jõudis Mike järeldusele, et ta vajab töökohta. Ülikooli nõustamiskabinet soovitas tal pöörduda äsjaloodud Põllumajanduskrediidi Ametisse (Farm Credit Administration, lühendatult FCA). See oli rahandusministeeriumi allharu, üks FDR-i hädavajalikke leiutisi, millega hättasattunud talunikud rasketest aegadest läbi aidata, ning Mike lootis, et seal leidub ruumi veel ühele bürokraadist paberimäärijale. Ta ei otsinud püsivat töökohta, vaid lihtsalt ajutist otsa, millega piisavalt raha teenida, et vahelduseks mõnd korralikku einet nautida saaks. Ta polnud veel valmis loobuma kõigist unistustest, mis seondusid tulevase juurakraadiga.

Kuid FCA töövestluse lõpus pakuti talle vaid täiskohaga tööd. Mike teatas erilise entusiasmita, et ta peab selle üle mõtlema; siis, olles käekella vaadanud, sai ta aru, et kui ta kiirustab, jõuab ta veel järgmisele loengule George Washingtoni ülikoolis. Kuna sadas paduvihma ja aega oli vähe, otsustas Mike rahanappusest hoolimata takso võtta.

Mike ütles juhile, et ta otse linnakusse sõidaks, ning taksojuht küsis kohe: „Kas sa käid George Washingtonis?"

Mike kinnitas seda ja uudishimulik taksojuht jätkas ülekuulamist: „Õpid juurat?"

Mike mühatas kinnituseks, ning taksojuht jätkas monoloogi: „Minagi käisin seal. Lõpetasin oma juurakursusel kõige paremate hinnetega."

„Mnjah, see on päris kõva saavutus," ütles Mike viisakalt. Kuid ta naasis siis oma mõtete juurde, küsides endalt, kas võtta vastu FCA ootamatu pakkumine täisajaga töökohaks. Ent miski ei andnud talle rahu ja ta pahvatas välja: „Kõige paremate hinnetega kogu kursusel?"

„Nii see oli."

Mike mõtiskles taksojuhi masendavast karjääritrajektoorist ja jõudis kähku järeldusele, et tema enda väljavaated juura alal oleksid märksa kesisemad. „Kas te viiksite mind tagasi Põllumajanduskrediidi Ametisse?" küsis ta siis. „Kähku!"

Päeva lõpuks oli Mike'ist saanud täiskohaga rahandusministeeriumi töötaja ja juurakooli poolelijätnu. „Ameerika õigus-

süsteem peab hakkama saama ilma Michael Francis Reillyta,"
otsustas ta viimaks.

See oli kindla sissetulekuga amet ja ta võinuks sellega üsna rahul
olla, kui poleks olnud tööd ennast: iga päev pidi ta end läbi näri-
ma suurest kuhjast ametlikest dokumentidest. Kuid Washington
ise oli lõbus linn ja ta leidis palju uusi sõpru. Mõnda kesklinna
baari sisse astudes võis ta olla kindel, et keegi hüüab: „Hei, Mike!"
Kuigi endised jalgpallimängijad ei võida ülikoolistipendiumeid,
võidavad nad südameid. Temalgi oli üheaegselt mitu pruuti, aga
ta ei tahtnud end kellegagi püsivalt siduda.

Mingitel põhjustel, mida talle kunagi lähemalt ei seletatud,
otsustasid FCA ülemused just tema paljude teiste noormeeste
hulgast välja valida, et teha temast uurija. Mike'i arust tehti seda
vist vaid seetõttu, et ta oli nii ähvardava välimusega mees; „suur
ja tugev, normaalse aju ja võimsate lihastega", kirjeldas ta end
ise. Ülemused olid sihikule võtnud ühe väidetavalt korrum-
peerunud toetuslaenude jagaja Tennessees ja Mike uskus, et ju
siis leiti, et selleks tööks on vaja kedagi, kes ei lase end kergesti
lükata-tõugata.

Kui Mike saabus Memphisesse, tegi ta seal kaks avastust, ja
kumbki polnud eriline üllatus. Esiteks oli väidetava altkäemak-
suvõtja ainsaks kuritööks see, et ta kuulus vabariiklaste parteisse,
ning kuigi see Mike'i arust oli lõunaosariikides „seaduserikku-
misele ohtlikult lähedal", ei piisanud sellest tema hinnangul veel
töökoha kaotamiseks. Eluaeg missal käinud katoliiklasena oli ta
liiga moraalne, et hakata süütut meest ohvriks tooma. Teiseks
sai Mike teada, et selline uurimistöö, igasugustes kahtlastes ur-
gastes luusimine, sobis talle. Oma äsjaavastatud oskuste üle veidi
uhkust tundes nimetas ta end „tüüpiliseks iiri võmmiks, rohkem
muskleid kui aru."

Kuna ta oma töös ausaks jäi, kogus ta Tennessees poliitilisi vaenlasi, ent osakonnas imetleti teda selle eest: tema rahuloluks muudeti tema ametinimetus „uurija" püsivaks. Peagi rändas ta juba üle kogu riigi ringi, jahtides kõikvõimalikke korruptsiooni-kahtlusega tüüpe. Mitmete edulugude järel märgati teda sisemi-nisteeriumis, mis värbas ta uurima energiatööstuses tegutseva korruptantide võrgustiku tegevust. Tema sihikindel töö viis välja „mitmete meie riigi suurimate nafta- ja maagaasispekulantide süüdimõistmiseni".

Tema edukale verekoera-karjäärile tegi lõpu ootamatu sünd-mus – abiellumine. Ta oli tutvunud kenakese punapäise sekretäri-ga, kelle nimi oli Roby ja kes töötas California osariigi senaatori Samuel Shortridge'i kantseleis. Nüüd oli Mike valmis ennast siduma, enam ta muust ei mõelnudki. Tormilise kuramaaži järel abiellusid nad 1935. aastal ja Mike taipas, et ta vajab teistsugust uurijatööd, mis võimaldaks tal paikseks jääda ja perekonna luua. Mike otsustas paluda üleviimist USA salateenistusse (mis samuti kuulus rahandusministeeriumi alla). „Mind määratakse siis mõnda USA piirkonda ja mu harvad tööreisid piirduvad paari päevaga, ma ei pea kodust eemal olema üle ühe öö," arutas ta endale mõistlikumat tulevikku planeerides.

Esialgu kulgeski kõik plaani kohaselt. Ta viidi salateenistusse üle 1935. aasta juunis ja saadeti oma koduosariiki Montanasse. Ta arvas, et nad võiksid Robyga kodu luua kuhugi tema sugu-laste lähedale, kus edaspidine elu kulgeb loodetavasti rahulikult, suuremate draamadeta. Nii läkski – aga paraku osutus see väga igavaks eluks. Oma varasemate juhtumite käigus jahtis ta suuri sulisid, ent siin unises provintsis polnud tal midagi põnevat teha. Peamiselt uuris ta üsna tühiseid maksupettuse juhtumeid. Veel hullem oli see, et tihti oli tegu tuttavatega keskkoolist või ülikoolist. Nooruses olid nad koos õlut joonud ja tüdrukuid jahtinud, samas meeskonnas mänginud. Mike oleks hea meelega need vanad semud lihtsalt „põhjalikult läbi noominud ja siis neil minna lasknud". Sellest oleks piisanud, nende kuritööd polnud ju tõsised. Aga pingutada selle nimel, et mõni ammune tuttav käeraudus vanglasse saata – see polnud Mike'i arust sugugi ideaalne amet. Tema ei tahtnud olla see, kes mõne vana sõbra elu sassi lööb. Ent mitte suhtuda täie tõsidusega töösse, mille eest rahandusministeerium talle maksis – see käis jälle tema enda autunde pihta. Seega otsustas ta taas üleviimist paluda.

Juba enne aasta lõppu oli ta määratud salateenistuse 16. piirkonda. Valge Maja turvameeskond. Tema töö: kaitsta presidenti.

Enam-vähem selline oli olnud Mike'i senine karjäär, mis viis välja kohutava hetkeni Erie'is Pennsylvanias: pärani silmi ja võimetus vihas vahtis ta nüüd, kuidas nuga lendab mehe poole, keda ta iga hinna eest kaitsma pidi.

Mike tegi endale alles õlaga teed läbi rahvahulga, kui tera presidenti rinda tabas.

Aga see ei tunginud sisse, vaid kukkus platvormile.

Mike hüppas üle käsipuu ja võttis relva kätte. Juhtunut veel päriselt uskumata libistas ta sõrmega üle tera. Kuid ka siis läks veel mõni hetk aega, enne kui ta toimunule tegelikult pihta sai. Talle jõudis viimaks kohale, et nuga oli kummist. See oli teele saadetud vaid presidendi ehmatamiseks, mitte tema tapmiseks.

President suhtus kogu asja huumoriga. Mike'i jaoks oli see aga väike lohutus. Isegi peale viha lahtumist ei suutnud ta jätta mõtlemata sellele, mis kõik oleks juhtuda võinud.

Järgmise hommiku missal lausus Mike vaikse tänupalve. Ning ta palus kogu südamest, et tema hea õnn ka edaspidi ei pöörduks.

4

ENT SIIS TULI sõda. Mike taipas kohe, et tema palved jäid vastamata: tema õnn pöördus. Pearl Harbor tõmbas olnu ja tuleva vahele selge joone ja muutis tema tööd igaveseks. Sarnaselt teiste ameeriklastega jäi ka Mike alatiseks mäletama, kus ta viibis siis, kui sai teada jaapanlaste üllatusrünnakust. Temal oli au seda uudist kuulda juba enne presidenti. Nädalavahetused olid Valges Majas vaikne aeg; vähendatud personal kõndis koridore mööda palju rahulikumas tempos kui nädala sees, kui kõigil oli kiire. Mike viibis pühapäeval, 7. detsembril 1941, oma ametipostil, täites tühja pärastlõunat sellega, et istus presidendihäärberi uksehoidjate ülema pisikeses kabinetis ja kõneles kalapüügist; kõrvaltoolis oli noor mereväeadjutant oma kuldtressidega mundris end lõsakile lasknud, nagu üritaks silma looja lasta, samas kui tema ülemus, mereväeminister, lõunatas kõrvalruumis koos presidendiga. Telefon helises ja uksehoidja Wilson Searles katkestas oma pikaleveninud loo jonnakast forellist, kes tema õnge otsast pääses, et sellele vastata. Ta kuulas ja ulatas siis toru adjutandile, selgitades: „Mereväeministeeriumist helistatakse.“

Noormees ajas end toolilt püsti ja tõstis toru kõrva äärde. Kogu tema unisus oli kohe kui käega pühitud ning ta hüüdis ärevalt telefoni: „Jumal küll, kas te tahate öelda, et Pearl Harborit on pommitatud?“ Searles katkestas oma loo keset lauset. Mike'i pea nõksatas tagasi nagu ootamatust hoobist, mida see ju oligi. Mere-väeadjutant oli uudisest nii ähmis, et pani toru hargist mööda; ta pidi veel kaks korda üritama, enne kui ta asjaga hakkama sai.

Esialgne šokk möödus kähku ja nad asusid tegutsema. Adjutant jooksis oma ülemust ja presidenti informeerima. Mike põrutas aga täie hooga koridori vaipa pidi edasi, nagu oleks tagasi jalgpalliväljakul, ning siirdus otse Valge Maja telefonikeskjaama. „Helistage kõigile salateenistuse meestele, kes praegu valvest vabad on," juhendas ta operaatorit. „Ja ka kõigile Valge Maja politseinikele." Ta võttis ise ühe toru pihku ja helistas Ed Kellyle, Washingtoni politseiülemale, paludes tal kohe Valgesse majja saata kuusteist mundris meest, aga „ärge öelge neile, mispärast". Järgmiseks hakkas ta oma ülemusi läbi helistama. Mike ei saanud ühendust kolonel Ed Starlingi, valvemeeskonna ülemaga; Starling oli sel päikeselisel pühapäeval pärastlõunal koos abikaasaga läinud väikesele väljasõidule Virginiasse. Ta sai kätte Frank Wilsoni, USA salateenistuse ülema, kes võttis selle uudise vastu jäise rahu-ga ning asus siis Mike'i kallal võtma, nagu see sõda oleks kuidagi tema süü. Viimaks kõneles Mike Henry Morgenthau juunioriga, kõrgi rahandusministriga, kes oli ühtlasi salateenistuse kõige kõr-gem ülemus, ja Mike'i mälestust mööda ei suutnud Morgenthau sedapuhku tavapäraselt reserveerituks jääda. Ta laskis kuuldavale karje, nagu „teda oleks pussitatud". Kuid ta sai sellest kähku üle ja andis käsu valvemeeskonda kahekordistada. Aga juba enne, kui Mike jõudis seda käsku täita, helistas Morgenthau tagasi ja käskis valvet neljakordistada ja maja kuulipildujatega ümbritseda.

Just sel hetkel, telefonitoru veel kõrva vastu surutud, nägi Mike, et ratastoolis presidenti veeretatakse Ovaalkabineti poole. „Tundus, et tä lõug on oma kaks jalga põlvedest ette sirutatud ja ta oli kõige hullumeelsem hollandlane, keda mina – või keegi teine – kunagi näinud oli," meenutas ta seda pilti, mis talle jäi raevukalt otsusekindla olekuga presidendist, kes oli tavaliselt ju alati lõbusas tujus. Ta sai aru, et Boss on nüüd sõjaaja ülemjuhataja rolli astunud.

Kui saabuvaid agente ja politseinikke juba postidele saadeti, ilmus ka Morgenthau välja. Ta tahtis kuulda kõigist kaitsesammudest, mida valvemeeskond on astunud. Mike andis neist ülevaate, aga tundus, et rahandusminister ei pööra ta jutule erilist tähelepanu. Ta heitis muudkui kõrvalpilke Valge Maja akende poole. Mike sattus sellest esmalt segadusse, kuid taipas siis, et Morgenthau vaatleb taevast, oodates nähtavasti vaenlase lennukite väljailmumist. Mike sai siis esimest korda aru, et nüüd on kõik võimalik.

Järgmisel päeval kutsuti Mike Frank Wilsoni kabinetti. Ta ei teadnud, mida oodata. Ta kartis, et teenistuse ülem võib teda noomida, et ta pole teinud piisavalt palju Bossi kaitsmiseks selle uue sõja esimestel kaootilistel tundidel. Seega tuli talle suure üllatusena Wilsoni teadaanne, et Morgenthau on just allkirjastanud korralduse, millega Mike ülendatakse presidendi salateenistuse meeskonna agentide ülevaatajaks.

Kolmekümne ühe aastasest Mike'ist oli nüüd saanud põhiline vastutaja Franklin D. Roosevelti – sõtta astunud riigi juhi – julgeoleku eest. Uus vastutuskoorem langes tema laiadele õlgadele ootamatu ja pea talumatu raskusega. „See oli midagi,“ tunnistas ta häbenemata, „mis võib ükskõik kellele tekitada külmavärinaid päeva ajal ja õudusunenägusid magades. Minuga tegi see mõlemat.“

Boss polnud enam vaid „kõrge prioriteediga sihtmärk“ suvaliste hullude jaoks. Igal hetkel võib president sattuda „teljeriikide salamõrvarite rügemendi“ sihikule, nagu Mike nüüd õudusega endale tunnistama pidi. Mike sai aru, et tema tööks on nad „üle kavaldada“. Ja ta teadis, et nemad juba ei tule kumminugadega.

Kas Valge Maja tuleks mustaks värvida?

Aga kas sellest piisaks? Vahest peaksid insenerid kohendama ka Potomaci ja Anacostia jõgede voolusängi? Isegi kui häärber moondamisvärvidega üle maalida, juhivad need jõed vaenlase piloodi ikkagi sihtmärgini; iga kaardi pealt oli näha, et hoone asus umbes miil maad eemal nende kokkusaamispunktist. Selle järgi on lihtne navigeerida.

Vahest oleks ainsaks turvaliseks variandiks presidendi residents ümber paigutada, leida talle kodu ja kabinet kaugemal sisemaal, eemal idaranniku ohtlikust geograafiast?

Neil ebakindlusest täidetud päevadel, mis järgnesid Ameerika sõttaastumisele, valitses säärane ärevus, et selliseid ettevaatusabinõusid õhust pommitamise vastu ja teisigi sama impulsiivseid ettepanekuid arutati täiesti siiralt, ükspuha kui fantastiliselt need tagantjärgi ka kõlada võivad. Kuid tollased väljakutsed olid tõepoolest pretsedenditud. FDR oli esimene president, keda tuli kaitsta selliste vaenlasriikide eest, kellel leidusid lennukid, mis suutsid lennata üle ookeani, et heita oma pommid või langevarjuüksused Washingtoni kohal alla. Leidus ka kaugjuhitavaid seadeldisi, mis spioonide või viienda kolonni käes suudavad distantsilt õhkida sildu, raudteesid ja isegi hooneid. Ning kui uskuda neid ärevaid kõlakaid, mis juba üle linna levisid, siis on natsidel ka võimsad raketid, mida võib kaugelt teele saata ja mis tabavad surmava täpsusega. Mike'i liigagar kujutlusvõime tootis ühe jubeda stsenaariumi teise järel, ning ta teadis, et tundugu need kuitahes jaburad, ei saa ta endale lubada üleolevat suhtumist ühtegi sellisesse: liiga palju on kaalul. Ta lähtus sama palju oma kartustest kui militaarekspertide nõuannetest, kui ta asus tegelema oma paljutahulise ülesandega kehtestada Valges Majas sõjaaja turvarežiim.

Enne sõda oli tulekahju oht Mike'i peamiseks mureks, mis ta öösel kell neli üles ajas ja lage jõllitama pani. Professionaali

objektiivse, sentimentaalsusest vaba hinnangu kohaselt oli Valge
Maja näol tegu „suurima tulelõksuga kogu Ameerikas." Tema
muret süvendas tõsiasi, et mees, keda sellest tuletormist päästa
tuleb, pole võimeline kõndima. FDR ei suuda ise põgeneda.
Seetõttu lasi Mike FDR-i magamistoa akende alla paigaldada
liugrennid, mida mööda (nagu ta end veenda üritas) suudaks
president vahest end Valge Maja murule libistada. Realistliku-
ma kindlustuspoliisina katastroofi vastu olid agendid korduvalt
harjutanud ka protseduuri, mille käigus president voodist sülle
krabatakse ja kantakse ta läbi leekide treppe pidi alla – viimaks
suutsid nad seda teha ka kinnisilmi (mida võis ka vaja minna,
kui suits peaks olema väga paks).

Kuid need kartused olid üsna tühised võrreldes ühe muu
mureallikaga, taipas Mike siis, kui oli käinud esimesel sõjaaja
turvalisuskoosolekul hoone eest vastutavate inseneridega. Pom-
mioht – ja see ei peagi täpselt Valge Maja pihta maanduma, sest
isegi lähitabamusest sünnivad sellised lööklained, et häärber
„vajub kokku nagu kaardimajake", ennustasid insenerid sünge
veendumusega. Nad selgitasid, et hoone koosneb lubjakiviplok-
kidest, mis on ühendatud õhukese mördikihiga. Pommirünnakut
see üle ei ela.

Sellest õõvastavast ennustusest kohutatud Mike, kelle vaimu-
silmast ei kadunud kujutluspilt sellest, kuidas Jaapani pommilen-
nukid olid oma surmava laadungi USA Vaikse ookeani laevastiku
peale heitnud, sai aru, et ülemusele on vaja leida pommivarjend.
Ja kohe. Ta leidiski sellele sobiva koha – kuid esmalt tuli võimu-
esindajatega ühendust võtta, et nad koristaksid sealt mitu tonni
oopiumit.

Teisel pool kitsast tänavat Valge Maja vastas asus väärika väli-
muse ja kivist sammastega neoklassitsistlik hoone – rahandusmi-
nisteeriumi oma. Aastate eest, märksa rahulikumal ajal, oli selle
marmorsaalide alla keldrisse ehitatud tohutu varakamber, mis

koosnes rasketest soomustatud plaatidest ja sai veel betooniga tugev-
datud. Muu hulgas oli see ette nähtud riigi oopiumireservide
hoidmiseks. Mike nägemuse põhjal (mis sündis peale põhjalik-
ku konsulteerimist armee-, mereväe- ja tsiviilinseneridega) asus
Föderaalne Töödeagentuur seda maa-alust ladu ümber kohenda-
ma. Sinna paigutati kaitsefiltrid keemiliste gaaside vastu. Paksu-
desse seintesse lõhuti augud ja kaevati põgenemisteed. Valge Maja
ja rahandusministeeriumi vahele maa alla rajati looklev tunnel
koos hädaväljapääsudega. Nii saaks presidendi salaja häärberist
varakambrisse veeretada kasvõi keset õhurünnakut. (Mis puutus
oopiumitonnidesse, siis Mike ei saanudki teada, mis neist sai,
kuigi ta küsis endalt mõnikord, kas nende hõng oli varakambri
õhus säilinud. Kuigi ta leidis naljatamisi, et selle uimastav mõju
võib isegi kasuks tulla, kui kunagi peaks tõesti saabuma päev,
mil riigi pealinna põhjalikult pommitama hakatakse.)

Aga kuigi seda pommivarjendit ehitama hakati, pidas Mike
seda algusest peale vaid ajutiseks lahenduseks. Sest presidendil
peab olema ohutu peidupaik Valge Maja territooriumil. FDR
torises, et sellised ettevaatusabinõud pole vajalikud, kuid ühel
hommikul, mil Mike sellest taas juttu tegi, kui president para-
jasti voodis hommikueinet sõi, andis Boss järele. Vahest tundus
FDR-ile, et lihtsam on temaga nõustuda, kui seda juttu üha
uuesti kuulata. Või oli asi lihtsalt selles, et just tol hetkel, mõnusalt
voodis lesides, tundus tallegi, et läbi lookleva maa-aluse tunneli
veeretatud saada iga kord, kui antakse mingi häire, poleks tema
jaoks kuigi mugav. Igatahes andis president käsu: „Ütle Horatio
Winslow'le, et ta täna minu juurde tuleks." Ning juba enne selle
päeva lõppu oli FDR koos Valge Maja arhitekti Winslow'ga paika
pannud esialgse ajagraafiku hoonele idatiiva ehitamiseks – seda
plaani oli varemgi arutatud, aga nüüd sisaldaks see vajalik laien-
dus lisaks uutele kabinettidele ka tohutusuurt pommivarjendit
keldris, mis on tugevdatud pliiseinte ja betooniga, pidades vastu

isegi otsetabamusele. Ettearvamatut sõjaaega silmas pidades nõudis president ühtlasi, et varjend peaks sisaldama seifi, kuhu hoiule panna riiklikud dokumendid, mis on elutähtsad vabariigi edasikestmiseks.

Ent pikeerivad vaenlase pommilennukid olid vaid üks Mike'i õudusunenägudest. Ta muretses ka selle üle, et Valge Maja võib saada „teljeriikide parašütistide või viienda kolonni organiseeritud sissetungi" sihtmärgiks. Ta ei uskunud eriti, et isegi see tugevdatud salateenistuse valvemeeskond oma kuulipildujatega suudaks otsusekindlat ja hästiorganiseeritud rünnakut tagasi lüüa. Ta jagas seda häirivat stsenaariumit ka armeega, ning kindralid said kohe aru, mida ta silmas peab. Ent esialgse arutelu järel sai peagi selgeks, et neljatähekindralitele on vastumeelt arutada relvajõudude ülemjuhataja kaitsmise plaane mingi tsivilistiga. Seega pidi Mike eemalt pealt vaatama, kuidas sõjavägi asus tööle sihiga muuta Valge Maja vallutamatuks sõjaaja tsitadelliks.

Kähku koliti terve lahinguvalmiduses jalaväepataljon Fort Myerist ümber Valge Maja maniküüritud muruplatsile. Kaevati kindlustatud laskepesad haubitsatele ja kuulipildujatele. Häärberi katusele pandi õhutõrjepatarei, mille pikad torud kiikasid taeva poole, ning Mike'ile tundus, et juba otsivad need sealt sihtmärke. Hoonesse koliti ka keemiasõjaüksus, seda ootamatu gaasi- või biorelvarünnaku puhuks. Kui Mike küsis, et kas see on tõesti vajalik, peeti talle noomiv loeng: sakslased olid viimase sõja kestel Ameerikas salaja levitanud siberi katku spoore, ning jaapanlased on teatavasti hunnidest veel halastamatumad. Muidugi on see vajalik. Mike viskas nalja, et selleks ajaks, mil ettevõtlikud kindralid asjaga ühele poole said, puudus Valgel Majal veel vaid vallikraav.

Aga kui sõda edasi venis ja tema vastutuskoorem aina raskemaks muutus, hakkas Mike mõtlema, et vahest polekski vallikraav paha mõte. Tõepoolest, miks ka mitte ...

5

SÕDA OLI SALATEENISTUST SIISKI ootamatult tabanud, mis sellele asutusele muidugi häbi tegi ning lisaks neis abitustunde tekitas: me oleksime pidanud seda ette nägema, me pidanuks paremini valmistuma. Pea kohe sai selgeks, et nad on tõepoolest kitsikusse sattunud.

Vaid kaksteist tundi peale jaapanlaste rünnakut andis president valvemeeskonnale teada, et ta sõidab Valgest Majast Kapitooliumi hoonesse, et seal Jaapanile sõda kuulutada. See polnud pikk teekond, vaid paar kilomeetrit, mille läbisõitmine võtab mõne minuti. Aga Mike kartis siiski, et FDR ei pruugi sihtpunkti välja jõuda. Oma lahtises autos oleks president täiuslik sihtmärk vaenlase salamõrvaritele.

Juba enne sõda oli Mike leidnud, et president peaks reisima soomustatud autos. Mike töö osaks oli lugeda igapäevaselt Valgesse Majja saabuvaid sõimukirju, mis sageli ka konkreetseid ähvardusi sisaldasid, ning see kõhedusttekitav kohustus andis talle selge pildi, et „tõepoolest leidub lausa kümneid tuhandeid ameeriklasi, kes USA presidendi meelsasti maha laseks." Terve mõistus nõudis seda vajalikku ettevaatusabinõud, et presidendilimusiin peab olema kuulikindel. Kuid rahandusministeerium ei teinud tema murest välja. Talle anti teada, et eelkõige on asi rahas. Valitsuse regulatsioonid nägid ette, et presidendi sõidukile võib kulutada maksimaalselt 750 dollarit. Selle raha eest sai päris korraliku lahtise auto, aga kindlasti ei piisaks sellest sõiduki muretsemiseks, mis on sama hävitamiskindel nagu tank.

Nii et sel suurpäeval, mil FDR pidi Kongressi ees kõnet pidama, pidi Mike piirduma vaid sellega, et ääristas kogu marsruudi sõduritega – mida pikemat kasvu, seda parem. Ning salateenistuse agendid – mida kogukamad, seda parem – rippusid presidendi limusiini küljes, varjates teda oma kehaga. Nende pisikeste ettevaatusabinõude rakendamise järel pidi ta vaid „parimat lootma", nagu ta pärast kahetsustundega meenutas.

Ent lootusrikkusest üksi ei piisa, et presidenti kogu ülejäänud sõjast turvaliselt läbi tuua. Mike leidis, et ta peab improviseerima. Ta nuputaski kähku välja leidliku plaani, millest pidi piisama kuni ajani, mil neile piisavalt raha eraldatakse, et ehitada sõiduk, mis sõjaaja nõudmistega sobiks. Peagi tekkis tal võimalus seda plaani ellu rakendada.

Kaks päeva hiljem andis FDR teada, et ta tahab autoga sõitma minna. „Ma ei kavatse kogu ülejäänud sõda peidus veeta," kähvas ta ja põrnitses Mike'i altkulmu, nagu ootaks vastuvaidlemist.

„Jah, söör. Mis ajaks te valmis saate?" vastas Mike teenistusvalmilt.

Umbes tunni aja pärast veeretas Mike presidendi Valge Maja sissesõiduteele, kus neid ootas auto. See oli roheline Cadillac, umbes armeeveoki suurune, ent esmapilgul vähemalt kaks korda raskem.

„Mis asi see veel on, Mike?" uuris FDR.

„Härra president, ma võtsin endale vabaduse uus auto muretseda," alustas Mike surmtõsisel toonil. „See on soomustatud, Kardetavasti võib see olla väheke ebamugav. Ja ma tean, et see on veidi kahtlase kuulsusega."

„Kahtlase kuulsusega?" kordas president kannatamatult.

„Jah, söör. See kuulus Al Capone'ile. Nagu te teate, oli rahandusministeeriumil Al'iga veidi pahandusi, ja kohtuprotsessi järel võeti talt ka see auto ära. Ma saingi selle rahandusministeeriumilt."

President vahtis küsivalt seda mammutlikku autot – ligi viis tuhat kilo tugevdatud terast. Mike ootas juba, et vahest hakkab president rehve jalaga togima, või hoopis teda ennast. Kuid FDR leppis olukorraga. „Ma loodan, et härra Capone'il pole selle vastu midagi," ütles FDR kõhklevalt. See jäi kahe vandeseltslase ühiseks salanaljaks ning nad läksid uue presidendilimusiiniga sõitma.

Kuid president polnud alati nõnda leplik. Sõda või mitte, FDR-i arust pidi Valges Majas kõik tavapärasel moel jätkuma. Kuna seal aeti poliitikat, tähendas see, et ka edaspidi liikus häärberi koridorides karjakaupa valitsusametnikke. Ent jõulude ajal, vaid kahe nädala pärast, avatakse väravad ja rahvas vooib sisse, et vaadata tulede süütamist jõulukuusel. Mike'is tekitas see muidugi kõhedust, et Bossi lähikonnas liigub nii palju võõraid ja ükskõik kes neist võib olla teljeriikide agent või viienda kolonni liige. Kuna ta kujutlusvõime tootis niigi järelejätmatult kõige jubedamaid stsenaariumeid, üritas ta presidendile peale suruda teatud reegleid: ametlike külaliste arvu tuleb piirata ja jõulutseremoonia, nojah, see tuleb paraku ära jätta. See nõudmine oleks talle peaaegu töökoha maksma läinud.

Vähe sellest, et president vastas eitavalt; Mike oli sellega juba harjunud. Ka see polnud ebatavaline, et ta tegi seda järsult ja pahasel toonil; ka seda oli Mike varem kuulda saanud. Enneolematu oli aga see pilk, see järeleandmatult otsusekindel pilk, millega president Mike'i seiras. See väljendas presidendivõimu autoriteeti. Mike sai kähku aru, et kui ta pealekäimist jätkab, siis „peagi hakkan ma mõnes Lõuna-Dakota inimtühjas paigas pangatellerile õpetama, kuidas eristada võltsitud kahedollarilist ehtsast."

Olles oma lüüasaamisega leppinud, pidi Mike taas leidlikkust ilmutama. Kui tal ei lubata Valge Maja uksi sulgeda, siis tasub tal neid vähemalt kindlustada. Ta lasi käiku terve kollektsiooni „kõikvõimalikest vidinatest", nagu ta neid nimetas: „kõnelevad tarad, uksesilmad, taskusse mahtuvad saatjad ja vastuvõtjad." Probleemiks oli küll see, et mõned vidinad töötasid paremini kui teised.

Näiteks üks tema ettevaatusabinõu, Alnori uks. See oli elektriline metallitundlik turvavärav, mis andis alarmi, kui sellest läks läbi mõni külm- või tulirelva kandev inimene. Mike leidis, et selline riistapuu, mis vanglates tavaline oli, võiks hästi töötada ka Valges Majas (mille Mike oleks meelsasti ka vanglataoliseks muutnud, kui talle oleks selleks võimalus antud). Jõulutseremoonia eelõhtul lasi Mike mõned sellised ähvardava välimusega Alnorid paigaldada Valge Maja peavärava juurde, kuigi jõuluajale kohaselt lasi ta need kaunistada iileksiokstega. Neist kõndis läbi umbes viiskümmend tuhat inimest ja masinad piiksusid muidugi kogu aeg. Õhtu lõpuks oli Mike'il ette näidata vaid suur hunnik konfiskeeritud plaskusid, mis tema vaatekohast nähtuna oli ootamatu, kuid siiski teretulnud lisakasu. Valvemeeskonna pühadetujule aitas see igatahes kaasa.

Sellest julgust saanuna lasi ta Alnori ukse väiksema versiooni (mis siseruumis siiski koleda kobakana mõjus) häärberi peasissekäigu juurde paigaldada. Aga iga kord, kui avati raskeid sisemisi esiuksi, panid nende messingkaunistused ja ehislukud masina elektroonika pahaselt piiksuma. Alnor eemaldati juba järgmisel päeval.

Mike ei jätnud jonni ja leidis inseneri, kel oli välja pakkuda teistsugune metallituvastusmasin – see kaalus vaid veerand kilo. Seda sai peita agendi pintsaku alla ja sellega ühendatud sumisti oli kinnitatud reväärile. See töötas hästi – liigagi hästi. Kõlas lakkamatu sumin, kui seda seadeldist kandvad agendid häärberis ringi liikusid ja möödusid neist paljudest valvepostidest, kus seisid relvastatud Valge Maja politseiüksuse liikmeid.

Selle fiasko tõttu tõi Mike hoonesse viimaks fluoroskoopmasina. Külastaja seisis selle seadme ees ja kõrvalruumis heitis agent pilgu ekraanile, mis aitas tal näha külastaja mantli alla, kus võis peidus olla mõni relv. Või vaadata läbi naise kleidi, nagu irvitavad agendid kähku märkasid. Punastav Mike pidas seda „väheke sobimatuks". Fluoroskoop viidi kähku minema.

Ka „kõnelev tara" põhjustas ebadiskreetseid intsidente. Algselt oli see seade mõeldud laskemoonahoidlate ja salajaste radarirajatiste jaoks ning koosnes pisikestest mikrofonidest, mis olid raskestimärgatava kaabli abil ühendatud kõrge raudtaraga, mis ümbritses Valge Maja krunti. Kui mõni sissetungija katsus tarast üle ronida, märkasid mikrofonid müra ja terve hulk signaaltulukesi hakkas vilkuma valvemaja kontrollpaneelil, millel salateenistus silma peal hoidis. Ühtlasi korjasid need tundlikud peidetud mikrofonid üles ka isegi sosinal peetud vestlused nende tähtsate isikute vahel, kes kahekesi tara kõrval edasi-tagasi jalutasid. Mike otsustas, et isegi kui valvemeeskond kuuleb niiviisi mõningaid mahlakaid kuulujutte, või vahetevahel isegi mõnd riigisaladust, ei kaalu see miinus siiski üles presidendi julgeolekut.

Nüüdseks oli kogu valvemeeskond Mike'i käsul varustatud raadiovastuvõtjatega. Need uuenduslikud seadmed olid umbes selle sigaretipaki Camel suurused, mida Mike alati pintsakutaskus kandis. Selle raadioga sai vastu võtta sõnumeid kõigilt saatejaamadelt 230 km raadiuses ning saata sõnumeid teistele agentidele 5 km raadiuses. Mike lootis, et nii suudavad ta mehed viivitamatult reageerida kõigile hädaolukordadele.

Kuigi kõik need kavalad „vidinad" aitasid Mike'il end veidi kindlamalt tunda, piisas tal vaid presidendi nägemisest, et talle

kohe meelde tuleks, kui raske ülesanne on pandud tema valve-
meeskonna õlule ning kui head on iga otsusekindla salamõrvari
šansid. Presidendi ratastooli külge oli kinnitatud üpris silmatorka-
matu must karp, mis suuruselt ja kujult meenutas mõnd juuraõpikut,
mida Mike omal ajal kolledžilinnakus kaasa tassinud oli. Selle
sees asus FDR-i gaasimask, ja ilma selleta ei käinud ta kuskil —
see oli alati temaga nii Valges Majas kui selle väravate taga.

6

AGA KUIGI MIKE ANDIS OMA PARIMA, et kaitsta riigijuhti sõja
ajal, tõid arenevad sündmused endaga kaasa uusi ja varem
kujuteldamatuid ohte. Mõned neist olid põhjustatud ini-
meste mõtlematusest. Näiteks saatsid eesliinisõdurid FDR-ile
lugupidamise märgiks suveniire oma rasketelt sõjakäikudelt,
ning Mike pidi kindlustama, et need korjataks ära kohe, kui
need Valge Maja postikeskusesse jõuavad. Paaril korral selgus
kõigi suureks ehmatuseks, et nendeks mälestusesemeteks on
endiselt plahvatusvõimelised Saksa mürsud või granaadid. Kui
Mike jälgis nende lõhkamist armee eridemineerijate üksuse poolt
nende baasis, mis asus kohe teisel pool Potomaci jõge, ei saanud
ta jätta kujutlemata, mis võinuks juhtuda siis, kui mõni selline
heade kavatsustega teele pandud pakk (mida need sõdurid küll
mõtlesid, pidi ta endalt küsima) oleks tõepoolest Ovaalkabinetti
välja jõudnud. Neil puhkudel oli tal mitu ööd järjest raske end
korralikult välja magada, sest plahvatused saatsid teda ka une-
nägudes.

Talle anti veel üks ootamatu ja sugugi mitte lihtne ülesanne:
Winston Churchill. Briti peaministri hea tuju säilitamine siis,
kui ta ööbis Valges Majas – see toimus vaid mõni nädal peale
Pearl Harborit – sai presidendi käsul nüüd üheks Mike'i uutest
kohustustest. Selle ülesande täitmise kestel jäi Mike'i „suu häm-

mastusest ammuli", ehkki ta julges end nimetada sama kõvaks joomariks nagu iga teinegi iirlane. Mis puutus viskisse ja brändisse, siis „asi polnud vaid neis kogustes", mida peaminister „sujuvalt ja entusiastlikult" kõrist alla kallas. Mike meenutas heldinud imetlusega, et „selle juures säilitas ta täiesti kaine pea. Winston Churchillist võimekamat joomarit pole minu mäletamist mööda üle Valge Maja ukseläve astunud, ja ma võtan siin arvesse ka Valge Maja korrespondendid. Kollektiivselt."

Kuigi Churchillile ajutiseks joomakaaslaseks olemine oli selline osa ameerikapärasest külalislahkusest, mille vastu Mike'il tegelikult midagi polnud, siis kaasnev lisakohustus veel ühe suurmehe julgeoleku eest vastutada oli talle vastumeelsem. Ta kaebas omaenda kogemuste põhjal, et „inglased ei suhtu isikliku julgeoleku küsimustesse kuigi tõsiselt". Tema arust lubasid britid oma peaministri liigagi tihti enam-vähem üksinda linna peale tuiama. Ta krimpsutas nägu, kui mõtles kõigile neile võimalustele, mis mõnel salamõrvaril võiksid tekkida selle kergesti äratuntava figuuri sihikule võtmiseks.

Brittide kergemeelne suhtumine oli üllatuseks ka FDR-ile. Kui Chrurchilli kiire 1942. aasta juunivisiit Valgesse Majja oli läbi saamas, kutsus president Mike'i Ovaalkabinetti. Talle ebatavalise järskusega, mis Mike'i kohe ärevile ajas, andis ta agendile uued käsud kätte.

„Mike, Churchill läheb kahekümne seitsmendal koju. Ma olen julgeoleku pärast tõsiselt mures. Ma tahan, et sa teeksid kõikvõimaliku tema turvalisuse tagamiseks." Just nõnda saigi võimalikuks see, et Mike päästis peaministri elu.

Churchill pidi ära lendama lennukiga, mis tegi vahemaandumise Bermudal, ning Mike leiutas tema lahkumiseks ettevaatliku plaani. Ta paneb peaministri valitsuse autosse, mis kihutab Anacostia mereväe õhubaasi, mis asus vaid 6 kilomeetri jagu eemal. Seal ootab teda töötavate mootoritega eralennuk ning peaminister on turvaliselt õhus juba kakskümmend minutit peale teeleasumist Valgest Majast. Ent Briti saatkond Washingtonis oli sedasorti lahkumisplaanile vastu.

„Kõik see pole üldse vajalik, härra Reilly," teatas ennasttäis Briti diplomaat veidi põlglikult. „British Overseas Airwaysi baas asub Baltimore'is ja kui ta sealt teele asub, tuleb see kasuks ka töötajate moraalile."

Töötajate moraal oli küll viimane asi, mis Mike'i antud juhul huvitas. Ent britid ei andnud järele. Nad ei pannud tema ärevust mikski. „Teil pole muretsemiseks mingit põhjust," oli see sageli korratud ja alati lõplik ametlik vastus kõigile Mike'i hoiatustele.

Churchilli lahkumispäeval andis Mike oma parima, et lisada ettevaatusabinõusid sellele tema arust mõtlematule ettevõtmisele. Ta toimetas peaministri, keda president saatma tuli, Valgest Majast välja mööda neid tunneleid, mis viisid rahandusministeeriumisse. („Ma tulen sinuga kaasa, Winston, et sa Henry Morgenthau kulda sisse ei vehiks," ütles FDR, kuigi Churchill, kes juhtis kokkukuivanud kullavarudega Briti impeeriumi, ei pruukinud sellest naljast nii vaimustatud olla, nagu võõrustaja lootis.) Siis toimetati peaminister ühes silmatorkamatus autos mööda hoolikalt valitud marsruuti Washingtoni kõrvaltänavaid ja Marylandi põlluvaheteid pidi BOAC-i terminali Baltimore'is.

Alles siis, kui auto angaarile ligines, märkas Mike'i, et peaministri lennuki ukse ees toimub midagi kahtlast: mingi pakikandja rüseleb BOAC-i mundris valvuriga. Nad võitlesid seal püstoli pärast.

Mike hüppas autost välja ja jooksis nende poole. Edasi tormates üritas ta otsusele jõuda, kas oleks põhjust pakikandjat tulistada või piisab vaid rusikate käiku laskmisest – ent äkki sai ta aru, et keskendub valele mehele. Jässakas mees tunkedes polnud ei keegi muu kui agent Howard Chandler. Mike oli julgeolekut tõhustada katsudes andnud salateenistuse meestele käsu end töötajateks maskeerida. Hoopis metsiku pilguga BOAC-i valvur on sala-mõrvar.

„See värdjas tahab Churchilli maha lasta!" karjus Chandler ülemusele, kui nad mehe ühiste jõududega pikali surusid. Mike hoidis teda kogu keharaskusega maas, samas kui Chandler väänas püstoli ta pihust välja. Seni angaari lähedal varjus püsinud agendid jooksid ligi ja viisid käeraudu pandud salamõrvari minema. „Ma panin tähele, et see valvur — kes on muuseas ameeriklane — seisis lennuki ukse lähedal," rääkis pingutusest hingeldav Chandler oma bossile. „Ma hiilisin talle selja taha ja kuulsin, kuidas ta endamisi pomises: „Ma tapan selle litapoja Churchilli. Ma tapan ta ära."" Chandler läks talle käsitsi kallale, aga oli valmis tunnistama, et ta poleks pruukinud peale jääda, kui Mike poleks appi tulnud.

Mike kõndis asfalti mööda aeglaselt peaministri auto poole tagasi, üritades maha rahuneda, või vähemalt varjata kogu seda sisemist kaost, mis tema sees möllas. „Kõik on korras, söör," teatas ta Churchillile. Raske öelda, kas kumbki neist seda optimistlikku väidet uskus. Mike mäletab igatahes, et enne lennuki peale minekut mainis Churchill resigneerunult: „Mike, selles ilmas on paganama palju litapoegi."

Mike pidi hiljem tunnistama, et presidendi ihukaitsjatel ei tasu seda mõttetera kunagi unustada.

Aga kõik senised ootamatud ja pretsedenditud sõjaaegsed ohud, mis Mike'i tööd raskendasid, kahvatusid uue ülesande kõrval, mis talle enneolematult palju muret valmistas. President otsustas 1943. aasta jaanuari lõpu poole kohtuda Churchilliga kauges Casablancas.

Ligi kolm kuud varem, vaid üks päev peale liitlaste edukat maabumist Põhja-Aafrikas, just sel hetkel, kui seni sünged sõjareportaažid võtsid lootusrikkama tooni, kutsuti Mike kell kaheksa hommikul presidendi ette. FDR istus voodil ja rüüpas kohvi, mida ta alati ise valmistas, ning tema näol oli lai irve. Mike eeldas, et Bossi hea tuju annab märku sellest, et invasioon kulgeb plaanide kohaselt või vahest koguni paremini. Kuid ta sai peagi teada, et presidendi hea tuju on vaid osaliselt sellest põhjustatud, üks muu asi oli palju tähtsam. FDR kavatses talle teada anda hämmastavast uudisest ning ootas salaliku kahjurõõmuga, mis näo ta ihukaitsja selle peale teeb.

„Mike," teatas ta, „ma pean Aafrikasse minema."

„Aafrikasse, härra president?" kordas Mike midagi mõistmata – ta poleks saanud olla üllatunum, kui president teatanuks talle, et nad lähevad kuu peale. Ja ta mõtles: kui FDR tahtis minna linna teise otsa Griffithi staadionile, siis see sõjaaja ekskursioon oli talle päevade viisi peamurdmist valmistanud, kui ta üritas rakendada kaitsemeetmeid kõikvõimalike katastroofide vastu. Aafrikasse?

„Aga see on kohutavalt riskantne," pahvatas Mike. Kuid talle meenus siis tema õige koht ja ta üritas lootusetult selgitada: „Kui arvesse võtta, millised on inimolendid, ja millised on masinad."

„Churchill ja tema staabiülemad igatahes lähevad sinna ja meie staabiülemad lähevad ka," selgitas president leebe kannatlikkusega. „Mike, on palju põhjuseid, miks ka mina pean minema."

Otsus oli seega langetatud. FDR läheb Aafrikasse ja Mike juhib ettesaadetud julgeolekumeeskonda.

USA mereväe patrull-laevad ja päästeüksused koos vesilennukite ja dirižaablitega hoiavad silma peal tema marsruudil, kui Boss lendab – esimese USA presidendina üle Atlandi ookeani – Bathursti Lõuna-Aafrikas. Selline on selle reisi esimene etapp. Kuid Mike'ile ei andnud see eriti palju kindlustunnet juurde, kui ta piidles kahtlustavalt hallikat tasast merd selle ümberehitatud B-24 kitsast aknast, mis kandis üle ookeani teda ja teisi, kes saadeti presidendi julgeolekut ette valmistama. Saksa allveelaevad olid Atlandil endiselt aktiivsed ja nende terava silmaga õhutõrjemeeskonnad olid liitlaste pommitus- ja transpordilennukeid sageli taevast alla toonud, et ookean nad neelata saaks.

Kui Mike maandus Casablancas, tervitas kindralleitnant Mark Clark teda kõhedusttekitavate uudistega: „Mõrva tellimise turuhind kohalikelt on stabiliseerunud umbes kümne Ameerika dollari kandis, nii et keegi ei hakka eriti tingima, kui tal on vaja keegi ära koksata." Arvata võis, et pakkumistest pole puudust. Casablanca „kubises natside agentidest", kui uskuda kõiki neid häirivaid sõjaväeluure raporteid. Kuid kohalike ja vaenlase saadetud palgamõrvarite hordid polnud ainus oht. See varitses ka selle lämmatava ja tolmuse linna kohal taevas. Kaks nädalat enne Mike'i saabumist oli Luftwaffe pommitanud üht kohalikku elukvartalit. Selle üheainsa halastamatu reidi tagajärjel hukkus sadu inimesi.

Seega olid Mike'i närvid viimseni pingul, kui ta mitmete jubedate päevade järel selles külalislahkusetus linnas jälgis viimaks presidendi läikivat C-54 lennukit maandumas just ettenähtud ajal, kell 18.20 õhtul 12. jaanuaril, Medouina lennuväljale Casablancas. Lennuk veeres lennuvälja tühjemasse, kaugemasse serva, ning Mike sööstis rampi pidi üles pardale.

„Mike, mu reis kulges suurepäraselt," ütles president tervituseks.

Salateenistuse agendil polnud viisakuste vahetamiseks aega. Ta oli nii närvis, et läks kohe peamise juurde. „Palun ajage oma asjad siin võimalikult kähku korda," hakkas ta presidenti lausa anuma. „Vastasel juhul võib juhtuda, et mõned teie parimad kindralid on sunnitud maohaavade tõttu erru minema." Ta lisas veel: „Isegi minu raudses kõhus juba keerab veidi."

FDR kuulas ta ära ja tegi siis selgeks, et ta suhtub tema palvetesse mõistvalt. „Mike, ma saan siin oma asjadega ühele poole nii kiiresti, kui see vähegi võimalik on," lubas ta. Kuid juba järgmise hingetõmbega andis ta konkreetse käsu: „Ja nüüd lõpeta muretsemine!"

Kuid Mike'il oli võimatu seda käsku täita. Selle ligi 25 000 km pikkuse edasi-tagasi teekonna, mille käigus invaliidist president sattus väga lähedale välismaistele lahingutsoonidele, järgnenud kolme nädala kestel oli Mike'i jaoks ainsaks lohutuseks see, et ta hakkas taipama: tema kartused on kas täiesti põhjendamatud või täiesti õigustatud. Ja kui need on täiesti õigustatud, siis ilmselt on tal juba hilja midagi ette võtta.

Kui president oli viimaks tagasi turvalises Valges Majas, tõotas Mike endale, et mitte kunagi enam ei luba ta presidendil end sellisesse ohtu seada. Mitte siis, kui tema vastutab FDR-i julgeoleku eest.

———

Hiljem, sama aasta augusti keskel, õnnestus Mike'il mõneks ajaks Washingtoni lämmatava suvekuumuse eest põgeneda, kui ta saatis presidenti reisil märksa mõnusama ilmaga Quebecisse, kus FDR kohtus Churchilliga. Juhtumisi sai Mike seal teada, et Boss ja peaminister on Jossif Stalinile saatnud ühise sõnumi: „Sel sõja kriitilise tähtsusega momendil" soovisid nad korraldada kõigi kolme liitlasrinde riigijuhi kokkusaamise.

Mike'il oli seda kuuldes tunne, nagu oleksid Hudson Bay lahelt puhuvad värskendavad tuuleiilid muutunud kümnepalliseks tormiks. Ta hakkas kohe mõtisklema, millises kauges maailmanurgas see ohtlik sõjaaja konverents – liitlasarmeede kolm ülemjuhatajat samas kohas koos! – toimuda võib. Churchill ja FDR polnud välja teinud sõjaväelaste hoiatustest ja ignoreerinud ka tervet mõistust, kohtudes Casablancas, natsispioonidest kubisevas linnas, mis asus vaid lühikese lennuotsa kaugusel vaenlase pommitajabaasidest. Ta võdistas õlgu, kui üritas ette kujutada, millise kohtumispaiga need kolm liidrit oma kollektiivses mõtlematuses nüüd välja valida võivad. Ta pidi enda käest küsima, kas tema oskustest ja ettenägemisvõimest piisab, et kaitsta Bossi kõigi tõsiste ohtude eest, mis sellise väliskonverentsiga kaasneksid.

Kuid õnneks kuulis ta peagi uudist, mis ta kähku maha rahustas: FDR ja Churchill olid Stalinile ette pannud kohtuda Fairbanksis Alaska osariigis. Ameerika territooriumil. Linnas, mis asub lähedal Ameerika sõjaväebaasidele. Boss ei pea üle ookeanide või läbi võõraste maade reisima. Alaskas korraldatud konverentsiga ei seonduks neid meeletuid riske, milleks korralikult ette valmistumine poleks Mike'i võimuses.

7

ERINEVALT MIKE REILLYST, kes kaitses suurmehi, oli RSHA VI ameti (SD Julgeolekuteenistuse ehk välisluure) juhi, SS-kindrali Walter Schellenbergi ülesandeks neid jahtida. Kuigi nende ametikohustused olid seega risti vastupidised – üks oli ihukaitsja, teine sepitses salaplaane kaitsemeetmetest mööda hiilimiseks –, olid need kaks proffi mitmeski mõttes sarnased. Mõlemad olid juurat õppinud, mõlemad olid 33-aastased ja seega oma ameti jaoks pigem noored mehed. Mõlemad olid oma töös kogenud ja soovisid riske maandada. Schellenberg muutus veel ettevaatlikumaks peale osavõttu ühest õnnetu saatusega ettevõtmisest nimega operatsioon Willi – natside salaplaan Windsori hertsogi ja hertsoginna röövimiseks.

See oli Hitleri idee, kuid käsu selleks andis tol 1940. aasta juulihommikul välisminister Joachim von Ribbentrop oma pakilise telefonikõnega. „Öelge mulle, mu kallis sõber, kas teil oleks võimalik kohe mu kabinetti ilmuda?" küsis ta endale tüüpilisel kenitleval moel. Schellenberg, kes mõistagi endale aru andis, et tema on vaid alluv, nõustus kohe võimuka riigiministri palvet täitma, aga kui ta uuris kohtumise teema kohta ja tahtis teada, kas tuleb kaasa võtta ka mingeid dokumente, siis ei hakanud oma positsiooni nautiv Ribbentrop midagi paljastama ja segas tema jutule kohe vahele. „Tulge kohe siia," käskis ta. „Seda asja ei saa telefoni teel arutada."

Ribbentrop seisis oma suure marmorpealsega kirjutuslaua ees, käed rinnal risti nagu koolidirektoril, kes valmistub ulakat koolipoissi noomima. Ta näol valitsev tõsine ilme ja siniste silmade jääkülm pilk vaid süvendas Schellenbergi muret. *Reich* oli tõeline ussipesa, kus kõik üritasid oma võimu kasvatada Hitlerile pugemise teel, ning ta teadis, et vana edev Ribbentrop on selles üks parimaid. Lisaks oli Schellenberg juba ammu järeldusele jõudnud, et välisminister, keda Hitler oli küll nimetanud suurimaks Saksa riigimeheks pärast Bismarcki, on pesueht lollpea, kuid see tegi tema mahhinatsioonid veel hädaohtlikumaks. Ärevil Schellenberg kartis nüüd, et tema vastu on tõstatatud mingi väljamõeldud süüdistus — ta oli end juba pidanud kaitsma väidete eest, et tal on armulugu oma Riigi Julgeoleku Peaameti ülemuse Reinhard Heydrichi abikaasaga, kenakese blondiiniga.

Kuid välisminister hakkas luureohvitseri hoopis pommitama küsimustega Windsori hertsogi kohta. Kas Schelleneberg oli hertsogiga kohtunud, kui ta viimati Saksamaal käis? Ja — seda nüüd vandeseltslaslikul toonil — kas ta on teadlik tema troonist loobumise t e g e l i k e s t põhjustest?

Schellenbergil polnud aimugi, mis suunas see ülekuulamine tüürib, kuid igatahes tundis ta kergendust: tema pea pole pakul. Kohusetundlikult hakkas ta kordama seda, mida oli ajalehtedest lugenud: hertsog oli otsustanud troonist loobuda, kuna tahtis abielluda Wallis Simpsoniga, selle lahutatud ameeriklannaga, keda ta armastas.

Ribbentrop ei lasknud tal pikalt rääkida. „Mu kallis Schellenberg," lausus ta mürgiselt, „teil on sellest asjast jäänud täiesti vale ettekujutus — te ei tea, miks hertsog tegelikult troonist loobuma pidi." See abiellumise küsimus oli vaid otsitud ettekääne, et

Briti troonile ei tõuseks Saksamaa „aus ja truu sõber", kuulutas ta veendunult.

Ribbentrop andis teada, et tal on Schellenbergile uus missioon. See tuleb otse füürerilt. Ta pidi hertsogile pakkuma 50 miljonit Šveitsi franki (mis 1940. aastal võrdus umbes 200 miljoni USA dollariga), mis kantakse Šveitsi pangaarvele, kui Inglismaa endine kuningas astub „mingi ametliku sammu", millega ta end kaugendab kuninglikust perekonnast ja Briti valitsusest. Hitler eelistaks seda varianti, et paarike kolib elama Šveitsi, aga on nõus ka ükskõik millise muu neutraalse riigiga, kuni see ei jää Reich'i territoriaalsest haardest liiga kaugele. Mis puutub Briti salaluureteenistuse katsetesse hertsogi põgenemist takistada, siis nendega peab tegelema just Schellenberg – „Isegi omaenda eluga riskides, ja vajadusel ka jõudu kasutades."

Schellenberg kui õppinud jurist ei saanud jätta viitamata vastuoludele selles käsus. Kas ta peab lihtsalt pistist pakkuma? Või hertsogi röövima?

Välisminister pareeris ta küsimused oma diplomaadioskustega: „Füürer leiab, et jõudu peaks kasutama eelkõige Briti salateenistuse vastu. Hertsogi puhul vaid siis, kui tema kõhklused on põhjustatud hirmupsühhoosist, mida meiepoolse jõulise tegevusega vahest ületada annaks."

Schellenberg üritas seda vastust lahti mõtestada, ning jõudis järeldusele, et see saab tähendada vaid üht: ühel või teisel viisil peab ta hertsogi saama Saksamaa füüsilise kontrolli alla. Kui ekskuninga puhul ei piisa vaid pistisest, siis tuleb see endine monarh kinni võtta ja minema viia. Ribbentrop, kes Schellenbergi kimbatust adus, lisas teadvalt: „Kui ta on taas vaba mees, siis on ta meile tänulik."

Ribbentrop tutvustas talle sama enesekindlalt ja pealiskaudselt ka ülejäänud plaani. Oli saadud teada, et hertsog läheb peagi sõpradega jahiretkele Hispaaniasse. Schellenberg peaks temaga just seal kontakteeruma. Ülejäänu sõltub juba Schellenbergist: „Teie käsutuses on kõik vajalikud abinõud ja me oleme kokku leppinud, et teile jäetakse täiesti vabad käed."

Et oleks selge, mis panustele mäng käib, otsustas šõumees Ribbentrop veel Hitlerile helistada, kui Schellenberg juba lahkumiseks püsti tõusis. Ta ulatas noorele kindralile teise telefonitoru, et ta saaks pealt kuulata. „Schellenberg lendab võimalikult kähku erilennukiga Madridi," kandis välisminister ette. „Väga hea," vastas Hitler veidralt õõnsal toonil. „Öelge talle minu poolt, et ma loodan tema peale."

Tegelik missioon kulges esialgu rahustavalt ladusal moel. Schellenberg kohtus Madridis Saksa suursaadikuga, kes kinnitas talle, et hertsog ja hertsoginna saabuvad peagi Hispaaniasse jahipuhkust veetma, kuigi kuupäevad pole veel paika pandud. See maahäärber, kus nad peatuvad, asub Hispaania ja Portugali piiri lähedal; metsas uitava hertsogiga kohtumine ja vajadusel ka tema röövimine peaks olema võrdlemisi lihtne. Ka Hispaania politsei ja tolliteenistuse tippametnikud kinnitasid Schellenbergile, et ta võib loota nende täielikule toetusele. Vajadusel on nad valmis aktiivselt sekkuma, kui tal läheb vaja lisajõude.

Aga just nüüd, kui kõik näis valmis olevat, hakkas vandenõu koost lagunema. Kuigi seda raportit, millel missioon põhines, peeti usaldusväärseks, ei näinud hertsogil ja hertsoginnal olevat erilist kiiret oma Hispaania jahiretkega. Nad nautisid hoopis lõbusat elu Estorilis, Portugali Rivieras. Schellenberg pidas paremaks ise Estorili minna. Ta uuris hoolega seda paleed, mis oli seal nende käsutusse antud, ning lasi kohalikel agentidel koguda detailsemat luureteavet – kõik erinevad sissekäigud, hertsogi ja hertsoginna magamistoa asukoht, teenijate arv, brittide turvameeskonna suurus ja valvepostide asukoht. Röövimiseks valmistudes lasi ta Estorili kohale tuua auto, millele SD (nagu *Reich*'i

Julgeolekuteenistust tunti) tehnikaspetsid olid valmistanud eriti
võimsa mootori.

Kuid Schellenberg ei suutnud kõhklustest vabaneda. Üheks
põhjuseks olid tema informaatorite viimased ettekanded: kuigi
hertsog oli pettunud Tema Majesteedi valitsuse otsuses saata ta
kaugele Bermudale kuberneriks („kolmanda järgu koloonia,"
mossitas hertsog), oli tal veel vähem soovi elada sõda üle neut-
raalses või vaenlase riigis. Mis aga puutus jahiretkesse Hispaania
metsa, siis see hetketuju oli juba möödunud – mis tähendas, et
Schellenberg peab mööda saama brittidest, kes valvasid Estorili
maja, hertsogi ja hertsoginna kaasa krabama ja nad kuidagimoodi
üle piiri turvalisse Hispaaniasse toimetama. Schellenberg küsis
endalt hirmunult, mida teeb Hitler siis, kui asi lõppeb sellega, et
hertsog või hertsoginna saab tulevahetuses surma? Ta sai aru, et
missiooni niigi vähene eduväljavaade oli olematuks kahanenud.

Aga käsk on käsk. Missiooni eelõhtul kohtus „väsinud ja
löödud" Schellenberg ühes vaikses restoranis portugallasest
kontaktiga, et viimased detailid arutlusele võtta. Ta kuulutas:
„Homme pean ma Windsori hertsogi jõuga üle Hispaania piiri
toimetama. See plaan tuleb tänase õhtuga välja töötada." Aga
kui nad kahekesi üksikasjade juurde asusid, jõudsid mõlemad
järeldusele, et kogu ettevõtmine lõppeks häbiga. Vähe sellest,
et see kahtlemata läbi kukub – see plaan on nii hullumeelne,
et seda üritades jääks *Reich* kogu maailma silmis narriks. Ja siis
hakatakse mõistagi süüdlasi otsima. Schellenberg ei kahelnud,
et viimaks näidatakse näpuga tema peale. Ja võib arvata, millise
karistuse määrab Hitler mehele, keda võib pidada vastutavaks
hertsogi või hertsoginna surma eest – parimal juhul saadetakse
ta mahalaskmisele.

End meeleheitlikust olukorrast leidnud mehed leiutasid uue
plaani, millega Hitleri käsust mööda hiilida. Nad alustasid selle
elluviimist juba samal ööl. Schellenbergi käsul hakkasid tema

kohalikud kaastöölised levitama kõlakaid, et natsid kavatsevad hertsogi ja hertsoginna röövida ja Saksamaale viia, enne kui nad jõuavad Bermuda suunas teele asuda. Nagu Schellenberg eeldaski, jõudis see „saladus" imekiiresti paljude Portugalis baseeruvate liitlasagentide kõrvu. Brittide valvemeeskonnale, mis oli niigi suurearvuline, saadeti kähku lisaks veel kakskümmend meest, ning majas kehtestati häireolukord.

Schellenberg saatis välkteate Berliini, kus ta andis teada, et paarikese valvet on tõhustatud. Tal pole muud võimalust, kui missioon katkestada. Kaks päeva hiljem asusid hertsog ja hertsoginna teele Bermuda poole, ja hirmust vabisev Schellenberg naasis Berliini oma saatusest kuulma.

Ribbentrop ise andis talle uudisest teada. Esmalt lasi ta Schellenbergil oma kabinetis tummalt valvel seista, kuni tema tegeles muude asjadega. Kui ta viimaks leidis aega suu avada, ei üritanudki ta varjata oma rahulolematust Hitleri otsusega. „Füürer," teatas ta jaheda põlgusega, „on palunud mul teile teatada, et kogu selle afääri pettumustvalmistavast tulemusest hoolimata nõustub ta teie otsustega ja kiidab teie teguviisi heaks."

Esimest korda peale Portugalist lahkumist hakkas Schellenbergi süda rahulikumalt lööma. Ta oli üle kavaldanud nii Hitleri kui Ribbentropi. Missioonist ei tulnud midagi välja, kuid vähemalt oli ta ellu jäänud.

Kolm pingelist aastat hiljem – sõja ajal mööduvad need välgukiirul – pidi ta nüüd endalt küsima, kas tema isandad on ta taas tõmmanud ettevõtmisesse, mis on järgmine operatsioon Willi, aga suurendatud mõõtkavas, ja kas ta peab leiutama järjekordse riuka, et vältida veel tõsisemate tagajärgedega katastroofi.

Schellenbergi mured tuginesid sarnastele andmetele, mis olid põhjustanud ka Mike Reilly hiljutised hirmud (muidugi kumbki mees ei teadnud teise kartustest). Tema töölauale oli maandunud transkriptsioon Winston Churchilli raadiopöördumisest, mille ta oli teinud 31. augustil 1943 Quebeci konverentsi lõpetuseks. See oli läbinisti optimistlik ja ennustas ette liitlaste võitu ning oli seetõttu Schellenbergi jaoks eriti valus lugeda, kuna temagi oli üha kindlamalt veendunud selle võidu vältimatus saabumises. Kuid poole peal märkas ta midagi tähelepanuväärset. „Miski pole president Roosevelti ja minu soovidega paremini kooskõlas," luges ta tärganud valvsusega, „kui kolmepoolne kohtumine marssal Staliniga."

Suure kolmiku kohtumine!

Schellenberg sai kohe aru, et see pakub Saksa relvajõudude ülemjuhatusele (Oberkommando der Wehrmacht) sellise trio sihtmärkidest, mille veetlusele on raske vastu panna. Tõsi küll, ta leidis, et vaid kõige tulihingelisemad natsid – nagu Hitler ja Goebbels – julgeksid veel uskuda, et need surmad võiksid muuta sõja lõpptulemust. Saksamaa kaotus oli enam-vähem kindel. Aga kui Roosevelti, Churchilli ja Stalini saaks sellest mängust koristada, siis võib rahuleping olla teistsugune. Vahest õnnestub sõja lõpetamises kokku leppida juba enne, kui liitlased Mandri-Euroopasse sisse tungivad ja teise rinde armeed Berliini sisse marsivad. Ja see võiks olla mõistlike tingimustega rahu, mitte kättemaksuhimuline tingimusteta alistumise nõudmine. Schellenberg teadis, et kogu sõjaajaloost võib leida vaid ühe näite, kus vaenlasele niiränk nõudmine esitati – roomlased nõudsid seda Kartaagolt, ja viimaks tehti see linn maatasa. Seega taipas ta, et natside meeleheitliku loogika kohaselt on suure kolmiku elimineerimise missioon vältimatu.

Aga sama kähku taipas ta, et sellesuunalised mõtisklused on absurdsed. Veteranist luureagendi perspektiivi juurde naastes nägi ta olukorda nüüd kainemal ja selgemal pilgul. Sellise ajaloolise missiooni algatamiseks pole mingit võimalust. Kui kõrvale jätta tõsiasi, et Churchill ja Roosevelt õhutasid Stalinit nendega kohtuma, puudusid tal konkreetsed faktid. Ta ei teadnud, millal või kus see kohtumine toimuda võib. Kui neid olulisi luureandmeid pole, on võimatu paika panna isegi kõige esialgsemat tegevusplaani. Tal oli siin veel vähem millelegi tegelikule toetuda kui selle varasema jabura plaani puhul, mis nägi ette röövida Windsori hertsog ja hertsoginna.

Ühtlasi oli ta kindel, et konverentsi toimumispaik ja kuupäev on selline luureaare, mis jääb igaveseks *Reich*'i haardeulatusest välja. Sellest saab üks kõige rangemalt kaitstud liitlaste luuresaladusi kogu sõja vältel. Nii et atentaatide peale ei tasu mõtlemagi hakata. Lisaks tuli tal ju nentida, et hertsogit ja hertsoginnat ümbritsevatest turvameetmetest piisas, et teda ära hirmutada. Ent need ettevaatusabinõud, mida liitlased kasutusele võtavad oma riigijuhtide kaitseks, saavad olema veel karmimad, hoopis teisest kategooriast. See oleks enesetapumissioon vähimagi eduvõimaluseta.

Selle mõttega leppinud, asus Schellenberg lihvima oma plaane elluviidavama salaoperatsiooni jaoks. Ta tahtis korraldada parašütistidest salaagentide saatmist Iraani. Ta oli valmis tunnistama, et need sabotaažimissioonid on sihiks võtnud ühe kauge ja vähetähtsa nurgataguse selles sõjas, kus toimuv on vaid tilluke kõrvaletendus võrreldes suurte lahingutega, mis peagi mujal ees ootavad. Need missioonid ei mõjuta kuidagi rahutingimusi. Aga ikkagi, ta suhtus sellesse ettevõtmisse sõduri kohusetundega ja ütles endale, et ta kasutab oma kokkukuivavaid ressursse parimal võimalikul moel. Ta jätkab võitlust.

8

IDEE SALAAGENTIDE SAATMISEKS IRAANI õhu kaudu oli tekkinud mitu kuud varem, hommikusel ratsasõidul läbi Tiergarteni. Sel varajasel tunnil, kui päike oli alles äsja Berliini kohale kerkinud, oli õhus veel sageli tunda püssirohuhõngu: õhutõrjepatareid olid öö läbi töös olnud, ärevil suurtükiväelased olid tule avanud kohe, kui nad kuulsid lähenevate RAF-i lennukite mootorimüra, ning nad andsid tuld veel pikalt ka peale seda, kui lennukid olid linna kohalt lahkunud. Ent siiski oli 520-aakrine Tiergarten (nimi, mis oli mälestuseks jäänud rahulikumatest aegadest, kui see park oli kuninglik jahiala, otsetõlkes „loomaaed") 1942. aasta detsembris otsekui rahulik oaas selles sünges talvises linnas.

Selle kruusateed looklesid hooldamata muruplatside vahel, mida ääristasid igihaljastest taimedest hekid, ning möödusid jäätunud ilutiikidest, mida valvasid sõjaka välimusega skulptuurid, kerkisid üles tillukestele pruunikstõmbunud küngastele ja lõppesid tihedates ja hämarates saludes igivanade puude vahel, mis kerkisid kõrgele sünkhalli taeva poole. Mullane ratsutamisrada, mis oli piisavalt lai, et kaks hobust kõrvuti astuda saaksid, kulges ringikujuliselt pea kogu pargi ümber, läbi avarate nõmmede ja paksu sünge metsa, mis näis olevat pärit vendade Grimmide muinasjuttudest. Iga nädala kahel või kolmel hommikul, otsekui rahustava sissejuhatusena eesootava päeva vältimatule kaosele, saabusid siia kaks kõrget luureametnikku, kes esindasid Saksa sõjaväeluure rivaalitsevaid teenistusi: kindral Walter Schellenberg, kes juhtis SS-i Riigi Julgeoleku Peaameti VI ametit, ja admiral Wilhelm Canaris, sõjaluureorganisatsiooni Abwehr ülem, ratsutasid Tiergarteni radadel koos nagu vanad sõbrad.

Juba esmapilgul oli tegu vastanditega, ja pealispinna all olid erinevused veel sügavamad. Canaris oli kõhetu 56-aastane mees, kes võinuks vanuse poolest Schellenbergile isaks olla. Ta oli kahvatu nahaga ja heledapäine, umbes 160 cm pikk oma läikima nühitud elegantsetes kingades, ning kandis süles oma kaht lemmikut, karmikarvalisi taksikoeri Seppelit ja Kasparit – ta näis nii hapra, sugugi mitte muljetavaldava figuurina, kui teda võrrelda noorusliku Schellenbergiga, kelle kandiline lõug näis märku andvat temas peituvast tahtejõust. Schellenberg polnud just kogukas mees (hiiglasekasvu Mike Reilly kõrval oleks ta paistnud kääbusena), kuid oma süsimustas SS-mundris, kindrali vormimüts peas, nahkrihmad rinnal risti, jalas kitsad ratsapüksid ja kõrged ratsasaapad – „söakas ja elegantne", võis ta oma peegelpilti uurides öelda –, mõjus ta lugupidamist äratava sõjamehena.

Tegelikkus oli hoopis teistsugune, kuid nende elude vastandlikkus tuli ikkagi hästi esile. Canaris oli nimelt ehtne sõdalane, oma ilmetust välimusest hoolimata. I maailmasõja ajal oli ta teeninud kergeristlejal ja osalenud Falklandi saarte lahingus, ning kui tema rängalt viga saanud laev viimaks põhja läks, sattus ta Tšiilis interneerimislaagrisse, kust tal õnnestus põgeneda ja hulga takistuste ületamise järel viimaks tagasi Berliini jõuda, ning sõja lõpetas ta allveelaeva komandörina, ilmutades Vahemerel patrullides sellist sõjamehevaistu, et isegi keiser võttis vaevaks kiita Canarise oskusi vaenlase laevade varitsemisel ja uputamisel. Teda autasustati Raudristi I klassi teenetemärgiga. Jaanuaris 1935 ehk kaks aastat peale seda, kui Hitler Saksamaa valitsust juhtima asus, määrati Canaris juhtima Abwehri, Saksamaa uhke ajalooga ja pikkade traditsioonidega sõjaväeluureorganisatsiooni.

Tausta, suguvõsa ja oleku poolest sobis admiral sellesse ametisse ideaalselt; ta oli ülemklassi luurejuht – „luuramine on härrasmehe amet", väitis ta kõrgilt – ja sobis seega hästi esindama oma alluvaid. Nemadki oli kogenud sõjaväelased, rikastest suguvõsadest, sageli aadlitiitlitega mehed, kes oskasid mõelda ja lähenesid oma luurekohustustele professionaalse objektiivsusega, mis oli ülepolitiseeritud *Reich*'is haruldane nähtus. Sarnaselt oma auväärsete eelkäijatega pidasid ka nemad end sangarlikeks osalisteks Suures Mängus – härras-spioonid, kes töötavad salaja selle nimel, et taastada isamaa kunagine kuulsus. Uhke, ennasttäis, väljavalitutest koosnev armee: viisteist tuhat ametnikku ja agenti, kes tegutsesid rohkem kui viiesajas linnas üle kogu maailma.

Schellenbergi elulugu oli hoopis teistsugune. Ent sarnaselt Canarisega sobis temagi hästi esindama oma alluvaid ja seda töömehelikumat luureorganisatsiooni, mida ta teenis ja mis oli loodud alles 1939. aasta septembris. Ta pärines alama keskklassi seast: ta isa oli edutu klaverimüüja, kes viis pere ära vaesuse küüsist prantslaste okupeeritud Saarbrückenis, kolides ümber Luxembourgi, kus nende asjad küll eriti paremini ei kulgenud. Suurem osa SD värvatutest pärines sama tagasihoidlikest ühiskondlikest oludest, ning see klassivahe püsis Abwehri operatiivtöötajatel alati meeles, kui nad läbi oma monoklite piidlesid ennasttäis põlgusega neid proletaarluurajaid, keda võis pidada nende uuteks konkurentideks.

Erinevalt Canarisest ja tema personalist, kes olid end juba tõestanud nõudlike salamissioonide käigus, puudus Schellenbergil varasem luurealane väljaõpe. Kuigi ta oli terava taibu ja kiire õppimisvõimega ning omandas oma uue luurejuhiameti üsna ruttu, ei saanud sama öelda paljude tema töökaaslaste kohta, kel puudus sarnane vaimne võimekus ja kaugepilguline arvestusvõime välismaiste intriigide korraldamise ja agendijuhtimise jaoks. Nad olid värvatud SD-sse, SS-i uhkusega aarialikku ja rassipõhisesse luureteenistusse eelkõige ühe ideoloogilise kriteeriumi põhjal – fanaatiline juudi- ja bolševikuviha. Muud omadused polnud kaugeltki sama olulised. See hämmastavalt kitsapiiriline mõttelaad ja võõravihapõhisele natsiideoloogiale truuksjäämine raskendas ka luureoperatsioonide elluviimist, sest tavalistel SD operatiivtöötajatel ja analüütikutel tuli puudu nii loovusest kui objektiivsusest. Oma dogmadest pimestatuna leidsid nad igale mõistatusele kähku sama vastuse: süüdlasteks on juudid ja kommunistid.

Lisaks tasub mainida, et Schellenberg polnud kaugeltki see kandilise lõuaga mustersõdur, kes ta pealtnäha paistis olevat. Ta polnud kunagi sõda näinud; kõhuhäda ei lasknud tal läbi saada SS-i kehalisest testist, mille sooritamine oli vajalik rindele pääsemiseks. Ta oli ise valmis tunnistama, et see tõbi oli talle õnnistuseks; tal polnud mingeid illusioone rindeelu osas. Tema SS-i kaasohvitserid, kes olid teeninud sõjatsoonides ja okupeeritud aladel, polnud mingi sõdalaseliit. Nad olid massimõrvarid.

Schellenberg oli veendunud, et välismaal teeninud SD kõrgemate ohvitseride raporteid hakatakse kunagi ette lugema sõjakuritegude protsessidel. Tosinad tema kolleegid, sealhulgas tema enda VI ameti ohvitserid, olid teeninud hävitusüksuste *Einsatzgruppe*'de juures Põhja-Venemaa rindel ja Poolas. Nende käed tilkusid kümnete tuhandete tsiviilisikute verest. Schellenberg ei leidnud oma praktilisest südamest mingit õigustust või instinkti selliseks vihkamiseks. Tema isal oli olnud palju juutidest kliente ja isa arust olid nad kõik ausad inimesed. Aga sel keerulisel ajal tuli ettevaatlikuks jääda ning Schellenbergil ei leidunud julgust oma SS-i relvavendade või nende ideoloogia hukkamõistmiseks. Jah, kui ta kõndis RSHA välisluuresektsiooni peakorteri pikkades koridorides, oli tal lihtne ette kujutada, kuidas see jõhkardite kamp oma töölaudade taga võiks sealsamas „Horst Wesseli" laulu lahti lüüa. Aga ta oli pragmaatik, mitte moralist; ja ta ütles endale, et see on ainus suhtumine, mis võimaldab sõjaaja *Reich*'is ellu jääda.

———

Schellenbergi tugev vastumeelsus selle massimõrvarite jõugu vastu, kellega ta administratiivsest vajadusest tulenevalt pidi õlg õla kõrval koos töötama, lisas veetlust neile hommikustele ratsaretkedele koos Canarisega. Silmakirjalikult võluva käitumise ja vanamoodsalt õukondlike maneeridega admiral jagas temaga kuulujutte Hitleri ja tema käsilaste kohta, soovitas raviviise Schellenbergi kõhuhädadele ja leidis aega oma ratsutamiskaaslase harimiseks nende aastakäikude osas, mida ta oli sõjaajaks oma veinikeldrisse varunud. „Schellenberg," andis ta nõu, kui nad sõitsid läbi Tiergarteni, „ärge unustage kunagi loomade headust. Näete, minu taksikoer on diskreetne ega reeda mind kunagi. Ma ei saa sama öelda ühegi inimolendi kohta." Kuidas saaks admiral talle mitte meeldida, leidis Schellenberg, kui „tema suhtumine minusse oli alati heatahtlikult isalik".

Leidus muidki põhjuseid, miks kaks luureülemat leidsid alati aega nendeks hommikusteks ratsaretkedeks. Nad käitusid teineteisega sõbralikult, kuid kumbki polnud nii naiivne, et oleks teist päriselt oma sõbraks pidanud. Nende suhe oli parimate vaenlaste oma, salakaval sõltuvussuhe, mis sai toitu vastastikustest kahtlustest. Mõlemad teadsid, et Schellenberg sihib Canarise ametikohta. Tema ammuseks ambitsiooniks oli tuua Abwehr oma VI ameti alla, nii et uuem luureteenistus saaks vanema üle võimu. Halastamatult praktiline Schellenberg oli otsusele jõudnud, et mida suurem on tema valitsusala, seda asendamatum mees ta on, kui need kõrilõikajad Hitleri lähikonnas peaksid temagi saatust kaaluma hakkama. Osava luurajana kasutas ta Canarisega koos veedetud aega oma vastase tundmaõppimiseks, kogudes luure-infot, mis võib kasulikuks osutuda siis, kui Himmler viimaks oma võimupöörde ellu viib.

Ka admiral ei lasknud end lollitada. Vana profina mängis temagi oma mängu; kogu see sõbralikkus oli vaid näiline. Kõrilõikajaliku *Reich*'i veteranina sai ta aru, et vaenlasele selja pööramine oleks viga. Parem on teda enda lähedal hoida.

————

Neist varahommikustest ratsaretkedest sai traditsioon. Reegliks oli, et tööasju ei arutatud, kuid see oli reegel, mida sageli rikuti. Schellenberg meenutas, et alati anti sellest märku ühel ja samal teatraalsel moel. Admiral tõmbas äkki ratsmetest ja peatas oma suksu. Seejärel, just nagu mustkunstnik torukübarast jänest välja tõmmates, paljastas Canaris mõne järjekordse saladuse, mida ta oli peidus hoidnud alates hetkest, mil nad tallist lahkusid.

Tol 1942. aasta detsembrihommikul andis ta teada, et Abwehr oli „välguna selgest taevast" saanud teadaande Iraanist, mille neile oli edastanud Jaapani luureteenistus. Need neli Saksamaa agenti, kes saadeti põhjalike kattelugudega varustatult Teherani kaks aastat varem ja kellest polnud midagi kuuldud alates ajast, mil britid ja venelased 1941. aastal Iraani tungisid, olid äkitselt teada andnud, et nendega on kõik hästi.

Mõlemad luureteenistused olid häbi tundnud selle pärast, et vaprad spioonid jäid hüljatult vaenlase tagalasse. Ent mõlemad olid võimetud midagi ette võtma: vaenlastest ümber piiratud Saksamaal, mis oli mõtlematult Venemaale tunginud, puudusid ressursid, et hakata šahhiriigist päästma paari agenti, ja kes seega olid ilmselt sunnitud kuhugi peitu pugema – kuigi viimases võis ka kahelda. Nende pikast vaikimisest võis loogiliselt järeldada, et ilmselt olid kas venelased või britid nad kinni nabinud. Kui nad pole surnud, siis vaevlevad nad kuskil vangilaagris põletava päikese all. Aga nüüd, kõigi tõenäosuste vastaselt, oli tulnud sõnum, et mingil moel oli see võrgustik imetabaselt „ellu ärganud".

9

KUIGI SCHELLENBERG EI HAKANUD TOL hommikul rivaalile oma ignorantsust paljastama, teadis ta üsna vähe oma luureteenistuse varasemast tegevusest Iraanis. Üleüldse oli tal väga pealiskaudne ülevaade – kui sedagi – oma isamaa varasematest poliitilistest ja diplomaatilistest mahhinatsioonidest selles kauges maailmanurgas. Aga need tühikud tema teadmistes, nagu ta endale ka ütles, et enda silmis vähem rumalana paista, olid tegelikult mõistetavad.

Ta oli VI ametit juhtima asunud alles aasta eest, 1942. aasta märtsis, kui tema ebakompetentne eelkäija Heinz Jost (ehk *Frau* Jost, nagu mõned ohvitserid teda põlglikult nimetasid) sai vallandatud ja saadeti Baltimaadesse, kus ta sai kurikuulsa Einsatzgruppe A ülemaks. Ning maikuus, kui Schellenberg juba uues ametis kohanema hakkas, oli tema ülemus Reinhard Heydrich langenud tšehhi partisanide atentaadi ohvriks. Nii pidi ta nüüd ette kandma Riigi Julgeoleku Peaameti uuele ülemale Ernst Kaltenbrunnerile.

Nagu hundiseaduste järgi toimivas *Reich*'is sageli juhtus, arenes nendevaheline ametisuhe kähku edasi vihavaenuks. Kaltenbrunner pidas oma alluvat karjeristiks, kes soovib iga hinna eest ametiredelil kerkida, olemata samas fanaatiline nats ja Hitleri-kummardaja, nagu iga õige SS-kindral olema peaks. Schellenberg polnud uuest ülemusest sugugi paremal arvamusel ja

temast mõeldes tükkisid talle pähe kõiksugu ebameeldivad võrd-
lused: „Juba esimesest hetkest alates ajas ta mul südame pahaks"
oma „jämeda kaela" ja „rästiku pilgu" ja „lagunenud hammaste"
ja „vana gorilla kätega". Sellele õelale (ja pigem subjektiivsele)
hinnangule võis ta lisada ka ühe kinnitatud fakti: Kaltenbrun-
ner oli joodik, kes ilmus sageli tööle pohmelliga, istus hägusa
pilguga oma töölaua taha ja asus oma tentsiku peale lõugama,
et see tooks talle järjekordse šampanja- või konjakipudeli. See
oli avalik saladus, et Himmler oli RSHA juhti korduvalt Šveitsi
sanatooriumisse võõrutusravile saatnud.

Seega – alles äsja sellesse ametisse pandud, asudes juhtima
salajast sõda, mida peeti Euroopa hämaratel kõrvaltänavatel, ning
ühtlasi üritades toime tulla sama ohtlike vaenlastega kodumaal –
polnud ka ime, et ta polnud veel kursis VI ameti operatsioonidega
kauges Iraanis, kuigi Schellenberg ei hakanud seda Canarisele
tunnistama. Tegu polnud enam ka aktiivmissioonidega, vaid
need olid seiskunud või lausa igaveseks lõppenud. Schellenberg
oli siiski piisavalt proff, et taibata – ta võib oma vabandusi ükskõik
kui ladusalt sõnastada, aga need ei veena kedagi. Ta pidanuks
siiski teadma.

Kui ta sel hommikul oma Berkaerstrasse kabinetti jõudis, lasi
ta endale tuua kõik toimikud Iraani kohta. Mitte ainult oma-
enda luureteenistuse arhiivist, vaid ka kõik rivaalitseva Abwehri
omast, seda peale formaalset kinnitust, et see teenib edaspidise
koostöö huve selles regioonis. Toimikuid tassiti tema kabinetti
päev otsa: nii väga pakse kui kahtlaselt kõhnasid, ning tema käsul
pandi need kõik virna tema mahagonipuust töölauale. Ta uuris
neid öö otsa.

Luuretöös võib kõik sõltuda detailidest, aga kuna Schellenberg
vaatas üle kümnendite jooksul kogunenud ettekandeid, pidi ta

piirduma vaid operatiivsete kokkuvõtetega. Ent ka neis leiduv haris teda Iraani osas põhjalikult.

Nagu seepiatooni fotod, nii olid ka need Saksamaa *Orientpolitik*'ast kõnelevad toimikud jäänukid ammumöödunud ajast – õnneotsijalik lugu naiivselt seikluslikust ajast. Kahekümnenda sajandi alguses, kui impeeriumite ajastu oma viimseid hingetõmbeid tegi, oli Iraan – mis tollal kandis veel nime Pärsia, mille olid sellele andnud kreeklastest vallutajad rohkem kui kolmsada aastat enne Kristuse sündi – jäänud nii Venemaa kui Suurbritannia kiskjalike huvide meelevalda. Kuigi see oli mahajäänud ja primitiivne maa, mille hiilgeajad Xerxese valitsuse all olid juba antiikajalugu, oli loodus seda õnnistanud kahe olulise plussiga, mistõttu see maailmalava võimsates mängijates huvi äratas.

Kaarti uurides pole raske esimest plussi märgata. Pärsia oli ideaalne puhverriik põhjapoolse Venemaa ja idapoolse brittide valitsetava India vahel. Ennastkaitsva strateegia tõttu pidid nii Vene karu kui ka Inglise buldog Paabulinnutrooni[2] poole pilku heitma.

Teine pluss on raskemini tajutav. Selle avastamiseks tuli – sõna otseses mõttes – sügavamale kaevuda, kuid see oli pingutust väärt. Pärsia istus suurte naftavarude otsas. Britid leidsidki viisi, kuidas sellele küüned taha ajada. Aastal 1901 moodustati Inglise-Pärsia naftakompanii, kuid sellest partnerlusest lõikas kasu eelkõige Inglise pool. Rivaalitsevad suurriigid, sealhulgas Saksamaa, olid sama ahned ja tahtsid sellesse mängu sisse trügida.

Keiser Wilhelm II tungis Lähis-Itta peamiselt diplomaatilisi vahendeid kasutades ning oli piisavalt kaval, et pärslased enda poolele võita. Noor keiser käis 1898. aastal ise Lähis-Idas ringreisil ja imetlevad rahvahulgad kogunesid teda tervitama. Pidevalt tegi

---

2 India kuulus mogulite kuldtroon, mille hilisem koopia viimaks Pärsiasse viidi. Kadus 18. sajandi keskpaiga segadustes, kuid nimetusena on säilinud Pärsia monarhia kohta. Tõlkija märkus.

ta seal juttu sellest, kui väga ta islamit armastab ja austab – ilmselt ta ei luisanud, kuid osalt oli see ka kalkuleeritud samm. Levisid isegi kuulujutud – mida Abwehr kahtlemata levitada aitas –, et ta oli selle reisi ette võtnud selleks, et islamiusku pöörduda. Muidugi polnud see päriselt nii, ent väga kaugel ta sellest sammust ei olnudki. „Kui ma oleksin sinna saabunud ilma usuta," paljastas ta tsaar Nikolai II-le saadetud kirjas, „siis ma oleks kahtlemata muhameedlaseks hakanud". Keisri fenomenaalne populaarsus Lähis-Idas aitas kaasa kokkuleppele (mida küll päriselt ellu viima ei hakatud) ehitada raudtee Berliinist Bagdadi – see liin oleks läbinud ka Teherani ja üldse kogu Briti mõjupiirkonda Lähis-Idas. Tema täheseisus võimaldas laevafirmal Hamburg-American Line esitada väljakutse Briti hegemooniale merel, sest avati reisiliinid Saksamaa ja Pärsia lahe vahel. Isegi veel kümme aastat pärast tema *grand tour*'i olid pärslased endiselt meelitatud sellest, et keiser näis Lähis-Ida elulaadist väga huvituvat. Kuigi sellest toetusest leidus vähe konkreetseid tõendeid, uskusid paljud võimukad pärslased tollal, et Saksamaa võiks maailmalaval nende tillukesele kuningriigile olla palju paremaks suurliitlaseks kui varjamatult oportunistlikud Venemaa või Suurbritannia.

Koos I maailmasõja algusega toimus pööre ka toimikute sisus, kus hakati jutustama järjekordset väheusutavat tõsilugu järgmisest Saksamaa legendist, kes oli iraanlaste südamed võitnud – Pärsia Wassmuss. Olles alustanud madalal ametikohal, asekonsulina Būshehris Pärsia lahe lõunaranniku ligidal, oli Wilhelm Wassmuss oma uuest eksootilisest kodumaast sisse võetud. Erinevalt teistest siidsärkides diplomaatidest, kes peamiselt suhtlesid omavahel, õppis ta võõra keele ära ja kondas tolmustel linnatänavatel ning käis kaugetes mägiasulates, et kohaliku rahvaga suhelda. Kui sõda sinnagi jõudis, suutis Wassmuss tänu oma julgetele ettevõtmistele ja uuenduslikele taktikalistele nippidele saada teiseks Araabia Lawrence'iks.

Võiks isegi väita – mida Abwehri toimikutes ka ei häbeneta teha –, et tema teod olid Lawrence'i omadest tagajärjekamad. Ta ärgitas kohalikke hõime alustama hämmastavalt tulemuslikku ülestõusu Briti võimu vastu, sõlmides sõprusliite varasemate vaenlaste vahel ja veendes seni britte pooldanud pealikke oma ammuste toetajate vastu pöörduma. Selle tulemusena pidi niigi ressursinappuse käes vaevlev Briti armee mujalt vägesid Lähis-Itta juurde tooma, et kaitsta ohtu sattunud naftaväljasid ja torujuht-meid Pärsias. Kavalad türklased kasutasid seda kähku ära. Nad piirasid ümber brittide garnisoni Kut al-Amaras, mis asub Bag-dadist lõunas, ning tulemuseks oli üks liitlaste kõige hävitavamaid lüüasaamisi kogu sõjas. Kindralmajor Charles Townsend koos veel 12 000 Briti sõjaväelasega vangistati – ning selle suursaavu-tuse eest kiideti just Pärsia Wassmussi.

Peale sõda, Weimari vabariigi keerulise perioodi ajal, suhtuti sakslaste väljavaadetesse Pärsias üldiselt entusiastlikult, nagu paljastasid toimikud Schellenbergi töölaual. Sakslasi saabus sinna hulgaliselt ja nad leidsid eest soodsa pinnase, suuresti tänu sellele, et riigil oli uus saksasõbralik valitseja. Kirjaoskamatu karjusepoiss Reza Khan oli noorena astunud Pärsia armeesse ning metsiku ja halastamatu sihikindlusega seal edukat karjääri teinud. Alus-tanud tavalise jalaväelasena, sai temast brigaadiülem, siis juba peaminister, ning 1925. aastal juba šahh Reza Pahlavi, kuningate kuningas, Jumala asevalitseja, esimene šahh Pahlavide dünastias, mille alguse ta oma trooniletõusmisel julgelt välja kuulutas.

Ta soovis riiki moderniseerida, ja mida rohkem segaduses rah-vas selle vastu protesteeris, seda jonnakamalt šahh oma suunale kindlaks jäi. Ta esitas väljakutse konservatiivsetele islamivaimu-likele, keelustas näo varjamise ja andis naistele hääleõiguse. Kui üks mulla julges kritiseerida šahhi naise euroopalikku riietust, ilmus šahh koos oma ihukaitsjatega tema mošeesse. Seal ei haka-tud pikalt diskuteerima. Tema alluvad piirasid vaikseks jäänud rahva ümber ning Reza peksis mulla julmalt läbi, nii et mees pärast hinge vaakus. Kuna naftaraha voolas riiki piisavalt, et ka kõige julgemad unistused ellu viia, asus ta Teherani muutma 20. sajandi linnaks – ta lubas, et sellest saab Lähis-Ida Pariis. Ja mingil määral ta ka täitis selle lubaduse. Sest väike osa – rõhk sõnal „väike" – Teheranist võis tõepoolest peagi uhkustada laiade puiesteedega, signaalitavate autodega, kohvikutega, isegi elektri ja telefonidega (just nagu Pariisis, kinnitas šahh oma kriitikutele). Aga kui sellest uuekssaanud valitsuskvartalist veidi kaugemale minna, oli erinevus ilmne, sest sa jõudsid linna, mis koosnes madalatest laguneva krohviga majadest ja luitunud telkidest ning kaootilistest turgudest, kus pakuti müüa hõimurahvaste valmistatud vaipu ja nipsasjakesi. See Teheran koosnes kitsaste tänavate labürindist, kus endiselt elati nomaadielu: liivane ja tolmune maailm haukuvate krantside, räpasest veest täidetud kraavide, kärnaste hobuste ja täitanud eeslitega. Siin polnud kanalisatsiooni ega elektrit. Uhkete uute bulvarite taga elas minevik endiselt edasi.

Kuid see Pärsia, nii vana kui uus, oli hea paik, kus olla sakslane. Šahh, kes leidis, et autokraatlikud venelased on liiga ülbed ja Briti naftamagnaadid puhta petised, soovis Saksamaaga suhteid arendada. Ta ei küsinud endalt, millised on sakslaste pikemaajalised plaanid tema maaga seoses. Saksamaa näis olevat meeldivam alternatiiv neile kahele suurriigile, mis olid paljude põlvkondade vältel tema kuningriiki rõhunud, ja ainult see oli tähtis. Seega tuli sakslasi üha juurde. Saksa insenerid aitasid ehitada raudteed, mis ulatus Kaspia merest kuni Pärsia laheni, ning ka uusi dokke ja sillutatud teid. Saksa haridusmudel kujundas koolisüsteemi. Saksa lennuliinid lendasid Berliinist Teherani, tehes vahepeatusi Bagdadis, Damaskuses ja Ateenas. Saksamaa osa Pärsia väliskaubanduses kasvas sel pöördelisel ajal 1930. aasta kaheksalt protsendilt oluliselt suuremaks. Riiki toodi rasketehnikat ja keemiat

Saksamaa tehastest, vastu saadi aga puu- ja lambavilla – lausa 90%
Pärsia aastasest villatoodangust läks Saksamaale. Vahepeal tekkis
Teherani ka uhkelt oma identiteeti hoidev sakslaste kogukond –
niinimetatud „Väike-Berliin". Siin leidus saksakeelseid ajalehti,
sakslaste raamatupoode, koole, klubisid, ratsakoole, hotelle ja ise-
gi poode, kus kalli raha eest sai osta päris korralikku *Weisswurst*'i.

Siis tuli Hitler võimule, Weimari vabariik sai otsa ning toi-
mikud Schellenbergi laual üha paksenesid, sest luureraporteid
toodeti aina palavikulisemas tempos.

10

KUIDAS KIRJELDADA TUGEVAT VASTASTIKUST tõmmet Reza Pahlavi ja Hitleri vahel? Kaks jõulist isiksust, kellel oli kombeks kirglikke tiraade pidada ja kes hoidsid võimu enda pihus halastamatu kättemaksuhimuga. Kaks egoisti, kes soovisid rahvuslike huvide varjus iga hinna eest ellu viia oma isiklikud ambitsioonid. Kaks dünastiat luua ihkavat valitsejat, kes olid veendunud, et nende pärand jääb kestma järgmiseks tuhandeks aastaks. Nende sarnasused olid kahtlemata ilmsed. Kuid toimikud, mida Schellenberg uuris, sisaldasid vähe nüansirikast isiklikku teavet. Ei midagi ülemäärast. Suhtest natside ja Paabulinnutrooni vahel kõneldi siin konkreetsemal ja politiseeritumal moel.

Kahtlemata ühendas neid rassiteema. Reza-šahh uhkustas igal võimalusel, et tema rahvas pole mingid madalad semiidid, nagu nende juutidest või araablastest naabrid, vaid puhtaverelised aarialased – just nagu sakslased. Ta kindlustas, et ka maailm sellest teada saaks. Ta esitas 1935. aastal Rahvasteliidule proklamatsiooni, et edaspidi tuleb tema kodumaad nimetada Iraaniks – sel nimel oli pikk ajalugu, sest see oli tuletatud sanskritikeelsest fraasist Airjanem Vaedžah ehk „Aarialaste kodu".

Saksamaa kiirustas kuningriiki kähku rassipuhtaks nimetama: hukatuslikud Nürnbergi seadused, millega antisemitism seadustati, said täiendatud. Natside rassiteoreetikud kuulutasid

1936. aastal ametlikult, et iraanlasi võib pidada sama puhasteks aarialasteks nagu täisverelisi sakslasi.

See õnnelik veresugulus sai kultuuriliselt põlistatud ka selle tõsiasja läbi, et Saksamaal kohtas nüüd kõikjal haakristi – alates riigilipust ja lõpetades marssivate sõdurite mundritega. Sellest oli saanud Kolmanda *Reich*'i embleem. Kuid juba tuhat aastat enne seda, kui haakristist sai natsipartei firmamärk, oli see levinud hea õnne sümboliks Euraasias; sõna „svastika" kohtab sanskritikeelsetes pühatekstides. Haakrist oli pärsia kunstis levinud juba Zarathustra ajal, seda kohtas muistsetel kivisammastel ja keraamikas. Nüüd hakati ajaloolist kokkusattumust pidama millekski enamaks – järjekordseks tõendiks sügavatest aarialikest sidemetest kahe rahva vahel, keda valitsesid Reza-šahh ja Hitleršahh, nagu Saksamaa kantslerit Iraanis lugupidavalt nimetati.

Kuid Reza-šahh pidas natsidest lugu ka muudel põhjustel. Valitseja, kes soovis rajada omaenda dünastiat, pidi riigimehena praktiliseks jääma. Ta tahtis olla võitja poolel. Sõja algusaastatel vallutasid natsid välksõjaga suure osa Euroopast ning ühtlasi tundus, et peagi kontrollivad nad suurt osa Lähis-Idast. *Reich*'i kaugeleulatuvad küünised olid kinni krabanud Marokost, Süüriast, Tuneesiast, Liibanonist ja Alžeeriast. Saksa parašütistide parved olid müütiliste kõikvõimsate jumalatena taevast alla tulnud, et võtta enda kontrolli alla naftaväljad ja rafineerimistehased Mosulis Põhja-Iraagis. Aafrika korpus marssis üha edasi. See näis vältimatu, et Saksa soomukid veerevad triumfeerivalt läbi Palestiina, Egiptuse ja Iraani ja jõuavad Indiasse välja. Reza-šahh oli veendunud, et ta on panuse asetanud sõja võitjale.

Aga Hitler? Schellenberg, kes tundis füürerit liigagi hästi („kõrgelt arenenud poliitilised instinktid ühendatud täieliku moraalitusega", andis ta täpse hinnangu), pidi endalt küsima, mida ootas Hitler oma imetlejalt, Reza-šahhilt? Ta ei uskunud, et Hitler võtaks seda laialt levitatud „aarialaste vendluse" jura teab kui tõsiselt. Et füürer, kes on muudkui kinnitanud, et saksa rahvas on juba loomupäraselt ülemrass, tunnistaks mahajäänud pärslasi, isegi kui nad end nüüd iraanlasteks nimetavad, tõeliste verevendadena – Schellenbergi arust oli see mõte „absurdne".

Toimikutes tehti üsna palju juttu neist loodusressurssidest, mida Iraanil on *Reich*'ile pakkuda. Teatud dokumentides ennustati enesekindlalt, et kui Trans-Iraani raudtee 1938. aastal valmis saab, asuvad Saksamaa poole teele rauda ja vaske täislaaditud vagunid. Teistes raportites ennustati ette seda vältimatut päeva, mil ekspertteadmistega sakslased asuvad juhtima mahajäänud maa põllumajandust, ning tulemused saavad olema hiilgavad; muuhulgas kohtas ähmaseid spekulatsioone mingite uute „ravimtaimede" teemal. Ühes ettekandes mainiti muuseas ka hiljutist avastust, et kastoorõli on väga kasulik määrdeaine lennunduses, ning taimi, millest seda õli toodetakse, saaks kasvatada Iraani tühermaadel. Sellele järgnes kähku veel grandioossem ettepanek: ühel heal päeval võiks ka Iraanis olla palju sakslaste põllunduskommuune, seegi maa saagu üha laieneva *Reich*'i *Lebensraum*'iks.

Kriitilise mõtlemisvõime säilitanud Schellenbergi arust kordasid need ettekanded kohusetundlikult natsipartei dogmasid, mitte ei esitanud realistlikke ideid. Töölaua taga istudes jätkas ta oma uurimistööd, lugedes üha kasvava kannatamatusega kõiki neid lennukaid fantaasiaid.

Peagi hakkas toimikutes kohtama uut meelisteemat – naftat. Sellest vaimustuti eriti innukalt. Ahnus näis analüütikuid lausa pimestavat. Lugedes nende selgitusi sellest, kuidas Iraani lõppematud naftareservid pakuvad kütust *Reich*'i strateegiale sõja võitmiseks, tundus Schellenbergile, et viimaks ometi on välja jõutud põhiteemani. Enam ei tundunud see veider, et Hitler püüab Reza-šahhiga häid suhteid hoida – see kõik on osa suuremast plaanist. Iraanist saab natsidele värav kogu Lähis-Itta.

See järk-järguline strateegia sai paika pandud, seda sakslastele omasel sõnaohtral viisil, Hitleri sõjadirektiivis nr 32, mis avaldati 1941. aasta juunis. „Võimalus Türgile ja Iraanile tugevat survet avaldada," kirjutasid natside planeerijad, „parandab väljavaadet kasutada neid riike kas vahetult või kaudselt võitluses Inglismaa vastu … Võitlust Briti positsioonide vastu Vahemerel ja Lääne-Aasias jätkatakse, koondades rünnakute alustamist … läbi Iraani."

Enesekindlates vestlustes oma kindralite ja ministritega oli Hitler veel põhjalikumalt kirjeldanud oma suurt plaani ja nafta osa selles. „Ma olen juba pikalt lasknud kõike ette valmistada," paljastas ta ühes sellises arutelus. „Järgmise sammuna liigume Kaukaasiast lõunasse ja aitame Iraani ja Iraagi mässulisi inglaste vastu … Siis saab inglastel nafta otsa. Kahe aasta pärast oleme India piiril. Kahekümnest-kolmekümnest Saksa eliitdiviisist piisab. Briti impeerium kukub kokku."

„1943. aasta lõpuks," lubas füürer, „paneme oma telgid Teheranis püsti … Siis ei saa inglased naftakaevudest enam tilkagi."

Aga kuni selle kuulsusrikka päevani, mil telgid viimaks püsti pannakse, on *Abwher*'i ja SD tööks, nagu luureteenistustel ikka, kaasa aidata selle pikaajalise strateegilise poliitika elluviimisele. Spioonid valmistavad ette teed, mida mööda väeüksused peagi sammuvad.

Schellenberg luges nüüd, et Iraani on saadetud kolm katte-looga operatiivtöötajat. Just nagu Canaris oli kõnelnud.

Nad läksid sisse paljajalu, kui ametižargooni kasutada. See tähendas, et neil puudub operatiivtugi, ei mingit toetuspersonali juhuks, kui kõik kokku variseb, ei mingit kokkulepitud põgenemisteed. Ainsaks ühenduseks Berliiniga oli algeline raadiosaatja, mida võis aga pidada problemaatiliseks riistapuuks. Nad asusid vaenlase liinide taga, kus neid ähvardas pidev oht, ning nad olid seal täiesti omapead.

Max ja Moritz (need nimed olid laenatud ühest saksa rahvajutust, mis kõneles kahe ulaka poisikese vempudest) said RSHA VI ameti kahe noore spiooni koodnimedeks. Kahekesi koos saabusid need kollanokad Pahlevi (nüüd Bandar-e-Anzali) kära-rikkasse sadamalinna, kandes ühesuguseid nahkportfelle, mis olid saadud SD käest, ning ühesuguseid linasest riidest ülikondi, mis olid valmistatud Berliinis, ning ka mõlema kattelugu oli sama: „ärireisija". Laevatrepist alla tulles olid nad poisilikus vaimustuses oma esimese salamissiooni alustamisest sel võõral, päikesest põletatud maal, kuigi esialgset elevust võis vähendada peagi saabuv taipamine, et kumbki ei kõnele kohalikku keelt ega ole varem Lähis-Idas viibinud, rääkimata veel Iraanist, ning ka nende luurealane väljaõpe on võrdlemisi pealiskaudne. Enne salamaailma sisenemist oli Maxi nimeks Franz Mayr – juuratudeng, kes oli värvatud sidepataljonist Potsdamis. Moritz oli hiljuti veel olnud Roman Gamotha, Hitlerjugendi liige ja suurte kogemustega tänavakakleja, kellest sai musta mundrit kandev Waffen-SS leegionär.

Kui Max oma „mustade juuste, mustade silmade ja paksude mustade vuntsidega" võinuks veel sobituda sellesse massi, kes siinsel pärsia basaaril tõukles, siis Moritz torganuks silma ükskõik millises rahvahulgas. Olles õnnistatud „blondi filmistaari tüüpi meheliku iluga", sammus ta noore printsi kombel elust läbi. Sellise üsna rahulolematu hinnangu andis neile kahele poiss-spioonile Julius Berthold Schulze-Holthus, neist põlvkonna jagu vanem Abwehri proff, kes samuti Iraanis luuras, seda diplomaadi katteameti varjus.

„Mees peab olema luuretööks sündinud," oli Schulze-Holthusil kombeks öelda, andes sellega mõista, et tema nähtavasti on. Tema elulugu pakkus sellele kinnitust: ülemklassi baierlaste

perekonna uhke võsu; autasustatud I maailmasõja ohvitser; õpet-
lasest advokaat (kes sai kuulsaks sellega, et kaitses nudistide õigust
paljalt rannas viibida; natside hämmastavalt leebe 1942. aasta
päevitamisseadus oli tema kirgliku töö otsene tulemus); põhjaliku
väljaõppega Abwehri spioon, kes oli varemgi katteameti varjus
Iraanis käinud koos Saksamaa siseministeeriumi ametnikega, kes
vaatasid üle siinseid saksakeelseid koole; ta naasis siia 1941. aastal
koos abikaasaga, variametiks Tabrīzi asekonsul. Sündinud luu-
reagent oli ta eelkõige aga selle poolest, et salamaailmas elamine
oli talle instinktiivselt omane. Ta oli sellele pühendunud mingist
romantilisest sangarluseihast, ta nautis tõeliselt Suure Mängu
keerukaid nüansse. Ta tõepoolest armastas spiooniks olemist.

Tema instinktidest ja omandatud ametioskustest polnud
Iraanis küll erilist kasu. Sarnaselt VI ameti poiss-spioonidega
oli temagi missiooni olemus ärritavalt ähmane. „Teeme ulakust!
Laseme käia!" on kahe peategelase loosung selles lasteloos, kust
Maxi ja Moritzi nimed said võetud. Abwehri ja VI ameti luu-
re-juhtide poolt agentidele antud instruktsioonid, enne kui nad
teisele poole maailma saadeti, olid umbes sama üldsõnalised.

Need võis kokku võtta paari lausega. Rajage toimiv viies ko-
lonn. Kindlustage, et iraanlased võtaksid Aafrika korpuse avasüli
vastu, kui nad sisse tungivad. Aga seda neile ei öeldud, kuidas
nende poliitiliselt kaalukate sihtideni jõuda. Kui kolm agenti olid
juba Iraani saadetud, raskendas nende olukorda ka see, et Berliini
kontor neile edasist toetust ei pakkunud. Ükski neist kolmest ei
saanud sealt kunagi mingit sõnumit – ei tunnustavat õlalepatsu-
tust ega mõnd noomivat üleskutset tegudele. Nad olid täiesti üksi
jäetud. Ent nende superspioonide ülesandeks oli suunata kogu
rahva meelsust. Miskitmoodi.

Kui Schellenberg neid masendavad lehekülgi edasi lehitses,
läksid ta mõtted tagasi ajale, kui tema oli verisulis algajana
saadetud oma esimesele salajasele välismissioonile. See oli 1938.

aasta kevadel, kui Reinhard Heydrich saatis ta Dakari, prantslaste peamisesse mereväebaasi Aafrikas. Ta läks sinna hollandlasest teemandikaubitseja pojana, hoolikalt valmistatud Hollandi valepass seda identiteeti kinnitamas, ning talle oli kaasa antud eriline Leica kaamera, millega pildistada prantslaste sadamarajatisi. Nüüd, aastaid hiljem, istudes mugavalt oma töölaua taga Berkaerstrassel, kandis nende toimikute sisu ta otseteed oma minevikku tagasi. Õlgu väristades meenutas ta aega, kui ta elas seal nagu tagaotsitav: „Tänavatel kõndides olin ma närviline, iga möödakäija näos arvasin nägevat Sûreté agendi teravat ja otsivat pilku." Ööd olid veel hullemad. „Veetsin kõik ööd ärkvel, mind vaevasid päeva jooksul tehtud vead. Viimaks sai neist mõtetest rahutu, unenägudest painatud uni, millest ma ärkasin koidiku ajal, korralikult välja puhkamata ja üleni higisena." Schellenberg kujutas väga hästi ette kõhklusi, mis võisid vaevata neid hüljatud agente Iraanis, ning kõiki neid jubedaid tulevikuväljavaateid, mis pideva vooluna nende mõtetest läbi voorisid.

Edasiste toimikute põhjal sai selgeks, et iga spiooni üks suurimaid hirme sai äkitselt tõeks. Briti ja Vene väed algatasid 25. augustil 1941 operatsiooni Countenance. Saksamaa kolm salaagenti polnud enam Iraanis lihtsalt paljajalu, vaid lisaks otsekui tulistel sütel – nende elud oli nüüd otseses ohus.

„Pärsia sõtta ei sisenenud me ärevuseta, kuid argumendid selle alustamiseks olid veenvad," leidis Churchill hiljem poliitikule tüüpilisi soravaid õigustusi. Kuid antud juhul oli tema loogikale tõesti raske vastu vaielda. Liitlaste tegevusetusega seonduksid siin liiga suured, ärevusttekitavad riskid – katkeda võib Suurbritannia ühendustee ülejäänud impeeriumiga, mis jääb Suessi kanali taha; ohtu satuvad varustusliinid, mille kaudu transporditakse hädavajalikku sõjamaterjali, mida venelased ameeriklastelt rongitäite kaupa said; kaotatakse naftavarud, millest loodeti vajalikku kütust liitlaste sõjamasinale kuni aegade lõpuni, või vähemalt sõja lõpuni, kui see peaks enne kätte jõudma; ning kui Saksa allveelaevadel lubatakse pesitseda Pärsia lahes ja India ookeanis, võib see koguni tähendada terve India kaotamist. Parem on Iraanis anda ennetav löök, kui niisama passida ja oodata, et Saksamaa ise alustaks.

Erilist vastupanu ei osutatud. Briti väed, umbes 19 000 meest, marssisid läänest sisse, ületades Iraagi piiri. Põhja poolt Kesk-Aasiast saabusid aga palju suuremad venelaste jõud, 40 000 meest. Iraanlased suutsid mobiliseerida üheksa diviisi, rohkem kui 125 000 mehest koosneva armee, millel olid ka võimsad tšehhide toodetud tankid. Aga enamik neist tõstis kuulekas hämmastuses käed üles ja andis alla, kui mõned vaprad erandid kõrvale jätta. Lahingud said läbi nelja päevaga.

Saksa spioonid läksid kähku põranda alla. Reza-šahhil läks veidi kauem aega, aga ilmselt oli tal ka rohkem kraami, mis kokku pakkimist vajas. Koos kaheksa pereliikme ja terve mäe pagasiga, mis sisaldas kõiki läikivaid aardeid, mida andis kaasa võtta, seilas ta 27. septembril minema aurik „Bandra" pardal. Ta ei naase Iraani enam kunagi. Tema uhke unistus dünastiast jäi siiski ellu. Tema trooni võttis otsekohe üle tema 22-aastane poeg, kroonprints Mohammed Reza Pahlavi, kes oli piisavalt tark, et samuti kohe ka liitlaste sõjaüritust toetama hakata.

Just selle koha peal sai Schellenbergi toimikutes sisalduv lugu äkilise ja mõistatusliku lõpu. Ligi kaks pikka aastat polnud kolm Saksa agenti sõna saatnud ega endast mingit elumärki andnud.

Aga nüüd, nagu välk selgest taevast, olid nad taas pinnale ujunud.

Või vähemalt kaks neist. Jaapani luure oli Abwehrile edastanud sõnumi, kus kinnitati, et leidlik Schulze-Holthus oli leidnud peavarju sõbraliku kaškai hõimu juures läänepoolsete provintside kaugetes mägedes. Max – Franz Mayr – oli läinud põranda alla kõige ohtlikumas paigas, kärarikkas Teheranis. Moritzist – Roman Gamothast – polnud midagi kuulda. Kas ka tema peidab end? Või on britid ta kinni võtnud ja saatnud mõnda süngesse vangilaagrisse Austraalias? Või on ta sattunud venelaste küüsi ja juba üles poodud või Siberisse saadetud? Või tabas teda kohe ebaõnn saada maha lastud invasioonivägede poolt, olles mitte kuigi süütu kõrvalseisjana juhusliku kuuli ette jäänud? Schellenberg sai aru, et pea kõik variandid on võimalikud, seega pole mõtet ühelegi kindlaks jääda.

Aga hoolimata kogu segadusest, mis ta mõtetes valitses, pidas ta seda kohe algusest peale tõeliseks imeks, et kaks Saksa agenti on ikkagi vaenlase tagalas elus, ning luurejuhina soovis ta ootamatut kingitust hästi ära kasutada. Tema peas hakkas ähmast kuju võtma esialgne operatsiooniplaan. Taktikaliste üksikasjade väljatöötamine võtab muidugi aega. Aga siiski võib pidada faktiks seda, et juba päris alguses, neil esimestel inspiratsioonihetkedel, oli tal olemas põhimõtteline nägemus sellest, kuidas kõige paremini ära kasutada neid salaressursse, mis olid vaenlase tagalas säilinud, et algatada julge missioon, mis võtab arvesse nii kohapeal Iraanis valitsevat uut tegelikkust kui ka sakslaste masendavat hetkeseisu maailma sõjaväljadel.

11

JÄRGNEVATEL KUUDEL – 1943. AASTA julmal sõjakevadel ja
-suvel – olid nii RSHA VI ameti ülem kui ka see salatee-
nistuse agent, kes vastutas Ameerika presidendi julgeoleku
eest, ennekõike huvitatud ühest ja samast teemast: lennukid.

Alatise muretseja Mike Reilly huvi lennukite vastu oli
ajendatud mõistagi presidendi turvalisuse tagamisest. Info selle
kohta, kus ja millal (kui üldse) see paljuräägitud kohtumine
suure kolmiku vahel aset leiab, ei kuulunud veel tema pädevusse,
kui kasutada salateenistuse žargooni, kuid ta pidi valmis olema
kõigiks variantideks. Casablanca konverents oli FDR-i viinud
teisele poole maailma – „Aafrikasse?" oli ta midagi mõistmata
korranud, kui Boss talle uudist teatas – ning üks põhiprobleeme
selle reisi puhul, mis igas mõttes õigustatud mureküsimustest
kubises, oli just üle Atlandi lendamine. Nad olid viimaks ka-
sutanud üht armee õhujõudude aeglast neljamootorilist C-54,
mis oli tõhus transpordilennuk ja sellegi sõja käigus juba pikki
maid läbinud. See oli üsna mugav reis, kuni piloot ei tõusnud
kõrgemale kui seitse kilomeetrit; kabiin polnud nimelt rõhu all.
Lennuulatus oli veidi üle 6000 km ja sedagi võis suureks plussiks
pidada, kuna see võimaldas vahepeatusteta lendu Washingtonist
Aafrikasse. Istmed olid küll üsna algelised, jämedast kotiriidest,
ent kuna pardal oli ruumi 50 sõdurile, mahtus sinna lahedasti
ära president koos kogu oma kaaskonnaga, ilma et kõik need

lugupeetud lipsustatud isikud oma ülikondades peaksid päris
õlg-õla kõrval istuma. Aga Mike'i jaoks, kes ka ise rõhutas, et
ta vastutab „presidendi turvalisuse ja mugavuse" eest, polnud
C-54 kaugeltki ideaalne variant. Murettekitavaid detaile oli selle
lennukitüübi puhul omajagu.

Üheks probleemiks oli, et „Boss ei saanud tavalisest trepist
üles". Seega tuli presidendi ratastoolile maandumispaigas ehitada
kaldtee. Aga sellist tegevust võivad märgata vaenlase väliagen-
did, või jääb õhufotosid uurivatele Saksa analüütikutele silma, et
oodatakse mingit erilist külalist, ja nii spetsiifilise märgi põhjal
võib ju arvata, keda. „Väga selge vihje," muretses Mike.

Teiseks mureks oli, et Boss, kes on suurema osa ajast aheldα-
tud ratastooli ega saa kabiinis ringi jalutada, võib peagi rahutuks
muutuda. Kui välja arvata konverentsid abilistega või riigipaberite
lugemine, polnud tal seal suurt midagi teha peale aknast välja
vahtimise. Aken oli aga väike, pigem illuminaatori moodi, ning
asus nii kõrgel, et FDR, kes oli rihmadega ratastooli külge kinni-
tatud, pidi kaela sirutama ja pead ebaloomuliku nurga all hoidma,
et üldse välja kiigata saaks. Mike oleks tegelikult eelistanud, et
Boss sedagi ei teeks: klaas polnud kuulikindel.

Mike arust oli peamiseks miinuseks aga see, et lennuk pol-
nud ükskõik millise Ameerika presidendi jaoks lihtsalt piisavalt
suurejooneline, kõige vähem veel FDR-i, kes oli üles kasvanud
luksuse keskel. Armeesõdurite ühest kohast teise vedamiseks kõl-
bas C-54 küll, aga millekski enamaks vaevalt. Kindlasti polnud
see mõeldud transportima peent härrasmeest, kes eelistas oma
martiinikokteile jahutatult juua või kes suitsetas pidevalt sigarette
viietollisest emailotsaga pitsist.

Seda kõike arvesse võttes lahkus otsusekindel Mike Washing-
tonist ja tegi pika reisi riigi teise otsa, et kohtuda C-54 inseneride
ja kujundajatega. Muidugi võinuks asja ajada ka telefoni teel.
Või kui telefoniliinide turvalisus oli liiga suur mureküsimus,

siis võinuks ta oma mõtted üksikasjalikult kirja panna, dokumendile oleks peale pandud tempel „Ülisalajane!" ja selle oleks kohale viinud relvastatud salateenistuse agent. Aga Mike'i sihiks polnud oma tööd kergendada. Ta tahtis kuulda ekspertide kõiki arvamusi oma ettepanekute kohta, nendega koostööd teha ja nendega oma teadmisi jagada, ning kohapeal käepärast olla, et aidata läbi mõelda vältimatult tekkivaid probleeme. Ta teadis, et tal pole kõigele vastust varnast võtta, kuid ta ei tahtnud ka, et mõni erudeeritud insener talitaks liialt oma suva kohaselt neis küsimustes, mis seondusid Bossi julgeolekuga.

Douglas Aircraft Company rajatised paiknesid hajali üle Culver Fieldi Santa Monicas California osariigis, lühikese autosõidu kaugusel Los Angelesest. Saabudes sinna sõjaaja Valgest Majast, pingelisest ja üherahvastatud keskkonnast, mis kihises lõpututest intriigidest ja monumentaalse tähtsusega otsustest, tundis ta otsekohe, et on sisenenud tundmatule, kuid samas vabastavalt mõjuvale territooriumile. Asi polnud vaid eredas päikeselõõsas, milles angaaride read silmipimestavalt küütlesid, või tuuleiilides, mis puhusid lääne poolt, imeliselt siniselt ja lõputult avaralt Vaikselt ookeanilt, või õhus endas, milles oli tunda ookeanisoola värskendavat maitset. Kõige enam mõjutas teda Douglase ettevõtte mõõtkava, sest kogu Culver Field oli kahtlemata suurem sellest Montana linnakesest, kus ta oli üles kasvanud, ning kõik need rajatised teenisid vaid üht huvi: ehitada lennukeid, mis aitavad sõda võita. Ta nägi naisi, kes temast rulluiskudel mööda sõitsid, ja kui ta küsis, et mis värk sellega on, sai ta kuulda, et kogu see rajatis on nii suur, et posti toimetamiseks ühest otsast teise on kõige parem sõita uiskudel. Washingtonis oli kerge langeda uskumuse lõksu, et sõda võita aitav kodurinne koosneb vaid käputäiest diplomaatidest ja poliitikutest, kuid siin seistes mõistis ta esimest korda täie selgusega, et kogu rahvas on selle nimel käised üles käärinud.

Ühe porivärvi angaari nurka peitunud kabinetis kohtus ta grupi Douglase ametiisikutega, kes olid asjaliku olekuga ja kuulasid tema juttu nii tähelepanelikult, et ta oli sellest päris meelitatud. Hiljem sai ta aru, et insenerid töötavadki nii: nad tutvuvad mingi probleemiga, „koguvad asjassepuutuvaid fakte", nagu nad ütlesid, ning asuvad siis tööle selle lahendamise nimel. Erinevalt Valge Maja igapäevastest draamadest, kus kõik asjaosalised trügisid ja tõuklesid peamiselt oma võimupiiride laiendamise nimel, jäi tal siin mulje tõelisest koostöövaimust. Pole võimatu, et ka siin tulid kuskil mängu egod või isiklikud huvid, ent Mike ei pannud küll midagi sellist tähele. Tundus, et kõik keskenduvad lihtsalt oma töö tegemisele.

Lennuk, mille nad viimaks üle andsid, nägu välja nagu vana C-54, kuid oli samas ka hoopis teistsugune. Koosteliinil olid töölised standardkere külge keevitanud uued, pikemad tiivad, milles leidus ruumi neljale lisakütusepaagile; isegi kui ilm takistab ettenähtud ajal maandumast, võib lennuk tundide kaupa ringi tiirutada või kergesti varuvariandiks mõeldud lennuväljani jõuda. Lennuki tagaluugi juures oli kompaktne akutoitel tõstuk, nii et kaldteed polnud enam vaja; piisas vaid kangi tõmbamisest, ja ratastoolis presidenti sai tõsta või langetada. Täidetud sai veel üks tema soov: avar kuulikindla klaasiga aken, mis asus nii madalal, et president sai istudes mugavalt vaadet nautida. Insenerid olid tõsiselt võtnud ka Mike'i julgeolekumuresid: väliselt ei erinenud see lennuk tavalisest C-54 transpordilennukist. Nii ebatavaliselt suur aken kui ka lisatud tõstuk olid kavalalt varjatud. Vaenlase agent, kes näeb seda teisest lennuvälja otsast, ei saaks küll aru, et tegu on presidendi lennukiga.

Sees oli lugu teine ja Mike oli sellega väga rahul. Tema palve sai täidetud ja sisekujundajad olid andnud oma parima, et interjöör Bossi kõrgetele standarditele vastavaks muuta. Nüüd oli siin nõupidamisruum laia töölauaga, mis presidenti vääris, ning sohvad, mida sai vooditeks lahti võtta, ja presidendi erakemps. Mike uskus, et president on kõige enam rahul sellega, et kambüüsis asusid elektrikülmkapp ja sügavkülmik – kindlasti saab presidendile nüüd džinni serveerida just nii jahedana, nagu ta eelistab. Douglase rahvas oli selle erilennuki sabanumbriks andnud VC-54C ja leidnud sellele suurelise ametliku tiitli „lendav Valge Maja". Pressiteenistuse naljaninad ristisid lennuki Pühaks Lehmaks, kuna selle piloodid võisid taevas talitada oma – või reeglina küll presidendi – tahtmise kohaselt, ning see nimi jäi külge.

Mike tundis isalikku uhkust selle läikiva lennuki üle, mis oli ju sündinud tänu tema rohkearvulistele muredele. Ta arvas, et kui Boss peab lähiajal lendama kuhugi kaugesse maailmanurka, et Churchilli ja Staliniga nõu pidada – viimaste Valge Maja kõlakate kohaselt oli selleks Newfoundland –, siis Püha Lehm teeb selle reisi kahtlemata ohutumaks ja mugavamaks.

Ent ometi tükkisid talle pähe ebameeldivad mõtted. Piisab vaid sellest, et üks vaenlase hävitaja pääseb läbi kaitselennukite kordonist hiiglasliku C-54 ümber, ühest natsihävitaja kahurist, mis lennuki sihiku keskele saab, ning tabamuse korral langeb see leegitsedes alla – aga sellist insenerikunsti meistriteost juba ei ole, mis võimaldaks presidendil rusude alt välja ronida.

Schellenberg ei mõelnud ohutusest, rääkimata veel mugavusest. Tema mured olid puhtalt operatiivset laadi: kas leidub mõni selline lennuk, mis suudaks ellu viia missiooni, mida ta kavandas? Aga enne, kui selle plaaniga kaugemale minna, sai ta aru, et vastamist vajab üks põhimõtteline küsimus.

Ka siis, kui ta oli pärast pikka Iraani toimikute uurimist oma laua tagant lahkunud, naasid tema hajevil mõtted sageli lojaalsuse ja reetmise juurde. Neid toimikuid võis pidada selgeks süütõendiks selle kohta, et mõlemad teenistused olid oma agente alt vedanud. Nad olid agendid teele saatnud, ent tagantjärgi lausa hämmastava ükskõiksusega nad saatuse hooleks jätnud. Ka siis, kui asjad nende jaoks peale liitlaste sissetungi eriti keeruliseks läksid, ei kavatsenudki Abwehr ja SD appi rutata, vaid kehitasid väliagentide kitsikuse peale õlgu nagu ükskõiksed Olümpose jumalad. Aga agendid? Nemad olid sinna jäänud, oma eluga riskeerides, alati teadlikud oma kohusest, endiselt veendunud selles, et isamaa võit sõjas on piisav tasu nende vankumatu lojaalsuse eest. Kogu see kurb episood pani Schellenbergi häbi tundma.

Ta soovis sellele loole uue lõpu kirjutada.

Ta asus planeerima operatsiooni, mis kasutab ära neid lojaalseid agente ja nende võrgustikke. Missiooni, mis tõestab, et nende ohvriannid polnud asjatud. Luureülemana oli ta ka piisavalt majandusliku mõtlemisega, et soovida oma ametkonna pikaajaliselt investeeringult kasu lõigata; juba kulutatud raha võiks ju tulemust toota?

Aga kui ta selle probleemiga tõsisemalt tegelema asus, pidi ta süngelt tunnistama, et alates ajast, mil need kolm spiooni Lähis-Itta saabusid, oli paljugi muutunud – Iraanis, ja mis veel olulisem, ka Saksamaal. Nende algsel missioonil oli kaks sihti. Esiteks koguda luureandmeid: kindlaks teha naftaväljad, mida tasuks vallutada, ning otsida võimalikke asupaiku Saksa lennuväljadele. Teine oli pigem poliitiline: õhutada rahulolematuse leeki ja tagada, et kui natsid oma telgid Iraanis püstitavad, siis kohalikud tulevad neile selle juures innukalt appi. Need ambitsioonid olid nüüd selgelt aegunud. Kahe pika aasta eest oli Saksamaa kaotanud võimaluse seda riiki oma kontrolli alla võtta. Venemaa ja Suurbritannia olid Iraani vallutanud, et sinna oma telgid püsti ajada, ning nende järel oli saabunud üle kolmekümne tuhande USA sõjaväelase, peamiselt selleks, et tagada nende vagunite turvaline jõudmine, mis olid täidetud Ameerikast saadetud lendliisi abiandmisprogrammi kraamiga, mööda raudteid Nõukogude Liitu. Ning mis sai Aafrika korpuse sissemarsist Iraani? Peale masendavat lüüasaamist Stalingradis oli Schellenberg jõudnud järeldusele, et liitlaste peatne sissetung Berliini on palju tõenäolisem variant.

Mida saaks siis reaalselt ette võtta? Ja kas see on vaeva väärt? Need kaks keerulist küsimust vaevasid Schellenbergi pidevalt.

Pikkade mõtiskluste käigus võtsid tema operatsioonilised sihid üha selgemaid jooni. Kuidas oleks, küsis ta endalt üha suurema rahuldusega, kui ta suudaks liitlaste vältimatut võidumarssi vähemalt mõneti aeglustada? Aidata vaenlast veenda selles, et viimane aeg oleks läbirääkimistele asuda mõistlikel tingimustel sõlmitud rahu üle? Ja seeläbi au ja kuulsust tuua oma luureteenistusele, nagu ka neile sitketele agentidele Iraanis, kes kunagi ei murdunud, kes olid jäänud oma riigile truuks ka isolatsioonis veedetud aastate kestel ja maksnud selle eest ränka hinda, pidamata seda liigseks ohvriks? Sellise missiooni algatamise üle võiks ta uhkust tunda, ja küllap kiidaks ka ennasttäis Canaris selle heaks.

Metoodiliselt nende küsimuste üle mõeldes jõudis ta viimaks taktikalisele järeldusele, mis oli talle pähe tükkinud juba siis, kui ta neid toimikuid esimest korda luges. Aga lihtsalt selleks, et kindel olla – et arvud veelkord üle kontrollida, nagu ta ütles –, vaatas ta veel kord üle viimased analüütikute raportid. Ja neist leidis ta kindlad toetavad tõendid: ameeriklased olid iga kuu laevadega sinna saatnud 40 000 tonni venelastele hädavajalikku lendliisi sõjaabi, ja arvati, et selle kogus võib veelgi kasvada – tankid, veokid, mootorid, relvad, masinaosad läksid teele mööda Trans-Iraani raudteed, läbisid riigi ja jõudsid üle piiri Nõukogude Liitu. Samal ajal krabasid britid endale mõlema käega Iraani naftat; selle abil hoiti töös oma sõjamasinat.

Nüüd oli talle selge, mida on vaja teha! Ta teeb sellele kõigele lõpu. Ta saadab teele erisalgad, mis asuvad koostööle juba Iraanis viibivate veteranagentidega, et alustada julget sabotaažikampaaniat raudteede ja naftaväljade vastu. See operatsioon pole vaid viimane hingetõmme enne Saksamaa põhjavajumist. See annab liitlastele valusa hoobi.

Aga enne, kui ta asub neid mehi värbama, peab ta endale selgeks tegema, kas see missioon on elluviidav. Kas Iraani saaks saata erisalku?

Ta kutsus oma kabinetti Werner Baumbachi, kes oli määratud ajutiseks ülemaks Luftwaffe eliiteskadrillile KG 200, mis pakkus õhutuge kõigile salamissioonidele. Tema hulljulge plaani saatus sõltub sellest, mida see paljude teenetemärkidega pärjatud piloot ütleb.

Algselt, enne kui Gestapo selle konfiskeeris ja selle asukad viidi müüridega ümbritsetud getosse Łódźis, oli see Berkaerstrassel asuv hoone juutide vanadekodu, ning Schellenbergi ruumikas kabinet neljandal korrusel oli kuulunud selle direktorile. Ta oli alles hoidnud suurema osa eelmise omaniku maitsekast sisekujundusest – paksu põrandavaiba, laia mahagonlaua, kaunite nikerdustega antiikse puhvetkapi, mis nüüd teenis raamaturiiulina. Kuid ta oli siia lisanud ka omi elemente, mis andsid märku tema luureülema-ametist ja ka neist vägagi tõelistest hirmudest, et ta võib langeda mõne vandenõu ohvriks, mida Hitleri *Reich*'i kõrgemate ametnike vastu sageli sepitseti.

Ratastel lauakese peal tema töölaua kõrval seisis rida telefone. Otseliinide abil võis ta saada silmapilkselt ühendust füüreriga Riigikantseleis, Himmleri kontoriga Prinz-Albrecht Strassel ning tema enda korteriga Berliinis ja maamajaga Herzbergis; kui Gestapo kõrilõikajad peaksid talle järele tulema, siis õigetelt inimestelt viimasel hetkel halastuse anumine või kiiruga antud hoiatus tema perekonnale võib paljutki muuta.

Lisameetmena oli kabinet täidetud pealtkuulamisseadmetega. Mikrofone leidus kõikjal – seintel, laua all, telefonikonsoolides, lambi all. See süsteem oli alati töös; salvestati igat vestlust, igat mühatust või itsitust. Ta tahtis olla kindel, et vajadusel võib ta välja käia kindlad tõendid oma sõnade kinnituseks. Tummalt jälgides kõiki neid päid pakule minemas, oli Schellenberg kibedatest kogemustest õppinud, et vaja läheb raudkindlaid tõendeid, et kõik süüdistused on fabritseeritud.

Ühtlasi oli ta kindlustanud, et tõendusmaterjali kohendamine või näiteks ka nende paksude toimikute varastamine, mis olid täidetud kõiksugu väikestest ja kasulikest räpastest saladustest, oleks võimatu. Igal hilisõhtul enne lahkumist vajutas ta lülitile, mis aktiveeris strateegiliselt paigutatud fotoemissioonanduritest koosneva häiresüsteemi. Kui keegi üritab läbi akna sisse ronida, tema seifi näppida või kõigest ust avada, kõlab kohe kõrvulukustav alarm. Vintpüssidega valvurite kohale tormamine võtab kõige rohkem kolmkümmend sekundit.

Ja häda neile, kes üritavad meisterspiooni ootamatult tabada, kui ta istub töösse süüvinult oma laua taga ega tea midagi karta. „Minu töölaud oli nagu tilluke kindlus," uhkustas ta, ega liialdanud. Niipea, kui keegi tuppa sisenes, sattus ta kahe püssitoru ette, mis olid varjatult paigutatud laua mahagonkaunistuste vahele. Käepärase nupu abil võis Schellenberg oma külalise kuulidega üle külvata. Kui ta oli andestavamas tujus, võis ta vajutada teist nuppu: see paneb alarmi üürgama, valvurid piiravad kogu hoone ümber, blokeerivad kõik väljapääsud, ning soovimatu külaline viiakse püssitoru ees minema. Aga võib arvata, et sellele järgneva põhjaliku ülekuulamise ajal tekib tal peagi mõte, et Schellenberg võinuks pigem esimest nuppu vajutada.

Kahe peidetud püssitoru ette sattus ka ülemleitnant Werner Baumbach, Luftwaffe KG 200 tegevülem, kui ta istus VI ameti ülema vastas. Võimalik, et need sihtisid sedasama Rüütliristi tammelehtede ja mõõkadega, mida veteranpiloot uhkusega kaelas kandis. Sama võimalik on see, et edasise ärritava vestluse ajal oli luureülemal korduvalt kiusatus vajutada eelmainitud tapvat nuppu; vähemalt oleks see jutuajamisele halastava lõpu teinud.

Sest niipea, kui Schellenberg oli selgitanud, et ta vajab lennukit, mis suudaks erisalklasi Iraani viia, asus piloot vastuväiteid pilduma. Baumbach leidis, et nojah, Junkers Ju-290 lennuulatusest ju isegi piisaks selleks. Paar sellist suurt neljamootorilist lennukit asusid liitlaste pommitajate eest varjus ühes salabaasis Krimmi poolsaarel, ja need saaksid tankimata lennata Iraani ja tagasi (suuruse, mootorite paigutuse ja isegi tavalise sõidukiiruse poolest olid need pea identsed lennukiga C-54, mida Mike lasi Santa Monicas ümber ehitada; aga mõistagi ei teadnud kumbki mees teise ettevõtmistest). Ent Baumbach tegi kohe selgeks, et ta pole valmis nende väärtuslike lennukitega Iraanis riskima. Võimatu on garanteerida, et kohe peale maandumist kuskil kõrbes ei ümbritse sellist lennukit kohe raskeis relvis liitlassõdurid, kes selle endale võtavad. Tegelikult on selline stsenaarium pigem tõenäoline: nende radarid suudavad lennuki asukohta täpselt jälgida niipea, kui see allapoole laskuma hakkab. Muidugi on sama usutav ka see, et õhutõrje ei lubagi sel maanduda. Nad tulistavad selle alla peagi pärast Iraani õhuruumi sisenemist. Nii või teisiti on tulemus sama.

Schellenberg ei hakanud vastu vaidlema, kuna ta teadis, et sel pole mõtet. Piloodil on õigus. Ju-290 on liiga väärtuslik lennuk, mida kaotada. Sõja selles järgus pole usutav, et nende vabrikud suudaksid selliseid lennukeid asendada. Nii palju siis tema missioonist, võimalusest midagi muuta, vanu võlgu tasuda, lunastuseni jõuda. Kui just …

Oletame, pakkus Schellenberg nüüd välja, justkui jutujätkuks, millegagi mõista andmata, et kõik sõltub nüüd piloodi vastusest, et lennuk ei maandugi. Ei lasku kogu missiooni kestel kordagi kuuest kilomeetrist madalamale. Jääb liitlaste õhutõrjekahurite laskeulatusest välja.

Langevarjurid, lõpetas Baumbach tema mõtte.

See sõna jäi pikalt õhku hõljuma.

Ja siis: jah, ütles Baumbach veendunult. Langevarjumissioon võiks õnnestuda. Tema piloodid suudavad erisalga hüppepaigani toimetada. Ülejäänu sõltub juba neist.

12

TAASTÄRGANUD LOOTUSTEGA JA AEGA kaotamata asus Schellenberg oma halli Audi roolis teele Berliinist põhja poole. See toimus ühel hommikul üsna varsti pärast julgustavat kohtumist Luftwaffe eksperdiga. „Luuremäng on minu arust intrigeeriv," meeldis talle öelda, justkui oleks vaja õigustada poisilikku entusiasmi valitud ameti suhtes, ja sel hommikul oli ta tõepoolest heas tujus. Osalt tulenes see vabanemistundest, mida ta alati koges VI ameti peakorterist välja pääsedes – selle neli korrust, mis olid täidetud metsikutest SS-i lihunikest, kes on rindelt tagasi ja teesklevad end nüüd olevat mõtlemisvõimelised luureohvitserid; iga mööduva päevaga, mil ta endal nende uurivaid kõõrdpilke tajus, tundis ta end üha enam köide pandud lambukesena hundikarja keskel. Ühtlasi ootas ta võimalust veeta päev tõeliste Saksamaa kangelastega, nende sõduritega, kellele isamaa tõesti kiidusõnu ja austust võlgnes. Aga ennekõike oli luureülema hing elevil eesootavast lahingust, sest iga uue missiooniga alustamine oli alati põnev aeg.

Ta kihutas, nagu tal oleks kiire, kuid tegelikult talle lihtsalt meeldis sellest võimsa mootoriga SD autost viimast välja pigistada ja näha, kuidas tehnika sellele reageerib. Ta oli oma reisi alustanud Berliini Wilmersdorfist, suurejooneliste vanade kortermajadega linnaosast, suundudes sealt põhja, Grunewaldi metsa kanti – retk linnast välja maale. Tee ronis väikesest künkast üles ja tema pilgu ette ilmus vana kirik kõrge torniga. Sellele järgnesid põllud, üha uued põllud, kuid tema üllatuseks asus orupõhjas ka üks tehas, mille korsten musta suitsu välja ajas. Tee muutus tasasemaks ja ta kihutas edasi, gaasipedaal põhjas. Ta teadis, et ärapööramiskoht pole sildiga märgistatud, kuid ta mäletas eelmisest aastast täpselt, kus see asus.

Mõne aja pärast märkaski ta tuttavat teeristi. Ta keeras suurelt teelt ära ja sõitis kõrge telliskivimüüri juurde. Kaks valvsa olekuga sõdurit kontrollisid tema dokumente ja andsid siis au. Värav avati ja ta sõitis sisse.

Pikka sissesõidualleed ääristasid kõrged kastanipuud nagu valvurid, ning ta möödus küünist, tallist ja mitmetest väiksematest kõrvalhoonetest. Tee langes alla ja järgis sädeleva sinise järve rannajoont, jõudes välja parklasse, mis asus muljetavaldava suure hoone ees. Maja oli värvitud lumivalgeks, selle kaks pikka telliskividest tiibehitist ulatusid terava nurga all kaugele tagasihoidlikust peasissekäigust; esiuks oli mälestuseks jäänud algupärasest palkidest talumajast, mis paljude põlvkondade eest selle idüllilise järve kaldal seisis. Schellenberg parkis auto, ent kui ta ukse juurde kõndis, piirasid ta äkitselt ümber pool tosinat meest, kes teda relvadest sihtisid.

Nad olid ta ootamatult tabanud, ning nende irvitustest oli näha, et nad olid sellega väga rahul.

Siin, Quenzsee ääres, asus Abwehri „eriväljaõppekursus eriülesannete jaoks", nagu seda ametlikult nimetati. Lihtsamalt öeldes oli tegu selle luureteenistuse koolitusasutusega sabotööridele ja salamõrvaritele. Kursandid olid hoolikalt välja valitud nende Brandenburgi diviisi karmide sõjameeste seast, kes end vabatahtlikuks pakkusid – võimekad mehed, kes olid vaenlase tagalas käinud Belgias, Hollandis ja Balkanimaades, viies natside invasiooniarmee eelväena ellu ühe hulljulge missiooni teise järel. Quenzsee ääres vormiti neist kõige paljutõotavamatest brandenburglastest nõudliku väljaõppekursuse käigus veel võimekamaid sõdalasi. Neist pidid saama arhetüüpsed supernatsid.

Klassitoas ja väljaspool seda õppisid nad tundma kõiki tumedaid kunste. Nad suutsid inimesi tappa paljakäsi ja hääletult. Nad suutsid noaga inimesi surnuks visata kolmekümne sammu kauguselt ning käsitsivõitluses ühe noahoobiga vastase kägiveeni avada. Lisaks oli tegu täpsuslaskuritega, kes oskasid käsitseda kõiki relvi: käsu peale kannal ümber pöörata ja Lugeri salve mõne hetkega märklaua pihta tühjendada, või varjuda mõnes peidupaigas ja Mauseri snaipripüssist kuuli täpselt ohvri silmade vahele saata, seda ka näiliselt võimatu distantsi pealt. Nad oskasid ukselukke lahti muukida, automootoreid käivitada ilma süütevõtmeta, ning viivitamatult vabaneda ükskõik millistest käeraudadest. Nad oskasid paigaldada dünamiidilaenguid, mida lõhata tiku või kaugjuhtimisseadme abil, ning kui dünamiiti polnud käepärast, suudeti lõhkeseadmeid valmistada kasvõi igas köögis leiduvatest ainetest; järve äärde oli ehitatud jupp raudteed, et kursantidele õpetada, kuidas paigaldada lõhkeseadmeid nii, et need veduritele, vagunitele või rööbastele endile võimalikult palju kahju teeksid. Nad ärkasid kell neli hommikul ja jooksid koidueelses hämaruses läbi 15 kilomeetrit, rasked ranitsad seljas, tegid siis võimlas tundide kaupa jõuharjutusi, et keha saaks tugevaks nagu kivi, ning ujusid siis viis kilomeetrit Quenzsees – küll mitte talvel, kui järv ära jäätus. Neid võis langevarjuga visata ükskõik kuhu, ilma et nad ära eksiks: pikkade välitreeningute käigus tehti kaardi ja kompassi kasutamine neile põhjalikult selgeks. Canarise ja tema Abwehri alluvate arust oli kõige väärtuslikumaks operatiivoskuseks aga võime vaenlasriiki sisse imbuda ja seal ühiskonda sulanduda. Neid õpetati rääkima, käituma, riietuma ja isegi mõtlema nõnda, nagu see oli kombeks nende maade inimestel, kuhu nad saadeti. Iseloomustades seda Quenzsee meeskonda, mis pidi minema vaenlase varustusliine ja väeronge saboteerima enne suurpealetungi Moskvale, teatas nende Abwehri instruktor naljaga pooleks, et „nad olid õppinud isegi venelaste moodi sülitama."

Nüüd oli kamp selliseid Quenzsee erisalklasi Schellenbergi ümber piiranud ja sihtis teda relvadest. Muidugi polnud tal mingit lootust nende keskelt välja murda. Ta oli Canarisele oma külaskäigust teada andnud juba mitu päeva tagasi; ta oli välja pakkunud, et Iraani missioon võiks olla Abwehri ja SD ühisettevõtmine, kuna mõlemal luureteenistusel leidus seal agente. Admiral kiitis talle omase onulikult šarmantse viisakusega selle mõtte heaks. Aga nüüd pidi Schellenberg endalt küsima, kas naeratav Canaris oli talle lõksu seadnud. Nüüd võiski olla kätte jõudnud see hetk, milleks ta oli end ette valmistanud alates ajast, mil ta sai VI ameti juhiks – mil kõik need tema kiire ametiredelil kerkimise käigus kogutud vaenlased nõuavad hüvitust kõigi solvangute ja nende edu arvelt karjääri tegemise eest. Või on siin toimumas midagi muud.

Selguski, et tegu oli vaid eksitusega. Ta oli vale kindral õiges kohas. Varem samal hommikul saadeti erisalklased treeningharjutusele. Nende eesmärgiks oli valvuritest mööda saada ja mingit moodi peakorteri hoonesse välja jõuda. Nad eeldasid nüüd, et see kindralimundris mees on osa mängust, ja nad olid tema saabumisel silma peal hoidud alates hetkest, mil Audi parklasse sisenes. Kähku improviseerisid nad plaani, mille käigus sellest „kindralist" saab nende sissepääsupilet peakorterisse. Seetõttu nad ta ümber piirasidki.

Viimaks jäid nad siiski uskuma, et Schellenberg pole neid alt vedada üritav instruktor, vaid ongi see, kes ta väidab end olevat – ehtne SS-kindral, kes oli saabunud kohtumisele, mis on kooskõlastatud admiral Canarise endaga. Muidugi anti talle siis au ja meeste suust kõlasid häbelikud vabandused. Schellenberg kui tõeline luureproff ei pidanud viha, vaid kiitis neid osava tegutsemise eest. Aga peakorterisse sisenedes pidi ta endale tunnistama, et tema näiline rahu oli puhas teesklus – seal väljas oli tema ehmatus nii suur, et ta oleks peaaegu öökima hakanud.

Mees, kellega ta kohtuma tuli, major Rudolf von Holten-Pflug, oli parajasti klassiruumis kursantidele loengut pidamas. Selle teemaks olid atentaadid. Tavaliselt poleks Schellenberg sellises olukorras pikalt kõhelnud, vaid majori kohe enda juurde kutsunud. Aga tol hommikul polnud ta veel päriselt üle saanud sellest šokist, et pool tosinat elukutselist mõrvarit ta siin tervituseks relvastatud piiramisrõngasse võtsid, ning ta otsustas vait püsida ja klassitoa tahaotsa istuda. Loengu ajal on tal piisavalt aega hingelist tasakaalu taastada.

Peagi ootas teda ees päeva teine üllatus. Kui loeng läbi sai, järgnes sellele arutelu lektori ja tema noorte õpilaste vahel. Üht mõttevahetust kuulas ta erilise tähelepanuga. Järgnevatel nädalatel püsis see vestlus tal hästi meeles ja ta kordas siin kuuldud sõnu endale sageli. Edaspidi said need tema jaoks üha tähtsamateks, üha veenvamateks. Praegu aga polnud tal veel aimugi, et need viimaks nii olulist rolli mängima hakkavad. Ta lihtsalt kuulas huvitatult.

Kui kursandid lahkusid, ajas ta oma asja majoriga kähku korda. Holten-Pflug oli vana Abwehri mees, monoklit kandev aristokraat, kes oli luuretööle sattunud, kuna otsis endale romantilist ja ohtlikku ametit, kus patriootlikul härrasmehel ka lõbus oleks. See ei valmistanud talle pettumust. Ta sai selles vahvas ametis oma kavalust proovile panna ligi kümme aastat, kuid enne pensioniiga suunati ta viimaks rahulikumale tööle, Quenzsee äärde kursante õpetama. Talle tundus, et tema seikluslik karjäär sai liiga vara läbi, ning seda kahetses ta nüüd siin koolis iga päev. Ent Schellenberg pakkus talle võimalust Suurde Mängu naasta. Tema täpne operatiivülesanne polnud veel kindlaks määratud. Kas ta hüppab koos esimese erisalgaga Iraani kohal alla, või on lihtsalt meeste väljavalija ja missiooniks ettevalmistaja, see selgub hiljem ja selle üle otsustab Canaris. Ent Holten-Pflug leidis kohe, et mõlemad rollid on igatahes paremad kui iga päev klassiruumis suud kulutada. Ta ei kõhelnud missiooniga liitumast. Ning ta pakkus vabatahtlikult välja, et hakkab Brandenburgi väljaõppekoolidest otsima pärslasi, kes olid Saksamaale tulnud ja võiksid tahta oma teeneid pakkuda nüüd, kui tundub, et natsid ikkagi naasevad nende kodumaale. Ta andis kindralile nõu, et sellest oleks palju abi, kui neil on mõned mehed, kes kohalikku keelt valdavad.

Seejärel polnud neil enam pikka juttu. Nad andsid teineteisele au, ja sellega oli kõik kokku lepitud. Holten-Pflug hakkab kokku ajama Abwehri sisseimbumissalka.

13

SCHELLENBERGI PIKK TÖÖPÄEV POLNUD sellega läbi, sest tal oli vaja veel ühes kohas käia, ent õnneks ei asunud see kaugel. Kuigi see maakoht, millest ta nüüd läbi sõitis, oli sama meeldiv, koosnedes avaratest haljendavatest põldudest, mille vahel pakkusid silmailu sillerdavad tiigid, ei oodanud ta eelseisvat ülesannet samasuguse elevusega nagu külaskäiku Quenzsee äärde. Kui ta lähemale jõudis, tekkis tal hetkeks pettekujutlus, et sellele paigale omast haisu on juba autos tunda.

Ta oli kuulda saanud, et kohalikud olid selle üle kaevanud juba mitu kuud varem, ning väidetavalt oli Gestapo ka midagi ette võtnud ja lubanud, et enam ei põleta nad laipu nendes mobiilsetes krematooriumites, mille kasutamist oli testitud idarindel. Seda ta küll ei teadnud, kas lubadus ka täideti. Igatahes oli tal tunne, et ta hingab sisse surma hõngu. Kui ta sõitis läbi Sachsenhauseni raudväravate, mille kohal seisis irooniline loosung *ARBEIT MACHT FREI* („Töö teeb vabaks"), tungis tegelik või kujutluslik kõrbenud ihu hais tema ninasõõrmetesse ega lahkunud sealt. Tal tekkis tunne, et ta on lämbumas. Kohtumine oli kokku lepitud avara laagriala tagumises idanurgas, kuid tema jaoks polnud see haisu allikast piisavalt kaugel.

Ta oli siia tulnud kohtuma kapten Otto Skorzenyga. Millal iganes ta sellest mehest mõtles, meenus talle nende esmakohtumine. Himmler, kes soovis süvendada rivaalitsemist Abwehriga, oli teinud otsuse, et SD peaks saama oma versiooni Quenzseest – koolituskeskuse neile vapratele erisalklastele, keda saata võimatutele missioonidele. Kuid ühe suure erinevusega – SD värvatud on kõik SS-veteranid, sellised mehed, kelle pühendumine natside rassi- ja poliitideoloogiale on väljaspool kahtlust. See uus Oranienburgi üksus – SS andis sellele tolle linna nime, kus Sachsenhauseni koonduslaager asus, sest nii mõtlematud nad ometi ei olnud, et nimetada see laagri enda järgi – jääb VI ameti otsese kontrolli alla, ja seega pidi Schellenberg nüüd intervjueerima Himmleri kandidaati selle grupi ülema kohale.

*Reichsführer'*i valikuks oli Skorzeny, aga kui Schellenberg vaatas üle selle mehe teenistuskäiku, ei paistnud see vähemalt paberi peal kuigi muljetavaldav. Luftwaffe pidas seda 31-aastast meest „selgelt liiga vanaks", et teda oma ridadesse võtta, seega oli Skorzeny teeninud insenerina SS-i lahingupataljoni juures, mis jõudis eriliste intsidentideta Prantsusmaale välja, kuid pidi pärastpoole elu eest võitlema Serbias, Poolas ja Venemaal. Nende kuue kuu kestel, mis eelnesid Schellenbergi kabinetti kutsumisele, oli Skorzeny igavlenud Berliini kasarmus SS-i soomusdiviisi juurde määratud insenerina. Pole teada, mida Himmler selles veteransõduris nägi, milliseid kasulikke omadusi ta temas tajus, et pidada seda vana kooli SS-last erioperatsioonide väljaõppekeskusele sobivaks juhiks – Schellenberg igatahes ei taibanud seda, kui ta Skorzeny toimikut uuris.

Kuid temaga kohtumisel oma kabinetis hajusid ta kahtlused kähku. Tema vastas istuv mees oli laiaõlgne ja jõuline, duelliarm jooksmas üle üllatavalt poisiliku näo. Skorzeny oli SS-kindralist vähemalt peajagu pikem, kena mees erksate pruunide silmadega. Ta pidas end ülal ülimalt rahulikult, mis viitas enesekindlusele, ja Schellenberg sai peagi aru, et ka pealispinna all peituvale ülbusele. Kui ta kõneles, tulid sõnad ta suust madalal bassihäälel, mis meenutas rividrilliseersandi oma.

Ent Schellenbergile avaldas enim muljet nende vestlus ise. Skorzeny tunnistas, et tal puuduvad teadmised ja kogemused, mis ta selleks ametiks sobivaks teeksid. Schellenberg, kelle poliitiline vaist keelas tal Himmleri kandidaati tagasi lükata, pani kannatlikult ette, et ta peab „kerjama, laenama või varastama" kogu vajamineva oskusteabe, ja siis panema täie auruga edasi.

Skorzeny kaalus ettepanekut pikalt. Schellenberg hakkas koguni pelgama, et mees vastab eitavalt, ja kuidas ta seda siis *Reichsführer*'ile selgitaks? Ent viimaks lasi Skorzeny kurgupõhjast kuuldavale oma enesekindla vastuse. „Ela ohtlikku elu", sõnas ta mõtlikult, tsiteerides Nietzschet, ning seda kavatses ta ka teha. Ta teenib oma riiki „erilisel moel sel nõudlikul ajal".

Need sõnad, mis nii selgelt ja pidulikult kinnitasid tema pühendumust ning andsid märku kirest ja missiooni erakordse tähtsuse tajumisest, veensid Schellenbergi ära, et *Reichsführer*'il oli ikkagi õigus olnud – Skorzeny on õige mees sellesse ametisse.

Järgnevatel kuudel ei pidanud Schellenberg temas pettuma. Skorzeny oli sellele erikursusele toonud mitmeid uuenduslikke lähenemisi, sealhulgas eriline sabotaaživäljaõpe ja keeletunnid. Ta tundis erilist uhkust selle üle, et tema mehed treeniti tõhusateks tapamasinateks. Ta polnud rahul sellega, et väljaõpperajatis asus sünge koonduslaagri ühes nurgas, olles sellest taraga eraldatud, ning Schellenbergi heakskiidul tegi ta juba plaane grupp suve lõpus üle viia naabruses asuvasse suurde ja uhkesse 18. sajandi jahilossi. Kuid samas kasutas ta osavalt ära neid praktilisi võimalusi, mida Sachsenhausen väljaõppeks pakkus. Ta lasi oma meestel kinnipeetavate peal proovida uute mürgikuulide ja gaasigranaatide tõhusust, kuni sai olla kindel, et need täidavad oma ülesande. Ta kasutas kinnipeetavaid ka esmaabivõtete demonstreerimiseks, nagu jalgade amputeerimine või uppumisest päästetute elustamine; isegi kui abivahend õppetundi üle ei elanud, leidis Skorzeny siiski, et kursandid omandasid selle käigus midagi kasulikku. Juba paari kuu järel oli SS-il erisalklaste kool, mis tootis sama halastamatuid ja tõhusaid agente nagu Quenzsee oma.

Kõike seda meenutas Schellenberg siis, kui ta astus Oranienburgis SS-kapteni kabinetti. Nagu kohtumisel Holten-Pflugiga, kulges ka siin kõik kähku. Kohe, kui ta oli oma plaani visandanud, oli Skorzeny nõus, et see on tehtav, ja lubas isiklikult hoolitseda selle elluviimise eest. Kuigi ta oli teist sorti sõjaväelane ja inimene kui aristokraatlik Abwehri major, oli ta vähemalt sama pühendunud. Temalgi leidus gladiaatorile omast puhast julgust.

Seega oli kõik kokku lepitud: SS-i erisalk alustab väljaõpet sabotaažimissiooniks Iraanis.

Üks asi vajas veel tegemist. Schellenberg uskus, et luuretöös on alati hea, kui sul on tagataskus mõni trumpkaart – sul võiksid leiduda mõned mehed, kes hoiavad kõigil operatsiooni elementidel salaja silma peal. Nii ei teki mingeid üllatusi. Ta nimetas neid ülevaatajaid „isiklikult välja valitud eriagentideks", ja nende korduvat rakendamist kohapealsetes operatsioonides nimetati luurevallas luureülema „käekirjaks". Iraani missioonid pole selles osas erandiks.

Kui erisalklaste koolides oli ettevalmistusi juba alustatud, kutsus ta oma kabinetti Winifred Obergi. See mees ei meeldinud talle ja õigupoolest ta ka ei usaldanud teda. Kuid ta teadis, et ta suudab teda kontrollida. Oma kabineti seifis leidusid tal fotod sellest, kuidas see endine jurist veedab voodis lõbusalt aega koos Ernst Röhmiga, kes kunagi juhtis SA pruunsärklasi – natsipartei algset paramilitaarset tugiüksust. Obergi homoseksuaalsus oleks natsieliidi liikmeid halvimal juhul vaid kulmu kergitama pannud, ent see selge tõend sõprusest Röhmiga (kes oli hukatud Himmleri enda käsul) oli juba tõsisem asi, sellist pattu ei saanud ignoreerida; kahtlemata tähendanuks selle ilmsikstulek ka tema enda surmaotsust. Oberg oli juba ammu leppinud sellega, et ta peab täitma Schellenbergi iga käsku.

Nüüd SS-kindrali vastas istudes sai ta teada, et tema uueks ülesandeks on Iraani minna ja luua kontakt Mayriga, koodnimi Max, selle SD agendiga, kes oli Teherani jäänud. Kui ta on Maxiga sideme loonud, peab Oberg sinna jääma ja sabotaaži-missioonide edukust hindama. Tal tuleb Berliini saata iganädalasi ettekandeid, millega ei tohi tutvuda keegi peale Schellenbergi.

Oberg oli ülesandest kohkunud. „Kas te teate, et ma ei kõnele farsi keelt?" küsis ta.

Schellenberg kehitas õlgu, nagu ta ei peaks seda kuigi oluliseks.

„Kas te saate mulle anda Maxi aadressi Teheranis?" uuris Oberg.

Schellenberg vastas ausalt, et kahjuks tal ei ole seda.

„Aga see on ju suur linn," jätkas Oberg. Teheran oli tema jaoks tundmatu paikkond.

Schellenberg oli nõus, et seda küll, seal elab lausa kolmveerand miljonit inimest. Kuid ta on siiski kindel, et Oberg leiab õige mehe üles. Kui Oberg jätkas jonnakalt vastuvaidlemist, tõusis Schellenberg püsti ja kõndis oma suure seifi poole. Kindluse mõttes hakkas ta ka lukuketast keerama.

Oberg sai sõnumile pihta. „Aga kuidas ma Iraani pääsen?" küsis ta väsinud toonil.

Antud küsimusele oli Schellenbergil selgem vastus. Ta oli välistanud võimaluse, et Oberg hüppab alla koos mõne erisalgaga; isegi kui ta selle üle elab, oleks parem, kui erisalgad ei tea, et ta Iraanis nende järele luurab. Seega, jätkas kindral, jääb alles vaid kaks võimalust. Ta võiks sinna minna maskeerituna üheks neist paljudest palveränduritest, kes on teel Meshedi linna riigi kirdeosas, aga kuna Oberg ei oska kohalikku keelt, ei tule ta sellega toime. Seega otsustati viimaks, et Oberg läheb sinna neutraalse lipu all sõitval laeval, mis asub teele Türgi sadamast. Muidugi vajab ta usutavat kattelugu oma reisi põhjendamiseks. Ta soovitas Obergil see välja nuputada, ja kui legend (nagu neid taustalugusid luurevallas nimetati) on leitud, siis ta peaks sellest ette kandma sektsioonile F4. Nemad varustavad teda kõigi vajalike reisidokumentidega uue identiteedi jaoks – pass, normikaardid, isegi juhiluba.

Nii sai see veider kohtumine äkilise lõpu. Kiiretel nädalatel ja kuudel, mis sellele järgnesid, oli Schellenbergi harva mahti Obergi ülesandest mõelda.

Seda viga hakkab ta veel kahetsema.

Berliini Wannsee linnaosas asuv maja oli suur ja uhke. Ajaloolased vaidlevad tänapäeval selle üle, kas tegu oli Villa Marlier'ga, kus Reinhard Heydrich oli umbes aasta varem kokku kutsunud konverentsi, et leida lõplik lahendus „juudiküsimusele"; SD arhiividest võib leida tõendeid, mis seda toetavad, aga ka teisi, mis sellele vastu räägivad. Kui tegu polnud Marlier' residentsiga, siis oli selleks mõni sama uhke naabervilla. Ning selles pole mingit kahtlust, et see tähistamisüritus tõepoolest toimus.

Tegu oli teelesaatmise peoga. Esimene erisalk pidi Iraani kohal alla hüppama umbes nädala pärast, ning umbes tosin Abwerhi ja SD erisalklast oli nüüd siia kokku toodud. Schellenberg oli kohale tulnud, nagu ka tema vastik ülemus Kaltenbrunner. Himmler oli saatnud sõnumi, et kahjuks pole tal võimalik osaleda, ning andis teada, et kõik erisalklased on auastme võrra ülendust saanud.

Kui pidu üha hoogu kogus ning õlu ja naps voolas, andis *Hauptsturmführer* Martin Kurmis, see SS-lane, kes pidi esimese salga koosseisus Iraani kohal alla hüppama, avaliku tõotuse. „Me läheme sinna ja anname neile säru," lubas ta. Nagu muuseas pillatud sõnad, selline uhkeldav ja enesekindel märkus, mida sõdurid avalikel kogunemistel sageli teevad, eriti veel siis, kui alkohol on lahingueelset ärevust leevendanud.

Kuid Schellenbergile jäid need meelde. Järgnevatel nädalatel keerlevad need sõnad tema peas ringi, kuni selle sõduri spontaanne tõotus suunab tema mõtted veel palju auahnematele radadele.

14

H OTELLI EDEN ELEGANTSES BAARIS Berliini Budapester Strassel
lõi kell viis. See andis märku teejoomise algusest, ning sõja
ajal tegid *Eintänzer*'id siis head äri. Need olid noored mehed,
mõned neist vaevu teismeliseikka jõudnud, kes teenisid mõned
margad sellega, et olid tantsupartneriteks üksildastele naistele,
kelle abikaasad või kavalerid võitlesid rindel *Reich*'i eest. Ühel
1943. aasta juuli hilisõhtul tegi Schellenberg endale teed kõigi
nende hästiriietatud naiste seas, kes ringi sagides uurisid suure
huviga tantsupõranda ümber istuvaid poisse, kes olid piisavalt
noored, et neile poegadeks olla. Aga tema oli siin hoopis muude
intriigide tõttu, seega ta suundus selle kullakarva seintega ruumi
tagaossa, hämarasse nurka, kus oli sildita uks.

Ta sisenes puust seinapaneelidega salongi. Selle keskel oli too-
lidest ümbritsetud laud, kuid Canaris, klaas käes, oli endale juba
valinud ühe neist nahksetest tugitoolidest, mis olid kaugema akna
äärde tillukesse ringi pandud. Aknast avanes vaade rahvarohkele
linnatänavale ja Elevandiväravale, mis näis olevat pärit nagu tei-
sest maailmast − see erepunane pagood rohelise katusega, mida
hoidsid üleval kaks hiiglaslikku kivielevanti, oli Berliini loomaaia
sissekäik. Admirali vastas istus kolonel Georg Hansen, kontori-
töötaja, kes vastutas Abwehri jaoskondade eest välisriikides (ja
kes aasta hiljem osutub osaliseks Hitleri mõrvakatse vandenõus).

Schellenberg võttis istet, selg akna poole, vahtides otse Canarise pehmesse roosasse näkku.

Ta oli väsinud. Varasel pärastlõunal oli ta kohtunud Kaltenbrunneriga, mis oli alati paras katsumus. Kuid seekord oli ülemus veel nõudnud, et ta tuleks temaga kaasa Himmleri kabinetti, et tervitada Jeruusalemma ülemmuftit. See polnud mingi sõbralik jutuajamine. Mufti oli väga vihane. Ta oli hiljuti saanud teada, et Saksa armee Bosnia diviisi muslimid said samu alkoholi- ja sealihanorme nagu kõik teised *Reich*'i eest võitlevad sõdurid. Mufti nõudis, et selline asi peab lõppema. Tema ees vabandati rohkesõnaliselt ja kinnitati, et muslimitele antakse edaspidi midagi muud. Schellenbergi arust pidanuks asi ka sellega lõppema. Kuid tema kurvastuseks venis see jutuajamine väärtusliku Lähis-Ida liitlasega üha edasi. Schellenberg pidi seda väsinult ja ärritunult kuulama, näol meelitav naeratus, ning jätma enda teada mõtte, et keegi ju ei sundinud neid bosnialastest sõdureid jooma keelatud õlut või sööma roojast sinki.

Nüüd oli kätte jõudnud selle kurnava päeva õhtu. Schellenberg istus Edeni meeldivas privaatsalongis, käes klaas veini, mille Canaris oli hoolega välja valinud, ning vastikut Kaltenbrunnerit siin õnneks ei viibinud, seega oli tal tunne, et viimaks võib ta end lõdvaks lasta. Ta oli hotelli saabunud admirali kutsel, ja ta ootas nüüd kannatlikult, mida Abwehri ülemal talle öelda on. Vein oli maitsev ja tal polnud kuhugi kiiret.

Canaris mängis viisaka ja seltskondliku võõrustaja rolli ning kõneles veidi aega tühjast-tähjast, enne kui põhiteemani jõudis. Abwehri raadioruum oli vastu võtnud raadiosõnumi Iraanist, ja uudised oli väga head: operatsiooni Franz – see oli Oranienburgi missiooni koodnimi – esimene etapp oli edukalt lõpule viidud. Neli Skorzeny poolt välja õpetatud erisalklast olid langevarjuga maandunud mägisele alale Siah Kuhi küla lähedal. Homme

asuvad nad teele Teherani poole, et seal üles otsida Mayr, kood-
nimega Max. Kui kõik läheb plaani kohaselt, hakatakse peagi
ründama liitlaste varustusronge.

Kuid see polnud veel kõik. Operatsioon Anton, mis kujutab
endast Abwehri meeskonna saatmist mägisesse hõimuregiooni,
et seal kohtuda Schulze-Holthusiga, on peagi algamas, kuulutas
admiral pidulikult. Juba mõne päeva pärast asub Junkers Ju-290
Krimmist teele koos Quenzsee erisalklastega.

Kui Schellenberg seda kuulis, oli tema senine väsimus kui
peoga pühitud. Ta üritas oma tundeid valitseda. See oli tema
kavandatud operatsioon. Tema oli oma esialgset ideed edasi
arendanud ja plaani käivitanud. Ja nüüd edenes see hiilgavalt!
Üks meeskond on juba Iraanis, teine jõuab peagi sinna. Ta oli
elevil. Viimaks ometi oli selles pikalt vaid halbu uudiseid pak-
kunud sõjas millegi üle rõõmustada. Muidugi oleks jabur loota,
et need erisalgad suudavad muuta kogu sõja käiku. Nii naiivne
ta ei olnud; ta oli Berkaerstrasse peakorteris lugenud kõiki neid
eesliini luureraporteid, mis iga mööduva päevaga üha süngema
tooni võtsid. Kuid täna õhtul ei saanud ta jätta rõõmustamata.
Nii kaua oli neil kõik viltu vedanud, aga nüüd oli põhjust ühe
saavutuse üle uhkust tunda, ja ühtlasi võis loota, et paremad
uudised on alles ees, mida neil Kolmanda *Reich*'i jaoks süngetel
aegadel juhtus ju nii harva.

Luureülemad tõstsid toosti ühise saavutuse auks. Pudelile tehti
põhi peale ja Canarise käsu peale toodi uus.

Aga hiljem – keegi ei vaadanud kella, sel õhtul lubati ajal
omas tempos kulgeda – kõneles peamiselt kolonel Hansen. Sc-
hellenberg oli juba imestanud, et miks Canaris ta kaasa võttis;
Hansenil polnud Iraani missioonides mingit rolli. Seega jälgis

ta huviga, kuidas Abwehri kolonel võttis oma portfellist välja paksu toimiku.

Selle meeldejääva õhtu mitmete kirjelduste kohaselt väitis Hansen, et tegu on telegrammidega väliagentidelt. Need kõik väidavad end põhinevat usaldusväärsetel andmetel ja paljastavad Churchilli, Roosevelti ja Stalini vahelise kohtumise täpse kuupäeva ja koha.

Kolonel tegi teatraalse pausi ning Schellenberg jäi vältimatut puänti ootama.

Aga nende kõigi sisu on erinev, paljastas Hansen viimaks rahulolematult. Ja ta jätkas: selle konkreetse – seda sõna lausus ta irooniaga – info põhjal, mis me oleme saanud, leiab see konverents aset Alaskas. Või siis Newfoundlandil. Või Aafrikas. Vahest Egiptuses. See saab toimuma augustis. Või septembris. Või oktoobris. Või vahest seda ei toimugi. Nii palju siis meie paljukiidetud võrgustikest, kaebas ta pahaselt.

Seejärel, justkui ette kokku lepitud stsenaariumi põhjal, tegi Canaris suu lahti. „Hitleri jaoks on see prioriteet," ütles ta. „Füürer ei taha mingeid uusi üllatusi."

Admiral paljastas, et füürer ei teadnud ette, et Churchill ja USA president kohtuvad Casablancas. Veel vähem oskas ta oodata, et Roosevelt annab seal teada nõudmisest tingimusteta alistumise kohta. „Miks mind ei hoiatatud? Mis kasu mul oma luureteenistusest on?" oli füürer nädalate viisi torisenud Himmleri ja kõigi teiste lähikondlaste kuuldes.

Canaris kinnitas oma pilgu noore SS-kindrali näole ja jätkas teatades, et Hitler on Abwehril käskinud kindlaks teha, millal ja kus suure kolmiku kohtumine aset leiab. Aga kui seda ei suudeta? Füürer on selgeks teinud, et selles asjas ta läbikukkumisega ei lepi.

Mitmed kirjeldused sellest õhtust väidavad, et seejärel olevat Canaris palunud VI ameti abi: „Me töötasime koos Iraani missiooni kallal. Me loobusime siin rivaalitsemisest. Ma palun teil ka selles küsimuses koostööd teha. VI ametil leidub agente kõikjal maailmas. Andke neile käsk. Öelge, et nad peavad kerjama, laenama või varastama. Tehke minuga koostööd, et hankida luureandmed, mida füürer nõuab ja Saksamaa vajab – liitlaste tippkohtumise kuupäev ja toimumispaik."

―――

Kuidas seletada järgmiseks juhtunut? Kahtlemata oli Schellenberg erakordselt heas tujus, olles äsja kuulda saanud Iraani missiooni edukast algusest; sõda on võib-olla kaotatud, kuid leidub veel lahinguid, mida võita saab. Ühtlasi võib arvata, et Canarise kirglik palve just selle konkreetse luureinfo järele võis Schellenbergi mõtted uuele rajale juhatada. Ning tema sõidust Quenzsee koolituskeskusesse polnud palju aega möödas, seal kuuldu oli tal veel üpris värskelt meeles. Vahest mängis oma osa ka alkohol, vein julgustas lennukaid mõtteid. Schellenberg ei selgitanud kunagi, miks ta just sel hetkel hakkas meenutama Quenzsees kuuldut, aga tema jutt jäeti meelde ja pandi hiljem kirja.

Ta kordas luureagendi täpsusega dialoogi lektori ja õpilase vahel, mida ta oli kuulnud Holten-Pflugi klassiruumis Abwehri väljaõppelaagris. (Seal tagareas istudes üritas ta mäletatavasti üle saada suurest ehmatusest, olles äsja seisnud erisalklaste püssitorude ees, aga Schellenbergi arust polnud teistel vaja seda teada.) Seega jättis ta eelloo kirjeldamata ja asus kohe asja juurde. Ta kõneles sellest rahulikult ja aeglaselt. Justkui üritaks veenda mitte ainult Canarist, vaid ka iseennast.

„Viiskümmend meest! Midagi muud ma ei vaja!" olevat Holten-Pflug väitnud (lisaks Schellenbergile on seda aastaid hiljem samamoodi kirjeldanud ka seesama õpilane, kellega ta seal vestles). „Viiskümmend oskajat ja teotahtelist meest. Mehed, kel leidub piisavalt julgust ja eriteadmisi, et tungida õigetesse kohtadesse, neisse paikadesse, kust käsud teele saadetakse – Washing-tonis, Londonis, Moskvas. Üks väike kuul ühest väikesest revolvrist võib teha rohkem kahju kui terve suurtükiväerüge-ment. Mida teeks tavaline Vene sõdur siis, kui Stalinit äkki enam ei ole? Mis te arvate, kas ta jätkaks sõdimist?"

Skeptiline õpilane ei paistnud teda uskuvat. „Nii et te arvate tõepoolest, et kui Churchill või Roosevelt kaduma peaksid, siis teised ei suuda täita neist jäänud tühja kohta? Aga kindralid? Nemad juhivad ju tegelikku sõjapidamist."

Holten-Pflug ei lasknud end eksitada. „Kindralid?" kordas ta põlglikult. „Ärge ajage mind naerma! Ega nende omad pole paremad meie omadest. Nad istuvad iga päev oma paksu perse peal kaardilaua taga, turvaliselt soojas omaenda välipeakorteris. Kas te olete kunagi mõnda kindralit lahinguväljal näinud?"

Olles vestluse ette kandnud, ei hakanud Schellenberg seda kuidagi kommenteerima. Ta ei üritanud veenda või põhjendada. Väljakutse oli sõnastatud ja selle ajalooline kaalukus näis nüüd täitvat kogu tuba.

Seejärel asus Schellenberg ise kritiseerima seda missiooni, mida ta polnud veel julgenud päriselt sõnadesse panna. Kogenud luure-analüütiku kiretu objektiivsusega luges ta ette kõik takistused, ja viimane kui üks neist oli vaieldamatu fakt.

Fakt: Abwehr ja VI amet ei tea, kus suure kolmiku kohtumine toimub. Nagu Canaris oli juba tunnistanud, on seda infot raske või koguni võimatu hankida.

Fakt: isegi kui Saksamaa saaks mingil moel piisavalt varakult teada konverentsi kuupäeva ja toimumispaiga, tuleb nentida, et nende kolme riigijuhi ühises käsutuses on maailmaajaloo suurim sõjamasin. Neid kaitsevad tohutud julgeolekujõud.

Fakt: isegi kui mõni erakordselt vapper erisalk valvepostidest mööda saab ja hoonesse sisse tungib, siis lastakse nad ikkagi maha ammu enne sihtmärkideni jõudmist. Nii et otserünnak oleks enesetapumissioon. Sinna märkamatult sisse hiilida oleks aga võimatu.

Kui ta oli selle kõik välja öelnud, professionaali neutraalse hinnanguna, siis polnud ta isegi enam valmis kuigi tõsiselt võtma oma kõrgelennulisi fantaasiaid, mis olid ta korraks kaasa haaranud. Kaks Abwehri meest leidsid sama. Järeldus oli selge. Seda ei anna teha. Suure kolmiku mõrvamine tippkohtumisel ei tule kõne allagi.

Aga ikkagi, sel juuliõhtul said esimesed mõtteseemned mulda pandud. Luureülemaid oli välguna tabanud arusaamine, et Saksamaal leidub vähemalt teoreetiline võimalus, olgugi äärmiselt väheusutav, see sõda lõpetada mõistlike rahutingimustega, ilma kättemaksuhimulise nõudmiseta tingimusteta alistumiseks. Ning hoolimata kõigist oma kõhklustest ja kahtlustest ei suutnud Schellenberg alla suruda üht julgustavat mälestuskildu: erisalklane, kes julgelt lubab liitlastele „säru anda“, hoolimata näiliselt lootusetutest võimalustest.

Washingtonis oli Mike Reilly maailm samuti täidetud mõtetest „kõrge prioriteediga sihtmärkide“ kohta, kui kasutada salateenistuse teadlikult ähmast žargooni. Õigupoolest oli ta „üsnagi põhjalikult tundma õppinud atentaatide ajalugu“. Ta ütles, et sõda „suurendas märkimisväärselt mu huvi muistse sala-mõrvakunsti vastu“.

Ta avastas, et inimesi võib tappa lugematutel viisidel, ning presidendid on ju samuti inimesed – ainult et neil on ebatavaliselt palju vaenlasi. Olles presidendimõrvade „ajalugu ja tehnikat sü-

vitsi uurinud", selgus talle viimaks, et kaks meetodit on osutunud
eriti tõhusateks – tulirelva või pommiga.

Statistika põhjal võis pooldada tulirelvi. Mike oli avastanud,
et „meie, ameeriklased, oleme praeguse seisuga maha lasknud
iga kümnenda presidendi, kelle me oleme endale valinud." Kui
arvesse võtta ka napid pääsemised, olid arvud veel murettekitavamad: „Oleme üritanud maha lasta iga viiendat meest, kes on
Valges Majas elanud."

Pomm võis potentsiaalselt olla veel ohtlikum relv. „Inimese
kaitsmine kuulide eest on küll piisavalt raske töö," leidis Mike,
„kuid siiski palju lihtsam, kui üle kavaldada kõiki neid pommieksperte, kes võivad oma taparelvi heita, peita või postiga saata."

Lõppude lõpuks tuli nentida, et nii tulirelva kui pommiga
saaks töö tehtud.

Mike ei kahelnud selles, et natsidel leidub hulganisti tippsnaipreid ja leidlike pommivalmistajatega mehitatud laboreid.

Ta mõtles sellistest asjadest pidevalt ka siis, kui jätkusid
keerukad diplomaatilised läbirääkimised selle nimel, et Bossi,
Churchilli ja Stalini kohtumine saaks viimaks teoks. Kuupäevad
ja koht polnud veel paika pandud. Mike'i jaoks olid need vaid
operatiivdetailid. Ta andis endale täielikult aru sellest, et kus
iganes ja mis ajal see tippkohtumine ka toimub, natsid võivad
seal üritada tappa seda meest, keda ta on kaitsta lubanud kasvõi
omaenda elu hinnaga. Vaenlane võib tulla laskeriistade või pommidega, ent mida iganes nad valivad, tema peab kindlustama, et
nende plaanidest asja ei saaks.

15

KÜLLAP ANNAB SEE MÄRKU luureülemate kõhklustest ja soovist kogu asja ranges saladuses pidada, et liitlaste kolme riigijuhi mõrvamise plaan pandi ootele seniks, kuni toimus järgmine omavaheline kohtumine, mille ametlikuks eesmärgiks oli taas arutada Iraani operatsioonide edenemist.

See leidis aset kolm nädalat pärast eelmist kohtumist, palavas augustikuises Berliinis, ja seekord viibisid kohal vaid Canaris ja VI ameti ülem – nad kohtusid Schellenbergi kabinetis. Schellenberg teatas külalisele, et ta on kõik mikrofonid kohtumise ajaks välja lülitanud; mingeid lindistusi sellest ei säili. Ta näis siin vihjavat tavalisele ametiviisakusele – üks luureülem ilmutab teisele seeläbi oma lugupidamist. Kuid ta teadis, et Canaris on piisavalt arukas, et taibata selle kõrvaltähendust – nüüd võivad nad kartuseta kõnelda ükskõik millest. Iraanis tegutsevatest meeskondadest libiseti kähku üle ning kaks luurejuhti asusid pikemalt viivitamata selle teema kallale, mis oli nende mõtteid valitsenud alates eelmisest kohtumisest, kus see ääri-veeri jutuks tuli.

Mingeid illusioone ei tasunud heietada. Polnud mõtet ka imedele loota. Mõlemad mehed teadsid hästi, kui palju raskusi – ei, ületamatuid takistusi – seondub sedasorti missiooniga, mida nad esmakordselt alles nüüd põhjalikumalt arutada julgesid. Nad teadsid ka, et iga tõsisem läbikukkumine, eriti veel *Reich*'is, kus ei kõhelda üksteisele nuga selga löömast, heidab alati halba valgust neile, kes selle eest vastutavad, ning tagajärjed võivad nende jaoks kujuneda väga ebameeldivateks. Kuid nad olid profid, kes teadsid, et iga selline luureteenistus, mis keeldub riskimast ja valib alati kergema tee, ei saa oma tööga hakkama. Nad mõlemad armastasid oma riiki. Neis tekitas õudust see päev päevalt üha tegelikumaks muutuv väljavaade, et Saksamaa saab täielikult murtud, põlvili surutud liitlaste nõutud tingimusteta alistumisega. Kui leidub mingi variant, olgu pealegi, et väheusutav, kuidas isamaa seda hävitavat tulemust vältida saaks, siis nende auja kohusetunne nõuab selle võimaluse põhjalikku läbiuurimist.

Niiviisi võtsid need kaks Saksamaa luureteenistuse ülemat esialgu enda peale suure kolmiku mõrvavandenõu eest vastutavate agentide rollid. Esimeseks praktiliseks sammuks pidi seega olema bürokraatlike ettevalmistustega ühele poole saamine: agentuuridevahelise koostöö tingimused tuli ametlikult paika panna. See viidi ellu üllatavalt lühikeste läbirääkimiste järel. „Pidades silmas kõnealuse plaani erakordset tähtsust ja prioriteetsust," lepiti kokku järgnevas:

Esiteks: Abwehr ja RSHA VI amet jagavad teineteisega kogu informatsiooni ja annavad oma parima, et mitte takistada teise agentuuri teabekogumistegevust.

Teiseks: mõlemad organisatsioonid teavitavad oma väliagente ja kontakte sellest, et kolmepoolse tippkohtumise aja ja asukoha kindlakstegemine on nüüd kõige kõrgemaks luureprioriteediks.

Kolmandaks: meeskonnaliikmed valitakse välja nii Quenzsee kui Oranienburgi erioperatsioonide teenistujate nimekirjast ja neist moodustatakse eraldiseisev üksus.

Neljandaks: kuna näib usutav, et konverents toimub kas Vene, Briti või Ameerika kontrolli all oleval territooriumil, peavad erisalklased vabalt valdama kas vene või inglise keelt.

Viiendaks: mõlema organisatsiooni taktikalised osakonnad teevad koostööd, et leida või vajaduse korral luua optimaalsed relvad ja lõhkeseadeldised, mida see missioon vajab.

Kuuendaks: väljavalitud erisalklased alustavad väljaõpet, ilma et nad teaksid täpsemalt oma missiooni olemusest ja sihist. Lisaks tehakse sihtmärkide identiteet teatavaks alles peale missiooni algust.

Üldised parameetrid said sellega paika pandud, ent veel oli otsustamata üks oluline küsimus: missiooni koodnimi. Veidral kombel põhjustas just see enim vaidlusi. Kogu oma pika karjääri vältel tähenärija olnud Canaris asus positsioonile, et salastatus on kõige tähtsam, ja see mõistlik ning igati mõistetav põhjendus sai ta argumendi selgrooks. Esmalt mainis ta, et Iraani operatsioonidele oli alguses viidatud kui „kaugoperatsioonidele" (*Ferneinsätz*). Ja mis on üks asi, mida me liitlaste konverentsi kohta kindlalt teame? Et see toimub Saksamaa piiridest väljaspool, vastas ta viisakalt omaenda küsimusele. Seega on atentaadimissioon kahtlemata kauge ettevõtmine. Operatsiooni turvalisuse huvides tuleks ettevalmistusi selleks nimetada Ferneinsätz Alpha, teatas admiral veendunult.

Schellenberg sai admirali ettevaatusest aru. Sõda oli katastroofiks kujunemas, mistõttu tuli pragmaatiliselt suhtuda ka lojaalsuse küsimusse; ta ei kahelnud selles, et SD ridades leidub topeltagente, ja neid võib olla isegi Berkaerstrasse peakorteris. Aga Schellenberg, kelles leidus ka šõumehe pool, ei tahtnud leppida nõnda igava koodnimega. Kõnealust missiooni võis pidada kõige hulljulgemaks luureoperatsiooniks kogu sõja, kui mitte terve ajaloo vältel. Ta ei tahtnud, et see kannaks nii väheütlevat, lausa banaalset koodnime.

Seega vaidles ta endale mitteomase agressiivsusega vastu admirali plaanile nimetada seda lihtsalt kaugoperatsiooniks. Sest selle olemus on ju palju ambitsioonikam. See on nagu – tundus, et ta leidis selle sõna hetkelise inspiratsioonivälgatuse ajal – kaugushüpe (*Weitsprung*).

See nimi juurdus. Sellest hetkest peale sai kolme liitlasriigi juhi atentaadimissiooni ametlikuks nimeks operatsioon Kaugushüpe.

Kuid luuremaailmas ei tähendanud mõne ettevõtmise ristimine veel sellega alustamist. Mõlemad luureülemad leidsid, et vara oleks veel uskuda, et see missioon on ellu ärganud. Kõik senised takistused selle teel polnud kuhugi kadunud ja näisid lausa ületamatud: toimumispaik ja kuupäev oli teadmata, sihtmärgid olid aga kõige paremini valvatud mehed kogu ilmas. Seega polnud nad Kaugushüppe väljavaadete osas lihtsalt pessimistlikud. Nad olid tegelikult selle läbikukkumisega juba eos leppinud. Oma südame salasopis uskusid mõlemad, et arvatavasti piirdub kogu ettevõtmine vaid väljaõppega.

Aga ikkagi astus Schelleneberg pärast seda kohtumist ühe sammu, mida ta polnud admiraliga arutanud, ja seda mitte julgeoleku- või luurekaalutlustel, vaid enesesäilitustungi tõttu. Ta pelgas täiesti põhjendatult, et kui Canaris või mõni teine Abwehri mees mainib Kaugushüpet kasvõi möödaminnes Kaltenbrunnerile, enne kui ennasttäis SD ülem on sellest kuulnud oma alluva suust, siis läheb Schellenbergi pea pakule, vahest koguni sõna otseses mõttes. Selle ohu vähendamiseks tegi ta oma ülemusele suulise ettekande senisest tegevusest, esitades seda vaid võimaluste uurimisena. Justkui oleks ta teadlane, kes vaid kõneleb mõnest metsikust hüpoteesist, mis kõlab küll põnevalt, kuid mida on võimatu tõestada.

Tema kohkumuseks paistis ettearvamatu Kaltenbrunner sellest huvituvat ning koguni julgustas teda, kuigi endale tüüpilisel ettevaatlikul, poliitilisel moel. Kindlasti ei osanud Schellenberg ette näha seda, et SD juht edastab saadud info käsuahelat pidi ülespoole, Himmlerile. Või et *Reichsführer* kõneleb sellest omakorda Hitlerile. Vähe sellest, et Hitler missioonist kohe elevile läks, vaid ta käis ka välja uue sihi: liitlaste riigijuhtide likvideerimise asemel võiks nad hoopis ära röövida.

Kui Schellenberg sellest kuulis, sattus ta raevu. Kaugushüppe erisalklastel saab olema piisavalt raske oma sihtmärkidele nõnda lähedale pääseda, et neile kuul otsaette saata või pomm laua alla paigutada. Kuidas võis Hitler tõsiselt kaaluda võimalust, et mõni meeskond võiks liitlaste valvurite nina alt röövida kolm meest ja nendega tagasi Saksamaale jõuda, kui neid kahtlemata jälitaks mitu liitlaste diviisi?

Jutuajamine Canarisega aitas tal maha rahuneda. See on lihtsalt reaalsusest irdunud füüreri järjekordne jabur ettepanek, ühel päeval prioriteet, järgmisel juba unustatud, lubas admiral talle.

Schellenberg mõtles selle üle veidi. Ning siis, nagu admirali väite kinnituseks, jagas ta temaga lugu sellest, kuidas Hitler oli teda saatnud röövima Windsori hertsogit ja hertsoginnat. Nüüd oli sellest juba palju aega möödas ja tal õnnestus kogu missiooni ja enda tollast kõhklevat tegutsemist jabura farsina kujutada.

Just nimelt, kinnitas Canaris kohe. Viimaks oli ka füürer sellest hulljulgest plaanist loobumise heaks kiitnud. Seega on parem suu kinni hoida ja veidi aega oodata, ning ka praegune grandioosne uitmõte sureb oma loomulikku surma, andis ta veendunult nõu.

Schellenbergi meeleolu paranes ja üritas taas veidi nalja teha. Ta jagas Canarisega oma fantaasiat, et Roosevelt, Churchill ja Stalin on kõik puuri topitud ja nende peal rakendatakse eriti julma piinamismeetodit – neid sunnitakse kuulama füüreri raevukaid tiraade.

Mõlemad said selle peale tublisti naerda.

Aga kumbki ei teadnud, et üks teine Hitleri impulsiivne plaan – samuti röövimisvandenõu – on juba algatatud. Nad ei osanud ka arvata, et üsna varsti hakkavad nemadki sammuma selle massiivse operatsiooni jalajälgedes.

16

NENDE PALJUDE KOKKUSATTUMUSTE SEAST, mida sisaldavad operatsiooni Kaugushüpe salatoimikud, leiame kaks paralleelset sündmust, mis mõlemad leidsid aset 26. juulil 1943. Sest selsamal päeval, mil kaks luureülemat kohtusid hotellis Eden ja neile seal üks julge mõte pähe tuli, hakkas ka Adolf Hitler midagi sarnast hauduma. Temagi oli algatanud ühe seikusliku ja esmapilgul võimatu missiooni planeerimise. Veel tähenduslikumaks kokkusattumuseks osutus aga see, et oma avakäiguna võttis Hitler tol suvepärastlõunal ühendust sama mehega, kelle jutul oli juba käinud Schellenberg – Oranienburgi erioperatsioonide väljaõppekeskuse juht, SS-kapten Otto Skorzeny.

„Kas see võiks olla seotud operatsioon Franziga?"[3] meenutas Skorzeny oma esimesi mõtteid, kui ta sai kuulda sellest üllatavast uudisest, et ta on isiklikult kutsutud Hundikoopasse (*Wolfschanze*), Hitleri peakorterisse sügaval Ida-Preisimaa metsades. Ent ta viskas selle mõtte kähku peast; tundus väheusutav, et füürer sooviks otse kuulda sellisest rutiinsest missioonist, mida Iraani oma endast kujutas. Seega hakkas tema „aju ennast jälle piinama

---

3 See ja paljud muud jutumärkides tsitaadid selles peatükis on pärit raamatust „Skorzeny erimissioonid: Euroopa kõige ohtlikuma mehe mälestused", tlk Patrik Rand (Tallinn: Olion, 2008), 42–98. Tõlkija märkus.

mõttetute küsimustega", millele ei leidunud häid vastuseid. Sel päikeselisel pärastlõunal juuli lõpus, kui ta läks Tempelhofi lennuväljal Junkers Ju-52 pardale, näris teda pigem salajane kartus: *Reich*'is võidi arve minevikupattude eest, olgu need siis tegelikud või kujutletud, sulle esitada ükskõik mis ajal.

Lennukis oli kaksteist istet, ent muid reisijaid polnud, ning tal polnud aimugi, kas seda võiks pidada julgustavaks märgiks. Igatahes oli lennuki esiotsas baarikapp ja ta valas endale klaasi konjakit. Ja siis kindluse mõttes veel ühe. Skorzeny ärevus hakkas lahtuma, lennuk tõusis õhku ja ta üritas end eesootavaks ette valmistada. Esimest korda kohtub ta näost näkku Adolf Hitleriga, kogu *Reich*'i füüreriga ja Wehrmachti ülemjuhatajaga.

Kui Junkers maandus, ootas teda lennuväljal suur Mercedes. Ta sõidutati läbi paksu metsa, kontrollpunktis vaadati üle tema paberid ja siis veeres auto edasi mööda kitsast teed, mis läbis kasemetsa. Teise tõkke taga kontrolliti dokumente uuesti ja peagi peatus auto kõrge okastraattara taga. Kui värav avati, sõitsid nad edasi mööda looklevat teed, mida ääristasid madalad hooned ja kasarmud; need olid kaetud moondamisvõrkudega ning paljude hoonete katustele oli istutatud puid, et neid veel paremini maskeerida. Õhust võis see paista nagu üks tavaline Preisimaa metsatukk.

Oli juba pime, kui ta jõudis Teemaja juurde – palkidest hoone, mille kohta ta sai teada, et siin einestasid kindralid. Skorzeny viidi salongi, kus oli piisavalt ruumi mitme puust laua ja polsterdatud toolide jaoks. Põrandalauad olid kaetud lihtsa ja tumeda bukleevaibaga. Ta pidi ootama, viimaks ilmus välja Waffen-SS-i kapten. „Ma viin teid füüreri juurde. Palun järgnege."

Järgmises hoones sattus ta taas hästisisustatud eestuppa, see oli eelmisest suurem. Seinal oli hõberaamis kena lillepilt, mida ta pidas Düreri omaks. Ta viidi läbi koridori suuremasse ruumi. Kaminas põles tuli, massiivsele lauale olid kuhjatud maakaardid.

Äkitselt avanes uks ja Adolf Hitler astus aeglaste sammudega tuppa.

Skorzeny lõi kannad kokku ja võttis valveseisangu. Hitler tõstis parema käe sirgelt üles – tema kõigile tuttav saluut. Ta kandis tavalist halli mundrit, lahtine kaelus laskis näha valget särki ja musta lipsu. Ta rinnale oli kinnitatud Raudristi I klassi orden.

Tema hääl kõlas madalalt, kui ta viimaks suu lahti tegi. „Mul on teile väga tähtis ülesanne," kuulutas Hitler. „Kuningas reetis eile Mussolini, minu sõbra ja meie ustava võitluskaaslase, ja kaasmaalased arreteerisid ta."

Skorzeny üritas kähku meenutada, mida ta selle kohta lugenud oli. Fašistlik diktaator Benito Mussolini, kes valitses Itaaliat karmi käega, oli ilmunud audientsile Itaalia kuninga Vittorio Emanuele III juurde. Kohe, kui ta oli maha istunud, andis Vittorio Emanuele pikalt keerutamata teada, et valitsus palus kuningal armee juhtimine ja riigiasjadega tegelemine üle võtta, ja ta oli nõustunud. Löödud Mussolini lahkus paleest, kuid tema juurde astus kohe karabinjeeride kapten, kes juhatas ta Punase Risti kiirabiauto juurde. Selle tagauks avanes ja Itaalia diktaatorit sihtisid politseiüksuse automaaditorud. Teda sunniti sisse istuma. Kiirabiauto sõitis minema, selle sihtkohta ja Mussolini edasist saatust ei teadnud aga keegi.

Füürer kõneles üha elavamalt ja Skorzeny kuulas teda. „Ma ei saa ega kavatsegi jätta Itaalia suurimat poega hätta … Ta tuleb viivitamatult päästa või ta antakse üle liitlasvägedele. Ma usaldan Mussolini päästmise – ja see seik mängib selles sõjas veel suurt rolli – teie kätesse. Te peate tegema kõik, mis teie võimuses, et täita see ülesanne … Teie ülesanne on leida *Il Duce* ['juht', tiitel, mille itaalia fašistlik liikumine oli Mussolinile andnud] asukoht ja ta päästa."

Skorzeny seisis valvel ega pööranud Hitlerilt silmi. Ta tundis, et füürerist voogav „sundiv jõud" on ta kaasa haaranud.

„Nüüd oleme jõudnud kõige tähtsama osani," jätkas füürer kohe. „On äärmiselt vajalik, et see lugu jääks rangeks saladuseks." Mida kauem Hitler rääkis, seda enam tundis Skorzeny end tema lummuses olevat. „Tol hetkel," kirjeldab SS-kapten hiljem, „ei kahelnud ma kordagi selle ülesande edus."

Nad surusid kätt. Skorzeny kummardas ja lahkus, tundes Hitleri läbitungivat pilku oma seljal.

Tagasi Teemajas, oma mõtetega üksi jäänult, hakkas ta varasem enesekindlus kiiresti murenema. Ta närvid olid „väga kehvas seisus", peas ringlesid sajad küsimused, mis kõik korraga tähelepanu järele karjusid. Ta sundis end keskenduma, mõtlema nagu sõdur. „Meie esimene probleem," meenutas ta, „oli Mussolini asukoha kindlakstegemine." Aga kohe, kui ta sellele probleemile keskendus, kerkis esile järgmine. „Ent kui me ka suudame ta leida, mis siis edasi saab?" küsis ta endalt. „*Duce* asub kindlasti kuskil väga turvalises kohas ja on väga hästi valvatud. Kas me peame kindlusele või vanglale tormi jooksma?" Tema palavikuline kujutlusvõime „manas esile iga sorti fantastilisi olukordi" ja ükski neist ei lohutanud teda.

Aga ta üritas mõtteid koondada, toetudes seejuures aastatepikkusele distsipliinile. Ta asus koostama nimekirja. Alustuseks leidis ta, et ta vajab viitkümmet parimat meest, ja nad kõik peaksid mingil määral oskama itaalia keelt. Neist võiks teha üheksaliikmelised grupid, mida on kergem hallata. Järgmiseks mõtles ta relvadest ja lõhkeainetest. Kuna sinna minnakse väheste meestega, vajavad nad võimalikult suurt tulejõudu, ütles ta endale. Suurtükke vist kasutada ei saa; ilmselt tuleb neil ju langevarjudega alla hüpata. Ta otsustas, et aitab kahest kuulipildujast grupi kohta. Ülejäänutele piisab kergest automaatpüstolist, see on täpse laskuri käes samuti tappev relv. Aga lõhkeained?

Muidugi käsigranaadid. Lisaks veel kolmkümmend kilo plast-
lõhkeainet, sellest kogusest peaks piisama, ning ta plaanis küsida
inglise oma, mis oli Hollandis SS-i kätte langenud ja mida ta
pidas Wehrmachti omast kvaliteetsemaks. Kõiksugu erinevaid
sütikuid läheb samuti vaja, sest kuna lahinguplaani ei saa veel
paika panna, tuleb kõigeks valmis olla. Troopikakiivrid ja kerge
alusriietus on samuti olulised; Itaalia põletava päikese käes ei taha
sa ringi joosta pikas aluspesus. Muidugi on vaja hankida ka toidu-
poolist. Meestele peaks piisama kuue päeva moonast, lisaks veel
hädatagavara kolmeks lisapäevaks. Kui nad on seal veel kauem,
siis ilmselt põgenevad nad juba vaenlase territooriumil liitlaste
eest ja toit pole nende murede seas esikohal.

Kui Skorzeny oli nimekirja valmis saanud, läks ta raadio-
ruumi, et see teletaibi kaudu Berliini peakorterisse saata. Siis
naasis ta Teemajja, kus tema jaoks oli valmis seatud välivoodi.
„Voodis väherdes," meenutas ta, „proovisin painavaid mõtteid
eemale peletada, kuid viis minutit hiljem maadlesin nendega
uuesti." Mida rohkem ta missioonist mõtles, „seda väiksem
tundus olevat tõenäosus eduks."

Skorzeny ei teadnud, et selsamal pikal ööl, *Reich*'i teises
otsas Berliinis, vähkres Schellenberg samuti voodis ja mõtiskles
hämmastavalt sarnaste taktikaliste probleemide üle. Temagi ei
jõudnud mingite rõõmustavate järeldusteni.

See oli nõudlik periood. Ta jättis oma abiliste hooleks erisalklaste
vormis hoidmise, et nad oleksid valmis mis iganes füüsilisteks
katsumusteks, mida see missioon nõuda võib. Tema ise keskendus
vaid ühele eesmärgile: Mussolini leidmine. Täpsemat rünnaku-
plaani polnud mõtet koostada enne, kui nad teavad, kus *Il Duce*'t
kinni hoitakse. Kõigepealt tuli lahendada see mõistatus, enne kui
järgmise kallale asuda.

„Me saime teada, et ringi liigub igasuguseid kuulujutte, kust Mussolinit leida võiks," avastas ta, ning tal polnud muud valikut, kui üritada neist mõnd niidiotsa leida. Üks vürtspoodnik oli kuulnud, et kauge Ponza saare karistuskoloonias hoitakse „kedagi väga kõrge auastmega vangi". Itaalia madrusest informant oli aga kindel, et Mussolini on vangis sõjalaeval, mis oli lahkunud Spezia sadamast. Keegi postiljon oli teda aga näinud rangelt valvatud villas Sardiinia saarel. Canaris kinnitas aga, et Abwehr on saanud usaldusväärsetest allikatest teada, et Mussolinit hoitakse vangis väikesel saarel Elba lähistel. Järele kontrollimisel ei saadud ühelegi loole kinnitust. Kolme raisatud nädala järel pidi Skorzeny nentima, et „olime tagasi alguses". Kui Hitler ta jälle enda juurde kutsus ja rõhutas, et „te peate vabastama mu sõbra Mussolini kohe, kui selleks avaneb võimalus," halvenes ta niigi kehv tuju veelgi. Skorzeny oli suur egoist ja tema jaoks oli läbikukkumine halvim saatus, mida ta oskas ette kujutada.

Aga kui ta oli juba valmis kõik lootused hülgama, sai ta luureraporti, kus kõneldi kahe kõrge Itaalia ohvitseriga toimunud autoõnnetusest Abruzzi mägedes. Mida nad seal kõrgel mägedes tegid? mõtiskles Skorzeny. See asus lahingutegevusest kaugel, sealkandis polnud ka militaarrajatisi.

Seda jälge mööda minnes sai ta kinnitust, et Mussolini asub ilmselt just sealkandis. Nii sai päästeplaani koostama asuda.

Nad otsustasid kasutada kahtteist purilennukit, nendega oli lootust pehmelt maanduda ja säilitada üllatusmomenti. See plaan polnud kuigi üksikasjalik, veel oli selles palju ebakindlat, liigagi palju tundmatuid elemente, oma tosin asja, mis võivad kergesti viltu minna. Skorzeny teadis, et tema edu tõenäosus on „väga madal". Ta ei uskunud, et ta mehed saaksid valvuritest jagu enne, kui Mussolini hukatakse. Aga olles kõiki muid võimalusi kaalunud, näis see olevat ainus, mis andis neile vähemalt mingi šansi.

Ta oli viimaks saanud rahuldava kinnituse, et *Il Duce*'t hoitakse suusakuurordis, mis asub ligi 2,5 kilomeetri kõrgusel Apenniinides. Orust kulges üles mäetippu üksainus köisraudtee ning hotelli valvas raskeis relvis sõjaväeüksus, samas kui karabinjeerid olid tõkkepuuga sulgenud sinna viiva tee ja valvasid seda. Hotell Campo Imperatore, kus Mussolinit kinni hoiti, tundus vallutamatu kindlusena: neljakorruseline punastest tellistest hoone, kus oli vähemalt sada tuba – *Il Duce* võis asuda ükskõik millises neist. Luureraportites kõneldi, et hoonet ja selle ainsat külalist valvab seal mäetipus vähemalt 150 sõdurit. Kogenud proff Skorzeny pidi tunnustavalt märkima, et itaallased olid teinud head tööd. Kui tema tahaks kedagi salaja vangis hoida, siis võinuks ta valida sarnase variandi. Või mine tea, vahest polekski ta midagi nii kavalat välja nuputanud.

Ta pidi itaallaste kavalust veel enam imetlema siis, kui ta üritas päästeplaani välja töötada. Maad mööda ründamise välistas ta peagi. Järsku mäekülge pidi üles joosta, kui vaenlased oma kindlustatud positsioonidelt nende pihta tulistavad, oleks lootusetu ettevõtmine. Ja see ei võimaldaks ootamatult saabuda. Tulevahetust ja plahvatusi oleks isegi Roomas kuulda. Itaallastel jääks piisavalt aega Mussolini minema toimetada või ta kohapeal maha lasta.

Mida rohkem ta selle üle mõtles, seda selgemaks sai, et üllatusmoment otsustab kõik. See saab tema trumpkaardiks selles õnnemängus, mida eesootav missioon endast kujutab. Ta oli mõelnud langevarjudega lennukist alla hüppamisele. Kuid Luftwaffe eksperdid välistasid selle kohe. Sellisel kõrgusel hõredas õhus kukuvad mehed taevast nagu kivid ja prantsatavad raskelt maapinnale. Lisaks oli maastik ohtlikult kaljune.

Nii et siis purilennukid. Aga see nõuab avarat ja tasast platsi maandumiseks, kui purilennukid on neid vedavate lennukite trosside otsast lahti päästetud. Aerofotode põhjal tundus, et selleks võiks sobida kolmnurkne aasake, mis asus üsna hotelli lähedal. Tõsi, Luftwaffe tarkpead välistasid ka selle variandi juba eos. Hullumeelne oleks purilennukiga maanduda sellisel kõrgusel, kui sind ei oota korralikult ettevalmistatud maandumisplats, kinnitasid nad. Nad ennustasid, et operatsioon lõppeks vähemalt 80%-lise elavjõu kaotusega, kui need haprad õhusõidukid üritavad maanduda mingil kivisel aasal. Ja siis poleks hotelli tungimiseks piisavalt erisalklasi.

Skorzeny kuulas nad ära ja ütles siis viisakalt: „Muidugi olen valmis proovima ka iga alternatiivset skeemi, midä te soovitate, härrased."

Kuna sellist ei leidunud, sai otsus viimaks tehtud ja operatsioon viidi ellu 12. septembril 1943. Umbes kella ühe paiku pärast-lõunal startinud purilennukid tõusid kõrgele mägede kohale, laskusid hotelli juures taevast alla ja katsusid tuulevihina keskel sellele võimalikult lähedal maanduda. Kaotati üks lennuk, mis sattus ootamatu tuuleiili kätte, lõi õhus võnkuma ja kukkus kaljusele nõlvale puruks (kaks lennukit polnud aga stardirajast kaugemale saanud, sõites seal pool tundi varem toimunud liitlaste üllatusrünnakust jäänud pommilehtritesse). Skorzeny enda lennuk põrkas raskelt vastu maad, nina ees, ja lohises tükk maad edasi nagu lutsukivike järvepinnal. Aga kui ta luugist välja ronis, nägi ta, et nad asuvad hotellist vaid paarkümmend meetrit eemal.

Mingit suuremat lahingut ei järgnenud. Šokeeritud valvurid tõstsid Skorzeny käsu peale kohe käed üles ning meeskond tormas hotelli vestibüüli. Skorzeny valis instinktiivselt ühe trepi välja ja kihutas üles, võttes kolm astet korraga. Ta asus uksi lahti lööma ja juba kolmanda tagant avastas ta Mussolini, keda valvasid kaks itaallasest ohvitseri, kes välja koridori tõugati. Kogu pealetung oli võtnud kõige rohkem neli minutit.

Nüüd sakslaste käes olevale mäetipule maandus peagi tilluke lennuk, ühe propelleri ja pikkade tiibadega Fieseler Storch, ning Mussolini ronis selle ainsale tagaistmele. Teisele reisijale polnud ruumi, ent Skorzeny ei kavatsenud oma kaitsealust silmist lasta (ega tahtnud ka ilma jääda aust teda isiklikult Hitleri ette tuua). Viimaks õnnestus tal end pressida *Duce* istme taha. Ülekaalus lennukil polnud nüüd kerge õhku tõusta, aga just siis, kui tundus, et platoo nende all kohe otsa saab ja lennuk langeb nina ees kuristikku, sai see tuule tiibadesse ja kerkis üles sinitaevasse.

Kolm päeva hiljem olid Skorzeny ja Mussolini juba Hundikoopas ja jõid koos Hitleriga keskööst teed. Hitler autasustas SS-i eriväelast Rüütliristiga ja lubas temast teha *Sturmbannführer*'i (majori). „Ma ei unusta oma võlga teie ees," lubas füürer talle tundeliselt.

Reich'i propagandaminister Paul Joseph Goebbels kindlustas, et ka maailm ei unustaks Skorzeny saavutusi. Ajalehtede esiküljed kogu Saksamaal olid täidetud julge päästemissiooni põnevatest kirjeldustest ning sedapuhku ei pidanud natsireporterid faktidele omast peast juurde lisama, kuna tõde oli niigi piisavalt hämmastav. Sündmusest tehti ka lühike ringvaatefilm, mida publiku ovatsioonide saatel kõikjal näidati, ning Skorzeny kena naeratav näolapp sai kähku tuntuks üle kogu Saksamaa. Isegi USA ja Briti ajalehed pidid tunnistama, et natsid olid hakkama saanud millegi erakordsega. Nende pealkirjades nimetati Skorzenyt „Euroopa kõige ohtlikumaks meheks".

Aga vahest võiks öelda, et just Goebbels ise võttis selle sündmuse põrutava mõju kõige paremini kokku. „See tegu on avaldanud sügavat muljet kogu maailmale," kirjutas ta oma päevikus. „Sõja puhkemisest saati pole olnud teist sellist militaarset

ettevõtmist, mis oleks inimesi nõnda vapustanud ja innustanud.
Me võime tõepoolest tähistada suurt moraalset võitu."

Muidugi mõtiskles ka Schellenberg nüüd Skorzeny – selle-
sama mehe, kelle ta oli välja valinud treenima Iraani missiooni
erisalklasi – suurte saavutuste üle. Kui ta sai hakkama Musso-
lini äratoomisega vallutamatust mägikantsist Itaalias, siis miks
ei võiks ta suuta mõrvata liitlaste riigijuhte? See mõte täitis ta
lootusega. Nüüd leidusid tal tõendid, et ka pealtnäha võimatut,
lausa olematute šanssidega missiooni saab edukalt ellu viia. Kui
Skorzeny sai hakkama ühe imega, siis miks mitte ka teisega?
Esimest korda hakkas Schellenberg päriselt uskuma, et FDR-i,
Churchilli ja Stalini tapmine üheainsa salaoperatsiooni käigus
võiks olla tehtav – saavutus, mis ei mõjutaks vaid sõja tulemust,
vaid ka järgnevat rahu.

Ent vanad kõhklused naasid peagi. Nende teadmistes hai-
gutasid endiselt suured tühikud: neil polnud aimugi, kus see
kolmepoolne konverents aset leiab. Või millal.

Ilma selle elutähtsa luureinfota ei saa midagi teha. Kui ta ei
tea aega ega kohta ega operatsiooniga seonduvaid spetsiifilisi
raskusi, pole erisalgal vähimatki eduvõimalust ka siis, kui seda
peaks juhtima Skorzeny ise. Millal? Kus? Kuidas? Ridamisi vas-
tuseta küsimusi.

17

TOL 1943. AASTA VARASÜGISEL, kui puulehed Washingtonis ja Berliinis värvi muutma hakkasid, olid nii Mike Reilly kui Walter Schellenbergi mõtted haaratud sarnasest mõistatusest. Kus ja millal saab toimuma liitlaste kolme liidri kohtumine? Vastusest võib selguda, kas inimkonna saatuse otsustavad riigimehed – või salamõrvarid. Olukorda komplitseeris veelgi ärritav tõsiasi, et vastust polnud ka liitlaste liidritel endil, ning polnud ka selge, kas seda üldse kunagi leitakse. „Need, kes seda ise läbi ei elanud," kaebas Churchill aastaid hiljem, olles mälestusest endiselt häiritud, „ei saaks aru kõigist neist muredest ja komplikatsioonidest, mis tekkisid, kui oli vaja määrata aeg, koht ja tingimused sellele esimesele konverentsile, kus pidi osalema kogu suur kolmik, nagu seda tollal nimetati."

Kohtumise teemaks polnud midagi vähemat kui sõja lõpufaas – kus ja millal alustavad USA ja Suurbritannia oma sissetungi Mandri-Euroopasse. Kuigi kõik kolm liidrit said aru selle otsuse kaalukusest, ei leitud ühist keelt selles, kuidas jätkata. Roosevelt eelistas julget ja pidevat edasitungi läbi Prantsusmaa, kuid seda alles sobival hetkel, kui on kokku aetud muljetavaldav invasiooniarmee koos kõigi vajalike laevade ja muude maabumisalustega. Churchill pooldas ettevaatust – Itaalias tuleb endile luua strateegiline tugipind ja sealt metoodiliselt edasi tungida Euroopa sisealadele. Stalin, kelle riik oli juba aastaid natsidega pidanud halastamatut sõda elu ja surma peale, mis oli kaasa toonud tohutuid inimkannatusi, mille täit ulatust oli ikka veel raske aduda, ent milles hukkunuid loendati miljonites, ning kelle väed jätkasid endiselt oma kangelaslikku võitlust, nõudis oma liitlastelt kiiret tegutsemist, et vähendada survet oma kodumaale. Just nagu nende probleemide lahendamisest veel ei piisaks, mõlkus FDR-il meeles ambitsioonikas (et mitte öelda jaburalt lootusrikas) lisaplaan. Ta lootis vältida eesootavat kaost, jõudes Staliniga isiklikule üksteisemõistmisele, mis lepitaks Lääne demokraatiad kommunismiga. Kaks tulevast superjõudu võiksid ju sõbruneda ja kõiki maailma paharette ühiste jõududega vaos hoida.

Kuna kaalul näis olevat terve maailma saatus, võinuks arvata, et kohtumise logistika on selle kõrval tühiasi ning kõik need näiliselt keerulised detailid võiks piisava pingutuse korral kähku korda ajada. FDR, kes oma parematel päevadel lausa säras optimismist, näis alguses samuti seda lootvat. Ta saatis Stalinile enesekindlusest nõretava telegrammi: „Ma pean väga olulisteks neid personaalseid ja intiimseid jutuajamisi teie ja Churchilliga, sest neist sõltub suuresti kogu maailma lootusrikas tulevik." Ent Stalin ei kiirustanud nendega kohtuma ja tahtis kehtestada omad tingimused, mis kogu ettevõtmist raskendasid.

Kas tema kangekaelsus tulenes sõja nõudmistest, sest ta pidi silma peal hoidma neil lahingutel, mida endiselt tema läänerindel võideldi? Või oli asi tema veendumuses, et Ameerika president ja Briti peaminister on maailmavaate poolest sama suured vaenlased nagu ta endine liitlane Hitler, ning neid tulebki kapriisselt kohelda? Mõned on välja pakkunud, et ta lihtsalt kartis lendamist ega kavatsenud Moskvast ette võtta ühtegi pikemat lennureisi. Asi võis olla ka diktaatori iseloomus: ta oli harjunud alati oma tahtmist saama. Mis iganes kaalutlused ja iseloomuomadused tema ettearvamatute tujude taga olid, tulemus oli igatahes selge: Stalin kavatses FDR-il ja Churchillil oodata lasta.

Tema veenmine saab olema pikk protsess.

———

Nagu innukad kavalerid ikka, üritasid FDR ja Churchill esialgu kõigile tema kapriisidele vastu tulla. Ameerika presidenti lahutas Euroopast lai ookean, ta ei suutnud kõndida ja kuigi ta oli neist kolmest kõige noorem, 61-aastane, polnud tema tervis just kiita. Iga pikk reis sõjaaja tingimustes saab kindlasti kurnav olema ning mine tea, mida see tema tervisele maksma läheb. Mike vastutas presidendi heaolu eest, seega tekitas mõte sellisest reisist temas tohutut õudust. Kuigi ta oleks eelistanud, et lõplik sõna jääb temale, oli selge, et tema pole siin mingi otsustaja. Boss ise oli stoiliselt otsustanud kõigega leppida. Kui Stalin oli Alaska ja Londoni variandid pahaselt tagasi lükanud, saatis Roosevelt talle varsti telegrammi, kus ta tegi oma arust väga vastutuleliku pakkumise. „Isiklikult oleksin valmis kohtuma isegi nii kauges paigas nagu Põhja-Aafrika, seda 15. novembri ja 15. detsembri vahel," teatas ta Nõukogude liidrile septembri alguses.

Stalinit polnud aga lihtne veenda. Tal olid omad sõjaga seonduvad kohustused, selgitas ta. Justkui tema väed oleksid ainsad, mis võitlevad, tõi ta vabanduseks, et „olukord Nõukogude-Saksa rindel, kus kokku on võitlemas üle 500 diviisi, nõuab NSVL-i ülemjuhatuselt pea igapäevast otsustelangetamist". Kuid ta esitas oma ettepaneku, millest ta teadis, et see liitlasi pahandab. „Kohtumispaigaks võiks valida riigi, kus kõik kolm maad on esindatud … Näiteks Iraan," soovitas ta üleannetult.

Iraan? Ligi kümme tuhat kilomeetrit Washingtonist, üle ookeani teisele mandrile, seda sõja ajal, kui igal pool varitsevad ettenägematud ohud? FDR sai esmakordselt aru, et ta on asunud läbi rääkima inimesega, kes on sihilikult jäärapäine. Aga kohtuda oli hädavajalik, seega üritas ta Stalinit mõistusele tuua.

„Teie välja pakutud kohtumispaika jõudmisega seonduvad mul niivõrd konkreetsed probleemid, et ma pean teile ausalt ütlema, et põhiseaduslikel põhjustel ei saa ma seda riski võtta," alustas ta ladusalt. „Kongress peab istungjärku. Uued väljapakutud seadused ja resolutsioonid vajavad minupoolset heakskiitu ja Kongressile tagasisaatmist enne kümne päeva möödumist, selleks pean ma füüsiliselt kohal viibima … Viivituste võimalus mägede ületamisel − esmalt ida ja siis lääne suunas − on liiga suur."

Vähem kannatlik mees võinuks siinkohal tooni muuta, tuletades marssal Stalinile (ehk Onu Joe'le, või lihtsalt OJ-le, nagu Churchill ja Roosevelt ulakate koolipoiste kombel oma keerulise iseloomuga liitlast nimetama hakanud olid) meelde, et väljapakutud kohtumispaik asub Valgest Majast neli korda kaugemal kui Kremlist. Aga FDR keskendus oma suurele sihile ja otsustas heaga proovida. Abivalmis reisiagendi kombel käis ta välja muid variante, mis kõik pidavat väga toredad olema.

„Kairo on atraktiivne mitmetel viisidel," kirjutas ta entusiastlikult, „minu teada on seal püramiidi lähedal hotell ja mõned villad, mis oleks võimalik täielikult eraldada."

Või soovib marssal midagi vähem eksootilist, mõnda rahulikku paika, kus neid miski ei häiriks? „Asmara, endine Eritrea pealinn, seal pidada olema väga korralikud hooned ja täiesti kasutuskõlblik lennuväli," pakkus president välja.

Või soovite värskendavaid meretuuli? „Leiduks võimalus kohtuda mõnes Vahemere idaosa sadamas, nii et igaühel oleks oma laev. Kui see idee on teile meelepärane, siis saaksime teie käsutusse anda suurepärase aluse."

Või midagi maalähedasemat? „Üheks variandiks on Bagdadi eeslinn, kus meil oleks kolm mugavat laagrit piisaval arvul venelastest, brittidest ja ameeriklastest valvuritega."

Kuni väsinud president väärikalt vaikides Stalinilt vastust ootas, sekkus protsessi Churchill, tahtmata lõbust ilma jääda. „Mul on uus idee EUREKA [konverentsi koodnimi] kohta ... Kõrbes leidub üks sobiv paik ... Me võime sinna rajada kolm laagrit ja elada mugavalt täielikus eraldatuses." Ta lisas vikaari pedantsusega, et sellisele väärikale kogunemisele leidub ka piibellik pretsedent. „Vaadake vahepeal Matteuse 17:4," soovitas ta abivalmilt.

Presidendi kirjavahetusega tegelejad murdsid selle koodi lahti ja lisasid telegrammile omapoolse selgitava allmärkuse: „Aga Peetrus hakkas rääkima ja ütles Jeesusele: „Issand, siin on meil hea olla! Kui sa tahad, siis ma teen siia kolm lehtmaja: sinule ühe ja Moosesele ühe ja Eelijale ühe.""

Nõukogude diktaatorit need pakkumised ei veedelnud. Ta keeldus järele andmast ja jättis oma mõtete edastamise välisminister Vjatšeslav Molotovi hooleks. „Selle küsimusega seonduvad suured raskused, kuni kõne all on mõni muu koht peale Teherani," teatas Molotov diplomaatiliselt.

Kui president või peaminister ei peaks sellest taipama, et mingit järeleandmist pole loota, täiendas Molotov seda mõtet veel ühe peene nöökega. Ta käis välja võimaluse „kohtumine edasi lükata järgmisesse kevadesse ... selleks ajaks võiks Fairbanks saada sobivaks kohaks."

Roosevelt oli sama paika välja pakkunud nelja kuu eest – siis lükati see kohe tagasi.

Berliinis polnud Schellenbergil kõigist neist keerulistest läbirääkimistest aimugi. Kuid ta oli otsustanud võimalikult palju teada saada: Kaugushüppe elluviimisel oli ainsaks lootuseks see, et ta avastab suure kolmiku konverentsi toimumisaja ja -koha. Kuna nii palju oli kaalul, oli Schellenberg, sarnaselt FDR-iga, valmis oma uhkuse alla neelama ja ka terve mõistuse osas järeleandmisi tegema. Kui Himmler andis teada, et tal on plaan, millega saaks kindlaks teha liitlaste kavatsused, kuulas ta selle ära ja ei hakanud-ki kuulutama, et idee on naeruväärne, kuigi kõik tema instinktid kinnitasid seda, vaid nõustus hoopis, et see on proovimist väärt. *Reich*'is olid kätte jõudnud meeleheitlikud ajad, terve mõistusega polnud enam midagi peale hakata. Neid ähvardas vahetu oht.

Seega saadeti mitmete koonduslaagrite ülematele käsk oma vangidele saksa, prantsuse ja vene keeles ette lugeda järgmine tekst:

„SS *Reichsführer* ja Saksamaa politseiülem otsivad okultismi, hiromantia ja radiesteesia [sarnaneb nõiavitsa kasutamisega mahamaetud objektide leidmisel] eksperte konfidentsiaalseks missiooniks, mis on *Reich*'i julgeoleku jaoks väga oluline."

Laagritest leitigi umbes kaheksakümmend vabatahtlikku. See veider kamp koosnes kalkuleerivatest šarlatanidest, riuklikest elukutselistest meelelahutajatest ning ka tõsiusklikest, kes tõe-poolest arvasid endal leiduvat okultseid võimeid. Himmler valis isiklikult kõige paljutõotavamad välja ja kutsus nad oma kabinetti otsustavale proovile.

„Mõned inimesed plaanivad kohtuda. Kes nad on? Mis on nende nimed?" küsis ta neilt kõigilt ükshaaval (kui uskuda in-tervjuud, mille prantslasest hüpnotisöör Jean-Jacques Beguin peale sõda andis).

Tavaliselt selle peale vaikiti mõtlikult ning hakati siis huupi pakkuma. Kas õnnekombel või loogiliselt oletades pakkusid mõ-ned osalejad, et tegu võiks olla liitlaste riigijuhtidega. Ülejäänud saadeti minema ja *Reichsführer* jätkas katset. „Öelge meile, millal ja kus see kohtumine toimub," küsis ta varjamatu põnevusega.

Kõlasid mitmesugused vastused, mõned neist väga ähmased, teised julgelt konkreetsed.

Himmler oli oma kavalusest vaimustatud ja saatis selle üle-loomulike jõudude abiga kogutud luureteabe Schellenbergile, kuid ükshaaval praakis luureülem kõik nimetatud paigad välja. Lõpuks jõudis ta kurvastavale järeldusele, et tal pole aimugi, kus suur kolmik kohtuda võiks. Ilma selle hädavajaliku luureteabeta oli ta Mike'iga sarnases ärritavas olukorras: tal polnud võimalik oma tööd teha.

Vahe oli küll selles, et kui ühe mehe ülesandeks oli liitlaste liidreid kaitsta, siis teine plaanis neid mõrvata.

Kui läbirääkimised üha venisid senisel tüütaval ja vähejulgustaval moel, purskus FDR-i allasurutud viha viimaks pinnale. Tal oli kogu asjast kõrini saamas. Ta ei kavatsenud enam Stalini ees selga koogutada. Ta leidis, et tal pole enam mõtet alandada ennast ja oma vabariiki, üritamaks Nõukogude diktaatori tujusid täita.

„Olen väga pettunud teie tänases sõnumis, mis puudutab meie kohtumist," alustas president oma pikka ja turtsakat kirja, mis Stalinile saadeti. Lõppjäreldus oli kindel ja konkreetne: „Teherani võimalus on välistatud, kuna ma leian, et ajaliste viivituste risk on liiga suur, et ma sellega leppida saaksin."

Seega tundus, et Teheranil on lõplikult kriips peal ja kogu suure kolmiku kohtumine jääb nähtavasti ära.

18

KUI LIITLASTE LIIDRITE VAHELISED läbirääkimised kulisside taga salaja edasi kestsid, otsis Euroopa kõige ohtlikum mees kuldrelva. Otto Skorzeny, kes nautis kangelaskuulsust, olles Mussolini vabastanud tema mägivanglast, oli naasnud oma kohustuste juurde Oranienburgi SS-erisalklaste väljaõppekeskuses, ent seal sai ta peagi uue üllatava ülesande: luua puhtast kullast Walther PKK püstol. Aga nüüd selgus, et see mees, keda Hitler oli „võluriks" nimetanud, ei suuda siiski imesid korda saata.

Relvamudelis endas polnud midagi ebatavalist; see pool-automaatpüstol oli end tõestanud täpse tapariistana ja kuulus kogu Saksa relvajõududes standardrelvastuse hulka – isegi Luftwaffe piloodid kandsid PPK-d vööl kabuuris nagu Ameerika kauboid. Kuid selle tootja, Carl Waltheri relvatehas, oli kannatlikult seletanud, et isegi kui tehasesse saadetakse piisavalt kullakange, ei tasu arvata, et nende ajutine sõjaaja personal koosneb alkeemikutest. Puhtast kullast püstoli valmistamiseks puuduvad neil masinad ja ekspertteadmised. SS-i aardekirstudest kulla leidmine polnud samuti lihtne ülesanne. Hoolimata sellest, et vallutatud territooriumite varahoidlatest oli minema tassitud hunnikute viisi kulda ning seda oli saadud ka deporteeritud juutidelt ja teistelt ebasoovitatavatelt isikutelt, kellelt ehted ja elusäästud ära võeti, ning isegi koonduslaagrites mõrvatute hammastelt kuldplomme eemaldatud. SS-i kõrgemad tegelased kavatsesid kogu selle räpase kulla endale hoida; võis arvata, et kui liitlased sõja võidavad, asutakse neid jahtima, ja nad mõtlesid juba uuest elust variidentiteedi all, kus kogu see varandus neile vajalikuks osutub. Skorzeny käis paljudele ustele koputamas, ent viimaks oli tal väga vähe ette näidata, seega otsustas ta viimaks kogu oma uhkuse alla neelata ja palus abi Schellenbergilt.

Schellenberg polnud oma kindralitähti teeninud rindel, vaid SS-i bürokraatia kaevikutes, kus samuti peeti julmi lahinguid, ning neist eluga läbi tulnud veteranina teadis ta vähemalt seda, kuidas *Reich*'is asju ajada. Tõhusa tarmukusega, mis Skorzenys imetlust tekitas, hakkas ta suulisi käske jagama ja lisas neile piisavalt veenvad kirjalikud saatekirjad, et nende saajad kannad kokku lööksid ja kooris teataksid „*Jawohl, Herr General!*" Seifiuksed avanesid ja vajalik kuld leiti. Järgmiseks asusid VI ameti F4 üksuse spetsialistid, kelle ülesandeks oli SD-le toota kavalaid spioonivahendeid (ja kellele ühe ettekande väitel saadeti appi ka Sachsenhauseni koonduslaagrist leitud ekspert), kogu oma leidlikkust ja oskusi rakendama selle probleemi lahendamiseks. Umbes kaks nädalat hiljem viis SS-i staabiauto puhtast kullast Walther PKK sellesse suurejoonelisse ehistornidega 18. sajandi lossi, mille Skorzeny oli hiljuti ristinud oma uueks peakorteriks ja mis asus kohe SS-i erivägede kooli varasema asupaiga lähedal.

Euroopa kõige ohtlikum mees kaalus püstolit peopesal ja imetles selle erekollast sära, olles väga rahul. Tal oli nüüd olemas kuningale – või õigemini hõimupealikule – sobiv kingitus.

Kõnealuseks pealikuks oli Nasr-khaan, kaškaide võimas ilkhaan, väidetavalt kõige võimukam mees kogu Iraanis, kes valitses 600 000 nomaadihõimu liikme üle ja käsutas 20 000 sõdalasest koosnevat väge ning oli kahtlemata ka kõige rikkam mees kogu riigis. Tema aardehoidlas oli nii palju kulda, hõbedat ja kalliskive, et ka šahh ise tundus tema kõrval kerjusena. Juba Tšingis-khaani päevadest saati olid kaškaid istunud lõkketulede ümber oma hõimuasulates Lõuna-Iraanis ja kuulanud lugusid, mis kõnelesid nende auväärsete esivanemate, vaprate ja osavate ratsameeste vägitegudest – muuhulgas olid nad kõigi tõenäosuste vastaselt suutnud alistada isegi Timuri ja tema mongolihordid. Ning nüüd, kui eurooplased olid üle piiri tulnud nende maale, kõneldi lõkketulede ümber uut lugu, mis sõjameestel vere keema pani – see kõneles mürgiga kaetud habemenoast.

See lugu kõneles reetmisest, milles petturlikud britid teatavasti eriti osavad olid. Selle loo kohaselt, mida iga kaškai peast teadis – kas see oligi puhas tõde, või oli seda tublisti ilustatud, polnudki enam oluline; praeguseks uskusid seda igatahes kõik –, oli Reza-šahh oma paleesse külla kutsunud Ismail-khaani, praeguse ilkhaani isa. Ta ei lahkunud sealt elusalt. Šahh, kuulates brittide käsku, kes kartsid, et kaškaid võivad hakata terroriseerima nende naftavälju, pistis Ismail-khaani kuhugi salajasse vangikoopasse. Ent brittide arust sellest ei piisanud; kuni ilkhaan on elus, on ta neile ohtlik. Nii leiutasid nad vandenõu tema tapmiseks. Ismail-khaan jäi isegi šahhi sünges vangikoopas viibides väärikaks meheks, kes oma välimuse eest hoolt kanda tahtis. Nii nõudis ta endale habemenuga. Vangivalvur tõi talle selle – ent salakavalad britid olid tera katnud kiiresti mõjuva mürgiga. Ismail-khaan suri juba enne hommikutualeti lõpetamist.

Isa eest kätte tasuda tahtes alustas tema poeg sissisõda Briti vägede vastu, mis olid okupeerinud Lõuna-Iraani. Kõrbeluidete vahel kostsid sõjahüüud, vintpüssid paukusid, kõverad mõõgad välkusid. Nasr-khaani armee lõi puruks 1900 sõdurist koosneva Briti väe ning šokeeritud ellujäänud taganesid paaniliselt.

Nasr-khaan oli end tõestanud vapra sõdalasena ja Skorzeny oskas sellest lugu pidada. Ühtlasi oli see pealik Saksamaa suurim lootus Iraanis. Abwehri agent Schulze-Holthus, kes oli sunnitud peitu minema, kui liitlased olid sissetungi järel tema eest pannud välja 5 miljoni tomani suuruse pearaha, oli leidnud varjupaiga just kaškaide juurest. Ta oli seal täitnud justkui sõjalise nõustaja rolli ja ühtlasi saanud khaani usaldusaluseks, ning oma Berliini saadetud ettekannetega oli ta aidanud planeerida esimest Antoni missiooni.

Kuid see oli olnud vaid ettevalmistav operatsioon, mis strateegiliselt eriti midagi ei saavutanud. Nüüd planeeriti uut parašütistide missiooni – Anton II. Schellenberg ja Skorzeny lootsid, et need SS-erisalklased suudavad viimaks alustada sabotaaži Trans-Iraani raudtee vastu, mida mööda toimetati Venemaale Ameerika lendliisiabi. Nad soovisid selle juures abi Nasr-khaanilt ja tema metsikutelt ratsameestelt, nemad pidid saama nende relvavendadeks võitluses liitlaste vastu.

Missiooni juht, SS-kapten Martin Kurmis, hüppab Junkers Ju-290 uksest välja, seljas ranits, mis sisaldab 200 000 Briti naela ja kullast Walther PPK-d. Need on Hitler-šahhi kingitused Nasr-khaanile, mis loodetavasti tugevdavad *Reich*'i liitu ilkhaaniga. Briti rahatähed olid võltsitud, neid valmistasid Sachsenhausenis kinni istuvad graveerijad operatsioon Bernhardi käigus (SD projekt, mille algseks sihiks pidi olem Briti majanduse õõnestamine, kuid peale 1942. aastat selle mõõtkava vähendati; nüüd pidi see vaid VI ameti missioonidele rahalisi ressursse pakkuma). Schellenberg ja Skorzeny leidsid kahjurõõmsalt irvitades, et vaevalt pealik seda tähele paneb, ja kus tal seda raha üldse kulutada oleks? Kullast relv on igatahes ehtne ja sellest peaks piisama, et sõjamehe südant võita.

See oli teine tõeliselt õnnelik päev, mida Schulze-Holthus oli viimase kahe raske aasta kestel kogenud. Rõõmsam oli ta olnud vaid sel 1941. aasta maipäeval, mil Abwehri agent kõigi oma plaanide ja unistustega Iraani saabus, et alustada Tabrīzis tööd asekonsuliameti kattevarjus.

Ent täna, oma peidikus Lõuna-Iraani mägedes, tundis ta end pea sama rahulolevana, ja esimest korda mitmete aastate järel oli tal põhjust optimismiks. Nasr-khaan oli just toonud suurepäraseid uudiseid.

„Neli sakslast maandusid langevarjuga meie aladel," teatas pealik. „Nad tõid kaasa kulda ja dünamiiti ja sõnumi Hitler-šahhilt Nasr-Khaanile." Ta pidas pausi, otsides õigeid sõnu, ja lisas siis, „ja pentsikuid teibaid." Läks veidi aega, enne kui Schulze-Holthus taipas, et ta peab silmas raadiosaatjate antenne.

Too ootamatu uudis tabas seda tavaliselt oma närve ohjata mõistvat veteranluurajat nagu „elektrilöök." Ajastus oli hiilgav. Sai üha selgemaks, et ilkhaan on *Reich*'i osas lootust kaotamas, ning ta kahtles juba avalikult selles, kas natsid üldse kunagi marsivad Iraani sisse, et liitlastelt võim ära võtta. „Kas sa arvad, et relvastatud vastupanu puhkemine kaškaide aladel," oli pealik hiljuti madalal jõrinal uurinud, „võiks sakslaste invasiooni kiirendada? Kas sellest saaks see säde, mis sunnib Saksamaa armee juhatust kohe Pärsiat vallutama?"

Sel hetkel võinuks spioon välja tulla veel ühega neist paljudest valedest, millest koosnes tema senine karjäär ametis, kus luiskelood olid käibevaluuta. Kuid mingitel põhjustel, mida tal olnuks raske sõnadesse panna – vahest olid Saksamaa pidevad sõjakaotused tema lootused purustanud, või oli ta hõimu juures veedetud aastatega kaotanud kunagise petmisvõime –, pidas see halastamatu mees, kes oli kogu elu veetnud selles armutus ametis, sedapuhku paremaks tõe välja pahvatada.

„Teie Kõrgus," vastas ta süngelt, „ma ei usu, et kohaliku ulatusega sündmused, nagu kaškaide vastuhakk, võiksid muuta Saksamaa kindralstaabi üldplaane."

Aga nüüd olid sakslased ikkagi tulnud! Kui rumal ta oli, et lootuse kaotas! Viimaks oli alanud invasioon, mida ta ei julgenud enam uskuda. Ta kargas hobuse selga ja kannustas teda armutult. Paarikümne kilomeetri kauguselt avastaski ta sakslaste peidetud laagri. Telgid olid püstitatud ühte kurusse, mis jäi kõrge kaljurahnu varju.

Uhke Abwehri kapten, kes polnud kunagi oma posti hüljanud, tuli hobuse seljast maha ja tutvustas end pidulikult oma kaasmaalastele. Ent järgnev vestlus valmistas talle pettumuse.

Vana spioon sai kähku aru, et need SS-mehed on vaid jõhkardid, löömamehed nii väljaõppe kui temperamendi poolest. Neil puudusid need ettevaatusinstinktid ja luureoskused, mida läks vaja ohtlikuks salaeluks vaenlase tagalas. Kurmis oli küll kapten, kuid väsinud veteranile tundus, et tegu on kõigest poisikesega – vaevu üle kahekümne, Schulze-Hothusist vähemalt poole noorem. Aga isegi kui ta oleks olnud kümme või kakskümmend aastat vanem, ei parandanuks see *Abwher*'i mehe arvamust temast. Mida on tal öelda sellisele mehele nagu Kurmis, kes sulle täiesti tõsiselt teatab, et „käsk on käsk, ja meie südametunnistus hoolib vaid *Reichsführer-SS* Himmleri korralduste täitmisest"? Mida talle vastata, kui ta uhkustab, et „me läbisime Oranienburgis eriväljaõppe Skorzeny käe all. Me teame täpselt, kuidas naftajuhtmeid ja pumbajaamu õhkida"? Kas SD ei andnud endale aru, et sedasorti mäng, nii jõuline taktika, on tõsine viga? Et nende sihid on liiga piiratud, lootusetult lühinägelikud? Kus on need professionaalsed väliteenistujad, need agendijuhid, kes suudaksid siinseid hõime innustada? Mehed, kes suudaksid tungida nende hinge, võita need vaprad sõdalased enda poole ja süstida neisse uut usku, mida läheks vaja üleüldiseks ülestõusuks? „Ma olin pettunud ja masenduses," meenutas see vana kooli Abwehri agent, olles tegelikult veel halvemas tujus kui päeva alguses. Ta lahkus neist ajupestud SS-lastest veel suurema kiiruga, kui oli saabunud.

Aeg tõestab, et Schulze-Holthusil oli õigus. Erisalklaste jõhkrus ja ülbus polnud kaškaidele algusest peale meeltmööda,

ning Nasr-khaani käsul saabusid neil silma peal hoidma kolm-
kümmend kivinäoga hõimuliiget, kõigil püssid pihus. SS-lased
veetsid aega lõputute võimlemisharjutustega ning puhastasid
oma relvi saksaliku põhjalikkusega, aga kui liiga igav hakkas,
kaaniti meeletutes kogustes kohalikku aniisiviina arakki. Nüri
elu siin hõimurahva keskel osutus Kurmise jaoks talumatuks:
pühendunud SS-lane sooritas viimaks enesetapu.

Operatiivedu poolest väärinuks Anton II seega vaevalt ära-
märkimist meie sündmustekroonikas. Aga kuigi missiooni mõju
Iraanis jäi pea olematuks, sai see hakkama paari saavutusega,
mida Schellenberg mõistis alles hiljem tähele panna ja vääriliselt
hindama hakata. Esiteks oli missioon tõestanud, et Skorzeny tree-
nitud erisalka on võimalik edukalt Iraani saata. Teiseks olid need
„pentsikute teivastega" saabunud sakslased ikkagi saatejaama
rajada suutnud; nüüd oli Berliinil võimalik Schulze-Holthusiga
sidet pidada. Lõppude lõpuks sai oluliseks ka see, et Nasr-khaan
oli oma kullast relvaga väga rahul. Ja see mees tasus iga heateo
eest samaga.

19

ENT SIIRDUME FRANZI SALGA JUURDE. Kui lõunas mägede jalamil asuvast hõimulaagrist kaameli seljas teele asuda, pidi neli päeva läbi tühermaa sõitma, et jõuda rahvarohkesse pealinna Teherani – ligi miljon elanikku, ja see arv üha kasvas. Samal ajal, kui pettunud Schulze-Holthus pidas sõnasõda SS-i jõhkarditega, üritas teine Iraani jäänud agent selles saginast täidetud metropolis operatsioon Franzi erisalgale oma salamaailma tutvustada. Selle käigus esines palju probleeme, ent Franz Mayr – SD agent koodnimega Max – poleks kindlasti ette näha osanud seda, et viimaks peab ta ühe sabotööri surnukeha tükkideks raiuma, käed, jalad ja rindkere paari suurde reisikotti ja pea ranitsasse toppima, ning kõik need säilmed matma ühele umbrohtu kasvanud põllule linnast väljas, Varamini maantee lähedal.

Franzi missioon – Schellenbergi ja Canarise algne sisseimbumisplaan – näis olevat algusest peale ära neetud. Nad kargasid välja pimedusse ühel kuuvalguseta ööl, ning ei leidunud ka lõkkeid, mis oleksid maandumisplatsi valgustanud, või tervitussalka, mis oleks neil aidanud õiget teed leida. Mayr oli ühe Türgis baseeruva sakslaste kontakti kaudu saatnud sõnumi, kus ta soovitas maanduda Siah Kuhi mägede jalamil paiknevale avarale rohutasandikule umbes 100 km kaugusel Teheranist. Kuid kuus parašütisti panid maandumistsoonist mitmekümne kilomeetriga mööda. Ja nad pidid kohe elu eest võitlema hakkama.

Nad maandusid musta mutta. Suure soolajärve Kavir Masilehi kääruline rand paistis esmapilgul ohutu paik, segu setteliivast ja soolast, kuhu oleks pehme maanduda. Kuid paraku asus pealispinna all sügav ja tume ürgmuda kiht, mis võis kaameleid tervenisti alla neelata, vahel isegi koos lõksujäänud ratsanikega. Kohalikud nimetasid seda vesiliiva moodi mädasood „mustaks mudaks".

Nad pääsesid vaid tänu meeskonnatööle ja meeleheitlikule tegutsemisele. Kui üks erisalklane juba vajuma hakkas ja muda ulatus talle põlvedeni, siis äkki juba vöökohani, ja varsti oli ta kaelani sees, siis moodustasid teised, kes olid kuidagiviisi suutnud välja rabelda, temani jõudmiseks inimketi. Puhtast paanikast ajendatud tahtepingutusega suutsid nad seltsimehe välja tõmmata. Nende varustusel läks paraku halvemini.

Junkers Ju-290 meeskond oli lennuki lastiluugist palju kraami välja lükanud. VI ameti planeerimiseksperdid olid selle inventari koostamisega kõvasti vaeva näinud ja see sisaldas kõike, mida võis vaja minna saboteerimiskampaania jaoks vaenlase tagalas: üheksa automaatpüstolit, kuus revolvrit, üks snaipripüss, üle 20 kilo želatiindünamiiti, neli suure saateulatusega raadioseadet, üks vastuvõtja, neli generaatorit, umbes 20 000 Ameerika dollarit, 600 kuldfranki ja lisaks veel 2200 kuldsovrinit, mis oli juba selline varandus, et sellega saaks end paljudest jamadest välja osta. Must muda oli suure hulga sellest alla neelanud ja säilinu oli hajali mitme kilomeetri peal üle ümbritseva kõrbe.

Ent erisalklased olid vähemalt ellu jäänud. Nüüd tuli lahendada järgmine tõsine probleem: nad pidid üles leidma oma kontrollisiku Franz Mayri. Kaartidega tutvudes avastati, et nad asusid ettenähtud paigast üllatavalt kaugel: Teheran võis asuda isegi kolmsada kilomeetrit eemal. Nende ja linna vahel asus põletavkuum kõrb. Isegi kui nad selle retke üle elavad, seisis nende ees ülesanne leida sellest miljonilinnast üks peitupugenud spioon. Neil polnud aimugi, kus Franz Mayr seal asuda võis või kuidas temaga kontakti saada.

Aga nad olid sõdurid ja neil polnud muud valikut peale edasiliikumise. Nii läksid nad ühiselt kõrbesse; nagu musta muda intsident oli juba tõestanud, on parem koos püsida, sest siis on ettenägematute probleemidega kergem toime tulla. Kuid juba sel pikaleveninud esimesel ööl kõrbes kaalusid nad oma olukorda põhjalikumalt ja otsustasid ümber. Sest jõuti järeldusele, et kuna neid on kuus, tähendaks see kuue kaameli ostmist või varastamist, mis paraku igas külas tähelepanu arataks; kohalikud annaksid kähku võimudele teada, lootes vaevatasu, mida saksa keelt kõnelevate sõdurite rühma ülesandmise eest kahtlemata saaks. Seda muidugi juhul, kui üle riigi laiali pillutatud Briti, Vene või Ameerika sõjaväelased neid esimesena ei märka. Kuna on sõjaaeg, siis need sõdurid ei kõhkle juba kaugelt nende pihta tuld avamast: seda teeksid nad ju isegi.

Lõppude lõpuks tundus vaid üks plaan mõistlikuna. Ja viimaks tundus ka õnn nende poolel olevat. Nende seas leidus farsi keelt oskav mees, kes ühtlasi mõistis kaameli seljas ratsutada ja oli varem Teheranis käinud, ja kuigi tegu oli sudeedisakslasega, meenutas ta ka välimuse poolest pärslast. Kolmekümne kaheksa aastane kapral Karl Korel oli ühtlasi vanim meeskonnaliige, kõhn ja kuivetu mees, kes meenutas mõnd tasast ja ujedat kontoriametnikku, oskas hoolikalt kuulata, mõtles siis pikalt ja vastas vaikse pominaga. Ent temagi oli kogenud Abwehri agent ja ta tasane loomus oli talle salaagendikarjääri jooksul kasuks tulnud mitmetes ohtlikes olukordades; keegi ei osanud temas spiooni kahtlustada. Lisaks oli ta enne sõda Teheranis salaülesannet täitmas käinud, ja õnnekombel aastate eest veidi aega koos töötanud ka Franz Mayriga – seega tundus, et plaan pani end nüüdses ootamatult keerulises situatsioonis lausa ise kokku.

Kui päike Kavir Maslehi soolajärve kohale kerkis, asus kapral Korel hommikuvalguses teele, alustades pikka retke läbi kõrbe. Tema julgeks sihiks oli jõuda Teherani ja leida sealt miljoni inimese seast üles neile vajalik mees.

Teheran oli kohvikute linn, neid leidus nii uhketel bulvaritel kui munakividega kaetud kõrvaltänavatel – mõned ruumikad, teised vaid üks väike tuba, kuid nad kõik pakkusid palava päeva eest varju ja olid täidetud energilistest jutuajamistest, vesipiibusuitsust ja kohaliku kange kohvi ergutavast lõhnast. Võisid oma pärastlõuna meeldivalt mööda saata Lalehzari tänava Naderi kohviku terrassil punavalgetriibuliste varikatuste all, nautides lambalihahautist nimega *dizi*, mida kohalikud näisid vähemalt kord päevas vohmivat, ning selle kõrvale juua klaasikese kanget lagritsamaiguga arakki. Või minna Ferdowsi kohvikusse, kus seinamaalid kujutasid muistseid pärsia kangelasi ja õhtuti loeti ette kohalikku eepost „Šahnameh", kuigi naaberlaudades ei vaibunud jutuvada ka selle ajal. Kosmopoliitsema keskkonna ihkajad võisid sammud seada Continentali, kuhu oli kogunenud glamuursem ja jõukam seltskond, mis koosnes tumedates ülikondades diplomaatidest ja enesega rahul Iraani ametnikest, kes kauplesid seal mõjuvõimu ja informatsiooniga, sõrmitsedes palvehelmeid ja imedes oopiumipiipu.

Franz Mayr veetis suure osa oma päevadest ja enamiku öödest selle linna paljude kohvikute vahel ringi seerides. Need olid tema valvepostid. Kogemus oli talle õpetanud, et saladused, millest kõneldi avalikus paigas tavalisel jututoonil, jäävad kergemini tähelepanuta kui sosinal peetud salakohtumine mõnel inimtühjal tänaval, kus sa ei tea kunagi, kes võib mööda minna ja kes teab mida kahtlustama hakata. Iga spioon, kes on selles mängus piisavalt kaua osalenud, jääb viimaks kindlaks teatud ametiharju-

mustele, millest saab tema rutiinne käekiri. Agent koodnimega
Max kohtus oma salaallikatega just neis rahvarohketes urgastes,
kõigi pilgu all.

Max polnud siin niisama passinud. Kuigi ta oli end võimude
eest varjanud alates ajast, mil liitlased sisse tungisid, polnud ta
hüljanud oma salaelu. Usinuse, sarmikuse ja välisvaluuta (mis
oli võltsitud, aga seda saladust teadsid vaid tema ja ta Berliini
ülemused) abil oli ta värvanud muljetavaldaval hulgal allikaid
ehk „Joe'sid", nagu kogenud agendid neid nimetasid. Tal oli
kombeks uhkustada, et ta on Iraanis toimuvaga sama hästi kursis
kui šahh ise.

Tal oli näiteks Ernst Merser, usaldusväärne šveitslasest äri-
mees, paljude Iraanis äri ajavate Ameerika ja Euroopa firmade
lugupeetud esindaja, kes sõitis suure Mercedese sedaaniga ja elas
kahekorruselises villas stiilsel Kakhi tänaval koos paljude teeni-
jatega. Merser oli poissmees, lühike ja tüse, kuid laitmatute ma-
neeridega, kes kannatas palju juua ning võis meeldivalt vestelda
ükskõik mis teemadel, seega kutsuti teda kõikjale. Lisaks oli tal
ka oluline anne kõike kuuldut meeles pidada. Mis iganes võis olla
tema motiiv – Raha? Truudus *Reich*'ile? Seiklus- ja ohujanu? –,
pakkus ta pidevalt kõiksugu luureteavet, ning eriti tore oli see,
et vahel osutus osa sellest isegi tõeks.

Kui oli vaja musklimehi, siis sobis selleks Misbah Ebtehaj
koos oma jõhkarditest sabarakkudega. Ebtehaj oli üks Teherani
kuulsusi, kaval ja laiaõlgne mehemürakas, kes oli saavutanud
tuntuse „kangelasspordis" *pahlevani*, mis oli kohalike seas ülimalt
populaarne võitluskunst, nõudes osalejatelt maadleja toorest jõu-
du ja sufilikku spirituaalset hingelaadi. Tema ümber sagisid ta kä-
sualused, kahtlane jõuk, kus olid esindatud kõiksugu hämaramad
ametid: kõrilõikajad (*tsharukeshe*), tänavakaklejad (*garden koflot*) ja
linna sutenöörid (*luty*), kellelt võis alati kuulda mahlaseid kõlakaid
või kasutada nende teenuseid kellegi lõksumeelitamiseks.

Mayri kõige hinnatum kaastööline oli aga Lili Sanjari. Ta oli Iraanis sündinud, aga kui tema leseks jäänud ema oli abiellunud rikka sakslasega, kelle nimi oli Lange, oli ka tütar koos nendega Berliini läinud. Kui ta teismelisena Teherani naasis, oli ta hea hariduse saanud ja tundis end kodus mõlemas kultuuris – oskas vabalt mitmeid keeli, tundis ajalugu, füüsikat, keemiat ja matemaatikat, mõistis mängida akordioni ja klaverit, ning kellelegi ei jäänud märkamata, et vahepeal oli ta sirgunud hirvesilmseks, ronkmustade juustega lõbujanuliseks iluduseks. Töötades tandemis koos sõbranna Lucille'iga, oli tema ülesandeks „propaganda tegemine" – käia linnas ringi ja levitada lugusid sellest, kui tore elu saab kõigil olema siis, kui sakslased viimaks sisse marsivad.

Lisaks operatiivoskustele oli see 22-aastane neiu Mayri jaoks oluline ka muudel põhjustel: Lili oli tema armuke. See polnud vaid juhuslik tiivaripsutus, vaid pikk ja tõsine suhe. Mayr armastas teda ja tahtis temaga abielluda. Lili armastas teda vastu – omal moel.

Kas oli asi selles, et spioon vaid rääkis abielust, ent ei võtnud midagi ette, või ei tahtnudki neiu väga tema pruut olla, või oli petmine talle selles ametis juba liiga omaseks saanud – neile küsimustele me vastust ei tea, jäägu see järjekordseks lahendamata mõistatuseks meie loos. Küll aga on teada, et ehkki Lili veetis öid koos SD agendiga, veetis ta pärastlõunaid selle linna paljudes üüritubades ühe 23-aastase ameeriklasest seersandi kaisus, kelle nimi oli Robert J. Merrick.

Transpordiametnik Merrick mängis tantsuansamblis ja tutvus muusikasõbra Liliga ühel kontserdil. Romaanid puhkevad sageli õnnelike juhuste tõttu, kuid luuremaailmas ei tasu neisse uskuda. Merrick oli samuti spioon, armee vastuluurekorpuse CIC agent. Tema missiooniks sel esimesel õhtul oli Liliga kokku juhtuda, vestlust arendada ja vaadata, kuhu see välja viib.

See viis nad üüritubade vooditesse ja tulemuseks olid sealsete jutuajamiste põhjal koostatud luureraportid mehe ülemustele. Lilil polnud aimugi, millisesse pettustevõrku teda sisse mässitakse. Mayr ei osanud aga midagi kahtlustada.

Sellesse spioonidest, allikatest ja kahepalgelistest armukestest täidetud maailma saabus nüüd kapral Korel. Ränk kõrbemaraton kaameli seljas läbitud, seadis ta kohe sammud Ferdowsi kohvikusse, vaatas seal ringi, ning ta päevitunud ja habemessekasvanud näole kerkis rahulolev naeratus, kui ta istus vabale toolile Franz Mayri laua taga, kes teda oma silmi uskumata põrnitsema jäi.

Korel oli muidugi sama hämmastunud. Kurnava teekonna käigus läbi tulipalava kõrbe oli ta oma strateegia paika pannud. Kuna ta tundis Mayri käekirja, otsustas ta külastada linna kõiki kohvikuid, kuni ta agendiga viimaks kontakti loob. Ent kohe pidi ta endale tunnistama, et see pole muud kui hea õnne peale minek. Millised on šansid saabuda õigesse kohvikusse täpselt õigel ajal? Väga vabalt võib juhtuda, et nende teed ei ristu kunagi. Aga läks nii, et juba esimesest kohvikust neist tosinatest kogu linnas, millest kapral oli läbi astuda otsustanud, leidis ta mehe, keda ta otsis.

Mõlemad mehed leidsid, et see õnnelik kohtumine annab märku sellest, et Fortuuna soosib operatsioon Franzi erisalklasi. See ennustus täituski kohe, sest kapral, olles asunud veoauto rooli, mille üks Ebtehaji kambajõmm oli kuskilt leidnud, avastas oma seltsimehed kõrbest enam-vähem samast paigast, kuhu ta oli nad jätnud, ning toimetas nad edasiste intsidentideta Teherani. Mayri instruktsioonide kohaselt jagunesid erisalklased paarideks ning iga paar viidi oma turvamajja, mille agendivõrgustik oli varakult valmis vaadanud ja mis asusid paljudes eri paikades üle kogu linna; Mayr leidis, et nii on ohutum. Ta leidis ühtlasi, et esialgu ei maksa neil liigselt kiirustada. Tutvuge selle linnaga, õppige siin liikuma ja sisse sulanduma, just nagu tema omal ajal tegi; ettevalmistusteks kulutatud aeg pole kunagi raisatud aeg, õpetas ta neid. Alles siis, kui kõik on paigas, tasub hakata raudteid jälgima, et kindlaks teha, millal ameeriklaste varustusreisid toimuvad, ja langetada see tähtis, otsus, kuhu pommid paigutada ja millal nad õhkida.

Aga just siis, kui nad valmistusid tegevusse asuma, andma Saksamaa nimel oma esimese löögi Iraanis, haigestus Korel tüüfusesse. Esialgu näis see tavalise külmetusena, kuid võttis kähku palju jubedama vormi, ning kapral kuivas kokku nende silme all. Lilil õnnestus leida arst, keda sai usaldada, ent olles heitnud vaid ühe pilgu sellele surnukahvatule mehele oma higiloikude keskel, tõstis ta lootusetult käed üles. „Mida ma ilma ravimiteta teha saan?" kaebas arst, ning Mayrile tundus, et ta on oma võimetuse tõttu sama suures agoonias nagu hukule määratud patsient ise.

Kui Korel suri, ei tulnud see neile üllatusena, kuid oli ikkagi paras šokk. Mayr ja teised olid löödud. Taas mängis see missioon neile ootamatu vembu. Taas vaevas neid kõhedusttekitav tunne, et operatsioon Franz on algusest peale ära neetud.

Juba enne, kui nad suutsid end taas kokku võtta, sadas kaela uus mure. Nimelt jõudis neile kohale, et surnukehast on vaja vabaneda, see põletada või sügavasse hauda matta, sest vastasel juhul võib Teheranis puhkeda hävitavate tagajärgedega tüüfusepuhang. Vaenlase tagalas varjuvate spioonide jaoks polnud see muidugi lihtne ülesanne. Linnas pole ühtegi paika, kus surnukeha põletada, ilma et see tähelepanu ärataks. Surnukeha ei saa ka niisama kõrbesse vedada, sest politsei võib nad peatada ja esitada küsimusi, millele oleks väga raske vastata. Mayr leppis viimaks sellega, et leidub vaid üks sobiv, ehkki jube lahendus, ja külmavereline Lili nõustus teda selles aitama.

Mayr võttis põhilise tükeldamistöö enda peale. Kuna ta saagi ei leidnud, tuli seda teha matšeetega. See oli vastik ja aeganõudev töö. Tükke kogunes nii palju, et Lili pidi viimasel minutil veel onu majja minema ja kappides sobrama, et veel üks kandekott leida. Kuid viimaks oli tükeldatud laip transportimiseks valmis.

Linna servas Varamini maantee kõrval leidus üks mahajäetud põllulapp, kus spioon ja tema armuke olid kunagi kõrges rohus veetnud laisa suvise pärastlõuna, ent nüüd sai sellest matuseplats. Kõik erisalklased kogunesid sinna seltsimehele viimset austust avaldama. Mingit suuremat tseremooniat muidugi ei korraldatud, seda uudishimulike kartuses. Loodeti, et ka tummast kohalolekust piisab oma austuse väljendamiseks.

Seejärel naasti oma peidupaikadesse. Plaan nägi ette, et peagi tullakse taas kokku ja antakse löök raudtee pihta. Kuid varsti polnud neil selleks enam tahtmist; tundus, et mingi osa neist, vahest nende allesjäänud võitlusind, sai samuti maha maetud sellele hüljatud põllusiilule Iraanis. Kaks erisalklast asusid teele hõimualade poole; neil polnud mingit muud plaani peale soovi linnast pageda. Ülejäänud kolm kolisid muudkui ühest turvamajast teise, seda Mayri võrgustiku kaitsva pilgu all.

Neil nädalatel arutati omavahel ja teistega kõiki neid rünnakuid, mida korraldama hakatakse, kuid tundus, et neil ei leidu selleks enam õiget veendumust. Seega polnud ka üllatav, et ühtki neist ähmastest plaanidest ei viidud viimaks ellu.

Ernst Merser, kes oli end kord ette kujutanud härrasmehest spioonina, kes *Reich*'i sõjaedus olulist rolli kehastab, tüdines samuti kogu ettevõtmisest. Kuna sabotööride salaplaanidest midagi välja ei tulnud, leppis ta viimaks oma saatusega elada siin kõrvalises kolkas, kaugel eemal pöördelistest ajaloosündmustest. „Teheran oli viimane koht maailmas, kuhu ma soovisin end kuni sõja lõpuni matta," kaebas ta Mayrile, kes tolleks ajaks juba sama arvas. „Mis iganes Teheranis juhtub või ei juhtu, pole usutav, et sõja saatust siin otsustatakse."

Praktilisemad VI ameti kontoriteenistujad Berliinis ei mõõtnud missiooni edukust aga juba sooritatud tegudega, vaid nägid kogu asja palju pikemas perspektiivis. Nad olid valmis leppima paljude tagasilöökidega, kuni säilis lootus ühe suure võidu saavutamiseks. Operatsioon Franz, nagu ka selle vennasmissioon Anton II, oli kindlaks teinud, mida annab Iraanis saavutada, ja kogunud välikogemusi, mis ühel päeval võivad marjaks ära kuluda. Erisalk oli jõudnud Teherani ja varjanud end turvamajade labürindis, ilma et võimud sellest midagi teaksid. Lisaks — ja seda võis igatahes pidada tõeliseks saavutuseks — leidus selles vaenlase linnas usaldusväärne võrgustik võimekatest ja leidlikest tegevagentidest. Schellenberg mõtiskles selle üle põhjalikult, ja kuigi veel polnud ellu viidud kõike, mis ta oli sihiks võtnud, oli tal tunne, et paljugi on saavutatud. Ta oli sellest tublisti õppinud, ja nüüd võis need raskelt kätte võidetud teadmised ootele panna, kuigi tal polnud aimugi, kas kunagi jõuab kätte päev, mil seda kõike saaks kasutada mõne tähtsa luureülesande täitmiseks. Spioonitöö, oli Canaris talle õpetanud ühel hommikusel ratsaretkel Tiergartenis, on nagu malemäng: sa pead alati mõtlema mitu käiku ette. Schellenbergile tundus, et ta on seda tarkust viimaks vääriliselt hindama õppinud.

20

SCHELLENBERG TEGI EDUSAMME MITMEL rindel. Ta ei kesken-
dunud vaid Iraani erisalgamissioonidele. Ta ei lasknud end
häirida ka sellest, et ta ei teadnud ikka veel, kus ja millal
toimub liitlaste tippkohtumine. Muljetavaldava sihikindlusega
jätkas ta kogu selle aja operatsiooni Kaugushüpe planeerimist.
Ta ei hakanud ennustama, kas see jääb vaid ekstravagantseks
projektiks, mis viimaks ohates riiulile pannakse. Selle potentsiaal
oli igatahes erakordne: see võib muuta kogu rahuleppe iseloomu.
Lisaks kogu sõjajärgsele tegelikkusele võib see ümber kirjutada
ka tema enda tuleviku, mis praegu ei paistnud kuigi lootusrikas.

Mis valikut tal siis tegelikult oli? Liitlaste nõudmine, et Saksa-
maa peab tingimusteta alistuma, ei jätnud halastusele ruumi. Ta
võis juba ette kujutada, milles teda süüdistama hakatakse, kui ta
seisab alandliku kohtualusena noruspäi sõjatribunali ees: kindral
Schellenberg on kogu oma elu pühendanud *Reich*'i teenimisele
ja selle käigus inimlikkusest ilma jäänud. Mida oleks tal sellele
vastata? Väita, et peaks siin pigem viibima tunnistajana, sest
ta on samapalju kogu selle sõgeduse ohver kui selle sooritaja?
Kui kohtupäev saabub, on võitjatel ükskõik, kas ta vaidles vastu
Einsatzgruppe'de „liialdustele" – liiga leebe sõna, oli ta ka ise
hiljem valmis tunnistama – idarindel. Nemad väidavad muidugi,
et iga SS-kindrali käed tilguvad verest, kuidas saaks see teisiti

ollagi (ja seda põhjendatult, nagu ta oma hingepõhjas teadis). Iseenda pärast, et vallutajad teda võlla ei tõmbaks, peab ta edasi üritama, veenis ta end. Nüüd tundis luureülem hirmu, mida ei andnud peletada: ta teadis, et mittetegutsemine võrdub surmaga. Saksamaa ja tema enda ainsaks lootuseks on likvideerida need kolm järeleandmatut liitlaste liidrit.

Istudes oma kantsis Berkaerstrassel, otsustas ta, et enam pole mõtet aega raisata sellele, mida ta ei tea; see luureteave on talle praegu – ja vahest igaveseks, tunnistas ta juba järgmisel hetkel masendunult – ligipääsmatu. Innuka praktilisusega suunas ta oma mõtted siis sellele, mida ta teadis, mida ta võis üsna suure kindlusega oodata sellelt kohtumiselt liitlaste kolme riigijuhi vahel.

Ta alustas julgeolekust, mis atentaati planeeriva mehe jaoks oli ka loogiline koht, kust pihta hakata. Kolme riigijuhi kaitsmiseks aetakse mõistagi kokku terve armee. Hambuni relvastatud. Täies lahinguvalmiduses. Aga niipea, kui see mõte tema peas kuju võtma hakkas, pidi ta end parandama: seal saab olema kolm armeed.

See andis talle mõtteainet.

Ettevõtmist juhivad poliitikud, mitte julgeolekuprofid. Neile jääb lõppsõna ka küsimuses, kuidas nende riigijuhti kaitsta tuleb. Olgu nende liitlassuhetega kuidas on, viimaks läheb ikkagi nii, et nõutakse just oma armee, oma eliitüksuste kohalolekut, kui on vaja kaitsta oma ülemjuhatajat – poliitikutel on selline suhtumine juba veres. Kõik riigid jäävad kindlaks patriootlikule usule, et nende endi sõdurid teevad seda tööd kõige paremini. See tähendab, et konverentsisaal pole ainus koht, kus on esindatud kõik osalevad rahvused – valvemeeskondadega on sama lugu.

Selline asjakorraldus süvendab segadusi. Need kolm valvemeeskonda pole varem koostööd teinud. Nad pole nägupidi tuttavad; nad ei oska öelda, kas võõras mundris relvastatud valvur saali teises otsas on õige mees või petis. Kommunikatsioon saab samuti olema tõsine probleem. Kõik võib koost variseda, tulemuseks olev kaos meenutab Paabeli torni ehitamist. Ameeriklased ja britid ei saa aru, mida venelased räägivad, ja vastupidi. Ja niipalju kui tema neist asjadest teadis, võisid inglaste kokni ja ameeriklaste lõunaosariikide aktsent samamoodi arusaamatusteni viia, olgu pealegi, et tegu on sama emakeelega. Neid asjaolusid, otsustas Schellenberg sel haruldasel enesekindlust täis hetkel, saab ta ära kasutada.

Nii hakkas algstsenaarium tema peas vaikselt kuju võtma. Tema esmaseks mõtteks oli uurida Brandenburgi teenistusnimekirju ja otsida sealt lahingukogemustega sakslasi, kes kõnelevad kas inglise või vene keelt. Siis tuleb neile selga panna liitlaste mundrid ja nad sihtmärkide lähedale toimetada. Nad võivad olla hambuni relvastatud, nad ei pea oma relvi peitma, keegi ei kergita selle peale kulmu, sest mis oleks loomulikum kui püssidega sõdurid! Nende konverentsisaali viimine, nojah, sellele mõtleb ta hiljem, kui – kui üldse, parandas ta ennast – õnnestub välja uurida, kus kohtumine toimub. Viimasest sõltub nii palju, oigas ta endamisi, ja mitte esimest korda.

Kuid ta teadis, et sellise operatsiooni kohta on varasem näide olemas. Sõja alguses, 1940. aasta mais, oli Belgia ja Hollandi piirivalvurite mundrites erisalklastest Madalmaade vallutamisel palju kasu olnud. Ta oli kuulunud ka operatsioon Himmleri planeerijate sekka, mille puhul 150 Saksamaa operatiivtöötajat, seljas Poola armee mundrid, vallutasid Gleiwitzi raadiojaama, mida kasutati põhjendusena Reich'i vägede sissemarsiks Poola.

Aga juba selle esialgse plaani väljatöötamise käigus avastas ta, et tal tekivad selle suhtes tõsised kahtlused. Teeselda venelasi, britte, ameeriklasi? Plaani ambitsioonikus tegi selle problemaatiliseks. Esiteks peab ta leidma sõdurid, kes suudaksid veenvalt kehastada kolme erineva riigi kodanikke. Veel suuremaks mureks on see, et ta peab leidma mehed, kelle peale saaks loota siis, kui kuulid vihisema hakkavad; peaksid olema eriline loll, et uskuda, nagu oleks suure kolmiku mõrvamine midagi muud kui enesetapumissioon. See nõuab terasest närve ja fatalistlikku vaprust, mida mõistagi vähestel leidub. Aga kuna tema nõudmised on nii konkreetsed, kuna ta vajab sõdureid, kes valdaksid vabalt võõrkeeli ja suudaksid veenvalt kehastada võõramaalasi – ehk siis täiesti ehtsatena mõjuvaid pettureid –, võib arvata, et tal tuleb leppida meestega, kelle vankumatule vaimukindlusele ei saa tingimata loota. Kui sellele lisada tõsiasi, et tuleks sisse imbuda kolmest eri rahvusest ja kolme eri mundrit kandvasse valvemeeskonda konverentsisaali lähedal, siis tundus talle juba, et kogu see missioon kujuneb lootusetult keerukaks.

Ta võttis korraks aja maha ja koondas mõtteid. Ta vaatles oma plaani teise nurga alt ja puutus selle käigus kokku uute küsimustega. Kas läheb üldse vaja kolme salamõrvarite meeskonda? Kas mitmerahvuseline petturite kamp tooks kaasa rohkem probleeme kui operatiivset kasu? Kui ta oli seda küsinud, võtsid ta mõtted peagi uue suuna. Ning varsti sai ta aru, et lahendus on käes.

Andrei Vlassov võis olla reetur, kuid ta oli meie reetur. See oli olnud Schellenbergi kindel professionaalne veendumus alates sellest märtsikuu päevast, mil idarindel vangi võetud Nõukogude kindral oli bolševikele selja keeranud ja kuulutanud, et ta on valmis juhtima venelastest ülejooksikuid lahingusse oma kodumaa vastu. Luureülem oli selle peale lihtsalt õlgu kehitanud ja asjaga leppinud; ametis, kus kõik kõiki reetsid, ei tasunud absoluutsele truudusele kunagi loota. Sageli osutuvad sellised inimesed väga kasulikeks. Aastatepikkused kogemused olid talle õpetanud, et südame teed on ettearvamatud ja luuremaailmas võib kõike juhtuda: ühe rahva reeturist saab tihtilugu teise rahva salajane andmeallikas.

Operatsiooni Zeppelin käigus oli ta venelastest ülejooksikuid juba vaenlaste sekka tagasi saatnud. Viimase aasta kestel olid Luftwaffe erieskaadrid neid äsjavärvatud topeltagente laiali puistanud kõikjale üle idarinde. Nende salamissiooniks oli „õõnestamine, sabotaaž ja informatsiooni kogumine". Sageli olid nende ettevõtmised vaenlase tagalas Schellenbergis imetlust tekitanud: tegu oli vaprate ja leidlike meestega. „Ühel juhul," kiitles Schellenberg tõelise omanikuuhkusega, „õnnestus agendil väetranspordiga Vladivostokki jõuda. Seal jälgis ta vägede ümberpaigutamist ja kandis meile sellest ette."

Nüüd, kui ta oli asunud maadlema Kaugushüppe taktikaliste probleemidega, naasid ta mõtted Venemaa Vabastusarmee juurde, mille Vlassov oli loonud. Siin oli terve tuhandest ülejooksikust koosnev vägi, paljudel neist olid sõjaväelised autasud lahingus ilmutatud vapruse eest. Mis oli nende puhul aga kõige paljutõotavam, ja mille juurde ta alati tagasi tuli, kui kahtlused temas pead tõstsid: need sõdurid ei pea venelasi teesklema, nad ongi venelased. Nemad ei kehasta rolli – see ongi nende elu. Nõukogude sõjaväemundrid olid neil praegugi seljas. Loomulik maskeering. Oletame, et tal õnnestub välja valida viiskümmend kõige vintskemat vlassovlast – sellist, kelle jaoks on kõri läbilõikamine sama lihtne asi nagu käesurumine – ja nad suure kolmiku lähedale toimetada. Missiooni operatiivkontrolli eest vastutav tuumik – pool tosinat? rohkem? nii algses faasis polnud ta valmis konkreetseid arve nimetama – koosneb aga kogenud Quenzsee ja Oranienburgi eriväelastest. Vlassovi venelased moodustavad aga suurema osa sellest eriüksusest.

Mida rohkem ta sellele stsenaariumile mõtles, otsides selle nõrku külgi, olles valmis, et häirekellad hakkavad peas helisema, seda enam ta veendus, et see võiks töötada. Salamõrvarite grupp Vlassovi venelastest, mida juhivad parimad Saksa sõdurid, võiks vahest tähelepanu tõmbamata piisavalt lähedale pääseda.

Nemad juba alla ei anna. Nad viivad missiooni ellu või surevad selle käigus.

Jäi veel üks probleem – Hitler.

Füürer ei sallinud ülejooksikuid. Ta ei pidanud reeturitest lugu, ja kõige vähem veel venelastest reeturitest. „Vene armeed ma looma ei hakka," oli füürer karjunud. „See on esimese järgu fantaasia." Ta ei tahtnud Vlassovist ja tema ülejooksikutest kuuldagi.

Schellenberg oli selle probleemiga kokku puutunud juba siis, kui ta nautis operatsiooni Zeppelin kaheldamatut edu. Himmler oli luureülema enda juurde kutsunud ja ta läbi sõimanud „kahtlaste" venelastest agentide usaldamise eest. „Tundub, et teie ametiposti koorem," oli *Reichsführer* ähvardanud, „on teie jaoks talumatult raske." Schellenberg nimetas seda pärast „väga keeruliseks jutuajamiseks". Kuid ta tuli sellest edukalt välja: ta lihtsalt naeratas kogu selle kriitika peale. *„Enfant terrible!"* järeldas Himmler viimaks pearaputuse saatel, kuid see oli ka kõik. Tema viha oli lahtunud.

Schellenberg ei uskunud, et Hitlerit oleks sama lihtne veenda või et tema pahameel sama kähku mööduks. Eriti veel siis, kui füürer saab teada, et Vlassovi meestele – venelastest reeturitele – on ette nähtud otsustav roll Saksamaa kõige tähtsamas erioperatsioonis kogu sõja ajal. Schellenberg mõtiskles nüüd, kuidas seda sobivas valguses esitada. Kas riskida sellega, et ta ei kirjelda oma plaani Hitlerile kõigis selle üksikasjades? Sest kui ta paljastab venelaste rolli selles, siis ilmselt ei piisa vaid naeratusest selle vaidluse võitmiseks – või oma ameti, ja vahest koguni elu päästmiseks.

Kui Schellenberg veel oma julge plaaniga seonduvaid riske kaalus, käskis Himmler tal ette kanda. Ta läks kohtumisele sama ebakindlalt nagu ikka, teadmata, mida tal oodata on; kuul või medal, *Reich*'is on mõlemad variandid võimalikud. Ükskord oli

Reichsführer talle ulatanud foto Schellenbergi kihlatust, kus huultele ja kulmudele olid rohelise pliiatsiga ringid ümber tõmmatud ja juurde kirjutatud lühike ja konkreetne kommentaar: „Meigiga on liialdatud". Sedapuhku fotosid ei olnud. Selgus, et *Reichsführer* tahab temaga kõnelda Skorzenyst.

Ta selgitas oma baieri aktsendiga, et füüreri arvamus major Skorzeny võimetest aina paraneb. Mussolini päästmine oli mõistagi tõeline imetegu, *Reich*'ile kuulsust toonud triumf. Kuid füürerile avaldas muljet ka Anton II missioon. Major Skorzeny oli erisalga Iraani sisse smugeldanud. Ning füürerile kinnitati, et tema isiklik sõnum hõimupealikule sai edasi antud. Kas see on tõsi?

Schellenberg kinnitas seda. Samal ajal küsis ta endalt, kuhu Himmler nüüd tüürib. See mees ei osanud otse asja juurde minna, see oli teda Himmleri puhul alati ärritanud.

Viimaks paljastas Himmler, et füüreril on majorile järjekordne missioon. „Maailmas leidub vaid üks mees, kes sellega hakkama saaks," tsiteeris ta Hitleri sõnu. Ta tahtis, et Otto Skorzeny juhiks operatsiooni Kaugushüpe.

Schellenberg lahkus kohtumiselt veendumusega, et ta on saavutanud kaks suurt võitu. Esimene oli ilmsem: kui keegi selle ilmvõimatu missiooniga üldse toime tuleb, siis on selleks just ambitsioonikas, hulljulge ja halastamatu Skorzeny. Tema on selle ülesande vääriline. Teiseks oli Schellenbergil tunne, et see tuleb tema isiklikele kavatsustele kasuks, et Hitleri tähelepanu koondub nüüd SS-majorile. Füürer ei hakka talle peale käima küsimustega, et kes veel sinna meeskonda kuulub, ja Schellenberg ei hakka sellest ka ise juttu tegema. Kui Kaugushüpe õnnestub, kui Roosevelt, Churchill ja Stalin tapetakse, siis omistab ajalugu selle kangelasteo eelkõige Skorzenyle. Aga kui see läbi kukub, siis on venelastest reeturite osavõtt sellest kurva saatusega missioonist tema paljude probleemide seas juba viimasel kohal.

Kuid Schellenberg andis endale ühtlasi selgelt aru, et ta seisab siin silmitsi etteennustamatute riskidega. „Otsus siin oma kombel jätkata nõudis teatud julgust," ütleb ta hiljem, „sest Hitleri tundlikkus ja patoloogiline usaldamatus üha kasvas koos üldise situatsiooni halvenemisega." Ta teadis, et targem on valvsaks jääda.

21

MIKE TAHTNUKS SEDA NIMETADA „kümneks käsuks", kuid nimekiri aina pikenes ja viimaks oli tal kolmteist reeglit, ent „kolmteist käsku" tundus jumalavallatu ja vahest koguni halvaendeline. Seega loobus ta pealkirjastamisest. Kui ta oli kirjapandu üle lugenud, jõudis ta üleüldse järeldusele, et pilkupüüdev peakiri tuleks asjale pigem kahjuks. See oli tõsine teema, nii tõsine, kui ükski teema sõjast haaratud maailmas üldse olla saab.

Nagu Schellenberg, oli temagi mõelnud, millist sorti mehi ta vajab, kui suure kolmiku kohtumine ikkagi toimuma peaks. Saksa spiooniülema plaane pidid täitma kaugele maale saadetud sõdurid, ent Mike on ise ninapidi asja juures ja üritab välja õpetada agente, kes seisavad tema kõrval ja kelle peale ta saab loota, kui sündmused võtavad halva pöörde.

Mike'il kulus enamus nädalast selle peale, et vajalikud kriteeriumid paika panna. Esmalt oli ta selle oma käega kirja pannud neil vähestel vabadel hetkedel, mida tal töö kõrvalt näpata õnnestus. Nimekirja valmis saanud, läks ta sellesse toauberikku, kus Valge Maja ülemuksehoidjal leidus kirjutusmasin, mida ta Mike'il kasutada lubas. See asus kohe häärberi peaukse kõrval, seega kõndis sealt kogu aeg palju rahvast mööda, kuid Mike ei teinud kogu sellest siginast-saginast välja. Pikka kasvu laiaõlgne

agent istutas oma hiiglasemõõtu keha suure kirjutuslaua taha –
ta oli alati imestanud, kuidas see üldse uksest sisse mahtunud oli –
ning asus oma kahenäputehnikaga iidse Remingtoni klahve tok-
sima. Oma veidra tippimismeetodi oli ta omandanud kolledžis
ja nüüdseks oli see tal hästi käpas.

Tööga valmis saanud, vaatas ta selle üle. Seni polnud ta oma
sihti päris selgelt teadvustanud. Ent nüüd oli see talle ilmne: ta
valmistab oma mehi lahinguks ette.

Muidugi oli ta alati tähelepanu pööranud omaenda laitmatule
ja väärikale käitumisele; valvemeeskonna ülemana leidis ta, et peab
teisele eeskujuks olema. Talle meenus üks sündmus ajast, mil ta oli
alles siinse teenistusega liitunud. Ta oli Valgesse Majja sisse kõndi-
nud, oskamata seal käituda või isegi õigesti riietuda; ta oli lihtsalt
mingi maakas Montana mägedest, pidi ta nüüd enesekriitiliselt
tunnistama. Talle meenus, et ta saadeti Ovaalkabinetti, aga keegi
polnud talle öelnud, kui lähedal peaks ta presidendile seisma. Kus
ta siis olema peaks? Presidendile tuli jätta hingamisruumi, tal olid
oma saladused, kuid samas oli Mike'i kohuseks seista kohe tema
kõrval. Polnud lihtne aru saada, millal saab valvsusest isiklikku
ruumi tungimine, ning esimesel tööpäeval oli tal selle õhkõrna
piiri tunnetamisega raskusi. Kuid ta sai selle selgeks (ning see
kulges lihtsalt, kui arvata võis, sest ta meeldis Bossile ja Boss
meeldis temale). Nüüd, kui tema ise ülemus oli, katsus ta selle oma
alluvatele kohe selgeks teha. Sellistele detailidele pööras ta palju
tähelepanu ja ta tahtis kindlustada, et seda teeksid ka tema mehed.
Korraarmastus oli tema loomuses. Kuid ta teadis ka, et distsipliinist
on lahingus kasu. Hädaolukorras võib see aidata seda võita.

Seega kehtestas ta konkreetsed reeglid. „Nätsu närimine,
suitsetamine või igasugune tolategemine kaitsemeeskonnas
oma kohuseid täites on rangelt keelatud." Ta tegi selgeks kõik
võimalikud ohud seoses nende paikadega, kuhu tema mehed
satuvad. „Agendid peavad oma kohustusi täites olema vaiksed ja

silmatorkamatud ... Hoonete, kruntide ja naaberalade põhjalik ja korduv ülevaatamine on hädavajalik, ja seda tuleb teha viisil, mis ei häiriks nende elanikke ega tekitaks neis meelepaha."

Ta tegi neile selgeks, et kõigist neist hoiatustest hoolimata peavad ta mehed mõnikord oma kohust täitma tormama, seejuures millestki muust hoolimata. „Nende kohalolek peaks olema tajutav, et kaitsealune isik teaks, et tema julgeolek on tagatud. Samas tuleks neil hoiduda sobimatult alandlikust, teenijalikust käitumisest." „Hoolimatust ja ükskõiksust ... tuleb iga hinna eest vältida."

Siit võis edasi siirduda põhilise juurde. „President on maa- ja merevägede ülemjuhataja, ja praeguse sõja tõttu, millest meie riik on haaratud, on iga agendi kohused ... mitmekordselt kasvanud. See on ränk vastutuskoorem."

Ränga vastutuskoormaga kaasnevad teatud nõudmised. „Suurepärased oskused tulirelvade käsitsemises, võime kiiresti mõelda ja tegutseda ja olukorda täpselt hinnata ... Me peame olema valvel kuuskümmend sekundit igas minutis." Häda agendile, kes heas vormis ei püsinud ja mõne kilo juurde võttis. Mike tahtis atleete, tugevaid ja ähvardavaid jõujuurikaid, kes on otsekui graniidist välja tahutud, nagu ta isegi. „Agendid peaksid meeles pidama, et nende edasine kuulumine neisse valvemeeskondadesse sõltub füüsilise võimekuse säilitamisest, mida see töö nõuab."

Oma manifestiga rahule jäänud Mike tegi sellest koopiad ja ulatas need agentidele, kes olid teda saatnud Casablanca konverentsil. Kui Boss suudab korraldada kohtumise Churchilli ja Staliniga, siis saab neist meestest seal valvemeeskonna tuumik. Ta tahtis, et nad oleksid valmis – „tippvormis" rõhutas ta korduvalt – selliseks enneolematuks sündmuseks.

Alles pärastpoole sai Mike aru, kui võimatu oli ennast ette valmistada sündmuseks, mis neid ees ootas. Kuid siis oli juba liiga hilja.

Schellenbergil oli oma missiooni puhul palju selgem nägemus, milliseid mehi ta Vlassovi venelaste seast leidma peab: ta vajas tapjaid. Seega saatis ta oma tapja neid välja otsima.

Major Hans Ulrich von Ortel oli kergestiärrituv, agressiivne ja põhimõttelage joodik. See mõrvar tormas lahingusse ülbe enesekindlusega, mõeldes vaid sellele, kuidas pärast võimalikult palju kokku riisuda. Süütunne oli liiga keerukas ja inimlik emotsioon, et see takistaks teda oma metsikut elu elamast; teda tundvad inimesed ei uskunud, et ta kunagi millegi pärast südant valutanud oleks. Tema puhul oli kõik võimalik ja miski polnud mõeldamatu. Kõigi arust oli ta ideaalne SS-timukas.

Einsatzgruppe C ohvitserina Lääne-Ukrainas oli Ortel tõestanud end halastamatult tõhusa mehena „korrakaitsetegevuses", nagu lahinguraportid seda sihiliku ähmasusega nimetasid. Kole tõde oli siiski see, et major Orteli kinnastatud käsi oli prõmminud paljudele ustele Rovno getos, kust SS otsis „bolševike agente" ja „juudi funktsionääre", kes minema viidi ja keda enam kunagi ei nähtud. Kui viimaks tehti otsus, et juutide ükshaaval elimineerimisest ei piisa, oli tema juhtimisel kogu geto – viisteist tuhat? Kaheksateist tuhat hukule määratud hinge? Hukkajad tegutsesid sellise innuga, et lugemiseks polnud aega – viidud Sosenki metsa, üles rivistatud ja neid siis kuulirahega kostitatud.

Rovno juudid likvideeriti ja mahapõletatud getos kummitasid nüüd vaid märtrite vaimud. Kuid nende hukkaja Ortel jäi Rovnosse edasi, sest SD värbas ta, kuna ta kõneles vene keelt sama hästi nagu mõni komissar. Schellenberg oli teda kasutanud nende agentide väljaõpetamisel, kes olid operatsiooni Zeppelin käigus Nõukogude Liitu imbunud, ning osana oma luurekohustustest pidi ta silma peal hoidma ka neil partisanidel, kes Rovnost veidi kaugemal Punaarmee vastu sissisõda pidasid.

Selle mehe kutsus Schellenberg nüüd Berliini. Luureülem arvas, et see vene keelt oskav SS-major valdab just neid instinkte, mida tal vaja läheb. Ta uskus, et Ortel võiks Vlassovi armee read üle vaadata, kõnelda nende venelastega, neile otsa vahtida, lugeda nende tumedaid hingi ja välja selgitada, millised mehed sobiksid atentaadimissiooni läbi viima. Orteli ilmselgeid puudusi otsustas Schellenberg sedapuhku ignoreerida.

Siiski oli ta valmis vastvärvatud kaastöölisele seda missiooni tutvustama vaid väga üldises plaanis (varjamist lihtsustas see, et esialgu leiduski tal vähe väljatöötatud detaile). Ühe kirjelduse põhjal sellest kohtumisest rääkis ta Ortelile, et „ta hakkab osalema esmase tähtsusega missioonis, mis selle poolest sarnaneb Skorzeny tegevusega". Ortel peab välja valima vlassovlased, kes hakkavad mängivad võtmerolli selles erimissioonis, ning ta osaleb ka nende väljaõpetamises. Kohtumise lõpetuseks mainis kindral, et seda kõike tuleb rangelt salajas hoida. Ortel ei tohi oma uuest ülesandest kellelegi rääkida. Mitte sõnagi, rõhutas ta. „Jawohl, Herr General," nõustus major kohe.

Ortel polnud muidugi mees, kelle lubadusi tasus tõsiselt võtta. Kui ta oli purjus, läksid ta keelepaelad valla. Rovnos tagasi, sai ta kokku oma hea semu leitnant Paul Wilhelm Siebertiga, invaliidistunud sõjaveteraniga, kes nüüd töötas kontoriametnikuna Reich'i majandusorganisatsiooni heaks, mis Ukrainat varadest paljaks riisus. Nad tegid põhja peale ühele Kümmeli pudelile, ja siis veel teisele, ning Ortel läks üha enam elevile. Ta ilmestas oma jutuvada žestidega, kõneldes esmalt vandeseltslaslikul sosinal, kuid peagi juba lausa karjudes, enne kui talle meelde tuli, et see ikkagi ei sobi, misjärel ta taas häält tasandas. Igatahes tahtis ta oma sõbrale selgeks teha, et tal on nüüd „üks suur saladus".

Siebert ei hakanud peale käima ja valas sõbrale muudkui juurde.

Viimaks ei suutnud Ortel end enam tagasi hoida. Ta paljastas, et kindral Schellenberg isiklikult oli ta välja valinud operatsiooni jaoks, mis „otsustab Saksamaa tuleviku". See „muudab sõja tulemust".

Siebert segas vahele alles siis, kui Ortel hakkas mainima Otto Skorzeny nime.

„Mis selle Skorzenyga siis on?" uuris sõber. Täiesti loomulik küsimus.

Ortel oligi just seda oodanud. Ta uhkustas, et ta on välja valitud Skorzeny kaastööliseks ühes olulises missioonis.

Siebert ei teeselnud enam, nagu see asi teda väga ei huvitaks. Ta üritas sõbralt aina rohkem detaile välja pressida. Kuid Ortel ei osanud neid anda. Ta oli rääkinud kõigest, mida ta teadis.

Kuid sellest piisas. Tema joomasemu oli Vene spioon.

Wehrmachti leitnant Paul Wilhelm Siebert oli surnud sõjaväljal. NKVD I valitsus, see Nõukogude luureorganisatsioon, mis juhtis välisluure salaoperatsioone oma kabinettidest Moskva Keskuses, oli tema dokumendid enda kätte saanud ja andnud need edasi Nikolai Ivanovitš Kuznetsovile. See Leningradi NKVD spionaaži-akadeemia lõpetanud mees võttis endale surnud Saksa sõduri identiteedi.

Kuznetsov oli täiuslik topeltagent. Olles üles kasvanud Permi mägedes, valdas ta saksa keelt veatult. Lisaks oli ta andekas näit-leja, kes suutis kehastuda karakteriks, mida tema osa nõudis, olgu selleks siis kibestunud bürokraat, kes üritab sõda viinaklaasi seltsis mööda saata, või uljas staabiohvitser, kes kõnnib sisse sakslaste komandokeskusesse, et teha üllatusinspektsioon, ja lahkub sealt portfelliga, mis on täis salajasi luureraporteid. Kuznetsovi tegi eriliseks just tema intuitsioon, tema arusaamine sellest, et mõni vestlusfragment, möödaminnes pillatud märkus või suvaline kõlakas võib endas sisaldada väärtuslikku luureinfot.

Pärast seda hilisöist joomingut Orteliga pani ta nende vestluse kohe kirja. Siis saatis ta ülisalajase sõnumi oma agendijuhile I valitsuses. Nii sai Moskva Keskus teada, et natsid plaanivad suuremat sorti erioperatsiooni, milles osaleb ka see ohtlik Skorzeny ja mis peaks muutma sõja käiku.

Nõukogude luurespetsialistid võisid vaid oletada, mis see olla võiks. Aga igatahes oskasid nad nüüd valvsust ilmutada ja kavatsesid kindlaks teha, milline on see tundmatu oht, mis kusagil kuju võtab.

Üsna varsti pärast seda, kui Ortel oma saladuse välja lobises, käis Schellenbergi kabinetis veel üks külaline – ning tema saabumist tasus tähistada.

Roman Gamotha – SD agent koodnimega Moritz, kes oli kolme aasta eest koos Mayriga Iraani läinud ja kellest seejärel polnud midagi kuuldud – oli tagasi. Ta võttis Berliini kaasa hingematva kirjelduse oma julgest põgenemisest.

Tema lugu oli kokkuvõtlikult selline (tasub mainida, et ka täielik versioon sellest polnud kuigi üksikasjalik): kui liitlased olid Iraani vallutanud, oli ta Mayriga hüvasti jätnud ja põhja poole siirdunud. Tal oli ähmane plaan jõuda venelaste käes olevasse sektorisse Aserbaidžaanist, kus tal leidusid mõned kontaktid, endised Vene valgekaartlased, kes teda aitaksid. Aga üks Nõukogude üksus võttis ta vangi juba enne piirini jõudmist. Ülekuulamiste käigus teda peksti ja pommitati küsimustega. Kui ta ei murdunud, pisteti ta venelaste interneerimislaagrisse. Seal ei oodanud teda lihtne elu: töö oli ränk, toidunormid väikesed, ning sageli ähvardati teda seina äärde panna. Aga kui ta oli seal istunud juba üle aasta, muutusid valvurid hooletuks. Ühel ööl roomas ta tara alt vabadusse ja jõudis pärast raskeid eksirännakuid

Türki. Türklased hoidsid teda Yozgati vanglas interneerituna kolm kuud. Saksa võimude abiga pääses ta sealt viimaks.

Nüüd istus ta siin Schellenbergi kabinetis, põdedes küll malaariat, aga muus osas eluga rahul, ning andis teada, et on valmis tööle naasma. Gamothat tervitati kangelasena. SD premeeris teda 10 000 riigimargaga. Himmler saatis Hitlerile tunnetest ülevoolava kirja, kus ta soovitas seda vaprat salaagenti („kelle elu korduvalt suures ohus oli") autasustada I klassi Raudristiga, ning füürer andis sellele kiire heakskiidu. Propagandaministeerium korraldas rea raadiointervjuusid ja pressiartikleid, et Saksa rahvas kuuleks selle lojaalse salaagendi vaprusest ja kindlameelsusest. Schellenberg ülendas Gamotha kapteniks ja pani ta juhtima VI ameti äsjaloodud Iraani lauda.

Gamotha inspireeriva looga seondus aga üks probleem: see polnud täiesti tõelevastav.

Kõik oli õige kuni hetkeni, mil ta kinni võeti. Aga paraku murdus ta ülekuulamiste käigus. Esiteks rääkis ta neile kõik ära. Seejärel hakkas ta venelaste topeltagendiks ja nad saatsid ta SD juurde tagasi.

Moskva Keskusel oli põhjust salamisi juubeldada. Neil õnnestus oma mees paigutada otse VI ametisse, sellesse natside julgeolekuteenistuse osasse, mis tegeles välismaiste salaoperatsioonidega. Vene luureülemad võisid küll pettunult ohata selle üle, et nende agent pandi tegelema Iraaniga, üsna tähtsusetu paigaga, mis asus sõja põhisündmustest kaugel.

22

HOONE AADRESSIL TRIPITZUFER 76/78 oli sünge kivist kants Berliini Landwehri kanali kõrval. Natsiriigi tormilistel algusaastatel kolis majja sisse Abwehr ning sajad kõrgelt-haritud luureametnikud olid mahagonipuust suletud uste taga ametis oma salaplaanide sepitsemisega. Kuid 1943. aasta raskel sõjasügisel olid selle silmatorkamatu neoklassitsistliku luurepea-korteri avarad toad suuremas osas juba tühjad. Berliinis polnud kusagil turvaline, aga selle hoone pikk punane kivikatus oli justkui majakas, mis näitas liitlaste pommitajatele kätte vaenlase spioonipesa asukoha. Seega olid paljud kõrgemad ametnikud, sealhulgas admiral Canaris, kolinud ümber mõnevõrra turva-lisemasse paika, Zosseni militaarkompleksi punkritesse linnast lõunas. Ent teised keeldusid end kohutada laskmast (või neile lihtsalt ei pakutud kolimisvõimalust) ning nende julgete seas olid ka Abwehr II ehk diversiooniosakonna tehnikavõlurid.

Otto Skorzeny külastas Tripitzuferit 1943. aasta oktoobri lõpunädalal. Ta tuli kohtuma Abwehr II spetsialistiga, sest ta vajas pommi.

Atentaadi sooritamiseks on palju võimalusi (nagu ka Mike Reilly oli oma pika ja kõhedusttekitava uurimistöö käigus teada saanud). Kuna Hitler oli selle palju kuulsust võitnud SS majori pannud nüüd operatsioon Kaugushüpet juhtima, tähendas see, et atentaat sooritatakse viisil, mida Skorzeny kõige paremaks peab.

Skorzeny peas hakkas kuju võtma taktikaline plaan ning selle juures ei lasknud ta end häirida suurtest tühikutest oma operatiivteadmistes. Tema jaoks polnud tähtis – vähemalt mitte praegu – ka see, et ta ei teadnud veel, kus tippkohtumine toimub: kas linnas, maal või koguni keset merd laeva peal. Ta ei vaevanud pead ka toimumisajaga, mis ju samuti teadmata oli: järgmisel nädalal, järgmisel kuul või koguni järgmisel aastal. Toimugu see kus ja millal tahes, nii või teisiti peab ta missiooni käima tõmbama ja ta teadis algusest peale, kuidas seda teha.

„Mõõgahoop, mis mu näo lõhkus, õpetas mulle valu tähendust," rääkis ta, selgitades oma agressiivset lahinguväljakreedot, „ja ka seda, et ei tasu karta. Just nagu duellipidamisel pead keskenduma oma vaenlase põsele, nii ka sõjas. Ei saa aega raisata petetele ja põiklemisele."

Ta ei plaaninud Kaugushüppe puhul lihtsamaid lahendusi otsida. Skorzeny ei kavatsenud snaipripüssiga katusel passida või toidu/joogi mürgitamise teed minna. Või istuda 3 km kõrgusel piloodi kõrval ja käskida: „Pommid vabaks!" Või suurtükiväele koordinaate anda ja kaugelt pealt vaadata, kuidas võimsad mürsud liitlaste liidrid teise ilma saadavad.

Sellest saab kõige olulisem erioperatsioon kogu sõjas, vahest koguni terves ajaloos, ja see määrab ära, kuidas teda mäletavad järeltulevad põlvkonnad. Ta kavatses vaenlase tappa sõjamehele kohasel moel. Tema jaoks oli tähtis, et Roosevelt, Churchill ja Stalin teaksid oma viimasel eluhetkel, et nende tapjaks oli Otto Skorzeny. Ta vaatab neile otsa ja näeb neid suremas.

Selleks vajas ta erilist pommi.

Kindral Erwin von Lahousen, Austrias sündinud aristokraat ja
Abwehr II juht, oli Canariselt saanud käsu saata üks oma parima-
test pommiekspertidest Skorzeny jutule. Muidugi oli Skorzeny
nimi ka siin kõigile tuntud; tema isiklik osavõtt eesootavast
operatsioonist andis märku selle tähtsusest. Kahtlemata annab
spetsialist oma parima, et talle abiks olla. Kuid samas oli selge,
et talle ei saa kõigest rääkida: Skorzenyl pole võimalik paljastada
missiooni täpsemat olemust. Vaid pool tosinat ametimeest kogu
Reich'is – sealhulgas füürer – teadis liitlaste liidrite atentaadi
plaanist, ning salastatuse hoidmine oli ülitähtis. Piisab vaid äh-
mastest kõlakatest, et liitlased oma julgeolekumeetmeid veelgi
tõhustaksid; vahest hakatakse isegi kaaluma, kas kõigi kolme juhi
viibimine sama katuse all on üldse hea mõte. Seega sai Skorzeny
rääkida vaid väga üldist juttu. Ta pidi lootma, et spetsialist saab
ka selle põhjal aru, millist relva ta vajab. Skorzeny seadis ta
mõistatuse ette ning tohtis pakkuda väga vähe abistavaid vihjeid.

Nende inimeste mälestuste põhjal, kellele kohtumisest ette
kanti, rääkis Skorzeny esmalt, et ta tahab rünnata üht inimgrup-
pi. Lähidistantsilt.

„Hästi," ütles ekspert, „te tahate elavjõuvastast seadeldist. Kas
te soovite sellist pommi, mis teeks kinnises ruumis võimalikult
palju kahju, vigastaks võimalikult paljusid?"

„Ei," ütles Skorzeny. „Paljudest vigastatutest on mul ükskõik.
Mul on vaja tappa. Sihtmärgid elimineerida. See pole tegelikult
oluline, kas juuresviibijad jäävad ellu või mitte."

„Kildpomm," otsustas ekspert. „Selline, millel on kitsas
tapmistsoon." Ta mõtles veidi aega ja talle tuli pähe üks sobiv
variant: „Koljat. Selle saab kaugelt juhtme abil õhkida. Soomus-
tatud, pea hävitamatu. Suudab tanki peatada. Võrdlemisi kerge
ka, umbes 80 kilo."

Skorzeny leidis, et see ei sobi. Esiteks on see liiga raske.
Võimalik, et ta peab sinna hüppama langevarjuga. Või saabuma

186 • Salamõrvarite öö

pisikese paadiga. Praegu pole ta veel päris kindel, aga kõik need võimalused tuleb avatuna hoida. Ta vajab midagi kerget, mida oleks lihtne transportida. Ta võinuks ka lisada, et tema pole seda sorti sõjamees, kes kedagi kauge maa pealt tapma hakkab, ent ta ei hakanud seda tegema.

„Kas võimalusaken on pikk? Kas on aega mitu pommi õhkida?" uuris ekspert.

Skorzeny vastas, et ta pole kindel, kuid ta loodab, et tal on vähemalt kaks võimalust, enne kui tuleb põgeneda. Või vahest rohkemgi. Kuid ta parandas end kähku: võib ka juhtuda, et tal on vaid üks võimalus. Ta sai muidugi aru, kui lootusetult ähmaselt see kõik kõlab.

Spetsialist ei pidanud seda kummaliseks ja jäi asjalikuks, nagu proffidele kombeks, kui kõne all on tapatööd. „Teil on vaja pikaajalist sütikut?" uuris ta.

„Ei," leidis SS-major. „Parem oleks, kui seade kohe lõhkeks." Kuid ta mõtles veel veidi ja otsustas taas endale vastu vaielda. „Hea oleks, kui seda sütikut saab seadistada." Ta paljastas, et ta ei oska ennustada, kui palju aega ta vajab.

„Aga lõhkelaeng ise? Kas sihtmärgid viibivad lageda taeva alla? Sõidukis? Siseruumides?"

Skorzeny pidi tunnistama, et hetkeseisuga pole ka see selge. Õigupoolest ei pruugi ta sihtmärkide asukohta teada saada enne kui rünnakupäeval. Ta peab võimalused avatuna hoidma, kordas ta taas.

Abwehri ekspert muretses, et raske lõhkelaeng kasvatab seadme kaalu. See võib transpordi keeruliseks teha. Ta juurdles vaikides selle probleemi kallal. Aga siis: „Kuidas oleks, kui ka pommi lõhkelaeng on kohendatav, kui selle kogust saab muuta missiooni päeval, et arvesse võtta operatsiooni tingimusi?"

„See töötaks," nõustus Skorzeny. Tal tekkis tunne, nagu ta kõneleks siin Wilhelm Holtersi, oma rätsepaga, kes valmistab talle oma Tauentzienstrasse töökojas neid laitmatult istuvaid mundreid. Ka siinne vestlus kulges sarnasel viisakal ja siiral toonil. Aga praegu ei aruta ta siin oma ülikonna lõiget. Ta plaanib mõrvata kolme väga tähtsat meest.

Eksperdil oli veel viimane küsimus: „Kas teie seade peaks olema võrdlemisi vaikne? Kas see on vajalik, et põgenemist kergendada?"

„Vastupidi," ütles Skorzeny. „Mida valjem, seda parem." Ta tahtis paanikat. Ta tahtis, et juuresviibijad elu eest jooksma pistaksid. Selles üldises segaduses õnnestuks tal vahest minema lipsata.

Ekspert palus endale veidi aega, et kõiki neid nõudeid kaaluda. Kui ta viimaks suu avas, kandis ta oma järelduse ette pedantselt autoriteetsel moel.

„Mida te soovite," ütles ta (mitmete Oranienburgi erisalklaste väitel, keda hiljem selle vestluse osas briifitakse), „on granaat, mis pole tegelikult granaat." Ta selgitas, et tüüpiline granaat on väga mobiilne relv, mida on lihtne sihtmärgi poole visata ja mis lõhkeb otsekohe. Sõdur võib vaenlase pihta heita mitu sellist järgemööda – vähemalt siis, kui tal pole kohe vaja kuulide eest kõrvale põigelda.

Ent kõigil standardgranaatidel on omad puudused, mistõttu nad on sobimatud sellise missiooni jaoks, mida Skorzeny üldjoontes kirjeldanud oli. Tavaline natside granaat, see kuulus „pudrunui" oma puust käepidemega, on kerge kaasas kanda, ning TNT-lõhkelaeng põhjustaks suletud ruumis ka korraliku plahvatuse. Aga kui sihtmärk asub autos, eriti veel soomustatud autos, ei pruugi see kuigi kasulikuks osutuda. See on ka väga temperamentne relv: lähidistantsilt võib plahvatuse lööklaine või selle tekitatud kuumus panna lõhkema teised granaadid, mis salamõrvaril taskus on. Siis ei tasu tal teisele võimalusele loota, vaid temast jääb järele vaid suits ja tema sihtmärgid pääsevad põgenema.

Ekspert siirdus edasi liitlaste Mk2 granaadi juurde. Tavalise „ananassi", nagu seda rauast valatud relva kutsuti, kuna selle pind meenutas ananassi koort, võiks varustada lõhkeaineseguga, mis on loodud just selle missiooni jaoks, teatas ta. See muudab plahvatuse võimsamaks ja tekitab palju kõvema paugu, nagu missiooni eripära nõuab. Aga see lõhkeb 4–5 sekundit peale splindi väljatõmbamist. Seda ajastust ei saa muuta. Teiseks probleemiks on see, et sütik sisiseb veidi, kui põlema hakkab, ja sihtmärgid võivad seda kuulda ja elu eest plagama panna.

Jaapanlaste kasutatav granaat tähistusega 97 on vaiksem, kuid veel pikema sütikuga. Ning langevarjuhüppel maad tabades või näiteks barrikadeeritud uksest läbimurdmisel ei saa seda relva usaldada. Selle splint on väga ebastabiilne, tugeva löögi või raputuse puhul võib granaat lõhkerežiimile minna. Siis on teil vaid paar sekundit sellest vabanemiseks. Ent keset tulevahetust ei pruugi te muidugi märgata, et relv on kohe lõhkema hakkamas.

Skorzeny oli juba julgust kaotamas, tema tavapärasest enesekindlusest polnud enam palju järel, kuid just nüüd võttis ekspert taskust paberitüki ja visandas midagi kiiruga. Tulemus meenutas kuju poolest „Alice imedemaal" tegelast Muna Muna – riidest munakujuline kott metallist krae ja keeratava korgiga.

Ekspert selgitas, et see on Gammoni pomm, saanud nime oma leiutaja, Briti 1. langevarjurügemendi kapteni R. S. Gammoni järgi. See on väga leidlik ja efektiivne relv, mida saab käest visata.

Esiteks on see tohutu plahvatusjõuga. See kasutab hiljuti välja arendatud lõhkeainet RDX, mis on kordades võimsam kui TNT. Ent lõhkeaine kogust saab muuta, kiiresti ja kergesti, just nagu Skorzeny nõudis. Kui pommilt kork maha keerata, siis saab ligi „munale" endale ehk paksust riidest kotile. Sinna saab sisse panna väikese RDX-pulga ja üliteravaid šrapnellikilde, kui tahta vigastada võimalikult paljusid. See on täiuslik relv, millega elimineerida vaenlast väikeses ja ülerahvastatud ruumis. Aga kui kott täita ainult RDX-iga, siis saaks sellega hävitada tanki, või siis mitu sihtmärki suuremal ruumialal, ja seda isegi siis, kui nende ees seisab valvurite rivi.

Kohendada saab ka sütikut. Seade võib plahvatada tabamusel. Või ajalise intervalliga, kõige rohkem viis minutit. Seega oleks teil isegi võimalik see kuhugi sihtmärkide lähedale peita ja siis enne ilutulestiku algust minema hiilida.

See on ka kerge, seda on lihtne kaasas kanda. Isegi siis, kui see sisaldab piisavalt lõhkeainet tanki hävitamiseks, kaalub Gammon umbes pool kilo. Munakujulist pommi on kerge käes hoida ja täpselt visata kolmekümne meetri kaugusele – kui on hea viske-käsi ja piisavalt aega harjutamiseks, siis kaugemalegi.

Skorzeny kuulas keskendunult ja esitas siis küsimuse: „Kui palju Gammoni pomme meil praegu leidub?" Ta ei tea, kui palju tal aega on, enne kui missiooniga on vaja pihta hakata. Ajastus sõltub tingimustest, mis kahjuks pole tema kontrolli all, teatas ta paljunäinud sõduri tülpinud toonil.

Täpne arv? Ekspert teatas, et ta ei oska öelda; tal tuleb helistada, enne kui sellisele küsimusele vastata saaks.

Kui ta oli toast lahkunud, kasutas Skorzeny võimalust, et kuuldut seedida. Ta hakkas rünnakut vaimusilmas ette kujutama. Sihtmärgid on kõrvuti koos, näiteks istuvad laua taga, söövad õhtust. Vanad mehed, kes joosta ei jaksa. Kuramus, Roosevelt ei suuda isegi kõndida. Selle paugu eest nad juba ei pääseks. Ihukaitsjad ei tule samuti arvesse, sest nende šrapnellikildude eest, mis hetke pärast nende poole lendama hakkavad, ei jõua nad isegi varjuda, riigijuhtide kaitsmisest rääkimata.

Skorzeny oli sellest vestlusest uut energiat ammutanud ja taktika selgines nüüd kähku, omandades mõne hetkega kindlamad piirid. Pommide heitmine jääb tema ja tema poolt väljavalitud erisalklaste ülesandeks. Vlassovi venelased peavad sõduritega toime tulema, aga arvatavasti lastakse nad selle käigus maha.

Olgu siis pealegi; venelaste jaoks leidus tal vähe kaastunnet, isegi kui nad on sakslastele truudust vandunud. Tähtis on vaid see, et need venelased tublilt võitleksid. Ta vajas seda, et tal ja tema meeskonnal jääks piisavalt aega sisse tungida, ja kui Jumal tahab, siis ka sealt pääseda. Nad peaksid seda suutma küll. Eriti veel siis, kui nad on hästi välja õpetatud ja teavad täpselt, mis nende kohuseks on. Jah, ütles ta endale üha suurema veendumusega, Gammoni pommide abil võis see töötada.

Kui ekspert tagasi tuli, kandis ta ette, et Zossenis on kaks kasti Gammoni pomme. Ta selgitas, et need pommid olid üles korjatud Belgiast, kus RAF oli need vastupanuvõitlejatele alla visanud. Abwehr oli hiljuti nende otsa komistanud. Need olid nüüd relvalattu viidud, ootama aega, kui neist võiks mingit kasu olla.

Skorzeny küsis, kui palju neid ühes kastis on.

Kakskümmend viis, vastati talle.

Nii et kokku viiskümmend pommi! juubeldas Skorzeny. Kahtlemata piisab sellest, et Euroopa kõige ohtlikumast mehest saaks ajaloo kõige ohtlikum mees.

„Kui kiiresti saaks need kastid toimetada minu peakorterisse Oranienburgis?" küsis ta siis.

23

MIKE OLI OSAV LASKUR. Sarnaselt paljude Montanas üles kasvanud poistega oli temagi püsside käsitsemise varakult selgeks saanud. Ta hakkas koos oma isaga jahil käima niipea, kui oli piisavalt suur, et vintpüssi kanda, ning juba üheksaselt lasi ta maha oma esimese hirve, uhkete sarvedega pulli. Muidugi oli see veidi teine asi, sest hirved ei tulista vastu. Kui tal tekkis tunne, et suure kolmiku kohtumine on lähenemas, asus ta ette valmistuma ohtudeks, millega ta võib seal silmitsi seista.

Rahandusministeeriumi hoone asus Pennsylvania avenüül lühikese jalutuskäigu kaugusel Valgest Majast ning selle keldri ühes sopis asus lasketiir. See ehitati varsti peale Pearl Harborit, kui näis üha tõenäolisem, et salateenistus peab end kohandama sõjaaja tingimustega ja selle agendid peavad lahinguteks valmis olema.

See oli väike lasketiir vaid kolme rajaga, kuid tipptasemel, sest raha polnud selle ehitamisel kokku hoitud. Märklaudade kaugust sai elektrooniliselt kontrollida; kui sa tahtsid need näiteks seitsme meetri pealt viieteistkümnele viia, piisas vaid nupuvajutusest. See oli ka helikindel, eredate elektrilampidega tiheda traatvõrgu taga, ning pidevalt pöörlev ventilaator eemaldas ruumist püssirohugaasid. Sinna pääses läbi kahe raske ukse, mis olid õhukindlad; laskja oli neist läbi astumise järel täitsa omas maailmas.

Sel sügisel hakkas Mike seda regulaarselt külastama, vähemalt üks kord nädalas, ent sageli kaks korda. Nagu kõigil agentidel oli temalgi politseinikele mõeldud Colti erirevolver (tema palgatšekist oli maha võetud 28 dollarit, millega rahandusministeeriumile hüvitati relva maksumus), mille silindrisse mahtus kuus .38-kaliibrilist kuuli. See nägi välja nagu taparelv ja õigetes kätes oligi seda.

Mike suutis oma kuulid alati saata märklaua keskme lähedale, kuigi ta pidi tunnistama, et siinsetes kontrollitud tingimustes polnud see kuigi keeruline. Iga hobilaskur võinuks sellega siiski rahul olla. Muidugi oli tal siin palju aega oma kuue lasu tegemiseks, relva uuesti laadimiseks ja hoolikalt sihtimiseks, kui ta oma relva taas metoodiliselt tühjaks tulistas, lask lasu haaval. Hädaolukorras pole see aga sama lihtne. Kui Bossi elu on kaalul, siis läheb tal vaja lisaoskusi.

Nii harjutas ta ka kiirtule andmist: ta tühjendas Colti võimalikult kähku märklaua pihta, laadis kiiresti ja asus kohe uuesti tulistama. Ta kinnitas endale, et kiirus ja täpsus on mõlemad olulised. Ürita teha surmavaid tabamusi, ja tulista kiiresti. Ta teadis, et tõelises relvakonfliktis sõltub tulemus samapalju julgusest kui oskustest. Mike sai aru, et julgust ei anna treenida. Otsustaval hetkel peab seda lihtsalt leiduma, sest vastasel juhul peab ta oma argust häbenema kogu edasise elu.

Mike muutus neis kiirtuleharjutustes päris osavaks, kuid peagi hakkas talle tunduma, et tema relva võimekus on piiratud. Kuuelasuline revolver suudab peatada mõne suvalise hullu, kes presidendi poole tormab. Aga kui bossi peaks suure kolmiku konverentsil ründama mõni vaenlane, on tegu hästitreenitud sõduriga, kes ilmselt on korralikult valmistunud ega

1. All paremal nurgas jälgib ümbrust Mike Reilly. Ükskord nägi ta, kuidas presidendi poodiumi poole lennutati publikust nuga.

2. Rünnakute ärahoidmisele pühendunud Mike ja ülem-juhataja, keda ta pidi iga hinna eest kaitsma.

SCHELLENBERG

3. Noor SS-kindral Walter Schellenberg, kes juhtis julgeolekuteenistust SD. Ta teadis, et sõda on kaotatud, kuid üritas iga hinna eest võita rahu.

4. Riigi Julgeoleku Peaameti juht Ernst Kaltenbrunner. Schellenberg kirjutas tema kohta: „Ta tekitas minus jälestust esimesest silmapilgust."

5. Franz Mayr oli VI ameti spioon agendinimega Max, kes sõitis Teherani.

6. Mayr ja tema löögirühm, kes langevarjudega Iraani hüppasid, et „asjad ära korraldada".

7. Hitler saatis tervitusi Reza Pahlavile. Mõlemad pidasid end suurteks aarialasteks, kes panevad aluse uutele dünastiatele.

8. Presidendi lennuk C-54, mille hüüdnimi oli Püha Lehm. Mike Reilly tahtis, et lennuk suudaks sõita üle lahingutandrite ning samas saaks selles bossile serveerida ka martiinisid.

9. „Euroopa kõige ohtlikum mees" Otto Skorzeny.

10. Skorzeny rühm oli roninud liustikel, maandunud purilennukiga ühe Apenniinide mäe tipul ning päästnud Mussolini. See hulljulge operatsioon oli eeskujuks operatsioonile Kaugushüpe.

11. Elyesa Bazna oli Ankaras Briti suursaadiku toapoiss, temast sai Saksa spioon agendi-nimega Cicero. Schellenberg kahtles, et äkki on pakkumisega ise sakslaste jutule tulnud mehe näol tegemist topelt-agendiga?

12. Roman Gamotha saadeti sakslaste ülesandel Iraani, kuid Berliini naastes töötas ta juba venelaste heaks.

13. Gammoni pomm. Mike Reilly kartis pidevalt, et osavad pommimeistrid võisid ehitada või varjata äärmiselt kavalaid lõhkeseadeldisi.

14. Natside langevarjurühm toodi Iraani Junkersi Ju-290 lennukitel Krimmis asuvast salajasest baasist.

15. NKVD spioon Gevork
Vartanjan juhtis Teherani
tänavatel gruppi nimega
Kergeratsavägi.

16. USA president varjus natside palgamõrtsukate eest Nõukogude
Liidu saatkonda. Iga majateenri puusal oli näha Lugeri püstoleid.

17. Suur kolmik Nõukogude saatkonna trepil uhkete ja võidukatena.
Või olid nad lihtsad sihtmärgid?

18. Churchilli 69. sünnipäeva lõbus tähistamine 30. novembril 1943.
Schellenberg lootis, et samast õhtust saab salamõrtsukate tähetund.

peatu millegi ees. Ta peab valmis olema ka selliseks variandiks, ning kuuelasulisest politseirevolvrist sel juhul ei piisa. Vastane on kindlasti paremini relvastatud.

Mike jagas oma muret rahandusministriga ja Morgen-thau tuli tema palvele aega viitmata vastu. Järgmisel laske-treeningul oli Mike'il kasutada juba M1 püstolkuulipilduja. See täisautomaatne relv suutis .45kaliibrilisi padruneid ülikiiresti välja saata ning magasinis leidus neid kolmkümmend. Sõdurid kutsusid seda relva Kaevikupuhastajaks, kuna see oli piisavalt võimas, kiire ja täpne, et terve kaevikutäis vaenlasi maha not-tida. Kui sa panid selle automaatrežiimile ja päästikule vajuta-sid, siis võisid edule loota ka selges arvulises vähemuses olles. Mike'il läks selle relvaga täpsuse saavutamiseks aega. Kuid ta oli sündinud atleet, kel leidusid täpsuslaskja instinktid. Tema käes oli see väga ohtlik relv.

Mike teadis, et kui natsid neid ründavad, on ka neil head relvad. Ta polnud elukutseline sõjaväelane, seega ei üritanud ta ennustada, mis sorti need olla võiksid. Ta ei osanud hinnata ka seda, kummal poolel oleks selles lahingus eelis. Kui ta üri-tas oma vaenlasi ette kujutada, neile inimese nägu anda, siis jõudis ta järeldusele, et tegu on proffidega nagu ta isegi, kes on otsustanud oma ülesannet täita, riskidest hoolimata.

Teisel pool maailma, Oranienburgi erioperatsioonide väljaõp-pekeskuses, mõtiskles ka Skorzeny palju relvadest. Nüüd oli tal vaja tegelda missioonimeeskondade relvastamise praktiliste küsimustega. Aga selle käigus tekkis tal uus ja ootamatu mure – ja ta sõimas ennast, et ta seda juba varem ei osanud ette näha. Ta teadis sama hästi nagu iga teinegi sõdur, et kui seda puudust ei likvideerita, siis pole tal erilist lootust Kaugushüppest eluga pääseda.

See polnud tema enda relv, mis tema meelepaha pälvis. Ta oli sama tüüpi relvaga juba aastaid kõigist raskustest läbi tulnud, see oli teda alati hästi teeninud. Hollandis oli tema kätte sattunud üks Briti langevarjurite püstolkuulipilduja Sten, ning sealtpeale oli ta truuks jäänud just sellele relvale. „See võis saada mudaseks, aga see tulistas ikkagi," ütles ta sellise veterani veendumusega, kes oli seda lahingus järele proovinud (ning sõltuvalt juuresviibijatest võis ta veel lisada „erinevalt meie automaatpüstolitest, mille juba vähene mustus tõrkuma paneb"). Kui mõned SS-ohvitserid hakkasid patriootlikult vastu vaidlema, et Sten pole sama täpne kui Saksa omad, ei teinud Skorzeny nende jutust välja. Ta ütles, et see on kontorimehe, mitte tõelise rindesõduri jutt. See polegi tähtis, et see relv kaugetele sihtmärkidele pihta ei saa. „Sten-püss on mõeldud lähivõitluseks," ütles ta sellise mehe veendumusega, kes oli selle teraskaba käes hoidnud, kui ta mõne toa sisemuse kuulidega üle valas.

Skorzeny arust oli Steni põhiliseks plussiks aga see, et erinevalt Saksa käsikuulipildujatest võis seda varustada summutiga. „Nii et kui sa vaenlasega ootamatult kokku satud, ei anna paugud sind ära," märkis ta. Kui ta Kaugushüpet oma peas läbi mängis, ei kahelnud ta selles, et just nagu teatud hetkedel võib kõvasti kasu olla Gammoni pommide kõrvulukustavatest kõmakatest, võib muudel momentidel su elu päästa see, kui sul on summutiga varustatud relv, nagu Sten. Ta oli veendunud, et Sten teeniks teda ja ta salamõrvareid hästi.

Probleem seisnes aga selles, kuidas relvastada need umbes viiskümmend Vlassovi venelast. Nende ülesandeks on liitlaste valvureid seni tegevuses hoida, kuni Skorzeny koos oma Oranienburgi meeskonnaga suudab Gammoni pommid heita ja põgeneda. See võiks isegi töötada – kui venelased pääsevad õigetele positsioonidele. Tundus, et see lootus võib olla põhjendatud. Venelaste suureks plussiks – mistõttu Schellenberg otsustaski nad missiooni kaasata – oli ju see, et neid võis pidada Vene sõduriteks. Kui nad sinna sisse marsivad, ei osata alguses midagi kahtlustada. Aga kui nad kannavad Briti Stene või ükskõik millist Saksa relva, mida nad olid kasutama õppinud peale Wehrmachtiga liitumist, siis piisab vaid ühest pilgust, et mõni Stalini sõjameestest nende maskeeringust kohe läbi näeks.

Skorzeny andis endale käsu: kindlustada, et venelased kannaksid Nõukogude armee relvi. Aga juba järgmisel hetkel asus ta endale vastu vaidlema. Vene jalaväelase standardrelv, viielasuline Mossin-Naganti vintpüss, mis neil õlal kõlkus siis, kui nad poolt vahetasid, pole piisavalt tõhus, et vlassovlased nende abil hambuni relvastatud liitlaste valvuritele vastupanu osutada saaksid. Ning need viiskümmend venelast peavad suutma vaenlast tegevuses hoida, et Skorzenyl ja tema erisalgal põgenemiseks aega jääks.

Ta pidi ära käima Abwehri relvalaos Zossenis, et sealt midagi asjalikumat leida. Taas oli tal õnne: seal oli kastide kaupa „Isakesi". Selle nime olid Vene sõdurid andnud PPŠ-41 püstolkuulipildujale, kuna selle kolmetäheline lühend kõlas nagu *papaša*. Hellitusnimest hoolimata oli tegu karmi relvaga: see sülgas välja metalli läbistavaid Tokarevi padruneid tempoga tuhat lasku minutis. Skorzeny hoidis ühte sellist käes ja mõtles, millist tulejõudu sisaldab endas üks 35-lasuline magasin, ning tema enesekindlus taastus. Viiskümmend nende püstolkuulipildujatega relvastatud vlassovlast suudaksid valvuritele piisavalt tegevust pakkuda, et terve rügement sellise metsiku kuulirahe varjus minema lipsata saaks.

Ta katsetas relva lasketiirus. Polnud mingit kahtlust, et see tuleb tööga toime: see oli tõelise tapja relv. Uueks mureks sai aga see, et tegu polnud kuigi õnnestunud disainiga. Sihtimine nõudis harjutamist; kuulid näisid lendavat liialt vasakule ja ühtlasi liiga kõrgele. Ümmargust magasini oli tal raske laadida isegi tiirus, millest ta alguses järeldas, et keset lahingut oleks see ilmselt

võimatu ülesanne. Aga kui ta oli mõned tunnid seda harjuta-
nud, abiks innukas instruktor – kes ei tahaks siis legendaarset
Skorzenyt aidata? –, sai ta relvaga viimaks sina peale. Ta hakkas
seda koguni kiitma. Ent ühtlasi sai ta aru, et Oranienburgi tuleb
tuua asjatundlikud instruktorid, et nad venelastele õpetaksid,
kuidas selle tujuka „Isakesega" ümber käia.

Müts pihus, ent Rüütlirist uhkelt kaelas rippumas, läks ta
Canarise jutule ja palus, et mõned Abwehri relvainstruktorid
suunataks ümber tema Oranienburgi keskusesse. Admiral oli
küll Kaugushüppega kursis, ent keeldus siiski palvet täitmast.
Võimalik, et eriväelase ennasttäis olek oli talle vastumeelt. Või
oli ta hakanud kahtlema missiooni edus: ta oli juba üritanud
end sellest distantseerida, jättes selle kontrollimise Schellenbergi
hooleks. Või pidas ta taktikaliseks veaks lubada lahkelt oma mehi
mujale üle viia ajal, mil Schellenberg intrigeerib selle nimel, et
Abwehr saaks SD poolt üle võetud. Mis iganes siis põhjuseks oli,
Canaris ei andnud järele. „Admiral Canaris on kahtlemata kõige
raskem vastane, kellega olen kunagi pidanud toime tulema," ütles
Skorzeny siis, kui nendevaheline konflikt hõõgus, ning need
sõnad polnud ilmselt vaid naljana mõeldud.

Viimaks ei jäänud Skorzenyl muud üle, kui minna Canarist
vahele jättes Himmleri jutule, ja siis oli admiral sunnitud järele
andma. Kümme Abwehri veteraninstruktorit viidi Quenzseest
üle Skorzeny uhkesse lossi Oranienburgis. Nemad pidid vene-
lased ette valmistama.

Üks neist uutest instruktoritest oli major Rudolf von
Holten-Pflug. Mitu kuud varem oli Schellenberg loenguruu-
mis kuulnud Holten-Pflugi enesekindlat väidet selle kohta,
mida viiskümmend meest saavutada võivad. Nende julgete
sõnade kaja andis kindrali mõtetele uue suuna ja õhutas tema
strateegilisi ambitsioone. Holten-Pflugi liitumine operatsioon
Kaugushüppega toob peagi kaasa ajaloolise kaaluga tagajärgi.

Aga mida oli vahepeal teinud Schellenberg? Kas ta oli selles operatsioonis leppinud kõrvaltvaataja rolliga, kui Skorzeny võttis enda hooleks Kaugushüppe planeerimise igapäevased üksikasjad? Kuigi pealtnäha võis tõesti tunduda, et sündmuste keskpunkt asus nüüd Oranienburgis, kus käis meeskondade intensiivne väljaõpe – pikad päevad lasketiirus, harjutushüpped parašütistide treeningtornist, põhjalikud instruktaažid Gammoni pommide käsitsemise kohta –, siis kulisside taga jätkas Schellenberg sihikindlat tegutsemist omas tempos. Tegelikult oli ta oma kutsetöös saavutanud täiesti uue taseme.

Ta oli alati olnud pigem ettevaatlik luuraja. „Pea igas riigis," tunnistas ta, „oli mul teine organisatsioon, mis töötas peamisest võrdlemisi eraldi ja selle teadmata. Ma pidasin seda vajalikuks, et saaksin kontrollida ja kinnitada regulaarteenistujatelt tulevat infot ja materjali."

Oma operatiivkäekirjale truuks jäädes oli ta otsustanud ka Kaugushüppel hoolega silma peal hoida. Selleks lapsehoidjatööks, nagu seda luuremaailmas nimetati, valis ta välja sama inimese, kelle ta oli saatnud Iraani, valvama operatsioone Franz ja Anton. Ent Winifred Oberg polnud Iraani välja jõudnud. Ta ei pääsenud kaugemale Türgist, kus valitsev olukord (või siis tema enda vähene tahtmine) takistas tal ülesande jätkamist.

Schellenberg kutsus Obergi Istanbulist tagasi ja andis talle uue ülesande. Schellenberg tegi selgeks, et kuigi ta on valmis Obergile andma teise võimaluse, siis kolmandat ta enam ei saa. Kui ta uuesti läbi kukub, saavad sel olema väga tõsised tagajärjed.

Olles teda ähvardanud, asus ta nüüd meelitama. Kui Oberg ülesande hästi täidab, talle andestatakse. Teda ootab preemia, ta saab ametikõrgendust.

Obergi ülesandeks oli minna Oranienburgi ja silmad-kõrvad lahti hoida. Ta pidi iga päev Berkaerstrassele saatma üksikasjaliku

198 • Salamõrvarite öö

raporti kõigest, mida ta seal kuulis. Aga see polnud veel kõik: juba enne, kui Kaugushüppe missioon asub teele oma sihtkohta, läheb Oberg esimesena kohale. Tema valmistab seal pinna ette ja teeb kindlaks, et kõik elemendid on paigas, enne kui meeskond kohale saabub.

Uue ülesandega nuheldud Oberg kandis oma saabumisest Oranienburgis ette, teadmata veel, millisele käänulisele rajale ta on astunud ja kui palju laipu ootab selle lõpus.

Kõigi nende ettevalmistuste ajal, mil nii Washingtonis kui ka Berliinis tajuti, et ees on pöördelised sündmused, sündis üks otsus, mis suure kolmiku tippkohtumise plaanid seiskas. Roosvelt leidis, et tal on viivitustest kõrini, ja Churchill pidi temaga nõustuma. Mõlemad mehed olid Stalini peale pahased ning seega otsustati, et piisab ka väiksemast, USA-Briti tippkohtumisest.

Schellenberg saab selle üksikasjadest teada enne Mike'i.

24

"ISSEASTUJATEST" EI PEETA LUUREMAAILMAS LUGU – kutsumata külaliste kingitusi ei taha ükski luureametnik meelsasti vastu võtta. Neid inimesi kahtlustatakse, kes oma teeneid ise pakkuma tulevad, ja selleks on ka piisavalt põhjust: miks ta üldse meie uksele koputama tuli, kõik need ahvatlevad kingitused kaasas? Kas ta tahab raha? Või on asi patriotismis? Või egos, soovis maailmalaval olulist rolli mängida? Või on ta saabumine ikkagi vaenlase korraldatud, olles osa hoolikalt kavandatud plaanist sinu majja sisse imbuda? Kas need kingitused on vaid kassikuld, nutika vaenlase ettesöödetud valeinfo? Luureülematel ei lase öösel rahulikult magada see häiriv mõte, et äkki sai tehtud kohutav viga: nad on enda sekka lubanud topeltagendi, või siis tõelise luureaarde nina ees ukse kinni löönud?

Sel ohtudest täidetud ja kahtlustest kubiseval maastikul pidi nüüd ettevaatlikult samme seadma ka Schellenberg, olles 28. oktoobril 1943 mõni hetk peale töölejõudmist saanud üllatava telefonikõne. Talle helistas Legationsrat Wagner, Ribbentropi tavaliselt nii ennasttäis ja autokraatlik alluv, kelle hääl sel hommikul kõlas ebatavaliselt ärevalt. Ta soovis VI ameti juhiga „otsekohe" kokku saada. „Äärmiselt pakilises küsimuses," lisas ta, kuid ei soostunud täpsemalt seletama. Ta pillas mõistatusliku märkuse, et „neid asju ei tohi telefoni teel arutada."

See lugu, mille Wagner tund aega hiljem hingeldades ette kandis, oli kõigest esialgne raport: sündmused on alles arengujärgus, ning Franz von Pappeni, Saksa suursaadiku Türgis, Ankarast saadetud telegramm sisaldas vähe üksikasju. Ent Schellenberg taipas ka selles varajases järgus täie selgusega, milliseid põrutavaid järeldusi antud uudisest teha saab.

Üks mees, kes väitis end olevat toapoisiks Briti suursaadiku juures Ankaras, oli ilmunud Saksa konsuli Albert Jenke ukselävele, et pakkuda üht tehingut. Kui talle makstakse 20 000 naelsterlingit (umbes 100 000 dollarit sõjaaja vääringus, ehk üle viie korra rohkem keskmise ameeriklase aastasest sissetulekust), annab see sisseastuja üle „fotod kõige salajasematest dokumentidest Briti saatkonnas". See polnud vaid ühekordne pakkumine. Lubati regulaarselt tuua fotosid salastatud materjalist, hinnaks 15 000 naela filmirulli eest. Kuid otsustada tuleb kähku. Toapoiss oli tähtajaks andnud kolm päeva, ja ta tegi ülbelt selgeks, et kui talle siis raha kätte ei anta, siis ta teab ka Nõukogude saatkonna aadressi.

Välisminister Ribbentrop tahtis nüüd luureülemalt nõu küsida: kas tasuks kaasa mängida? Talle nõutud summa maksta? Või oleks see ettevaatamatu avantüür, millega meilt vaid raha välja petetakse?

Kui Schellenberg selle üle mõtisklema hakkas, sai ta kohe aru, et siin on väga vähe konkreetseid fakte, millele toetuda. Kuid ta andis oma parima ja võttis mõttes kokku, mis tal endal sealkandis leidub.

SD jaoskonnaülem Ankaras, diplomaadiameti kattevarjus töötav Ludwig Moyzisch oli vana Abwehri mees, võimekas ja usaldusväärne spioon. Tema võiks kohapeal sündmustel silma peal hoida ja uurida, mis mees see müüja on, ning ka filmirulli eksperdi pilguga üle vaadata, enne kui mingit raha välja makstakse. Kui mängu juhib kohapeal Türgis selline kogenud proff, teeb see kogu ettevõtmise veidi kindlamaks.

Lisaks võib sel materjalil teatud luureväärtust olla isegi siis, kui kogu asi on liitlaste korraldatud pettus. Schellenberg oli korduvalt rõhutanud, et „tähtis on teada, milliste vahenditega üritab vaenlane sind sisse vedada." Kui toapoisi kraam on võltsitud, näitab see vähemalt ära, mis suunas üritavad liitlased sakslasi jooksma panna. SD analüütikud suudavad vahest sellest tuletada, mida liitlased seeläbi kaitsta soovivad, ning saada nende plaanidest parema ettekujutuse.

Teisest küljest nõuaks nende dokumentide läbivaatamine väärtuslikke luureressursse, analüütikuid ja ametnikke, keda võiks kasutada ka viljakamate operatsioonide jaoks. Ühtlasi raisataks aega, ja ta teadis, et Reich'i liidrid teavad, et Saksamaa võimalused muutuvad üha piiratumaks. Lisaks veel nõutud tasu: 20 000 naela. „Tohutu summa," kaebas Schellenberg, eriti veel siis, kui pole mingit garantiid, mida selle eest vastu saab.

Ta tunnistas, et lihtsam oleks see tehing sinnapaika jätta. Oma ametis otsustas ta enamasti just mittetegutsemise kasuks, sest ta ei tahtnud jälitada mingeid fantoome, olgu need pealegi ahvatlevad. Sellise pakkumise vastuvõtmine nõuab külma närvi. See oleks rumalus, muretses ta.

Fotod kõige salajasematest dokumentidest Briti saatkonnas. Lõppude lõpuks taandub asi just sellele, otsustas ta viimaks. Kas ta tahab seda kraami või ei taha.

Schellenberg leidis, et pakkumine tuleb vastu võtta.

Järgmisel päeval läks SD kuller Ankarasse suunduva erilennu pardale, kaasas kohver 20 000 Briti naelaga sularahas. Schellenbergi kõhklusi leevendas teadmine, et tegu on valerahaga, see on operatsioon Bernhardi võltsijate oskustöö tulemus.

Schellenberg juubeldas, kui selgus, et vastu saadud kraam on „päris muljetavaldav". Ent ka järgnevatel nädalatel, kui VI ametisse saabus regulaarselt „Ankara Briti saatkonna ja Londoni välisministeeriumi vahelist ülisalajast kirjavahetust", leidis ta, et vara on võidutseda. Rahulolev Papen oli selle toapoisi kähku Ciceroks ristinud, kuna tema varastatud dokumendid olid esmaklassiline lugemismaterjal. Schellenberg kahtlustas aga, et kui miski on liiga hea, et tõsi olla, siis tavaliselt ei olegi. Toapoiss pakkus neile just seda, mida Saksamaa otsinud oli, ning Schellenbergi küünilises maailmas andis see kahtlusteks piisavalt põhjust. Ta otsustas selgeks teha, kas teda veetakse alt.

Kõigepealt üritas ta välja uurida, mis mees on see Elyesa Bazna, kes sai sakslastelt koodnime Cicero. Juhtumi juurde määratud Moyzisch, kes oli Bazna otsekontaktiks, pidi tunnistama, et toapoiss meenutas talle „klouni ilma grimmita" – kasimatu väikest kasvu mees Jugoslaaviast, kes oli liitunud Prantsuse sõjaväeüksusega, kuid sattus karistuslaagrisse autode ja relvade varastamise eest. Kuid nüüd töötas Bazna tõepoolest Briti suursaadiku juures Türgis, kelleks oli vana etonlane Sir Hughe Knatchbull-Hugessen. Miskipärast sundis ta oma kääbuskasvu toapoissi kandma uhkete kaunistustega brokaatkuube, ülespoole pööratud ninadega susse ja tutiga fessi ning lisaks veel ähvardava välimusega kõverat mõõka vööl, nagu oleks tegu tegelasega „1001 ööst". Moyzisch kinnitas ka, et suursaadik on andnud Baznale voli käia kõikjal selles suures häärberis, mis asub pealinna kohal Cancaya roheliste küngaste vahel. Sir Hughe sai oma teenriga lausa nõnda hästi läbi, et ta otsustas mööda vaadata tõsiasjast, et Bazna on armusuhtes tema sekretäri teismelise lapsehoidjaga. Seega on täiesti võimalik ka see, et Baznal õnnestub fotografeerida suursaadiku salapabereid, teatas SD väliagent Schellenbergile Berliini. Tal leidub juurdepääs ja ka piisavalt julgust. Ning kui Moyzisch oli teda küsitlenud, üritades leida märke sellest, et toapoiss katsub neid alt tõmmata, siis Banza vastused olid rahustavalt „konkreetsed ja täpsed". „Halastamatu ja väga võimekas mees," oli Moyzischi hinnang, ning Schellenberg pidi tunnistama, et just neid omadusi igalt spioonilt oodataksegi.

Kuid alati ettevaatlik ja põhjalik Schellenberg polnud veel valmis oma kahtlustest loobuma. Nüüd üritas ta kindlaks teha „Cicero võimalikke motiive". Muidugi oli üheks selliseks raha, ning see oli ka väga veenev motiiv, kuna ta nõudis neilt tõelist varandust. Aga kui Moyzisch, täites Schellenbergi käsku, käis spioonile peale, et miks ta seda ikkagi teeb, tegi Cicero juttu veel ühest põhjusest. Ta ütles, et tema isa oli ühel jahiretkel Albaanias inglase püssikuuli ette jäänud ja surma saanud, ja sealtpeale oli ta inglasi vihanud. Näiliselt veenev selgitus, miks ta brittide saladusi just sakslastele pakkuma tuli. Ent ühel varasemal juhul oli Bazna Moyzischile öelnud, et ta isa oli I maailmasõja ajal elanud Konstantinoopolis ja sattunud „ebameeldivasse tülisse" spiooni õe üle, mis lõppes sellega, et ta vaene isa lasti maha. „Kuna need lood olid nii erinevad," närvitses Schellenberg, „andis see maad kahtlustele Cicero tõearmastuse osas."

Veel kahtlasem näis asi siis, kui Cicerot küsitleti tema spioonitöö kohta. Ta kirjeldas, et ta käib ülakorruse seifi dokumentide kallal siis, kui suursaadik veedab oma pikki pärastlõunaid allkorrusel klaveri taga ja on haaratud Beethoveni teoste mängimisest. Või teeb ta seda öösel, kui Sir Hughe, olles unerohutableti sisse võtnud, magab sügavalt, ning toapoiss jääb magamistuppa edasi, tuues vabanduseks oma isanda ülikonna puhastamise ja triikimise. Niipea, kui ta kuuleb, et suursaadik on norskama hakanud, krabab ta öökapilt võtmed ja avab seifi ning siis ka dokumendilaeka. Cicero jutu järgi tegutses ta üksi nii päeval kui öösel. Ta pildistab neid dokumente oma Leica kaameraga ning asetab need siis seifi tagasi, ilma et suursaadik midagi märkaks, ning selle juures pole talle mingit abilist vaja.

Ometi oli Schellenberg märganud vastupidisele viitavaid märke. Hiljutisel filmirullil, mille SD oli ära ilmutanud, võis mitme foto servas näha Cicero sõrmi. Schellenberg pidi endalt küsima, et kas tal on üldse võimalik neid dokumente ühe käega paigal hoida ja teisega selgeid pilte teha? Ta konsulteeris VI Ameti fotograafiaekspertidega, ning kui nemad olid üritanud Cicero tegusid rekonstrueerida, oli nende järelduseks, et see on võimatu. See tähendas, et spioonil peab olema abiline. Aga kes? Ja miks ta selle kohta valetab?

Ent Schellenberg oli salaagentidega koos piisavalt aega veetnud, et teada – kõik spioonid on loomu ja kommete poolest parajad petturid; osalt just seetõttu ongi nad selle ameti valinud. Kui Cicero ei kõnele neile kogu lugu, siis vahest polegi selles midagi imelikku, ütles ta endale, sest milline väliagent räägib oma ülemusele kõigest? Viimaks tegi ta praktilise järelduse, et tõeliselt tähtis on vaid üks asi.

„Dokumendid räägivad enda eest," lausus ta veendunult. Pika ja asjatundliku analüüsi järel pidi Schellenberg tunnistama, et kõik need infokillud „sobituvad täiuslikult minu üldpilti praegusest poliitilisest situatsioonist."

Enam ta ei kõhelnud ega kahelnud: Cicero materjal on ehtne.

Schellenbergi üheks põhimõtteks, milleni ta oli jõudnud läbi karmide kogemuste, oli see, et luureteenistuse väärtust tuleb mõõta konkreetset kasu toonud tegude, mitte nende seifides olevate saladuste kuhja põhjal. Seega ei hoolinud ta isiklikust riskist, vaid astus julgelt vastu Ribbentropile, kes endiselt suhtus Cicero materjali väärtusesse jahedalt (või vahest oli asi selles, et välisminister ei tahtnud kaasa aidata teiste ametiedule, Schellenberg pidas ka seda võimalust usutavaks). Keskendunud eesmärgipärasusega asus ta nüüd „saadud informatsiooni utiliseerima", nagu ta seda nimetas. „Seda nõuab Saksamaa olukorra tõsidus," rõhutas ta veendunult.

Seetõttu tegutses ta korraga mitmel rindel. Viivitamatult saatis ta Hitlerile ja Himmlerile kokkuvõtlikud ettekanded Cicero paberitest. Ta teadis, et teda ootavad ees tõsised siselahingud, seega oli ta piisavalt kaval, et lasta SD ekspertidel koostada nimekiri küsimustest, mida füürer kahtlemata esitab. Nii on tal vastused kohe olemas ja ta ei pea pikalt keerutama. Ta oli piisavalt kaugepilguline nägemaks, et selline ettevaatusabinõu „on äärmiselt tähtis, sest sellest sõltub, kas materjali saab kasutada poliitilisteks otsusteks".

Kuid ka siis, kui neid lehekülgi ette valmistati, liikus ta teistes valdkondades julgelt edasi. Ta palus kindral Fritz Thielel, kes oli Wehrmachti raadioturvalisuse ja dekodeerimissektsiooni ülem, „otsekohe" tema kabinetti ilmuda. Seal ulatas ta kindralile Cicero fotod suursaadiku sõnumitest Londonile enne seda, kui saatkonna šifriametnik oli need koodvormi pannud. Ta oli kindel, et Thiele dekodeerijad võivad neid „puhtandeid", nagu neid krüptoloogide seas nimetati, võrrelda mõnede pealtkuuldud ja salvestatud koodsõnumitega. See võiks olla oluliseks abivahendiks „lahtimurdmatu" Briti diplomaadikoodi dekodeerimisel. Kui see töötab, siis õnnestub neil peagi lugeda krüpteeritud sõnumivahetust Londoni ja kõigi Briti saatkondade vahel.

Ent algusest peale oli temas enim huvi äratanud üks dokument Cicero esimeselt filmirullilt – kuigi ta Moyzischile, Ribbentropile ega Thielele sellest millegagi märku ei andnud. Tegu oli ettekandega, mille Briti välisminister Anthony Eden oli koostanud Moskva konverentsi kohta, kus ta oli osalenud oktoobri lõpus koos USA välisministri Cordell Hulli ja NSV Liidu välisministri Vjatšeslav Molotoviga.

Selle põhjal selgus, et suure kolmiku tippkohtumine jääb ära.

„Pole mingit võimalust Stalini meelt muuta," oli Eden ebadiplomaatilise otsekohesusega kirja pannud.

Sellest järeldas Schellenberg, et operatsioon Kaugushüpe ei saa teoks. Temas kerkis viha, kui ta mõtiskles sellest, mida see Saksamaa jaoks tähendab. Kuid ta sundis end edasi lugema.

„Väga ebamugav on Onu Joe vastust lõputult ootama jääda. Oluline oleks kuupäevad paika panna ja ettevalmistusi alustada," teatas Briti peaminister pahaselt oma telegrammis USA presidendile, olles Edeni ettekandega tutvunud.

Roosevelt nõustus. Temagi oli väsinud neist lõpututest läbirääkimisest jäärapäise Nõukogude marssaliga. Seega ta otsustas, et nemad kaks, kahe kõige võimsama liitlasriigi demokraatlikult valitud juhid, peaksid ikkagi omavahel kohtuma. Ta võib novembris Kairosse tulla.

„Ma kohtun teiega Kairos 20. kuupäeval, nagu te ette panite," oli Churchill kohe nõus.

Nii sai Schellenbergile selgeks, et tema suurejooneline operatsioon on endiselt elus. Peab piisama ka sellest, et mõrvatakse kaks liitlaste riigijuhti kõigi kolme asemel. Ta kinnitas endale, et koos Roosevelti ja Churchilli tapmisega sureb loomulikku surma ka liitlaste nõudmine, et Saksamaa peab tingimusteta alistuma.

Operatsiooni elluviimine näis nüüd kindlam kui kunagi varem ja Schellenberg kiirustas Oranienburgi. Ta oli hakkama saanud! Ta oli avastanud vastuse neile kahele küsimusele, mis olid teda vaevanud juba nii kaua. Meil ei leidu üleskirjutusi mõtetest, mis tema peas ringlesid selle lühikese autosõidu kestel Berliinist põhja poole. Ent võib arvata, et nüüd, kui asi näis üha paljutõotavam, pidi ta mõtisklema selle üle, kui muutlikud on sõjatuuled. Alles äsja tundus, et kõik on kadunud. Aga siis võtab Briti suursaadik Ankaras unerohtu ja on nii ettevaatamatu, et jätab oma seifivõtmed öökapile, ning see väike asi võib muuta kogu sõja edasist käiku ja Saksamaa saatust. Sest nüüd ta teadis, millal ja kus liitlaste kohtumine aset leiab.

Ta viis Skorzeny arengutega kurssi. Nõustuti, et Kaugushüppe stardiloendust tuleb alustada. Erisalgad maanduvad langevarjudega Egiptusesse lähema kolme nädala kestel.

Siis käis ta ära kasarmus ja otsis üles Winifred Obergi. Kui nad olid omaette jäänud, tegi Schellenberg kindlaks, et pealtkuulajaid ei ole, ning pühendas ka oma eriagendi saladusse. Ta andis Obergile käsu valmistuda Kairosse reisimiseks.

25

MIKE SEISIS KÕRGETE OLIIVIPUUDE VAHEL, mis varjasid teda halastamatu päikese ja loodetavasti ka uudishimulike pilkude eest, kui ta seal oma kontaktisikut ootas. Siia lendamine oli nõudnud päevi – see reis New Yorgist startinud C-54 pardal, mille ta parema meelega unustanud oleks, sisaldas vahemaandumisi Trinidadil, Brasiilia linnas Belemis ja Dakaris. Viimaks Marrakeshi jõudnuna ootas ta nüüd oma kontaktisikut Menera lennujaama terminali lähedal selle platsi vastas, kus seisid õhutranspordiväelaste valgete telkide read, ning puudesalu ei varjanud teda kuigi hästi lennujaama pakikandjate eest, kes oma pikkades hõlstides kõikjal ringi sagisid.

Mike'ile ei meeldinud see plaan juba algusest peale. Esiteks olid julgeolekuga kehvad lood. Oma ülikonna, lipsu ja viltkaabuga ei meenutanud ta sõjaväelast, rääkimata veel kohalikest. Samahästi võinuks ta kanda silti, mis ütleb SALAAGENT. Niipalju siis maskeeringust. Vaenlase piiluritele, kes lennujaamal silma peal hoida võisid, torkaks ta kohe silma.

Ta polnud rahul ka äratundmissignaalidega. See põhines vaid välisel vaatlusel, ning kui see annab rahuldava tulemuse, pidi ta kohe kontakti looma. Talle öeldi, et küll ta kontaktisiku ära tunneb. Oota, kuni ta on autos üksi. Tagumine uks pole lukus, istu sisse. Mike'i arust võis see plaan kergesti katastroofiga lõp-

peda. Mis saab siis, kui ta ise lõksu sammub? Puudus sõnaline
kood või hädasignaal, mis annaks märku kontakt katkestada, sest
esiistmel küürutab vaenlase agent, keda pole läbi akna näha ja kes
just seda ootabki, et ta sisse istuks, et talle kallale karata. Ning ka
mõte sellest, et nad istuvad seal õlg õla kõrval lageda taeva alla
pargitud auto tagaistmel, hästi nähtavad iga snaipri jaoks, täitis
ta kõhedusega.

Ka selle kohtumise ajastus andis märku kehvadest kutseoskus-
test. Mike oli paari päevaga rännanud läbi pool maailma ning
oma suureks üllatuseks ja rahuloluks jõudis ta kokkulepitud koh-
tumispaika tund aega ettenähtust varem. Aga ka tema kontaktisik
saabub kaugelt, otse Moskvast. Veidi naiivne tundus loota, et
nad mõlemad jõuavad siia õigeks ajaks. Nagu iga vastutustundlik
välitöötaja, eeldas ka Mike alati, et midagi võib viltu minna –
lennukid ei saa sügisese lumetormi tõttu Moskvast välja lennata,
või avastatakse lennuki maandumistelikult mingi viga ja varuosi
pole kohe kuskilt võtta, või on piloot grippi haigestunud või
viinast pohmellis. Kui tema kontaktisik välja ei ilmu, kui kaua
peaks ta siis ootama? Päeva? Nädala? Seda polnud selgeks teh-
tud. Mike tuli siia teise missiooni tõttu, sel olid oma nõudlikud
ülesanded ja täpne ajagraafik. Ta sai aru, et lõpuks võib minna
nii, et ta peab nende missioonide vahel valima.

Mike seisis puude varjus edasi ja järgmine tund möödus väga
aeglaselt. Tal oli piisavalt aega mõtteid mõlgutada; liigne mõtle-
misaeg on operatsioonide puhul aga pigem ohtlik asi.

Iga sellise kohtumise raudreegliks on see, et kohalviibiv
väliagent paneb tingimused paika; tema otsustab, mis on kõige
ohutum ja praktilisem. Lõppude lõpuks võtab tema ju kogu riski.
Kuid Mike'i kontrollisik oli antud juhul kogu stsenaariumi ise
paika pannud. Ta ütles: Moskvast saabub mees sõnumiga. See
võib olla vaid üksainus sõna, näiteks „jah" või „ei". Või on tegu

ühe lausega. Ilmselt pole see sõnum oluliselt pikem. Kuula ta ära, ja sellest sõltub, mida sa edasi teed.

Mike polnud vastu vaielnud. Oma kahtluste jagamine ei tulnud talle mõttessegi. Ta oli öelnud „Jah, söör" ja nädal aega hiljem viibiski ta siin Marrakeshi lähedal Menara lennuväljal oliivisalus ja ootas kontaktisikut Moskvast. Raske oleks ju protestima hakata, kui käsu andnud kontrollisikuks on USA president isiklikult.

———

Mike kutsuti presidendi juurde 2. novembril 1943 – Schellenberg oli Egiptuse tippkohtumisest teada saanud vähemalt päeva võrra varem. Sedapuhku ei raisanud FDR pika sissejuhatuse peale aega, vaid asus kohe asja juurde. Ta andis teada, et ta läheb Kairosse, et Churchilliga kohtuda. Generalissimus Chiang Kai-shek, Hiina vabariigi president, saabub samuti sellele konverentsile.

Mike'i arust paistis president ebatavaliselt hea tervise juures olevat, ta näis koguni nooruslik. Ta tundus olevat sama põnevil nagu iga rännumees, kes on minemas eksootilisele reisile.

Kuna generalissimus saabub Kairosse, jätkas president, puudub võimalus, et Stalin sinna tuleks. Viimane asi, mida marssal vajas, on see, et Jaapani keiser arvaks, et NSV Liit kavatseb Hiina-Jaapani sõjas poolt valida, selgitas president abivalmilt.

FDR vahetas siis teemat. Ta jagas temaga üht saladust, ja Mike sai nüüd aru, mis on presidendi rõõmsa tuju taga. President paljastas talle, et on põhjust loota, et Stalin tuleb siiski tema ja Churchilliga kohtuma.

Seda luureteavet Schellenbergi käsutuses ei olnud, ning tol hetkel poleks ta enam julgenud selle võimaluse peale loota.

FDR selgitas: „Cordell Hull viibib praegu Moskvas. Ta üritab kokku leppida kohtumist minu ja Stalini vahel."

President käitus siin nagu iga kogenud luureülem, rääkides väliagendile vaid sellest, mida sellel oli vaja teada. Ta ei hakanud rääkima, et ta oli üle saanud vimmast Stalini vastu. Viimaks oli tal leidunud piisavalt riigimehelikku tarkust loobumaks väiklasest isiklikust pahameelest, et keskenduda hoopis sellele, mida veel saavutada annaks. Ta ei kõnelnud ka sellest, et vajadusel leidub temas piisavalt julgust ja ta ei lase oma kehval tervisel takistuseks saada, kui kõne all on kogu sõjajärgse maailma saatus ja on lootust sõlmida kestma jääv rahu. Ta ei maininud Mike'ile, mida ta oli Hullile öelnud: välisminister võib Stalinile teatada, et Ameerika president on nüüd valmis Teheranis kohtuma.

FDR andis Mike'ile tema missiooni: „Välisminister naaseb peagi kodumaale, seega peaksid Aafrikasse minema ja temaga tagasiteel kohtuma. Mida iganes tal on korraldada õnnestunud, ma annan sellele oma heakskiidu."

Välisminister ütleb Mike'ile – vahest juba enne, kui president ise sellest kuuleb, tunnistas FDR kahetsusega –, kas suure kolmiku kohtumine leiab aset või mitte. Nagu ka seda, kus see toimub.

Kui Hullil on miskitmoodi õnnestunud kokkuleppele jõuda, siis polnud Mike'ile vaja öelda, mida ta peab järgmiseks tegema. Juba ta kiikaski vaimusilmas tulevikku ja maadles nende julgeolekuküsimustega, mille täpne olemus polnud veel selge. Aga esmalt peab ta ära käima selles kohtumispaigas, mille Hull on kokku leppinud, ja välja uurima, millised ohud seal varitseda võivad; läheb „temperatuuri mõõtma", nagu kogenud julgeolekuteenistujad ütleksid. Seejärel seisab tal ees kõige raskem ülesanne: koostada praktiline plaan kõigi kolme liitlasriigi liidri julgeoleku tagamiseks.

Enne tema lahkumist andis president talle tõsisel toonil teada, et see kõik peab saladuseks jääma. Keegi ei tohi teada, et Mike kohtub Hulliga. Keegi ei tohi teada, milles välisministril õnnestus kokku leppida, kui see tal üldse õnnestus. Aga kõige tähtsam on see, et kui Hulli saatiski edu, siis keegi ei tohi teada, kus Ameerika president, Briti peaminister ja Nõukogude marssal kohtuvad. Vaenlane hiilib kõikjal, ja sõja edasine saatus võib sõltuda salastatuse säilitamisest.

Luuremaailmas on käibel arvamus, et salakohtumist oodates tundub iga minut sama pikk nagu terve tund tavamaailmas. Seda piina pidi ka Mike nüüd kannatama, kui ta jõllitas palmitüve, mille kõrvale Hulli auto plaani kohaselt parkima pidi. Kuid selle pika üksildase ootuse kestel, mil ta meel oli ametis kõige sellega, mis valesti minna võis, ja kõigi nende kohustustega, mis tal sõnumi sisust tulenevalt ees seista võivad, leidis ta vähemalt ühe lohutava asjaolu: Hull meeldis talle. Välisministris leidus sellist siirust ja vahetust, mis inimeste puhul üldse haruldane oli, ja poliitikute seas veel eriti, mõtles Mike. Ta öelnuks kõhklemata, et kõigi nende inimeste seast, kellega ta Valges Majas tutvunud oli, „meeldis mulle enim just see krigiseva hääle ja peente kommetega, ent samas vankumatu iseloomuga maakast kohtunik Tennesseest." Ent nüüd karjus Mike oma sisimas: kus ta on? Kas ta üldse tuleb?

Viimaks nägi ta, et palmipuu kõrval peatus auto. Tagaistmel võis näha prisket hallipäist meest. Esiistmetel oli märgata kaht sõjaväelast. Nad andsid au, väljusid autost ja lonkisid terminali poole.

Mike ei lahkunud veel peidupaigast. Ta ootas, kuni võis kindel olla, et Hull on üksinda ja sõjaväelased ei naase ning ka keegi teine ei kavatse autole läheneda.

Ta sundis end aeglaselt astuma, nagu jalutaks niisama. Ta teadis, et kui mõni vaenlase piilur on välisministrit juba silmanud, siis pole tema ettevaatusest kasu. Siis on juba hilja. Kuid igatahes ei tahtnud ta kellelegi anda põhjust mõelda, et mida see mees seal asfaldi peal jookseb, kuhu tal nii kiire on, või autosse sisse kiigata.

Kui ta tagaukse käepidemest tõmbas, avanes see, nagu kokku lepitud. Ta ronis sisse.

Hull naeratas mehe kombel, kes ei jõua ära oodata, millal saab head uudist teatada. „Stalin ei taha üldse eriti reisida," ütles ta, soovides Mike'ile mõista anda, kui tõsiselt ta pidi Bossi nimel Moskvas võitlema. „Aga," jätkas ta triumfeerivalt, „vähemalt õnnestus mul teda veenda, et Teheran pole liiga kaugel, et seal presidendiga kohtuda."

„Nii et siis Teheran," kordas Hull.

Schellenberg oli diplomaadiameti kattevarjus Ankarasse saatnud fototehniku koos varustuskastidega, ning nüüd oli Saksamaa saatkonna lähedal turvamajas sisse seatud salajane fotolabor. Moyzisch viib sinna toapoisi käest saadud filmirullid ning need ilmutatakse juba mõne tunniga ja tehakse neist koopiad nende väheste *Reich*'i ametimeeste tarvis, kes olid Cicero saladusse pühendatud. Erilennukiga toimetatakse need otse Berliini. See oli väga tõhus operatsioon.

Just nõnda avastaski Schellenberg millalgi novembri teise nädala paiku, et suur kolmik kohtub Teheranis.

„Ma sain just teada, et OJ tuleb Teherani," teatas president 11. novembril telegrammis Churchillile.

„Tema viimane sõnum ei jäta selles mingit kahtlust, ja ma arvan, et nüüd võib kindlalt öelda, et me saame temaga seal kohtuda 27. ja 30. kuupäeva vahel. Nii on see väga keeruline situatsioon viimaks lahenduse saanud, ja ma leian, et meil on põhjust rahul olla."

Selle uudise järel tühistas Schellenberg silmapilkselt kõik Kairoga seotud plaanid. Ta sai aru, et need asenduvad uue ja märksa paljutõotavama olukorraga. Enam pole vaja kompromissile minna. Kõik kolm saab korraga tappa. Ja kõigist maailma paikadest just Teheran! Tal on selles linnas juba toimiv võrgustik. Tuttav jahiala. Vaenlane, kes seni oli sammunud võidult võidule, kes juba enesekindlalt koostas lahinguplaane konflikti lõppfaasiks, kes oli nii absolutismis kinni, et sõdis edasi julmade rahutingimuste nimel, on nüüd teinud saatusliku valearvestuse. Tänu sellele tahtmatule veale pole Kaugushüpe enam vaid vähese edulootusega missioon, vaid ehtne võimalus.

III OSA

„KIIRE TRETT PÄRSIASSE"

26

LUUREJUMALAD OLID SCHELLENBERGI soosinud. Kõik tükid olid oma kohale asetunud, justkui oleks ta seda ette teadnud, teinud ühe ettevaatliku sammu teise järel, nähes juba algusest peale, et selle pika ja käänulise raja lõpus ootab operatsioon Kaugushüpe. Just nagu oleks ta kohe teadnud, et suur kolmik kohtub Teheranis. Tegelikkus oli mõistagi hoopis teistsugune. Seda kõike mõttes tagasi kerides meenutas ta näiliselt seosetute sündmuste jada, kus ettenägelikkus, ajastus ja õnn viimaks kokku sulandusid ja panid lava püsti lõppvaatuseks.

Juba sõja üsna varajases järgus olid Abwehri ja SD agendid Iraanis põranda alla läinud, ehitanud endale kaastööliste võrgustikku ja leidnud turvamaju. Ning siis, liitlaste sissetungist hoolimata, olid kaks sellist sisseimbunud agenti suutnud ikkagi aktiivseks jääda, üks Teheranis, teine hõimurahva keskel mägismaal.

Operatsioonide Franz ja Anton käigus olid erisalgad langevarjudega Iraani hüpanud ja nõnda tõestanud, et õhu kaudu annab sisse imbuda, viinud kohale raadiosaatjad ja seadnud sisse sidevahetuse Berliiniga nii kaškai hõimu maal kui turvamajas Teheranis, ja andnud üle kingitused Nasr-khaanile – sealhulgas kullast püstoli –, mille tõttu taastus hõimupealiku vankuma löönud truudus *Reich*'ile.

Otto Skorzeny, seesama taktik, kes oli juhtinud eelmiste Iraani salamissioonide väljaõpet ja elluviimist – füürer valis ta välja, et ta asuks juhtima kolme liitlaste riigijuhi atentaati.

Ning nüüd oli suur kolmik otsustanud kohtuda just Teheranis.

Justkui oleks mingid nähtamatud jõud seda piltmõistatust kokku pannud, tõugates sündmusi tagant vanakreeka draamale omase vältimatuse ja peatamatu hooga. Selle kõige tulemusena oli Schellenberg nüüd endale saanud eelise, mis tõepoolest näis olevat kõrgemalt poolt ette määratud.

Aga kuigi see kõik talle enesekindlust juurde andis, ning ta võis sündmuste senise arenguga igati rahul olla, leidus sel plaanil veel paikapanemata osi, mis talle kui tõelisele profile muret valmistasid. Nagu ta peale pikka analüüsi tunnistama pidi, pakkusid kaks olulist probleemi endiselt põhjalikku peamurdmist.

Esiteks oli vaja ära otsustada, kus salamõrvarid ründavad. Selleks peab olema sündmus, mil kõik kolm meest on koos samas kohas. Ei piisa vaid ühe riigijuhi tapmisest; ta polnud nii kaugele tulnud ja nii lähedale pääsenud vaid selleks, et nõnda vähesega leppida. Seega jättis ta kohe kõrvale võimaluse rünnata ametlikke autokonvoisid pärast riigijuhtide Teherani jõudmist, kui kõik kolm meest viiakse oma eraldiasuvatesse residentsidesse. Tõsi küll, selliseid rünnakuid oleks võrdlemisi kerge ellu viia ja ka edušansid näisid korralikud, aga suureks miinuseks oli see, et ta ei võinud teada, kas nad saabuvad samal ajal või isegi samal päeval. Küll aga ei saanud kahelda selles, et kui üht riigijuhti on rünnatud, jäetakse kogu konverents kohe ära ja julgeolekumeetmeid tõhustatakse oluliselt, kuni kaks ellujäänud liidrit on kiiremas korras Iraanist minema toimetatud. Ta oli endiselt veendunud selles, et tuleb valida hetk, mil kõik kolm meest on kohustatud, hoolimata oma individuaalsetest päevaplaanidest, kurnatusest või isegi pahast tujust, ühte paika kokku tulema. Ühe hoobiga saab siis tabada kolm sihtmärki korraga.

Kui ta üritas seda mõistatust lahendada, sai selgeks, et otse-
rünnaku korraldamine tippkohtumise suletud ustega sessiooni
ajal oleks suur viga. Tõsi küll, kõik kolm on siis kohal. Kuid raske
oleks kõrvalseisjaid toimetada ruumi, kus toimuvad ülisalajased
arutelud; uksed on kindlalt kinni, neid kaitseb valvekordon kõigist
kolmest riigist. Otserünnak sellise kindlustatud positsiooni pihta
oleks enesetapp – ja kukuks läbi. Ta peab leidma aja, mil kõik kolm
on samas kohas koos mingi ette paika pandud avaliku või pool-
avaliku ürituse ajal. Kus leidub sõbralikult meelestatud publik või
lausa rahvamass, kuhu erisalklased võiksid sisse imbuda tähelepanu
äratamata. Selline hetk, mil isegi julgeolekuaparaat võtab kogu asja
lõdvemalt, kui nad on veidi vähem valvsad kui muidu. Kui nad ei
oska midagi erilist oodata. Üllatusmoment oli tema ainus oluline
relv, ja ta pidi leidma parima hetke selle rakendamiseks.

Teiseks probleemiks oli, kuidas sihtmärkidele ligi pääseda.
Skorzeny erisalk ja venelased teevad asja ära, aga nad tuleb pii-
savalt lähedale saada. Isegi kui ründepaik on kindlaks määratud,
tuleb leida viis, kuidas mõrvarid salaja sinna toimetada.

Schellenbergil polnud veel vastust neile kahele lähedalt seo-
tud probleemile; kõigil võimalikel lahendustel leidus liiga palju
ettearvamatuid tahke. Ta vajas rohkem usaldusväärsel luureteabel
põhinevaid fakte, enne kui saaks langetada selliseid operatiiv-
otsuseid. Ning ta otsustas need hankida.

Ta kohtus G-grupiga, välisluureosakonna uurimisharuga,
ning jagas nendega oma probleemi olemust, tahtmata samas
liiga palju paljastada. Ta teatas neile, et on tekkinud võimalus,
et Churchill, Roosevelt ja Stalin kohtuvad novembri lõpus. Ta
käskis oma uurijatel läbi vaadata nende kolme mehe toimikud
ja leida mõni sündmus, mil nad kindlasti kohtuvad väljaspool
konverentsiruumi mõne ühisürituse käigus. Näiteks tähista-
takse mõne eelmise võidu aastapäeva või riigipüha, pakkus ta
neile välja võimalikke variante. G-grupp teadis, et Schellenberg

varjab midagi; tema huvi, tema küsimuste spetsiifilisus pidi olema osa mingist suuremast plaanist. Kuid muidugi ei hakanud nad SS-kindralile peale käima. Nad hoidsid oma mõtted omale ja kaevusid dokumentidesse.

Ta kohtus ka Winifred Obergiga ning andis oma kohapealsele isiklikule agendile ja operatsioonivaatlejale teada, et tema varasemat ülesannet on muudetud. Kairo tuleb unustada. Oberg peab mõne päeva pärast Teherani minema ja sedapuhku langevarjuga alla hüppama; tal ei teki võimalust Istanbuli passima jääda, nagu eelmise missiooni puhul. Ta käskis Obergil minna Junkersite baasi Krimmis ja andis talle ka uue missiooni: lisaks meeskonnale turvamajade leidmisele peaks Oberg tegema ka „takseerimist", nagu seda luureülesannet nimetati. Ta pidi vaatama üle kõik kolm saatkonda – Ameerika, Briti ja Nõukogude oma – Teheranis ja uurima nende julgeolekumeetmeid. Otsima neis nõrku kohti, aga pidama meeles, et pärast suure kolmiku saabumist saadetakse neisse kindlasti lisavägesid. Ta pidi üritama leida mõne viisi, kuidas sisse pääseda – kõrvaluksest või katuselt või kaubaveokisse peitunult. Mis iganes variant, mis võimaldaks Skorzenyl ja tema meestel sihtmärkide ligi pääseda. Nii lähedale, et võimatu oleks mööda lasta. Ta hoiatas, et Oberg peab jääma märkamatuks. Oleks väga paha lugu, kui ta kinni võetakse või kui ta ülepea tähelepanu äratab – ja mitte ainult missiooni jaoks, lisas Schellenberg ähvardavalt.

Viimaks võttis ta ühendust sektsiooniga C 14 ehk Iraani lauaga, mida nüüd juhtis naasnud kangelasluuraja Roman Gamotha. Kuna Gamotha tundis Teherani ja oli selle tänavatel töötanud, läks Schellenbergil vaja ka tema nõuandeid. Mida teab Gamotha Ameerika, Briti ja Nõukogude saatkondade kohta? Kas ta on kunagi neis hoonetes sees käinud? Kas ta tunneb nende põrandaplaani, sealseid liikumisteid? Kas ta võib välja pakkuda muid paiku, mida ametlikul riigivisiidil viibijad võiksid vabal ajal külastada? Näiteks šahhipalee tseremoniaalne külastamine? Osturetk turule? Ta käskis Gamothal kui Teherani hästi tundval isikul koostada julgeolekuraport. Samal ajal ei soovinud ta oma kaarte avada ja esitas kogu asja nagu mingit rutiinset infopäringut, mida luureülematel aeg-ajalt oli vaja teha. Küsimus on lihtsalt toimikute kaasajastamises, mainis ta mokaotsast. Ta ei jaganud Gamothaga spetsiifilisi detaile missiooni kohta, mida ta planeeris. Gamotha, erinevalt Obergist, polnud Kaugushüppesse pühendatud. Iraani laua ülemale polnud räägitud, et suur kolmik koguneb Teheranis. Või et Schellenberg plaanitseb neid mõrvata.

Aga ka nüüd, mil Schellenberg pingutas oma plaani viimaste elementide väljatöötamise nimel, oskas ta oma vaiksel moel hinnata seda, et sündmused kulgesid tema jaoks väga soodsas suunas. Kõigist võimalikest paikadest, mille liitlased võinuks valida, otsustati SD vana mängumaa Iraani kasuks. Jahimees ei suutnud oma vedamist uskuda.

Ka jahisaak mõtles palju vedamisest. Ameerika president oli öö varjus salamisi lahkunud Valgest Majast, seda 11. novembril kell 21.30, ning ta sõidutati merejalaväe baasi Quanticos, Virginia osariigis. Sealt läks ta saleda presidendijahi Potomac pardale, väidetavalt nädalapikkusele lõbusõidule, mis aitaks tal väsitavast sõjapingest välja puhata. Kuid järgmisel hommikul kell 9.15, kui jaht seisis ankrus rahulikul Chesapeake'i lahel, viidi president üle tillukese ja silmatorkamatu kahuripaadi pardale. Mõne hetke pärast sõitis Potomac välja avamerele, kaasas käsk vähemalt nädal aega rannikust eemale hoida ning ignoreerida kõiki raadiosõnumeid. Väga oluline oli säilitada illusiooni, et ületöötanud president on ette võtnud pika ja jõudutaastava puhkuse merel.

Samal ajal sõitis presidenti kandev kahuripaat jõge mööda edasi. Peagi läheneti terashallile kolossile, mis kerkis tihedast varahommikusest udust esile nagu mõni ürgaegne merekoletis. USS Iowa, võimsaim lahingulaev maailmas, pea sama pikk kui Empire State Building, relvastatud muljetavaldava kahuripatareiga, kaetud paksu terassoomusega, koduks 2700 mehele ja varustatud 212 000-hobujõuliste mootoritega – selle kiirusest ja tulejõust pidanuks piisama, et ohtude käest pääseda või kallalekippujad kohapeal hävitada. Väike kahuripaat möödus võimsa leviaatani ahtrist ja lähenes paremale pardale. Kahe aluse vahele kinnitati trapp ja vigane president toimetati üle selle kitsa silla – töö, mis salateenistuse meestele omajagu ärevust põhjustas.

FDR-i ootasid pardal staabiülemate ühendkomitee liikmed, vana sõber ja nõuandja Harry Hopkins ja umbes sada sõjaväelast ja diplomaati, kes pidid tippkohtumisele kaasa tulema. Plaan nägi ette, et alistamatu Iowa pardal ületatakse Atlandi ookean ja randutakse Põhja-Aafrikas, kust lennatakse Kairosse, ning siis ootab ees „kiire trett Pärsiasse", nagu FDR seda naljatades nimetas. Aga selle pingelise salaretke igal etapil ähvardas „presidenti tõsine personaalne risk … Kui vaenlane saab teada tema asukoha, siis pingutatakse tõsiselt selle nimel, et teda rünnata õhust, allveelaevadega või atentaadisalkadega," tunnistas ärevil salateenistus oma konfidentsiaalses memos.

Selles pidevatest ohtudest kubisevas maailmas tahtis president oma turvalisuses võimalikult kindel olla. Nii et juba samal õhtul umbes kella kümne paiku, kui Iowa oli lõpetanud lisatankimise Norfolkis ja valmistus merele minema, läks president kapteni jutule. John McCrea oli jurist, kes oli töötanud FDR-i mereväenõunikuna, enne kui ta asus juhtima seda äsja kasutusele võetud lahingulaeva – president tundis teda hästi ja see mees meeldis talle. FDR julges temaga ausalt kõnelda.

„John," märkis ta äkitselt, justkui erilise põhjuseta, „täna on reede."

Üllatunud kapten noogutas selle peale viisakalt.

„Tead," märkis FDR, „meremehed räägivad, et reedel ei tasu merele minna, ja minagi ei tahaks seda teha."

President lasi oma mõttel kohale jõuda ning jätkas siis usaldaval, ent veendunud toonil. „Sellest saab oluline kohtumiste seeria meie kõigi jaoks, ja ma tahan, et see hästi läheks. Meil tuleb teha tähtsaid otsuseid, ja ma loodan, et ka edukaid – ent reede on teatavasti õnnetu päev."

Seega hiivas Iowa ankru alles viis minutit peale keskööd ja liikus edasi kiire vooluga kanalit pidi, sihiks Atlandi ookeani tumedad ja sügavad veed. Need olid uue päeva, laupäeva, esimesed minutid. Merel veedetud elu oli kapten McCreale selgeks õpetanud, et madruste ebausuga ei tasu võidelda. Ta kahtlustas ühtlasi, et tema vana sõber vajab kõvasti vedamist, et läbi tulla kõigist neist ettearvamatutest sündmustest, mis neid ees ootasid.

———

„Siin langevad mulle osaks kõikmõeldavad turvameetmeid ja mugavused," kirjutas heas tujus president, kui lahingulaev laineid kündis, sihiks idas ootav Gibraltari väin.

Iowa soovis oma ülemjuhatajat väärikalt teenida. Kogu laev oli puhtaks nühitud, kõik pinnad hiilgasid. Presidendile oli eraldatud kapteni ruumikas hallide seintega kajut, mis sai veidi rõõmsamates sinistes toonides üle värvitud ja mõnusamaks elupaigaks muudetud, seda vähemalt sõjalaeva spartalike standardite kohaselt. Tilluke pesuruum oli varustatud invaliidist presidendile sobiva vanniga. Laevale paigaldati kaks lifti ratastooli jaoks. Ühega neist sai presidendi tõsta peatekilt tema kajutisse, mis asus tekiehitise esimesel korrusel. Teisega sai ta kajutist tõsta komandosillale; sealt sai ta hädaolukorra puhul veeretada ovaalsesse paksu soomusega vaatlustorni, mida peeti kõige turvalisemaks varjupaigaks kogu laeval. Kuus teenistusvalmis filipiini stjuuardit pidid hoolitsema tema kõigi kulinaarsete soovide rahuldamise eest (ning kindlustama, et keegi ei mürgitaks presidendi toidu- ja

224 • Salamõrvarite öö

joogipoolist). Ülatekile oli paigutatud vitstest punutud lama-
mistoole ja sigaretilauakesi, mis olid mõeldud kasutamiseks vaid
presidendi lähimate nõuandjate jaoks. Mõned vanad merekarud
kaebasid, et Iowa meenutab nüüd mõnd kruiisilaeva. Aga kui
vööri taha vaadati, selgus kohe, kui tõsine reis see oli: neid saatis
Fletcher-klassi hävitajate konvoi – need kiired laevad, millel ei
tulnud puudust suurtükkidest, õhutõrjekahuritest, süvaveepom-
midest ja torpeedodest, olid lahingulaeva oma kaitsvasse rõngasse
võtnud. Ülevalt taevast kostis aga pidev hävituslennukite müra.

„Sellest saab järjekordne odüsseia," kirjutas heas tujus presi-
dent päevikusse, oodates lähenevat seiklust. „Meie läheme küll
troojalastest palju kaugemale. Aga," lisas ta prohvetlikult, „ka
see retk saab olema üllatustest täidetud."

Peagi võis ta päevikusse märkida, et „seni saadab meid õnn –
rahulik meri, tuult on vähe."

Et head ilma ära kasutada ja pakkuda presidendile vaheldust
sel pikal ja monotoonsel reisil, otsustas kapten McCrea teisel
meresõidupäeval demonstreerida seda metsikut tulejõudu, mis
siin tema käsutuses oli.

Kell kaks päeval veeretati president oma kajutist välja pak-
poordi (vasakpardale) laeva esiosas. Ta vaatas välja merele, kus
tuul jõudu kogus, kandes tema näole soolaseid veepritsmeid.
Tema taga oli koha sisse võtnud poolring tema nõuandjatest, seal-
hulgas staabiülemad, Harry Hopkins ja muud lähemad abilised.
Ülal sillal ootas kapten McCrea presidendi märguannet.

Roosevelt vahetas staabiülematega veel paar sõna. Nad olid
üksteisega kihla vedanud maaväe- ja mereväeakadeemia vaheli-
se jalgpallimängu lõpptulemuse peale. Vana mereväelane FDR
soovis samuti mõned panused teha. See tehtud, vaatas ta üles
kaptenisilla poole ja tõstis käe, justkui saluteerides.

Selle käsu peale lasti õhku terve hulk punaseid vesiniku-
balloone, lausa tosinate kaupa. Need kerkisid sinise taeva taustal

üha kõrgemale. Tekil valitses nüüd vaikne ootusärevus, kui 20- ja 40-millimeetriste õhutõrjekahurite patareid need õhupallid sihikule võtsid. Kui tosinad relvad üheaegselt tule avasid, lõi see alguses kõrvad lukku. Müra oli kurdistav. Kogu laev näis protesti märgiks kõikuvat ning tekil viibivatel vaatlejatel tekkis tunne, et kogu ookean valmistub raevukalt üles kerkima.

Ent relvad vaikisid sama äkki ja rahu laeval taastus. Küll mitte kauaks.

„Torpeedo taga tüürpoordis!" kõlas valjuhäälditest häire. „Torpeedo taga tüürpoordis!"

Järgnesid paanilised hetked, kui kõik pardalviibijad üritasid ootamatule rünnakule korraga reageerida. FDR-i kauane toapoiss Arthur Prettyman asus oma abitut hoolealust instinktiivselt pakpoordi suunas veeretama, samas kui nõunikud moodustasid presidendi ümber kaitsva inimseina. President vaidles sellele vastu. „Viige mind teise parda äärde," käskis ta. „Ma tahan seda torpeedot näha." Prettyman, „üle kere värisedes," nagu ta tunnistas, oli sunnitud käsku täitma.

Samal ajal oli kapten McCrea andnud sillal käsu laev täiel kiirusel pakpoordi pöörata. Iowa tegi järsu pöörde vasakule, lootes end torpeedo trajektooriga paralleelseks viia. Kapten võis vaid loota, et nii saab torpeedo sihtmärk väiksemaks muudetud.

Kuid see kihutas laeva poole edasi.

Ja plahvatas. Lahingulaev värises plahvatuse jõust. „Jumal küll, ta tabas meid!" karjus kaptenleitnant Pohl oma postilt kaarditoas. Ta oli kindel, et natside allveelaev on hävitajate kordonist läbi tunginud ja otsustanud presidenti kandva laeva torpeedoga põhja lasta.

Pohl siiski eksis. Iowa polnud pihta saanud. Viimase hetke vältimismanööver külma pea säilitanud kapten McCrea poolt oli laeva ohu eest kõrvale juhtinud. Torpeedo oli plahvatanud suure laeva kiiluvees.

Seda polnud välja tulistanud mõni sakslaste allveelaev. Selgus, et üks neid saatvatest hävitajatest, William D. Porter, oli samuti treeningharjutust teinud. Kapten, kes ei teadnud, et president ja staabiülemad lahingulaeva pardal viibivad, oli seda kasutanud sihtmärgina torpeedode väljasaatmise simuleerimise käigus. Iowa poole saadeti tühjadest torudest teele seitse mõttelist torpeedot järjest. Kui torpeedoülema abi vajutas kaheksanda torpeedotoru nuppu, kuulis ta nõrka pauku. Ta tundis selle heli kohe ära: toru polnud tühi, teele oli saadetud aktiivne torpeedo.[4]

Selle närvesööva intsidendi järel, millest ta oli õnnekombel tervelt pääsenud, tundis FDR, sarnaselt Schellenbergiga Berliinis, et saatus soosib teda. Ta lootused suure kolmiku kohtumisega seoses püsisid endiselt kõrgel. Ent juba varsti on Mike'il põhjust karta, et president oli torpeedo käest pääsenud vaid selleks, et kuulirahe ette sattuda.

———

MOSKVA KESKUSES POLNUD I valitsuse spioonijuhtidel vaja õnne peale loota. Nad toetusid luureteabele, mis oli saadud vaenlase sekka paigutatud topeltagentidelt. Usaldusväärne Nikolai Kuznetsov, kes teeskles Ukrainas Wehrmachti leitnanti, oli saatnud telegrammi, et toimumas on „midagi suurt", selline operatsioon, mida juhib ei keegi muu kui kuulus Skorzeny. Ning nüüd oli nende poolele üle tulnud SD agent Roman Gamotha, keda oli vapra „põgenemise" eest venelaste vangilaagrist premeeritud Iraani laua juhi kohaga, neile saatnud nimekirja küsimustest, mille oli talle esitanud tema VI ameti ülemus Walter Schellenberg. I valitsuse kaval juht Pavel Fitin märkas siin kiirelt seost.

---

4 Iowal viibinud admiral Kingi käsul arreteeriti kogu Porteri meeskond ja kohtuprotsessi järel suunati mitmed ohvitserid kaldateenistusse. Torpeedo väljatulistanud mees saadeti sunnitööle. Mõne aja pärast Roosevelt küll tühistas tema karistuse. *Tõlkija märkus.*

27

Vene sõdurid ja spioonid asusid Teherani tänavaid läbi kammima. Neile oli antud käsk kinni võtta kõik sakslastest tsiviilisikud ja natsimeelsed, keda selles linnas veel leiduda võis. Muidugi ei räägitud neile selle korralduse põhjustest. Neile ei kõneldud sellest, et marssal Stalin on Teherani tulemas, ning muidugi polnud neil vaja teada häirivatest luureandmetest, mis olid Moskva Keskusele sellist muret valmistanud, et vastuoperatsioonide käivitamist peeti nüüd hädavajalikuks sammuks. Neile anti ülesanne ja kästi see viivitamatult ellu viia.

Samal ajal kui FDR üle Atlandi seilas ja Schellenberg oma plaani viimistles, voolas Punaarmee Iraani. „Teheranis võis märgata uusi nägusid," tegi kauaaegne sakslaste kaastööline Ernst Merser kõhedusttekitava avastuse. Kui vägede sissesaatmine oli lõpetatud, viibis Iraanis kolm tuhat värskeltsaabunud sõjaväelast, kelle üle valitses karmi käega kindral Andrei Vassiljevitš Hruljov. Lähis-Ida piirkonna poliitkomissarid olid veendunud, et armee suurendatud kohaolekust peaks piisama dissidentide ja muude pahandusetekitajate vaos hoidmiseks. Ent Hruljov uskus, et jõudu tuleb kasutada, et seda kardetaks.

See oli maailm, kus ei leidunud pooltoone. Piisas vaid kahtlusest, et sind süüdi tunnistada. Ning kui sa olid süüdi, siis tuli sind karistada. Ülekuulamised ja kohtuprotsessid olid sellised formaalsused, milleks polnud aega. Hruljovi sõjaväelased olid karmid mehed, kes kasutasid karme vahendeid.

Nõukogude sõjaväelasi täis veoauto sõitis linna moodsaima linnaosa laia bulvarit pidi. Üks kohalik saatis nende suunas teele mingi pilke. Belgia diplomaat jälgis, esmalt uudishimulikult, siis juba õudusega, mis edasi juhtus. „Üks venelane tõmbas revolvri välja ja lasi iraanlasest solvaja maha," meenutas ta. „Rohkem polnudki vaja. Sealtpeale hakati venelasi kartma, keegi ei julgenud neid enam mõnitada ega pilgata."

Kuigi neid enam ei provotseeritud, ei vähendanud see venelaste halastamatut indu. „Suur vene puhastus", nagu seda linnas nimetama hakati, jätkus päevast päeva metoodilise tõhususega. Hordide kaupa „kahtlusaluseid" – nende arvu ei löödud kokku, aga mõnede hinnangute kohaselt võis tegu olla kuni viieteist tuhande tsiviilisikuga – viidi püssitoru ees veoautode peale ja sõidutati süngetesse Nõukogude kinnipidamislaagritesse põhjas.

„Üksteise järel kadusid jäljetult paljud sakslaste koloonia mõjukad liikmed," kirjutas venelasest ajakirjanik Aleksandr Lukin, kes neid haaranguid jälgis, tollal küll nende kohta sõnagi poetamata. „Kui ühe sellise mehe toapoiss hommikul oma isanda magamistuppa läks," jätkas ta ehmunud arusaamatuses, „siis polnud tema endisest tööandjast seal muud jälge peale pidžaamanööbi."

Kinnivõtjad saabusid ette hoiatamata ka Jakob Kupfersteini koju. „Mind viidi ära koos abikaasa, ämma ja kahe pojaga," kõneles see saksa juudist emigrant, kellele kuulus edukas rõivakauplus kesklinnas, Lalezhari tänaval. „Meid paigutati ühekorruselisse hoonesse venelaste kasarmutes Meshedi linnas. Seal oli ruumi kõige rohkem kolmekümnele inimesele, aga kuni mina seal viibisin, toodi sisse vähemalt kakssada. Neid, kellele seal elamispinda ei leidunud, viidi iga kolme-nelja päeva järel minema, ja ma ei tea endiselt, kuhu."

Kupferstein pandi kasarmuõue pühkima. Ta kaks poega saadeti rätsepatöökotta. Oma abikaasat ja ämma ei näinud ta enam kunagi.

„Meile karjuti kogu aeg, et me oleme Saksa spioonid, viienda kolonni liikmed. Ma rääkisin neile üha uuesti, et ma olen juut. Aga tatarlasele, kes ei räägi isegi vene keelt, on raske seletada, kes on juut."

Hirm, pahameel ja viha ärgitasid teda viimaks minema ühe „ukrainlasest ohvitseri jutule, kes oskas saksa keelt". Kupferstein üritas talle kogu hingest selgeks teha, et juudina ei saa ta ometi olla natside heaks töötava viienda kolonni liige. Ohvitser ei pidanud seda argumenti miskiks. „Kui sa oled nii juut kui sakslane, on sul kaks head põhjust lõuad pidada," hoiatas ta.

Ja need vaesed poolakad! Venelased jahtisid ka neid, vist pigem harjumusest kui praktilistel julgeolekukaalutlustel. Neil oli poolakate häbiväärses kohtlemises ju palju kogemusi. Nõukogude Liit, tollal veel Saksamaa liitlasena, oli 1939. aastal annekteerinud suurema osa Ida-Poolast, kui *Reich* oli Poola armee kiiresti puruks löönud. Nõukogude Liidu avarustele küüditati 1,25 miljonit poolakat. Ent paljud lihtsalt mõrvati kohapeal: Katõni metsa massihaudadest avastati 22 000 laipa. Umbes pool miljonit poolakat kuulutati „sotsiaalselt ohtlikuks ja nõukogudevastaseks elemendiks". Nende saatuseks said sünged ja jäised töölaagrid Siberis ja Kasahstanis, kust päästis vaid surm.

Ent kui Saksamaa 1941. aasta juulis Nõukogude Liitu sisse tungis, said endistest vaenlastest kähku Poola seltsimehed. Kui venelased saabusid Iraani, viidi neile okupeeritud aladele ka hulgaliselt vangistatud poolakaid, ning need ellujääjad, mehed, naised ja lapsed, kellest paljud olid laagrites peaaegu nälga kõngenud, kannatanud tüüfuse, malaaria, palaviku ja kopsuhaiguste käes, olid selle variandiga rahul. Neid saabus Iraani 120 000, enamik neist jäi elama Teherani.

Ent nüüd, kui venelased linna läbi kammisid, jõuti vältimatult ka poolakateni. Kõik poolakad Teheranis pidid Punaarmee haaranguid kartma. Kinnipidamislaagrid põhjas, kõrbeliiva keskel, mis polnud tundra omadest meeldivamad, olid peagi tulvil poola peredest.

Ent põhja laagritesse välja jõudnud „kahtlusaluseid" võis pidada nendeks, kellel vedas. Palju halvemini läks neil, kelle arreteeris NKVD ja kes viidi Syroosi tänaval asuva kahekorruselise liivakivivärvi maja keldrisse. Siin valitsesid ülekuulajad, kes olid ametit õppinud Lubjankas, Moskva vanglas, mille paksud kiviseinad olid riigivaenlaste verest plekilised.

Syroosi tänava ülekuulajad ei esitanud palju küsimusi. Neid ei huvitanud selgitused ega ka need saladused, mida mõni paljas seina külge aheldatud mees lubas paljastada, kui talle halastatakse. Moskva Keskus oli neile ülesande olemuse põhjalikult selgeks teinud. Ainsaks operatiivseks sihiks on likvideerida kõik marssal Stalinit ähvardavad ohud. Selle julma loogika kohaselt oli igaüks, kes polnud liitlaste poolel, võimalik salamõrvar. Pikemalt tseremoonitsemata asuti kinnipeetavaid süstemaatiliselt läbi peksma, ilma vähimagi halastuseta. Kui piinajatel sellest küllalt sai, lasti ohver sageli lihtsalt maha.

I valitsus oli siia saatnud uue jaoskonnaülema, et kindlustada Teherani jaoskonnaga seotud umbes saja agendi ja kaastöölise vankumatu kuulekus. Tema varjunimeks selles ametis oli polkovnik Andrei Mihhailovitš Vertinski (tema pärisnimi on peidus Moskva Keskuse salaarhiivides) ja kõigi kirjelduste kohaselt oli tegu hirmutava ülemusega. Teda abistas selles töös agent, kelle ametialane taust oli muljetavaldav ja õudustäratav. Sergo Beria, kelle isa oli Lavrenti Beria, Nõukogude julgeolekuaparaadi mõrvarlik juht („Meie Himmler," uhkustas Stalin vähimagi irooniavarjundita). Beria poja kohalolek oli järjekordseks kinnituseks sellest, et keskus peab Teherani jaoskonna julma missiooni väga oluliseks – käbi ei kuku kännust kaugele, paistsid luureülemad arvavat.

Linna läbi kammivatele NKVD meestele pakkus toetust teinegi grupp, mis tegutses neist Moskva Keskuse väljaõpetatud jõhkarditest sõltumatult. Need mitteametlikud kaastöölised olid saanud suurejoonelise hüüdnime Kergeratsavägi, ning selle grupi seitse liiget, hilises teismeliseeas või nooremadki poisid, olid arvamusel, et see nimi on seotud nende oskusega kärmelt ja märkamatult liikuda öö varjus või rahvarohkel turul, alati valmis sihtmärke tabama. Tegelikkus oli veidi erinev. Teherani jaoskonna vanemad luurajad olid selle nime neile andnud nalja pärast: poisid, kel puudus auto või juhiluba, sõitsid linna mööda jalgratastel ja jahtisid sakslaste spioone.

Seda gruppi juhtis 19-aastane algaja agent nimega Gevork Vartanjan. Tema armeenlasest isa oli Teheranis NKVD salamissioonil viibinud juba 1930. aastast peale, seda poepidaja variametis. Vartanjan alustas luuretööd isa käealusena, tegutsedes aeg-ajalt vaatlejana, aga kui liitlased Iraani tungisid ja riik kubises äkitselt võõrriikide sõduritest, ihkas ta tegelda millegi ohtlikumaga. Ta värbas omal käel kuus oma sõpra, kes valdasid vabalt nii farsi kui vene keelt, ning nad pakkusid oma teeneid Teherani jaoskonnaülemale. Polkovnik Vertinski muheles ja võttis teotahtelised poisid pardale, kuigi selgelt mitteametlikus ja vabas vormis. Ta otsustas, et nad kõlbavad jooksupoisteks, kohvi tooma, või vahest ka öisteks patrullideks, ning mängis seda nalja kaasa.

Kuid praegu oli see Vene sõdurite ja kogenud spioonide julm põhjalikkus linna läbikammimisel, mis Teherani hirmu kütkes hoidis. Pärsia rahvajutud kõnelesid õelatest džinnidest nimega šajatinid, kes käivad öösiti inimeste hingi röövimas. Kohalikud uskusid nüüd, et need deemonid on naasnud.

Kuid need polnud džinnid, kes võtsid kinni Franz Mayri, leidliku SD salaagendi koodnimega Max. Ega ka venelased. Talle komistasid otsa Briti luurejõud, ning Schellenbergi jaoks poleks ajastus saanud halvem ollagi; ta oli lootnud, et asjatundlik Max aitab Obergil leida turvamajasid Kaugushüppe meeskonnale.

Britid polnud Mayri taga otsinud, kuigi nad olid Ameerika vastuluurekorpuselt CIC kuulnud Saksa meisterspioonist, kes on juba aastaid end Teheranis varjanud. Ent üks inimene, keda kahtlustati sakslaste toetamises, oli otsustanud tehingule minna ja juhatanud julgeolekumehed Ali Mutti koju. Mutti ei viibinud seal üksinda – ta varjas Werner Rockstrohi, üht operatsiooni Franz parašütistidest, kes oli põranda alla läinud, ning ka raadiot, mille abil Berliiniga ühendust peeti. Haarangu juht, Briti luure-ametnik Joe Spencer, otsustas korteri jälgimise alla võtta. Sest vabalt võis sinna ilmuda veel mõni võrgustiku liige.

Sel õhtul tuligi sinna keegi doktor Qudsi. Kui see hambaarst märkas Briti sõdureid, katsus ta põgeneda. Ta ei jõudnud kuigi kaugele, enne kui kaks sõdurit ta maha rabasid. Ülekuulamisel oli ka tema peagi valmis koostööle asuma; ilmselt oli ta kuulnud venelaste ülekuulamismeetoditest ja eeldas, et nende liitlased ei pruugi olla leebemad.

Hambaarst oligi see, kes Mayri sisse rääkis. Qudsi paljastas, et tema õetütar Lili Sanjari elab tema juures ja on sakslasest sala-agendi armuke. Ta teadis ka Mayri peidupaika.

Kui Mayr kuulis sõdureid trepist üles tormamas, ei tulnud talle pähe paremat mõtet kui kõik tuled kustutada. Äkki nad arvavad, et kedagi pole kodus? Kuid britid ei hakanud kopu-tama. Nad tungisid uksest sisse, relvad laskevalmis, ning tabasid spiooni esikust. „Kas teie olete Franz Mayr?" küsis Joe Spencer. „Jah," vastas ta kõhkluseta. Mõne minuti pärast viidi ta kahe turske sõduri saatel minema, käed raudus, ning kaasa võeti ka tema salapaberid.

———

Britid ei hakanud ootama Lili Sanjari väljailmumist; nad teadsid, et Ameerika luurel on temaga omad plaanid (kuigi nende pahameeleks polnud ameeriklased neile kõnelnud naise suhtest Mayriga). Kuid Lilit see ei päästnud. Kui ta kõndis sõbranna käevangus mööda Sabze-Meydani tänavat, mis asub Suurturu sissekäigu lähedal, peatasid ta NKVD-lased. Nad kahtlustasid, et tegu võib olla poolatariga. Kuigi teda valdas suur hirm, üritas ta rahulikuks jääda ja end välja rääkida. Ta kinnitas, et ta on iraanlane. Venelased ei uskunud seda moodsates euroopalikes riietes naist. Seega mainis ta igaks juhuks, et ta on Saksamaal üles kasvanud; vahest just seetõttu paistab ta neile võõramaalase moodi. Seepeale otsustati ta viia Syroosi tänava majja.

28

KAIROS VALMISTUS MIKE taaskord salamissioonile mine-
ma. Viimased 48 tundi oli ta linna mööda ringi kolanud,
üritades hinnata ohtusid, mille keskel Boss peagi viibib.
Julgeolekuprofi vaatenurgast võetuna oli siin nähtu äärmiselt
murettekitav.

Esimesel päeval oli ta teele asunud Mena linnaosast. Õhk oli
palav ja liikumatu, päikesevalgus mängles kaugel asuvate püra-
miidide tippudel, kui nende ringreis pihta hakkas. Põhiliseks
linnatutvustajaks oli üks arukas noormees, kelle oli palganud
Ameerika suursaadik Egiptuses, Alexander Kirk, ning lisa-
kommentaare pakkus armee vastuluurekorpuse kapten.

Nad kõndisid põletava päikese all rahulikus tempos, ületasid
hoolitsetud muruplatse, mida ääristasid kõrged palmipuud,
ning lähenesid aegamisi Mena House'ile, kus saab toimuma
Roosevelti, Churchilli ja Chiang Kai-sheki vaheline tippkoh-
tumine. Hotell oli kunagi olnud jahimaja, selle pikad verandad,
puust aknaluugid ja kulunud sinised põrandaplaadid tegid hoone
mugava, ehkki päevinäinud maahäärberi sarnaseks. Kõndides läbi
jahedate koridoride, kus sammud plaatidelt vastu kajasid, nägi
Mike kaldteid, mida juba paigaldati Bossi ratastooli jaoks. Suur
puust uks kopti stiilis messingfiligraaniga avati nende ees, ning

nad astusid avarasse ja süngesse tuppa, kus Mike vaikides ja tähelepanelikult kuulas noore diplomaadi selgitust, et siin toimuvad ametlikud kõnelused; suurmehed on ees keskel, abilised toa seinte ääres ootamas, kuni neid mängu kutsutakse. Ta kinnitas Mike'ile, et ukse ette pannakse relvastatud valvurid. Mike noogutas ega hakanud lisama, et tema kavatseb presidendi kõrval olla.

Kui nad jõudsid pikale ja varjulisele verandale, võttis armeekapten juhtimise enda kätte. Hotelli avar muruplats laius nende ees nagu näitelava, ning kui ta kõneles, sai selgeks, et enesekindlusest tal juba puudu ei tule, sest ta oli veendunud, et on kõige peale mõelnud. Valvepostid on siin, õhutõrjepatareid seal, kõneles ta näpuga näidates. Need turistigiidid ja kaameliajajad seal eemal püramiidide juures aetakse minema. Hotelli ei lubata ka kohalikke teenijaid. Nad kõik on konverentsi ajaks minema saadetud. Nende asemele tulevad presidendi filipiini kajutiteenrid ja sõjaväepersonal. Kogu see Mena linnaosa lõigatakse ülejäänud linnast ära. Perimeeter ümbritsetakse okastraadiga. Kogu sisse-välja liikumine käib üheainsa kontrollpunkti kaudu. Seda valvavad sõjaväepolitseinikud.

Kapten lasi edasi, kuid Mike viibis juba mõtetega mujal. Perimeeter ümbritsetakse okastraadiga? Hiljem meenutas ta oma häirivat esmamuljet Kairost: „linn, mis näis olevat rahutustest haaratud". Kui teda sõidutati mööda Briti ja Prantsuse saatkondadest, nägi ta, kuidas sajad kohalikud nende ees politseinikega kaklevad. Talle räägiti, et „teljeriikide agitaatorid" olid neid rahutusi õhutanud. See polnud kuigi keeruline töö. Ta sai oma õuduseks kuulda, et „kümne dollari eest saab palgata elukutselise agitaatori, kes tuhat kohalikku meelt avaldama toob, ükskõik mille või kelle vastu. Kahekümne dollari eest saab neid palgata kaks tuhat." Perimeeter ümbritsetakse okastraadiga, mõtles ta endamisi. Mis kasu on okastraadist linnas, mille kohta ta teadis, et „see on täidetud teljeriikide spioonidest?" Ta sai teada, et

Egiptuses on mõrva eest karistuseks sümboolne kuuekümne-dollariline trahv. Kui palju see maksma läheks, et palgata kamp tüliõhutajaid, ärgitada neid okastraadist barrikaadidest läbi tungima ja konverentsile sisse tormama, relvad käes? Mena House'i verandal seistes ja laia lamedat muruplatsi vaadates kujutas Mike seda pilti vaimusilmas erakordse selgusega ette, ning ta ei uskunud, et kilomeetritepikkustest okastraattõketest palju kasu oleks.

Siis sõidutati ta suursaadiku villasse, kus president peatub. Majas ringkäiku juhatav diplomaat kõneles palju selle maja erakordsest ilust ja siit avaneva vaatepildi majesteetlikkusest, kuna maja asus ühe rahuliku veega kanali kaldal, mitte kaugel Suurest Püramiidist ja sfinksist. Kuid taas tajus Mike siin vaid katastroofi eelaimust. Ta oli viimaseid luureraporteid lugenud: sakslaste lennuväebaasid Kreetal olid pommitajaid täis. Sfinks ja ka kanal ise on Junkersitele sobivateks maamärkideks, mis juhatavad nad otse sihtkohani – kindel visuaalne tõend sellest, et nüüd on aeg pommilaadung valla päästa.

Selles tujus, nähes kõikjal luuravaid ohte, lendas Mike Teherani. Ta hoidis oma saabumise saladuses. Selleks polnud mingit erilist põhjust, ent pärast Kairos käimist ja kahtlustele kinnitust saamist manitsesid kõik instinktid teda ettevaatusele. Britid ja venelased on küll nende liitlased, kuid sõjaaja liitlased pole veel sõbrad, mõtiskles ta. Kindlasti mitte pereliikmed. Mis puutus pereliikmetesse, siis ei hakanud ta Ameerika diplomaatilist esindust informeerima oma tulekust ega selle tõelisest põhjusest (siinse kõige kõrgema USA diplomaadi ametitiitliks oli „täievoliline esindaja", aga üldiselt nimetati teda siiski suursaadikuks ja ka esinduse hoonele viidati kui Ameerika saatkonnale, kuigi ametlikult sai see selle tiitli alles 1944. aastal). Kui välja arvata Pärsia lahe ülemjuhatuse esimees kindralmajor Donald H. Connolly ja mõned tema luureametnikud – nende kokkulugemiseks piisas ühe käe sõrmedest, aga tema arust oli see ikkagi liiga suur arv –, ei teadnud keegi, et ta viibib Teheranis, ega ka tema visiidi eesmärgist.

Mike polnud päris kindel, mida ta ootab sellest kiirvisiidist. Ta polnud siia tulnud põhjalikku julgeolekuhinnangut andma; selleks on oma aeg. Tema lühireisi sihiks oli seda linna „tunnetada" ja saada aimu probleemidest, millega ta peab varsti silmitsi seisma. Ühe päeva kestel üritab ta mängida jõllitavat turisti, Montana maakat, kes ei suuda uskuda, et ta on kodust nii kaugel, nõnda eksootilises paigas. Aga muidugi ei unustanud ta hetkeski oma ametikohustusi.

Kui Mike'i lennuk maandus Gale Morghe lennuväljal, mis asus Teherani lähedal ja oli nüüd Nõukogude armee kontrolli all, ootas teda seal üks USA armee tegevteenistuja. Kui nad maastikuauto poole sammusid, kõneles sõdur talle, et tal kästi Mike sõidutada kõikjale, kuhu ta minna tahab, ning peale seda lühivestlust püsis ta kogu ülejäänud ringreisi ajal peamiselt vait, kas siis instruktsiooni täites või iseloomu tõttu.

Mike palus tal sõita Ameerika diplomaatilisse esindusse. Lennuväljalt lahkudes jäid Mike'ile silma suur punatäht, mis oli maalitud keset lennurada, ning baasis ringiliikuvad relvastatud Vene sõdurite pataljonid. Taaskord tükkis Mike'ile pähe ebamugav mõte, et liitlased pole veel sõbrad, eriti veel siis, kui nad on relvastatud.

Ameerika diplomaatilisse esindusse põikas ta sisse vaid korraks. See oli uhke häärber, ja ta uskus, et Boss on sellega rahul, aga tema oli rahul eelkõige sellega, et häärberit ümbritses kõrge müür. Tõsiasi, et see asus suurest linnast eemal, Teherani eeslinna kandis, on samuti eeliseks, leidis ta. Nii on seda lihtsam ümbritseda väekontingendiga ja kõik, kel pole siia asja, torkavad kergemini silma.

Järgmiseks palus ta sohvril viia end Briti ja Nõukogude saatkondade juurde. Ta ei plaaninud neile oma tulekust teatada ega kompleksi siseneda, ning kui nad sealt mööda sõitsid, hakkas ta sõduriga sihilikult juttu ajama, et saatkonna valvuritele ei jääks muljet, et ta on kompleksi vaatlema tulnud. Kuid ka selle põgusa möödasõidu käigus nägi ta mõndagi, mis ärevust põhjustas. Ameerika diplomaatiline esindus asus neist kahest saatkonnast lausa 6 kilomeetri kaugusel. Seega peab Boss sõitma – ja kui mitu korda kokku, seda ei osanud keegi ette ennustada – teistesse saatkondadesse, seda vähemalt mõnede konverentsisessioonide ajaks, ja kindlasti ka mitmeks ametlikuks õhtusöögiks. Väljavaade, et neil tuleb sõita mööda Teherani käänulisi ja kitsaid tänavaid, oli üks põhiline julgeolekumure Mike'i pikas nimekirjas. Mike oli ammu aru saanud, et isegi Ameerika linnades „on president kõige haavatavam siis, kui autokonvoi venib aeglaselt läbi linna". Mõeldes nüüd, et Boss peab kord või isegi kaks päevas autoga sõitma läbi nende linnatänavate, tekkis Mike'il tahtmine karjuda, et Teheran on kõige halvem võimalik valik suure kolmiku kohtumiseks. Kuid ta teadis, et sel poleks mõtet. Otsus on tehtud. Tema tööks on kindlustada FDR-i julgeolek.

Kuid edasine ringreis linnas süvendas tema kahtlusi veelgi, ja mitte vaid Bossi julgeoleku osas. Kogu presidendi saatjaskond siseneb hiiglaslikku ohutsooni. Kõigil on siin risk haigestuda. See jõudis talle kohale siis, kui ta nägi, et kohalikud võtavad joogivett sogastest ja kitsastest rentslitaolisest kanalitest, mis tänavaid pidi jooksid – räpane kanalisatsioonivesi jooksis otse neisse. „Siin on palju tüüfust levitavaid täisid, tüüfuspalavikku sureb siin palju inimesi," anti talle peagi teada. Sohvri järgmised sõnad pakkusid Mike'ile siiski mõningast lohutust: Ameerika, Briti ja Nõukogude saatkonnad on ainsad hooned kogu Teheranis, mida varustatakse värske joogiveega. Talle räägiti, et see tuleb saatkondadesse torusid pidi ülalt mägedest.

Nii et üks asi vähem, mille pärast muretseda. Mike lendas nüüd Orani, et oodata presidendi saabumist.

29

ÖTAEVAST ALLA HÕLJUNUD PARAŠÜTIST maandus pehmelt Daryācheh-ye Namaki järve kuivanud põhjale Qomi jõe lähedal. Mike polnud ainus operatiivtöötaja, kes viibis Iraanis salamissioonil. Teinegi agent oli salaja tulnud Teherani üle vaatama. Temagi tahtis teada, kas see linn oleks sobiv paik salamõrvaks.

Winifred Oberg hüppas Junkersi lastiluugist alla sel kuuvalguseta ööl, mis järgnes salateenistuse agendi lahkumisele Iraanist. Langevari tõi ta alla selle paiga lähedal, kus esimene Sassaniidide kuningas oli võitnud otsustava lahingu, mis muutis antiikmaailma jõujooni, ning Obergil oli tunne, et tema suundub missioonile, mis veel enam mõjutab ajaloo kulgu. Ta pakkis langevarju kokku ning üks saksa keelt oskav kaškai hõimuliige ilmus teda tervitama; mehe oli kohale saatnud Schulze-Holthus, see Iraani jäänud agent, kes oli Berliini saadetud raadiosõnumiga ka maandumispaiga välja valinud. Hõimuliige andis Obergile teada halvast uudisest.

Franz Mayr on nüüd brittide käes, nagu ka see raadiosaatja, mille operatsioon Franz oli linna toimetanud. See tähendas, et Obergil pole võimalik varjuda SD veteranagendi turvamajja Teheranis. Oberg kuulas ja mõtles juba vaikselt selle üle, kuidas nende tagasilöökidega toime tulla. Tal pole võimalik toetuda Mayri kogemustele, kui ta kolme saatkonda üle vaatama läheb. Ka ühenduse pidamine Berliiniga saab olema keeruline; kui just ei õnnestu leida mõnd teist raadiosaatjaga agenti selles linnas, tuleb leiutada alternatiivplaan Schellenbergile raporteerimiseks. Maandumispaigast oli Teherani umbes 80 km maad, ning kogu selle sõidu kestel rappuvas veoautos mõlgutas Oberg kibedaid mõtteid selle üle, kui suure ohu keskele on Schellenberg ta saatnud ning kui võimatu tundub see missioon nüüd. Ta nägu leemendas higist ja raske oli öelda, kas see tulenes vaid palavusest.

Schulze-Holthus oli talle saatnud nimekirja võimalikest peidupaikadest sakslaste usaldusväärsete kaastööliste juures, ning neil kahel polnud muud võimalust, kui need ükshaaval üle vaadata. Nad käisid kolmel aadressil ning kõigis kulges asi ühtmoodi. Oberg ootas küürutõmbunult veoautos, kui kaškai läks välja kontakti looma. Võimatu oli öelda, kas venelased on neist ette jõudnud, kas nad sammuvad otse NKVD varitsuse keskele. Jäi üle vaid uksele koputada ja oodata, mis edasi saab. Oli tunne, nagu hüppaksid alla põleva maja katuselt – muud võimalust ei olnud, aga võimatu oli ette teada, kas sa maandumisel terveks jääd. Kohalik tuli alati tagasi uute halbade uudistega: kaastööline oli venelaste haarangu käigus kinni võetud ja jumal teab kuhu viidud. Aga vähemalt ei varitsenud kuskil mingeid löömamehi, et neile kallale tormata. Peale iga sellist pingelist kontaktikatset kasvas Obergi antipaatia Schellenbergi vastu veelgi ja talle tundus, et ta on siin vaenulikul territooriumil täiesti üksi.

Neljandalt aadressilt avastati viimaks Mayri võrgustiku seni kinnivõtmata liige, ning ta pakkus Obergile peavarju. Tõsiasi, et siin polnud raadiosaatjat, ei paistnudki enam nii oluline, Obergi jaoks tundus see kõige väiksema murena sel ebakindlusest täidetud ajal. Ükski vaenlase tagalas viibiv agent ei saa end lõdvaks lasta, igal ööl on tal tunne, et võimuesindajad tulevad kohe uksele prõmmima, aga kui kurnatud Oberg viimaks voodisse sai, lootis ta siiski, et viimaks õnnestub tal end korralikult välja magada.

———

Kui Oberg järgnevatel päevadel linna peal ringi liikus, tõestas ta kähku oma suurepäraseid spioonioskusi. Tal leidus selle töö jaoks „õiget silma", nagu luurajad seda nimetavad – ta oskas märgata mõndagi sellist, mis vähemkogenud agentidel oleks kahe silma vahele jäänud, ning neist tähelepanekutest seoseid tuletada. Saatkondade territooriumitel ta muidugi ei käinud, vaid valis endale mõne staatilise vaatlusposti – kohvik, pood, tänavanurk –, kust oli hästi näha kõiki sisenejaid ja väljujaid. Ta jälgis kaupmehi tellimusi kohale toimetamas, pani tähele valve-postide asukohta, valvurite arvu ja nende väljavahetamise aegu. Ta uuris läbi saatkondi ümbritsevad müürid, otsides kõrvaluksi või mõnd muud sissepääsuteed. Kaugemalt uuris ta ka katuseid, pannes tähele nende kallet ja küsides endalt, kas nende peal oleks võimalik kõndida, hindas nende kaugust maapinnast ja võimalikke varjumispaiku, näiteks korstna taga. Aga viimaks ei avastanud ta midagi, mille üle rõõmustada. Pole mingit lootust sisse pääseda, kui Skorzeny ei taha just märtrit mängida – ning isegi kui viimse võimalusena seda teed minna, siis tundus ilmne, et hästi positsioneeritud ja relvastatud liitlaste valvurid saavad erisalklastest jagu enne, kui nad esiukseni jõuavad.

Kuid viimaks komistas ta kogemata ühe paljutõotava võima-luse otsa. Ta pani tähele sedasama, mis oli ka Mike'ile silma jäänud: linna hale veevärk, see rentslivesi, mis juua ei kõlvanud ja võis lausa mürgine olla. Esialgu ei osanud ta arvata, et siin võiks peituda midagi olulist: see tegi talle muret vaid isiklikus plaanis, ta ei tahtnud haigeks jääda. Kuid peagi astus ta siit loogilise sammu edasi. Kust saatkonnad vett saavad, küsis ta

242 • Salamõrvarite öö

endalt. Ta polnud märganud, et saatkonna väravatest siseneks tsisternveokeid, kuigi neid võis sageli näha valitsushoonete ja rikaste inimeste häärberite juures. Kas välisdiplomaadid lasevad endale kohale lennutada pudelivett? Või saavad kuidagiviisi ilma hakkama? Mõlemad variandid tundusid väheusutavad, et mitte öelda võimatud, kui ta nende üle vähe pikemalt juurelnud oli. Lahenduseks pidi olema midagi muud.

Ta uuris selle teema kohta kaupmehelt, kelle juures ta peatus, kuigi ei andnud märku, nagu see asi teda kuigivõrd huvitaks, vaid esitas seda nagu täiesti loomulikku küsimust (mida see tegelikult ka oli kõigi Teheranis elavate inimeste jaoks, kes ei tahtnud tüüfusesse jääda). Nii sai ta esimest korda teada, kuidas vesi linna ja saatkondade juurde jõuab, ning temale selgitati seda palju põhjalikumalt kui Mike'ile.

Pole küll täpselt teada, mida kaupmees talle rääkis, kuid edasistest sündmustest ja tunnistustest võib üldjoontes tuletada selle jutu sisu. Võib arvata, et ta kõneles Obergile muistsete pärslaste geniaalsetest ehitusoskustest, ning see jutt kandus tagasi veel kaugemasse aega kui see, mil Šeherezade oma 1001 öö muinasjutte vestis.

Maa-aluseid akvedukte (*qanat*, mis araabia keeles tähendab „kanalit") hakati kaevama juba umbes kolm tuhat aastat tagasi, et veega varustada külasid ja põlde. Need tuginesid lihtsal ja leidlikul ideel: kui leiti mõni kõrgel asuv veeallikas – näiteks mägioja või orujõgi –, siis kaevati maasse sügavad augud ning raske ja aeganõudva töö tulemusena uuristati maa alla pikad kaldus ühendustunnelid, mis kandsid vett kõrbepinna all sihtkohta gravitatsiooni jõul.

Sarnaselt Mike'iga sai ka Oberg teada, et see muistne idee viis viimaks kaasaja tervishoiukriisini. Teherani rahvarohke metropoli veevarud pärinesid kristallselgetest ojadest ja puhta veega maa-alustest allikatest, mis voolasid Elburzi mägede jalamil linnast põhjas. Sinna olid kaevatud vertikaalšahtid ning kilomeetritepikkused sügaval maa all paiknevad kaldtunnelid tõid vee linna. Teherani jõudes kaldusid need akveduktid ülespoole, kerkides taas maapinna ligidale. Vesi sisenes pikkadesse rentslitesse, mis ääristasid tänavaid mõlemal pool. Inimesed jõid seda vett. Rentsleid kasutati aga peldikuna. Linnas, kus elas ligi miljon inimest, said neist lageda taeva alla jõudnud akvedukti-harudest mürgised ojad. Need levitasid haigusi ja surma. Koolera ja tüüfus õitsesid seisva veega tiikides.

Kui kindralmajor Donald Connolly võttis 1942. aastal üle Ameerika relvajõudude juhtimise Iraanis, otsustas ta midagi ette võtta nende kohutavate sanitaartingimuste parandamiseks – vähemalt liitlaste jaoks. Connolly oli inseneriharidusega, ta oli juhatanud uue kursi ehitusprogramme Los Angeleses. Ta oli mees, kes teadis, kuidas midagi ära teha.

Üks esimesi projekte, mille ta algatas, oli joodava vee toimetamine liitlaste saatkondadesse. Ta sai aru, et qanat-süsteemi pole mõtet uuesti leiutama hakata, vaid pigem tasuks seda edasi arendada. Mõnes mõttes oli ta lahendus sama lihtne ja leidlik nagu muistsete pärslaste oma.

Tema mehed kaevasid linnaäärsesse kõrbesse augu, jõudsid juba olemasoleva akveduktiharuni, kus voolas värske mägedest tulev vesi, ning suunasid selle uutesse harudesse ümber. Vesi hakkas voolama uutesse betoonist veetunnelitesse, mis asusid kõrbepinna all, rohkem kui kümne meetri sügavusel, ning jõudsid saatkonna seinte vahele, suubudes maapealsetesse veehoidlatesse, mida klooriga puhastati ning mis asusid saatkonnakruntide selleks eraldatud osades.

Igas liitlaste saatkonnas tuli kraanidest puhast vett. Kui sa sellest lonksu võtsid, maitses see hea. Läbi nende maa-aluste tunnelite voolas värske mägivesi pidevalt saatkondadesse.

Obergi kõik instinktid ütlesid talle, et viimaks on ta leidnud midagi, mis võib missiooni saatuse otsustada, kuid ta ei hakanud tormama. Järgmiste päevade jooksul kontrollis ta kaupmehe loo hoolikalt üle. Linnast väljas kõrbeplatool leidiski ta selle šahti, mille Connolly insenerid olid alles hiljuti kaevanud − seda polnud raske avastada, kuna see oli ümbritsetud okastraadist taraga. Ta ei julgenud sinna auku sisse lõigata; ta ei tahtnud endast maha jätta ühtegi märki, mis võiks silma torgata. Tarast oleks olnud lihtne üle ronida, kuid ta hakkas mõtlema, et see on liiga suur risk, sest kui keegi teda seal üleval kõõlumas näeb, pole tal ühtegi usutavat vabandust tuua. Väga võimalik, et liitlased või Iraani politseinikud käivad siin regulaarselt patrullimas. Ta otsustas oodata pimeduse saabumist, et siis üle tara ronida.

Oberg passis seal veel tund aega ja muutus üha kannatamatumaks. Patrulle polnud näha. Ta oli nüüd veendunud, et liitlasi ja kohalikke võime ei huvita selles tühjas kõrbesektoris toimuv. Viimaks ta leidis, et isegi kui ta selles eksib, pole öö nagunii ohutum aeg kui päev. Pealegi polnud siin kuhugi varjuda. Kuumus tundus talumatu. Kõige turvalisem paik oleks all tunnelis, kus keegi teda ei näe. Ja kindlasti ka kõige jahedam.

Metalltara on voolu all, oli tema esimene kohkunud mõte, kui ta sellest kinni haaras. Kuid siis sai ta aru, et metall kõrvetas ta käsi päikese tõttu; järgmine kord tuleb kindad kaasa võtta, ütles ta endale. Ta ronis üle tara ja hüppas teisel pool maha. Süsteem oli kujundatud selliseks, et vee puhtust saaks kergesti kontrollida, ning kui ta üritas tõsta seda suurt nelinurkset metallkatet, mis kaitses vertikaalšahti sissepääsu, tuli see kergesti lahti — nagu kastil oleks kaas pealt tõstetud. Ta nägi tunnelisse viivat redelit ja hakkas alla ronima.

Ta sai kähku aru, et tema teine suur viga oli taskulambita tulemine. Ta küll kuulis all voolavat vett, kuid ei näinud seda. Tal polnud aimugi, kui kõrgelt ta kukuks, kui ta libastuma peaks. Ülima ettevaatusega liikus ta redelipulki pidi allapoole. Laskumine läks aeglaselt, kuid maa-alune jahedus oli teretulnud vaheldus. Viimaks seisis ta põlvekõrguses vees ja jättis meelde: järgmine kord tule saabastega. Ta leidis taskust tiku ja tõmbas selle põlema. Ta kõndis tontlikus poolhämaruses edasi, kuni tunnel hargnes. Maapind tema taldade all oli kindel: ilmselt betoon, arvas ta. Ta mõtles, kas tasuks uut tunnelit pidi edasi liikuda, aga kui ta silmad pimedusega harjunud olid, märkas ta kaugemal veel kaht harutunnelit. Igati loogiline, ütles ta endale: üks tunnel iga saatkonna jaoks.

Ta ei hakanud üheski suunas edasi minema, vaid tegi spontaanse otsuse. Homme tuleb ta siia tagasi, kaasas kindad, taskulamp ja korralikud jalavarjud; praegu polnud erilist mõtet siin pimeduses edasi kobada. Ta naasis redeli juurde ja pani tähele, et betoontunnel on piisavalt lai, et kolm inimest mahuksid kõrvuti kõndima. Näiteks kolm erisalklast.

Järgmise nädala jooksul jätkas Oberg oma uurimisretki; need päevad olid täidetud kartusest, kuid teda valdas ka suure võidu eelaimus. Ta kõndis kõik harutunnelid läbi ning need olid kõik sarnased; umbes kolme kilomeetri pikkune maa-alune jõgi, kus vesi ulatus põlveni, ning need jõudsid välja maapinna tasandil paiknevasse veehoidlasse. Maapealsed vaadid meenutasid neid, mida kasutatakse viinamarjadest mahla väljapressimiseks, ent olid palju suuremad, ning ta kujutas ette, kuidas erisalklased neist läbi ujuvad, end üles servani tõmbavad ja ronivad välja saatkonna territooriumile, märjad nagu rääbised. Ta läks siis veidi maad tagasi ja uuris ümbrust senisest hoolikamalt. Ta avastas, et selle koha lähedale, kus vesi vaatidesse voolas, olid insenerid paigutanud samasugused redelid nagu tunneli sissekäigu oma. Nende kohal olid metallkaaned, taas samasugused nagu see, mille avamisest ta oma retke alustanud oli. Ta mõtles korraks, kas tal tasuks välja ronida ja ümbrust uurida, kuid otsustas, et risk on liiga suur. Kui teda nähakse, ei saa Skorzeny koos oma meestega seda teed pidi tulla, et märkamatult tapatsooni saabuda. Liitlased keevitavad need kaaned kinni ja lisaks pannakse alla tunnelisse igaks juhuks ka relvastatud valvurid. Selle asemel uuris ta kaasi, et näha, kas need on lukus. Ükski ei olnud; tal õnnestus neid kõiki vaikselt umbes tollijagu kergitada ja see ei nõudnud erilist lihaste pingutamist.

Peale seda viimast tunneliskäiku naasis Oberg turvamajja. Nüüd sundis ta end tegelema probleemiga, mida ta oli vältinud alates ajast, mil ta Teherani saabus: kuidas Schellenbergi informeerida? Kui tal ei õnnestu Schellenbergile oma avastustest teada anda, ei saa Skorzeny neid veetunneleid oma operatsioonis kasutada. Kell üha tiksus. Suure kolmiku visiit Teherani pidi toimuma novembri lõpus – vähem kui kahe nädala pärast.

Ainus idee, mis talle pähe tuli, oli kiire trett Türki. Ta palub kaškaidel leida mingi auk venelaste liinides põhja pool. Ankarasse jõudes kontakteerub ta Moyzischiga. SD agent saab Schellenbergiga kindlasti ühendust. Ent see plaan näis siiski väga meeleheitlik, sest oli võimatu ette näha, kui kaua Iraanist välja hiilimine aega võtab. Ta ei pruugi üldse piirini jõuda, venelased võivad ta enne kinni võtta; sarnaselt kõigi VI ameti meestega oli temagi kuulnud, mis sai õnnetu saatusega Gamothast, kes üritas Iraanist lahkuda umbes sama teed pidi. See oli siiski ainus plaan, mis talle pähe tuli, seega palus ta iraanlasest kaastööliselt, kelle juures ta peatus, ühendust võtta kaškaidega. Ta pidi võimalikult kähku Türki jõudma.

Aga niipea, kui ta oli võõrustajale selgitama hakanud, mida ta vajab, sai ta aru, et leidub ka teine tee. Schulze-Holthusil on raadio; Abwehri agent oli valinud maandumispaiga Qomi jõe kandis, edastanud selle koordinaadid Berliini ning saatnud hõimuliikme sinna temaga kohtuma ja Teherani toimetama. Ta võib kasutada tema saatjat.

Ta pidi kaks päeva reisima läbi põletavkuuma kõrbe ja mööda järske, looklevaid mägiteid, enne kui tema iraanlasest võõrustaja, kellele nähtavasti meeldis *Reich*'i heaks tõelist spioonitööd teha, juhtis ta viimaks kaškaide laagrisse. Schulze-Holthus kutsuti kohale ja talle harjumuspärase professionaalsusega pakkus ta kohe oma abi. SD peakorterisse Wannsees saadeti pikk kodeeritud raadiotelegramm, mis oli mõeldud vaid Schellenbergi silmadele.

Oberg naasis Teherani turvamajja heas tujus. Ta oli tulnud võõrasse välismaa linna ja suutnud kõigi tõenäosuste vastaselt leida viisi, mis võimaldaks Skorzenyl ja ta meestel suure kolmiku lähedale pääseda. Piisavalt lähedale, et nad tappa.

Ta tähistas seda klaasikese arakiga ja oli endale just järgmist valamas, kui uks lahti löödi. NKVD. Nad ei esitanud mingeid küsimusi, ei uuritud isegi ta nime. Tal kästi käed üles tõsta ja samal hetkel suruti talle püssitoru vastu selga.

30

FRANZ MAYRI TRUUDUSETU ARMUKESE Lili Sanjari päästmine NKVD vanglast oli, nagu sellest osavõtnud hiljem naljatasid, esimene Šveitsi-Iraani ühisoperatsioon kogu sõja ajal. Aga kui huumor korraks kõrvale jätta, oli see tõepoolest unikaalne ettevõtmine. Ühtlasi võis seda pidada enesetapumissiooniks.

Idee autoriks oli Ernst Merser, see lühike ja töntsakas šveitslane, kes selles linnas kõiki tundis ja oli Mayri võrgustikus üheks keskseks kujuks – mis mõnes mõttes tegi kogu ettevõtmise veel veidramaks. Sest tegu oli spiooniga, kes tegi oma luuretööd kõrgseltskonna õhtusöökidel või klubibaarides, ajades arukat juttu ja nautides veini ning kogudes selle käigus infokilde. Ta polnud mingi karm tüüp, selline lihasmägi, kes õlaga uksi maha lööks ja laseks seesolijate peal rusikad käiku. Tema stiiliks oli pigem glamuursete daamide ees viisakalt uksi avada.

Miks see härrasmees-luuraja soovis siis iga hinna eest Lilit Syroosi tänavalt päästa? Üheks seletuseks – mille Merser ise andis, seega ei maksnud seda uskuda – oligi see, et ta on džentelmen, kes tundis tänuvõlga võrgustiku juhi Mayri ees, ning soovis mõistagi ka Lilit NKVD küünte vahelt päästa. See polnud mingi saladus, milliseid julmi tegusid venelased seal sünges keldris sooritavad; NKVD oli neid jutte ise levitanud, kuna Moskva teadis, et hirm on sageli tulemuslikum relv kui tegelik jõu kasutamine. Teiseks seletuseks oli, et ka Merser, nagu paljud selles linnas, oli sisse võetud tollest mustade juustega hirvesilmsest ja lõbujanulisest neiust. Kuna oli selge, et Mayr veedab ülejäänud sõja brittide vangina, siis võis ta mõelda, et kuna Lili armuke on mängust väljas, andub uut kaitsjat vajav neiu nüüd temale. Kuid vahest kõige loogilisem seletus – mis ka praegu veenev näib – oli see, et Merser kartis. Kui Lili hakkab rääkima, annab venelastele välja Mayri võrgustiku liikmete nimed, siis tungib NKVD peagi ka tema uhke Kakhi tänava villa uksest sisse. Ning siis aheldatakse temagi venelaste peakorteri seina külge ja ta peab anuma, et tema elu säästetaks.

Oli Merseri motivatsioon siis milline tahes, ta alustas oma operatsiooni igatahes kõige õigemal moel. Tundes oma tugevusi ja nõrkusi, võttis ta ühendust Misbah Ebtehaj, selle *pahlevani*-maadlejaga, kelle jõhkardite kamp oli sageli Mayri eest musta tööd teinud.

Ebtehaj oli kõike seda, mida šveitslasest spioon ei olnud – julm kraakleja, keda ei saanud mingil juhul džentelmeniks pidada. Kui Merser rääkis talle oma plaanist, teatas maadleja, et see on võimatu. Siis alustati läbirääkimisi.

Merser pakkus talle abi eest suure summa, tuhat naela.

„Kui sa kavatsed süütuid inimesi ohverdada," nähvas maadleja, „siis tasub sul kellegi teise juurde minna." Ta kinnitas Merserile, et tema ei hakka kedagi kindlasse surma saatma.

Šveitslane pakkus seepeale kaks tuhat naela. Ta teadis, kuidas Iraani turgudel tingimine käib. Ta oskas arvata, mis järgmiseks juhtub. Müüja peab olema kindel, et talle pakutakse suurimat summat, mida tal on lootust saada.

Ebtehaj urises, et päästmine on lootusetu üritus, läbikukkumine on kindel. Ta ei riski siin vaid oma naha, vaid ka sõprade eludega. Kuidas saaks ta seda teha, ilma et südametunnistus vaevama jääks?

„Kolm tuhat naela. See on mu viimane pakkumine," kuulutas Merser, hääles kostmas selline kindlus, nagu oksjonipidaja oleks haamrit löönud ja pakkumise lõpetatuks kuulutanud.

„Olgu, arutame siis detaile," nõustus Ebtehaj kohe.

———

Sellest pidi saama diversioonirünnak, kuigi võrdlemisi lihtsa-koeline. Palju kasu oli sellest, et üks Ebtehaj kambajõmm, vene keelt oskav petis, kes oli vahetevahel ka NKVD heaks töötanud, teadis üht telefoninumbrit Syroosi tänaval, millele helistada. Ja ta teadis ka koodlauset, mis annab märku tõsisest häireolukorrast, millele tuleb reageerida suurte jõududega.

„Mu vend on tõsiselt haavatud," teatas ta, kui venelaste pea-korteris kõne kell pool kolm öösel viimaks vastu võeti.

„Kas arst on juba kohal?"

„Arsti pole ja ta jookseb kohe verest tühjaks."

„Olgu, võite kõnelda," ütles venelane, sest kood oli õigesti ette kantud.

Helistaja viskas nüüd sööda vette: rühm iraanlastest ja sakslastest agente on kogunenud majja, mis asub Firoozi ja Makhousi tänavate nurgal. Nad on relvastatud ja plaanivad läbi viia mingit viienda kolonni sabotaažiakti. Ta pole päris kindel, kui palju mehi seal on, aga neid on vähemalt kolmkümmend, vahest rohkemgi. Nad viibivad kõik selles majas. Mõne tunni pärast, millalgi enne koidikut, lähevad nad missioonile.

Merser teadis, et sellise sõnumi peale peavad venelased kohe tegevusse asuma. Sõnumi puhul oli kõige olulisem aga see — Ebtehaj oli selle välja mõelnud —, et Firoozi ja Makhousi tänavad asuvad Teherani lääneosas. Syroosi tänav asub aga idasektoris. Nii et venelased peavad minema linna teise otsa.

Kui NKVD jõud polkovnik Vertinski juhtimisel seda hoonet ründama asusid, üritades ust maha lüüa, avati ülakorruse aknast nende pihta püstoli- ja automaadituli. Venelased taganesid kiiresti tuleulatusest kaugemale ja korrastasid oma ridu, enne kui uuesti rünnati.

Sedapuhku õnnestus neil majja sisse murda. Kuid sealt ei leidnud nad muud peale kahe Manni püstoli, kahe püstolkuulipilduja ja saksakeelsete paberite – rekvisiidid, mis kuulusid Ebtehaji operatsiooni juurde. Tulistajad olid läbi maa-aluse käigu põgenenud Jamshidiehi tänavale.

Kui Vertinski koos oma meestega koidikueelses hämaruses seda naabruskonda läbi kammima asus, otsides viienda kolonni liikmeid, lähenesid Merser, Ebtehaj ja seitse tema kõrilõikajat Syroosi tänava majale. Nad olid pealt vaadanud, kuidas venelaste põhijõud olid tormanud linna teise otsa, ent nad ei teadnud, kui palju mehi majja maha jäi ja mis relvad neil on. Ega ka seda – ja see oli Merseri suurim hirm –, millal põhijõud naasevad.

Ebtehaji plaaniks oli sisse lüüa üks tilluke aken tänava kohal, ning sealtkaudu sisse ronida. Kui ta on juba majas sees, lootis ta kõigist kallalekippujatest jagu saada ja jõuda esiukseni, et see teistele avada.

Julge, kuid ka rumal plaan, leidis Merser. Kui nad kuulevad aknaklirinat, haaravad nad kohe relvad. Aga kui nad kuulevad koputust uksele, avavad nad selle. Nad arvavad, et mõned nende mehed on tagasi. Šveitslasest spioon taipas instinktiivselt üllatusmomendi taktikalist tähtsust.

Üks Ebtehaji mees saadeti uksele koputama. Kuid keegi ei vastanud.

Seejärel prõmmis ta ukse pihta palju kõvemini. Talle vastas vihane hääl, öeldes midagi vene keeles. Ta vastas farsi keeles, valjult ja ärevil hääletooniga, ta ei pidanud eriti näitlema, et hirmunult kõlada.

Viimaks avas venelasest valvur ukse. Nüüd oli iraanlane juba nii rollis sees, et ta jätkas karjumist keeles, mida venelane kindlasti ei mõista, ning näitas tänavat pidi alla, justkui üritaks midagi seletada.

Uudishimulik venelane astus välja ja läks vaatama, milles on asi, ning talle löödi pliitoruga selja tagant pähe. Tema liikumatu keha toimetati varju. Mehed jäid ootele.

Nad ei pidanud kaua ootama, enne kui veel kaks venelast tulid kadunud seltsimeest otsima. Iraanlane hakkas taas karjuma ja žestikuleerima. Kui venelased tänavat pidi edasi kiirustasid, iraanlane teed näitamas, jooksid nad otse varitsuse keskele. Nende liikumatud kehad jäeti sõbra oma kõrvale. Nüüd astus meeskond Ebtehaji juhtimisel lukustamata uksest sisse.

Seest avastasid nad neli venelast, kes kõik tukkusid. Kui nad ärkvele raputati, jäid nad seda relvastatud kampa uimaselt põrnitsema. Nad ei üritanudki vastu hakata.

Merser leidis Lili keldrist. Ta lebas teadvusetult õlgedest madratsil. Merser kõneles temaga õrnalt saksa keeles ja katsus teda äratada. Lili avas suu, kuid ühtegi arusaadavat sõna üle tema huulte ei tulnud. Ta suutis vaid tasa oiata. Aga vähemalt oli ta elus. Õnnelik Merser käskis ühel iraanlasel ta üles tõsta ja süles minema kanda. Õrnalt, rõhutas ta.

Ebtehaj vabastas samal ajal kõiki teisi vange. Ta ei tahtnud, et venelased taipaksid, et missiooni keskmes oli Lili. Kui NKVD seda arvama hakkab, ei saa Lili end enam kunagi julgelt tunda.

Merser kiirustas välisukse poole. Kõik need hirmud, mis olid teda vaevanud selle sündmusterikka öö kestel, hakkasid vaikselt vaibuma. Ta tundis erakordset elevust. Ta oli suutnud sisse murda NKVD peakorterisse, ta oli Lili üles leidnud ja ta päästnud. Peagi on ta kodus tagasi – kui ta õnn ei pöördu.

Siis kuulis ta tasast häält, mis kõnetas teda saksa keeles. Ta nägi, et ukseava kõrval ootab teda keegi mees. Piisavalt lähedal, et tal käisest kinni võtta. Merser polnud lootnud NKVD vanglast eest leida ühtegi sakslast, ning kõik varasemad kartused naasid kohe. Ta otsis pilguga Ebtehaji, kuna tal võis abi vaja minna, kuid jõumeest polnud kuskil näha. Seega jäi Merser paigale ja hoidus järskudest liigutustest, kuna ta teadis, et tal pole lootust anda ennetavat lööki. Esimesest pilgust oli selge, et see saksa keelt kõnelev mees on sõdur; tal oli sõjamehe olek ja ta tundus väga enesekindel. Ent kas tegu on venelasega, kes vaid teeskleb olevat sakslane? Merser ei osanud seda öelda, aga mees nägi välja selline, et tal ei tekiks raskusi tema kaela murdmisega.

„Kas te olete sakslane?" küsis võõras.

Merser ei vastanud. Ta vajas aega mõtlemiseks. Võõras katkestas esimesena vaikuse ja selgitas, et ta oli pealt kuulnud, kuidas Merser kõneles allkorrusel tüdrukuga saksa keeles. Ta kuulis seda, sest temagi oli keldris viibinud. Temagi oli vang.

„Aga teie?" uuris Merser, hakates enesekindlust tagasi saama. „Kes teie olete?"

„*Sturmbannführer* Oberg," teatas mees kandu kokku lüües ja valveseisangut võttes. „Ma viibisin siin Iraanis juba mõnda aega, enne kui mind arreteeriti. Ma vajan abi ja peidupaika. Kas ma võin teie peale loota?"

Merser kõhkles. Ta pidi otsusele jõudma, ja kähku. Venelased võisid iga hetk naasta.

„Tulge koos meiega," otsustas ta.

Kakhi tänava villas vaatas arst Lili üle. Ta silmaalused olid siniseks löödud ja rindkerel olid põletikulised vorbid, kuid ta leidis, et püsivaid kahjustusi ei ole. Luumurrud puuduvad. Ta andis talle valuvaigisteid ja rahusteid, et ta saaks välja puhata. Suure maja teises magamistoas viibival Obergil polnud rahusteid vaja. Ta magas ligi päev otsa. Selle aja kestel sai Merser põhjalikumalt järele mõelda oma tormaka otsuse üle. Ta hakkas oma spontaanset küllakutset kahetsema, sest selle mehe puhul oli ju mõndagi kahtlast.

Kelle ta oli oma majja toonud, küsis Merser endalt. Mida ta sellest Obergist tegelikult teadis? Ta nimetas end Saksa majoriks, aga see ei tähenda veel, et ta seda ka on. Äkitselt on tegu topeltagendiga? Oli ta ju temaga kohtunud NKVD peakorteris. Kas ta on osa liitlaste plaanist, mille abil sisse imbuda SD kaastööliste sekka, keda veel Teheranis leidus? Mida rohkem ta sellest mõtles, seda enam süvenes Merseris veendumus, et tark tegu oleks sellest Obergist võimalikult kähku lahti saada. Ta ei tahtnud sattuda mingi liitlaste salaplaani keskele. Või saada NKVD viha sihtmärgiks – taas meenus talle see Syroosi tänava kelder. Ta oli end mõtlematult asetanud väga ohtlikku olukorda. Ta vajas vastuseid.

Merser säilitas siiski oma loomupärase viisakuse ja ootas, kuni nälginud Oberg on kõhu korralikult täis söönud. „Kui te suudate rahuldavalt tõestada oma identiteeti,“ alustas ta siis, „on minu kodu teie käsutuses. Kui ei, siis ma üritan teid küll edasi aidata, aga parem oleks, kui leiate varjupaiga mujalt.“

Oberg kuulas teda vaikides. Ta varjas ju kogu sõja suurimat saladust. Viimane asi, mida ta tahtis, oli minna välja tänavale, kus teda võidaks taas arreteerida. Alates hetkest, mil venelased olid talle järgi tulnud, hakkas Oberg väja nuputama, mida neile öelda, mida neile anda, et hoida nad eemal saladusest, mis oli tema Teherani missiooni keskmes. Ta teadis, et iga mees murdub piinamise käigus. Kuid ta otsustas Schellenbergile ja Skorzenyle võimalikult palju aega võita, enne kui ta paljastab Kaugushüppe – see peaks toimuma alles siis, kui erisalklased on linna jõudnud ja veetunneleid pidi oma tapatööl ära käinud. See oli puhas õnn, et venelased talle Syroosi tänaval nii vähe tähelepanu pöörasid; nad olid ametis teiste vangide piinamisega. Aga ta teadis, et viimaks oleks nad jõudnud ka temani; ning ta teadis ka, et viimaks oleks ta paljastanud ka selle kolossaalse saladuse, mille ta oli endas nii sügavale matnud. Sega tahtnuks ta jääda peitu siia Kakhi tänava mugavasse ja turvalisse majja. Ta teadis, et Kaugushüppe tulevik saab olema väga ebakindel, kui ta uuesti tabatakse.

„Ma võiksin nimetada tosinkond inimest, kes on valmis minu isikut kinnitama," alustas ta viimaks, üritades kõlada mitte liiga meeleheitlikult. „Need on ka üsna tähtsad isikud. Aga seda saab teha ainult siis, kui leiate võimaluse Berliiniga kontakteeruda ja neilt vastuse saada," jätkas ta üha lootusetumal häälel.

„See võtaks täpselt kolmkümmend minutit," teatas Merser kuivalt.

Oberg läks kohe elevile. Kas tal on veel rohkem vedanud, kui ta julges loota? Vähe sellest, et ta päästeti venelaste käest, ta toodi ka majja, kus on raadiosaatja? Talle meenus, kuidas ta oli juba valmis ette võtma ohtlikku retke Türki vaid selleks, et Schellenbergile sõna saata. Viimaks pidigi ta ette võtma mitmepäevase reisi kaškaide laagrisse mägedes. „Teil on saatja?" hüüdis ta.

Merser säilitas valvsuse. Ta teadis, et kui ta tunnistab, et tal on üks neist raadiosaatjatest, mille Franzi meeskond oli mõne kuu eest linna toonud, annab ta topeltagendile tõendid, millega ta saaks alla kirjutada Merseri surmaotsusele.

„Palun nimetage see isik Berliinis, kes saaks teie kohta anda vajalikku informatsiooni," vastas Merser, nagu ta poleks küsimust kuulnud.

Oberg andis talle selle nime: SS-kindral Walter Schellenberg. „Kas see rahuldab teid?" küsis ta.

Mõne minuti pärast oli šveitslane juba pööningul ja saatis sõnumit Abwehrile Berliini: „Haarangu käigus venelaste luurepeakorterisse vabastasid mu kohalikud agendid mehe, kes väidab, et ta on *Sturmbannführer* Winifred Oberg, ja ütleb, et Schellenberg võib seda kinnitada. Hetkel viibib Oberg minu majas ja palub minu abi. Ootan instruktsioone."

Mis sellest veel tulla võib, pidi Merser endalt küsima, kui ta vastust ootas. Mis Berliinis toimuda võib? Kas Abwehr võtab ühendust Schellenbergiga? Kas ta peab ootama päeva või kaks, enne kui nad vastavad? Või veel kauem? Kas nad üldse vastavad? Kindlasti on kindral hõivatud mees ja vaevalt talle meeldib, et mingi major, või mis veel hullem, mingi teeskleja, siin tema nime kõigile mainib. Merseril tekkis tunne, et vahest oli selle sõnumi saatmine mõtlematu samm. Kas Abwehri vastus võib teda süüdistada kergeusklikkuses, kahtluse alla seada tema suutlikkust luuretööga toime tulla?

Vastus saabus hiljem samal päeval. Merser luges selle läbi ja läks siis allkorrusele Obergi tuppa. Ta ei hakanud sõnagi ütlema, vaid asetas sõnumi teksti öökapile voodi kõrval, kus Oberg lesis.

Oberg tõusis istuli ja luges selle kindlal ja selgel häälel ette:

„Mainitud isikule tuleks anda igakülgset abi ja pakkuda turvalist ühendusviisi meiega. Koostöö tema ja teistega osutub vajalikuks ühe esmase tähtsusega ülesande käigus."

„Olen teie teenistuses, *Herr Sturmbannführer*," teatas Merser.

Kolm päeva hiljem korraldas Merser asja nii, et kolm Ebtehaji meest võtsid Obergi Kakhi tänava maja eest peale. Nad olid kuskilt hankinud sõjaväeveoki koos paberitega, millega see sõiduk pääseks takistusteta läbi igast Iraani politsei kontrollpunktist – seda muidugi juhul, kui koos paberitega antakse ka piisavalt suur sularahapatakas.

Obergi instruktsioonide kohaselt sõideti kuivanud järve juurde Qomi jõe lähedal – seesama paik, kuhu ta oli langevarjuga maandunud. Kähku leiti üles need tumedad kirstukujulised metallkonteinerid, mis olid sinna eelmisel ööl langevarjuga alla visatud. Need olid rasked, neid tuli kahe mehega veokisse tõsta.

Oberg ootas ära, kuni konteinerid olid Kakhi maja keldris korralikku ritta seatud. Siis avas ta need üksteise järel.

Need olid täidetud relvade, laskemoona ja lõhkeainetega. Stenid ja Vene püstolkuulipildujad, Gammoni pommid. Piisavalt tulejõudu, et tappa Roosevelt, Churchill ja Stalin. Nagu ka need mehed, kes üritavad oma elu hinnaga neid kaitsta.

31

MIKE ÄRKAS KESKÖÖ PAIKU, sest telefon helises. Ta teadis kohe, et öistest kõnedest on harva head loota. Kuna ta äratati unest siin Oranis, Alžeerias, kuhu president pidi saabuma kolme päeva pärast, võis arvata, et pidev helin annab märku tõsisemat sorti hädaolukorrast.

Helistajaks oli kolonel Frank McCarthy, USA maaväe staabiülema kindral George Marshalli käsundusohvitser, ning ta oli väga ärevil. Sõnad tulid ta suust kiiresti nagu kuulipildujast, ning mis veel hullem, tooni põhjal oli kohe selge, et nüüd on asjad halvad. Mike peab kohe ilmuma kindral Eisenhoweri peakorterisse Alžiiris, ägas ta torusse.

Säärasel toonil antud käsust piisas selleks, et Mike'i vaimusilma ette kerkiksid kohe kõikvõimalikud tragöödiad, mis võisid Bossi tabada sõjaaegset Atlandi ookeani ületades. Kuna McCarthy keeldus temaga üksikasju jagamast, järeldas Mike kohe, et juhtunud on midagi eriti hullu. Kolonel tegi küll lühidalt juttu oma ettevaatuse põhjustest. Pole teada, kes seda telefonivestlust pealt kuulata võib, mainis ta pahaendeliselt. Ta kordas taas: te peate kohe Alžiiri minema. Ja virutas toru hargile.

Nüüd täiesti ärkvel Mike vaatas aknast välja. Orani ründas torm. Meri möllas, kõrged lained tõusid sadamasse ankrusse jäetud kaluripaatide kohale ja vajusid neile raskelt peale. Santa Cruzi kindluse tornide kohal öötaevas sähvisid välgud. Tumehallid rahehood piitsutasid linna. Alžiir asus aga rohkem kui kuuesaja kilomeetri kaugusel.

Lendamine on sellisel ööl muidugi võimatu. Sinna tuleb autoga sõita, muud varianti pole. Seega äratas Mike salateenistuse agendi George Durno ja nad alustasid koos seda ohtudest täidetud retke. Põhja-Aafrika teed olid keerulised läbida iga ilmaga, kuid sel ööl oli asfalt vihmast eriti libe. Ent need olid veel head lõigud, kus asfalti leidus; sageli tuli sõita sügavas mudas või põrkerauani ulatuvas vees. Nähtavus oli pea olematu; neil jäi üle vaid palvetada, et keegi teine pole piisavalt hull, et sellise ilmaga sõita. Selle ülipingelise retke ainsaks väikeseks plussiks oli see, et Mike pidi kogu hingest keskenduma auto teel hoidmisele, muuks ei jäänud mahti. Tal polnud aega mõelda sellele, mis võis presidendiga juhtuda, ja kas ta on veel elus või juba surnud.

Nad jõudsid Alžiiri koos koidukiirtega, kui torm oli suuremas osas vaibunud. Mike oli omadega täiesti läbi; see õudne reis kurnas ta energiast täitsa tühjaks. Kuid ta ei kõhelnud. Ta läks kohe McCarthyt otsima. Ta pidi teada saama, mis presidendiga juhtus. Muu polnud oluline.

Selgus, et Bossiga on kõik korras. Probleemiks oli hoopis Churchill.

Mike sai teada, et peaminister tahab kohtumispaika vahetada – Kairo asemel peaks esimene konverents toimuma hoopis Maltal. Mis põhjusel? Niipalju, kui ärritunud ja ülikurnatud Mike mõista suutis, polnud selle viimase hetke muudatuse taga mingit veenvat loogikat. Mike torises, et see on lihtsalt „üks peaministri hetketujudest või midagi sellist." Tuli siiski otsustada, kas Churchilli tujule järele anda.

Eisenhower ja Marshall, kes kogenud poliitikute vaistuga mõtlesid eelkõige oma naha hoidmise peale, tahtsid Mike'ilt hinnangut neile kahele kohtumispaigale, ning soovisid ühtlasi, et ta ise presidendile muudatusest teada annaks. Pannes kogu vastutuse tema laiadele õlgadele, näisid nad ühtlasi mõista andvat, et tema pea pannakse pakule, kui presidendiga ühes või teises kohas midagi juhtuma peaks.

Temale see õigupoolest sobis. Sel hetkel, olles unest äratatud ja põhjalikult ära hirmutatud koloneli pahaendisest sõnumist ning kogu öö kestnud reisist läbi väntsutatud, oli ta sellises tujus, et ei hakanud oma sõnu ilustama. Ta saatis kähku sõnumi Iowale, andes teada peaministri soovist, kuid lisas ühtlasi, et ta jääb kindlaks algsetele instruktsioonidele, kui just president isiklikult ei palu tal ümber mõelda.

Ta ei pidanud vastust kaua ootama, ja see pärines otse FDR-i käest, nagu ta oli nõudnud. „Minu plaanid seoses Kairoga pole muutunud. Kordan, minu plaanid seoses Kairoga pole muutunud. Hull ütles mulle, et ta rääkis sinuga."

Mõningase rahulolutundega jälgis Mike, kuidas see turtsakas sõnum edastati Churchillile, kes merel viibis: peaministrit oodatakse ikkagi Kairos. Seejärel, piinadest täidetud öö viimaks selja taga, läks Mike otsima voodit, kus end välja magada, vähemalt seni, kuni teda äratab järgmine pakiline kriis.

Tal õnnestus Orani naasta, enne kui see käima läks. Sakslastel pidada olema uus relv. Natside lendtorpeedo – ametliku nimega Henschel Hs 293 – oli kiirestiliikuv juhitav rakett, mida oli liitlaste laevade peal hävitava täpsusega rakendatud. See visati alla lennukilt ja torpeedo langes veepinnale täisvõimsusel töötavate rakettmootoritega, mis andsid sellele uskumatu kiiruse, 225 meetrit sekundis, ning sensorid leidsid sellele õige suuna, kuni see tabas laeva keret ja kogu 300-kilone lõhkelaeng plahvatas. See oli uputanud juba nii palju Briti laevu, et kuninglik merevägi oli peatanud Saksa allveelaevu jahtivate patrull-laevade tegevuse Biskaia lahes (kuue päeva pärast uputabki Hs 293 vägesid transportiva laeva ja üle tuhande sõduri saab hukka). Homme läbib Iowa Gibraltari väina, pardal president koos staabiülemate ühendkomiteega. Kitsas väin on sakslastele jahialaks kui loodud. Nii kui Hs 293 luureteavet Mike'iga jagati, sai talle kohe selgeks, millises ohus president viibida võib.

Tehti otsus Iowa kaptenile kiirsõnum saata: olge valmis kurssi muutma, suunduma varusadamasse Dakari. Juba tund aega hiljem saabus uus luureteave: Saksa allveelaevade flotill on teele asunud Dakari suunas. See uudis asetas Mike'i dilemma ette. „Dakar tähendab allveelaevu," mõtiskles ta süngelt. „Oran tähendab lendtorpeedosid". Ta ei kahelnud, et mõlemad saaksid töö tehtud. Sama murettekitav oli järeldus, et „tundub, et keegi teab midagi". Natsid olid kõigile tema käikudele leidnud õige vastusammu, ja konverents polnud veel isegi alanud. Ta ei uskunud, et sakslaste otsuste taga on vaid vedamine. Talle ei meeldinud asjade seis kohe üldse.

Kuid selle regiooni mereväeülem admiral Henry Hewitt polnud mees, kes võitluseta taanduks. Ta oli edukalt juhtinud USA väeüksusi Põhja-Aafrika maaletungi käigus ning leidis nüüd, et parimaks lahenduseks oleks, et Iowa Gibraltari väinast pimeduse varjus läbi lipsab. Samal ajal tema väed patrullivad selles piirkonnas usinalt. USA lennukil õnnestuski üks allveelaev põhja lasta, ning hävituslennukite eskadrill pommitas sealkandis teisi vaenlase laevu. Esmalt tunduski, et Iowa saab kottpimedast väinast segamatult läbi.

Ent äkitselt see tohutu lahingulaev paljastati. Hispaania rannikult oli see võetud võimsate prožektorite kiirtevihku, laev kümbles nüüd ereda valguse käes ja selle tekiehitise siluett tuli öö taustal selgelt esile. Nii oli Iowa nüüd suurepärane sihtmärk, mida vaenlasel oli võimatu mitte märgata.

Ei saadudki teada, kes andis selle mõtlematu käsu laeva valgustada, kui see väinast läbi sõitis. Ent õnneks polnud vaja hakata juurdlust korraldama. Koidiku ajal saabus Iowa õnnelikult Orani sadamasse.

Mike läks pardale kell kaheksa hommikul. Ta ei teadnud, mida oodata, kuid tema rahuloluks näis Boss peale seda pikka merereisi olevat heas vormis. Sama ei saanud öelda kõigi agentide kohta, kes olid tema kõrval üle ookeani tulnud. Mike avastas, et nende närvid olid veel rohkem läbi kui tal endal. Kui nad kõnelesid talle torpeedost, mis oleks peaaegu laeva tabanud, võttis tal kõhust õõnsaks, nagu ta oleks ise seal viibinud.

Ta võttis invaliidist presidendi sülle ja asetas ta ettevaatlikult Iowa mootorpaadi istmele. Roosevelti kätel kandes pidi Mike taaskord mõtlema, kui habras ja haavatav tema ülemus on.

Mootorpaat lähenes hommikuvalguses Mers el-Kébiri paadisillale, kus neile mingit vastuvõtutseremooniat ei korraldatud, ning Mike oli rahul, et ta saab taas Bossi kõrval viibida. Kuupäevaks oli 20. november. Kahe päeva pärast on nad juba Kairos, ja enne järgmise nädala lõppu Teheranis. Neid ähvardavad paljud ohud, sõja ajal võib juhtuda mida tahes. Iga uus päev saab olema täidetud ebakindlusest. Ent kui Mike vaatas seda põdurat invaliidi, kes oli tema sõber, tõotas ta endale mõttes: ta toimetab Bossi elusalt ja tervelt koju.

Juhtumisi kiikas ka Schellenberg tihti kalendrit, kui ta tegevusplaani täpsustas. Ta lootis endiselt, et ühe päevaga selle kuu lõpus on seotud mõni konkreetne vihje. See pakub vastuse kahele küsimusele Kaugushüppega seoses: millal ja kuskohas Teheranis peaks see atentaat aset leidma?

Ta oli käskinud G-grupi uurijatel koostada nimekiri sündmustest, mis leiavad aset eesootaval kuul – 1943. aasta novembril –, mil liitlaste riigijuhid eeldatavasti viimaks ühte kohta kokku tulevad. Aga nüüd, kui tal see dokument viimaks käes oli, pidi ta endalt küsima, kas sellega seonduvad lootused olid üldse põhjendatud? Kuidas oleks tal võimalik leida otsitud vastus, teha kindlaks see hetk, mil kõik kolm liitlaste liidrit, hoolimata muudest kohustusest, oma muutlikest tujudest, kauakestnud vimmapidamisest ja konverentsi arutelude kulgemisest, panevad kõik muu korraks kõrvale ja saavad Teheranis kokku väljaspool konverentsisaali? Uurijad olid andnud oma parima, kuid kogu see protsess oli siiski täiesti subjektiivne. Ta peab oma instinkte usaldama. Olgu faktidega kuidas on, tema otsis midagi palju inimlikumat. Ta pole sentimentaalne mees, kuid ta peab sellise mehe kombel mõtlema. Ta pidi lootma, et ta oskab end asetada oma jahisaakide olukorda.

Nimekiri oli lühike, ja kuna sellest sõltus nii palju, kaalus ta iga selle punkti põhjalikult. Aga kuna see koosnes mõistagi liitlaste sõjavõitudest – sest mida muud oleks neil seal tähistada? –, oli see tema jaoks eriti ärritav meeldetuletus lähimineviku sündmustest.

Saksaliku põhjalikkusega olid need sündmused esitatud kronoloogilises järjekorras, seega oli esimeseks neist El Alameini võidu aastapäev, mis saavutati aasta eest, 11. novembril 1942. Ta teadis küll, et suur kolmik kohtub Teheranis alles peale aastapäeva, novembri lõpu poole, kuid ikkagi oli see liitlaste jaoks olnud väga tähtis võit. Sellega kustusid Saksamaa lootused Egiptuses, ja tegelikult kogu Lähis-Idas, pidi ta kurvalt nentima. Sellega kindlustati, et natsid ei saa enda kätte Iraani naftavälju. Vahest oleks just seetõttu sobilik seda tähistada ametliku õhtusöögiga Teheranis, ütles ta endale. Kuid järgmisel hetkel pidi ta juba tunnistama, et isegi kui nad otsustavad seal tähistada El Alameini triumfi, ei aitaks see teadmine tal kindlaks teha konkreetset kuupäeva või ürituse toimumispaika Teheranis.

Ta uuris nimekirja edasi, tõmmates mõttes kriipsu peale mitmetele muudele variantidele, kuni ta märkas midagi, mis tundus huviäratav. Ta hakkas selle mõttega mängima, üritades seda üldpilti sobitada. Kui Churchill, FDR ja Stalin soovivad tähistada mõnd antud regiooniga seotud võitu, küsis ta endalt, siis kas ei sobiks selleks hästi liitlaste sissetung Põhja-Aafrikasse? G-grupi uurijad olid kuupäevana toonud 16. novembri 1942. Sel päeval oli tulevahetus ametlikult lõppenud. See oli esimene Ameerika-Briti ühisoperatsioon ja see kujunes väga edukaks. Muidugi polnud venelased selles mingit osa mänginud, kuid ta kahtlustas, et isegi torssis Stalin on valmis selle auks toosti tõstma: see oli ettevalmistav samm liitlaste sissetungile Mandri-Euroopasse, eelmäng teise rinde avamisele, mis nüüd juba täiesti vältimatu näis ja mis vähendaks sõjalist survet Punaarmeele. Jah, tekkis tal tunne, selle auks võivad nad küll õhtusöögi korraldada. Aga nagu kalamees, kes raskesti kättetulnud saagi merre tagasi viskab, teadis temagi, et kuupäev pole päris õige. Sest 16. novembril pole suur kolmik veel linna saabunud.

Mõttekäiku jätkates tundus talle, et kui Stalin tahab tähistada mõnd sõjalist võitu, siis vaevalt lepiks ta lahinguga, kus venelased ei osalenud. Eriti veel siis, kui leidub üks selline, mis kuupäeva poolest paremini sobib. Aasta varem, 23. novembril, olid tema väed ümber piiranud Saksa 6. armee Stalingradis. Schellenberg suutis ette kujutada, et selle tähistamiseks võib Nõukogude marssal küll venelaste saatkonnas kaasliitlastele viina valada ja kaaviarimägesid ette kanda lasta. Kuid ka see mõte näis talle viimaks ebarahuldav. Kas dogmaatiline Churchill, kes teatavasti põlgab bolševikke, tahaks osaleda õhtusöögil Punaarmee auks, pidi ta endalt küsima. Kui küsimus nõnda sõnastada, siis peaks vastus selge olema.

Ta mängis selle probleemiga edasi. Seda tehes veendus ta viimaks, et ta oli kogu asjale lähenenud valest suunast. See ei saa olla sõjaline sündmus, mis sunnib neid kõike muud unustama ja tähistamiseks kokku tulema. Kõik need mehed on liiga rahvuslikult meelestatud, liiga uhked, et mõne teise maa sõjasaavutusi austama hakata. Läheb vaja sündmust, mis poleks poliitiliselt ja militaarselt nõnda laetud, midagi leebemat.

Nii avanesid tema ees uued võimalused. Ta lasi pilgu nimekirjast üle käia ja leidis sealt ameeriklaste tänupüha, mida tähistati 26. novembril. Jah, leidis ta, see võib olla sobiv sündmus, mille puhul Roosevelt teisi Ameerika saatkonnas õhtusöögil võõrustab. Aga kas Stalinil võiks leiduda ideoloogilisi vastuväiteid pidusöögile, millega tähistatakse Ameerika kapitalistide püha? Ja kui Cicero saadetud luureraportid on täpsed, siis pole ka põhjust arvata, et suur kolmik oleks selleks kuupäevaks juba Teheranis.

Schellenbergile tundus siiski, et vähemalt liigub ta nüüd õiges suunas. Ta naasis nimekirja juurde ja võttis erilise tähelepanu alla riigipühad, pulma-aastapäevad, sünnipäevad.

Peagi leidis ta otsitu.

Sündmus, mida nad kõik kahtlemata tähistavad, kuhu nad kokku tulevad, hoolimata riiklikust poliitikast või isiklikust vimmast. Sündmus, mille puhul on nad valmis üheks õhtuks unustama kõik lahkhelid ja käituma liitlaste kombel. Ta oli kindel, et ta on kuupäeva leidnud.

Ühtlasi teadis ta, kus see tähistamine toimub. Vaid üks paik on loogiline ja sobiv.

Viimaks oli Schellenbergil olemas Roosevelti, Churchilli ja Stalini mõrvamise kuupäev ja toimumispaik. Nägemus eesootavast lahingust juba vaimusilmas heiastumas, läks ta Skorzenyt informeerima. Nüüd on õige aeg salamõrvarid Iraani saata.

32

JUBA SIIS, KUI ROOSVELTI REIS ÜLE PÕHJA-AAFRIKA algas, oli Mike'i peamises mureks see, et natsid võtavad sihikule presidendi lennuki. Kui Püha Lehm oli kaks päeva varem õhku tõusnud La Sénia lennuväljalt Orani lähedal, et kolme ja poole tunni pärast Tunises maanduda, oli Mike presidendil aidanud turvavööd kinni panna, ning taas tükkis talle pähe vastik kujutluspilt: invaliidist president lebab abitult lennukirusude vahel. Ta teadis ka, et seda katastroofi ei õnnestuks tal kuidagi ära hoida – välja arvatud see variant, et ta ei luba Bossil üldse lennukile istuda. Ta üritas pinget vähendada võllanaljaga: „Luftwaffe piloot, kes selle lennuki taevast alla toob, saab kindlasti nädalalõpuks linnaloa Berliini." Kuid kohe sai ta aru, et ilmselt on see sulatõsi.

Mike polnud ainus, kes pidas riski liiga suureks. Presidendi Orani saabumise päeval oli sõjaminister Henry Stimson, keda üldiselt liialdajaks ei peetud, saatnud telegrammi, milles ta hindas eesootavat reisi Egiptusesse väga ohtlikuks. Ta soovitas sellest loobuda:

„Kui mina oleksin lennuväekomandör, kel on käsutada sadakond Junkers JU 88 pommitajat, ja kes on lugenud pressiraporteid, kus on kirjeldatud üht konkreetset üliolulist sihtmärki, mille arvatav marsruut jääb lennuulatusse mõnedelt minu lennuväljadelt ... siis riskiksin kõigi oma lennukitega selle peavõidu püüdmiseks."

Kuid tema kurjakuulutavast ennustusest polnud välja tehtud, ning Mike hoidis oma kahtlused üldse enda teada. Aga kui reisi esimene etapp Tunisesse oli möödunud intsidentideta, oli üha vähem mahti neist ohtudest mõelda, sest viimase minuti ettevalmistused Kairo ja Teherani konverentsideks röövisid palju aega ja lisaks käidi vaatamisväärsustega tutvumas.

Siiski, sõja eest ei pääsenud kuhugi. Selle ähvardav vari kõrgus kõige kohal. Kartaagos veetis president kaks ööd luksuslikus lumivalges villas, mille kohta Mike võis patriootlikust uhkusest tulvil häälega öelda, et „vaid mõne kuu eest … oli see koduks natside kindraliässale Rommelile." (Märksa hiljem, hoopis teistsuguses tujus olles, tõmbab ta ajaloolisi paralleele Kartaago hävitamise ja selle natside salaplaani vahele, mille keskele nad suundumas olid.) Nad olid külastanud lahinguvälju, presidendi giidiks ei keegi muu kui kindral Eisenhower ise, ning Mike oli neile järgnenud teises maastikuautos. Sõideti mööda Ameerika ja Saksa tankide põlenud karkassidest ja ikka veel surmavalt ohtlikest miiniväljadest ning vaadati üles 609. künka poole ja üritati ette kujutada, mida võisid tunda need sitked USA sõdurid, kel leidus julgust edasi tungida künka tipu poole, hoolimata enamvähem pidevast kahuritulest ja kuulirahest. Aga Mike'ile jäi enim meelde vaatepilt, mida ta nägi siis, kui lennukimootorite ühtlane ja sihikindel mürin sundis teda pilku taevasse tõstma. See „igati asjakohane" meeldetuletus sõjaohust, nagu ta seda hiljem nimetas, koosnes vähemalt viiekümnest keskmise lennuulatusega pommitajast, mis naasid missioonilt teisel pool Vahemerd. Nad olid võtnud mitmesse gruppi, mis lendasid V-kujulises rivis, ent neis oli tühje kohti. Mike teadis, et iga selline tähendas „teisele kaldale jäänud seltsimehi". See ühtaegu judisemapanev ja liigutav vaatepilt aitas Mike'il paremini mõista, mida Boss lootis saavutada eesootaval nädalal, ja tuletas samas meelde, et president on tõelises ohus, kui ta vaenlase territooriumile läheneb.

Mike teadis, et ta ei tohi emotsioonidele voli anda. Ta üritas end veenda selles, et ta paisutab ohu suurust üle.

Aga Kairosse lendamise hommikul sai Mike'i korduv košmaar äkitselt tõeks nende ohvitseride ja lennujuhtide jaoks, kes viibisid lennuväe Põhja-Aafrika peakorteris. Presidendi lennuk kadus äkki radariekraanilt. See jäi kadunuks kaheks tunniks. Suur C-54 pidi Kairosse saabuma kell kaheksa hommikul, kuid korduvad katsed saada ühendust piloodi, major Otis Bryaniga, ei andnud tulemust. Hävitajaeskordid, mis plaani kohaselt pidid lennukiga kohtuma koiduvalguses, kui see lõunast Kairole läheneb, alustasid nüüd otsimismissiooni, üritades kõrbest leida suitsevat vrakki. Veidra irooniana oli see kõik Mike'i süü.

Kuigi Mike pidi süü enda peale võtma, võib tema kaitseks öelda, et ta järgis presidendi käsku. Püha Lehm asus Kairost teele Põhja-Aafrika öö pimeduse varjus, startides El Aouina lennuväljalt Tunise lähedal. Täiendava ettevaatusmeetmena pidi see säilitama raadiovaikust; kuna ei tahetud, et vaenlase pealtkuulajad võiksid teada saada, kes pardal viibivad, oli piloodil keelatud sõnumeid saata või vastu võtta. Kui hiiglaslik õhusõiduk saavutas oma hariliku lennukõrguse, kutsuti Mike presidendi kabiini; Bossil oli juba turvavöö peal, ta valmistus magama jääma. Tal olid jalas paksud, keemiliselt töödeldud sokid, mille ta oli enne reisi lahkumiskingituseks saanud; kui neile peale kallata lusikatäis vett, tekkis tunne, nagu oleks jalgade juures elektriradiaator.

„Kui me oleme juba nii kaugele tulnud, siis võiks Niilust mööda sõita ja püramiididele pilk peale heita," kuulutas president, naeratades nagu rahulolev laps. „Ütle kaptenile, et ta marsruuti muudaks," käskis ta. Mike peaks ta üles äratama, kui nad on püramiidide lähedale jõudnud. Ta ei taha sellest ilma jääda, teatas ta põnevil tooniga.

Mike edastas selle käsu major Bryanile ning navigaator asus kohe tööle uue marsruudi kallal. Mike kaalus korraks, kas tasuks raadiovaikust katkestada ja anda Kairos asuvale liitlasvägede õhujuhatusele teada, et presidendi lennuk hilineb, kuid ta loobus sellest ideest peagi. Mis saab siis, kui Luftwaffe raadioeetrit pealt kuulab? Siis annaks ta neile rünnakukoordinaadid kätte. Ta kujutas küll ette, et tekib metsik paanika, kui presidendilennuk õigeaegselt ei saabu, kuid mingit püsivat kahju sellest ei sünni (välja arvatud vahest Mike'i reputatsioonile kindralite silmis). Ent Mike tuletas endale meelde, et tal on üksainus ülemus, kes on neist kõigist kõrgem.

Mike ei saanud lennates kunagi und; tal oli tunne, et kui president on õhus kaitsetu, peab tema valvel püsima ja kõigeks valmis olema. Seega oli ta üleval ka kell seitse hommikul, kui lennuk lähenes Niilust pidi kõige lõunapoolsemale püramiidile. Ta kiirustas FDR-i äratama.

Boss vaatas aknast välja ja oli väga rahul. Poisina Grotoni koolis õppides oli antiikajalugu teda väga huvitanud, ta oli koguni oma teadmiste eest auhindu võitnud. Nüüd sai minevik tema jaoks tõeliseks viisil, mida ta nooruses poleks ette kujutada osanud. Ta saatis piloodile sõna, et lennuk jätkaks tiirutamist, kuni ta annab käsu edasi lennata. Nad tiirutasid seal kaua ja FDR, olles kõik muu unustanud, jälgis aknast neid monumente, nende kulunud ja päikesest pleekinud kive ereda hommikuvalguse käes. „Inimesel on tohutu soov, et teda jäädaks mäletama," ütles president Mike'ile mõtlikult, imetledes aknast Suurt Püramiidi.

Presidendi lennuk maandus Kairos oodatust kaks tundi hiljem – ja ilma ettenähtud hävitajaeskordita. Nagu Mike ka ennustada oskas, oli „meie salajane retk vaatamisväärsuste juurde Kairo peakorteris suure segaduse tekitanud … kindralid olid marus."

Aga kella kümne paiku sellesama päeva – 22. novembri – hommikul viibisid nad juba USA suursaadiku Kirki uhkes kanaliäärses villas. Residents asus jahedas roheoaasis ja sellest pidi saama presidendi kodu Egiptuses viibides. Konverentsi esimene sessioon algab alles peale lõunat. Mike lootis, et tal õnnestub tasa teha need unetunnid, mis tal lennu tõttu kaduma läksid, kuid öised hirmud vaevasid teda ka päeva ajal. Ta mõtiskles ärevalt võimaluse üle, et see igati inimlik soov olla mäletatud järeltulevate põlvede poolt võib võrdselt kehtida nii vaaraode, presidentide, peaministrite, diktaatorite kui ka natside salamõrvarite puhul.

Selsamal päeval, mil Mike Kairosse lendas, oli ka Skorzeny koos oma erisalgaga taevasse tõusnud, suundudes ida poole linna, kus möllas surm.

Nad saadeti Oranienburgi lossist teele eriliste tseremooniateta; missiooni tähtsusest piisas, suuri sõnu polnud vaja teha. Aga hoolimata sellest, et nii palju oli kaalul ja nende sihid näisid lausa uskumatult suurejoonelised, valitses lossis enesekindel õhkkond. Schellenberg oli kampa võtnud Skorzeny ja Holten-Pflugiga, kes pidi olema kuulsa eriväelase adjutant Iraanis, ning kolmekesi olid nad välja töötanud operatsiooni viimased detailid. Nad olid veendunud, et neil leidub plaan, mis võimaldaks meeskondadel mööda pääseda kõigist turvameetmetest, millega liitlased on suure kolmiku ümbritsenud. Kõik taktikalised eelised kuulusid neile.

Vaenlane ei oota venelaste mundrites mehi. Aga isegi kui midagi kahtlustama hakatakse, saavad ründemeeskonnad kõigist proovidest läbi. Nad olid ju ehtsad Vene sõdurid. Välja arvatud see esmapilgul nähtamatuks jääv tõsiasi, et nad teenivad nüüd Saksamaa huve.

Teheran kihab julgeolekujõududest – kuid veetunnelid on valveta nagu ikka. Nende kaudu pääsevad meeskonnad tähelepandamatult tapatsooni, just nagu need purilennukid, mis olid Skorzeny mehed Itaalias mäe otsa viinud, et Mussolinit päästa.

Lähedalt tulistades ja täisautomaatrežiimile seatult suudavad Vene püstolkuulipildujad ja Stenid välja saata kakskümmend kuuli kolme sekundiga, millest piisab, et võtta maha kolm riigijuhti koos valvekordonitega – kui seda üldse vaja läheb, sest loodetavasti on Gammoni pommidel suletud ruumis piisavalt plahvatusjõudu, et vaenlane silmapilkselt purustada.

Enam polnud kahtlust ka rünnaku toimumisajas või -kohas. Schellenberg oli selle välja nuputanud, ja kui ta oma avastust Skorzeny ja Holten-Pflugiga jagas, olid mõlemad nõus, et see pole hüpoteetiline oletus, vaid kindel värk. See on võti, mis avab viimase luku, ja nüüd, kui seda on keeratud, on uks avali. Nad võivad sisse marssida, neid ei saa enam peatada. Neil õnnestub oma sihtmärke ootamatult tabada. Midagi pole jäetud juhuse hooleks.

Kui strateegia sai paika pandud, võttis ka taktikaline sõjaplaan peagi selge kuju. Venelasi saab olema kaks rühma, mõlemad koosnevad Vlassovi kaheksateistkümnest kõige vapramast mehest, lisaks veel iraanlasest tõlk, kes sai värvatud Brandenburgi tõlkide väljaõppeüksusest.

Põhjarühm, nagu seda mitteametlikult nimetama hakati, näitab teed. Nad maanduvad langevarjuga platoole Qazvīni lähedal – see linn oli kunagi muistse Pärsia impeeriumi pealinn, nüüd kuulus see Nõukogude okupatsioonitsooni alla. Seal kohtuvad nendega kaškaid ja viivad nad veoautodega 150 km kaugusele Teherani. See saab olema pikk retk, aga seda peeti vajalikuks, lähtudes tõsiasjast, et Nõukogude tsoonist tulevad venelastest sõdurid ärataksid vähem tähelepanu. Kui mõni Nõukogude patrull peaks vlassovlased peatama, siis küllap oskavad nad end välja rääkida. Linnas minnakse turvamajadesse, kuni saabub signaal tulla kokku veetunneli sissepääsu juurde. Selle üle oli samuti arutatud, et kas üldse tasub pikemaks linna peitu jääda või oleks parem kõrbest otse tunneli juurde sõita. Schellenberg leidis, et Teherani-suguses suures linnas on paremad peitumisvõimalused kui kõrbes lageda taeva all. Skorzeny küll kahtles selles plaaniosas. Ta pani ette, et Iraani minemisega võiks oodata kuni viimase hetkeni; nii saaks otse veetunneli juurde minna. Schellenberg vihastus ja pani ta paika. Ta teatas pirtsakalt, et kui konverents on juba alanud, valvatakse taevast hoolikalt; vaenlase lennukil on siis raske Iraani õhuruumi jõuda. Kui nad tahavad edu saavutada, peavad rühmad juba Iraanis sees olema, enne kui riik lukku pannakse. Kui ta seda nõnda esitas, pidid Skorzeny ja Holten-Pflug tunnistama, et tal on õigus: nad peavad kohe teele asuma ja Teheranis turvamajadesse jõudma.

Hans Ortel, kogenud SS-lihunik, kelle Schellenberg oli välja valinud vlassovlastega töötama, juhib Lõunarühma. Nemad maanduvad langevarjuga kuivanud järvele Qomi lähedal, kus olid maandunud ka Franzi meeskonnad. Ka neid ootavad seal hõimuliikmed ja viivad nad turvamajadesse, mille Oberg koos Merseriga on viimase nädala jooksul üle vaadanud ja mille asukohad olid juba edastatud VI ametisse.

Holten-Pflug hüppab alla eraldi lennukilt, kuid maandub samuti Qomi tsoonis samal ööl, mil seda teeb Orteli grupp. Tema meeskond koosneb neljast Oranienburgi erisalklasest ja iraanlasest nimega Gorechi, kes oli Berliini saabunud kolm aastat tagasi, et *Reich*'i eest võidelda. Selle üksuse liikmed ei kanna venelaste mundreid; idarindel sõpru kaotanud mehed ei soovinud endile sellist maskeeringut. Holten-Pflug nagu ka Skorzeny soovis samuti, et ohvrid teaksid viimasel hetkel enne surma, et nad vahivad Saksa sõdurite relvatorudesse.

Skorzeny koos oma viieliikmelise rühmaga jääb esialgu ootele väljaspool Iraani, olles valmis tegema taktikalisi muudatusi, kui Teheranis peaksid ilmnema ettenägematud probleemid siis, kui meeskonnad on juba seal peitu läinud. Ortel peab raadio teel ühendust võtma, kui olukord on selgem. Kui mingeid ootamatusi ei esine, asub Skorzeny viivitamatult teele.

Rühmad tõusid õhku Simferoopolist Krimmis. Natsid olid selle linna vallutanud 1941. aasta novembris ja seal tõelise veresauna korraldanud. Einzatsgruppe D salgad olid metoodiliselt läbi kamminud vanad tatarlaste linnaosad ja kokku ajanud juute, venelasi ja mustlasi. Kui hukkamised olid läbi, pressiti rohkem kui kahekümne kahe tuhande tsiviilelaniku surnukehad laia ja sügavasse massihauda. Selle tapatöö järel said paljudest linna-osadest kummituslinnad, tühjaks jäänud tänavatel valitses kõhe kalmistuõhustik.

Meeskonna lend Simferoopolisse möödus sündmustevaeselt. Nad siirdusid pikka halli kasarmusse, kus jäädi ootama signaali Iraani suunduvate Junkersite pardale minekuks. See viimane ooteperiood oli ärevust tekitav, kuid need mehed suutsid oma emotsioone raudse distsipliini abil vaos hoida. Nad ei lasknud võitlusmoraalil langeda. Kõike oli arvesse võetud. Nüüd pole enam võimalik taganeda, kõhklusteks pole põhjust. Nad olid kindlad, et Kaugushüpe õnnestub. Holten-Pflug oli juba otsusta-nud, mida tema preemiaks saada tahab. Ta kiitles, et temast saab „järgmine Skorzeny" ja tema sõdurite teod kirjutatakse igaveseks kuldsete tähtedega isamaa ajalukku.

„Inimesel on tohutu soov, et teda jäädaks mäletama," oli president hoiatanud.

Kaugushüppe palavikuliste ettevalmistuste ajal toimus üks pisi-ke intsident, mis tollal tähelepanuta jäi. VI ameti Iraani lauale oli esitatud rutiinne palve edastada Schellenbergile igapäevased ilmateated Qazvīni ja Qomi linnade kohta nädalaks, mis algas 22. novembriga.

Iraani laua ülem Roman Gamotha valmistas selle informat-siooni kohusetundlikult ette ja edastas regulaarselt SS-kindralile. Tal polnud aimugi, millise operatsiooniga Schellenberg tegeleb, kuid nähtavasti kavatseti kedagi õhu kaudu Iraani toimetada. Detailide väljauurimise jättis ta oma Moskva Keskuse ülemustele.

33

NAD SUUTSID VAEVU HINGATA. Südamed pekslesid. Nad
kontrollisid üha uuesti hapnikutaset ja mõistsid, et balloonid
saavad peagi tühjaks. Vlassovlased kartsid, et nad kaotavad
teadvuse juba enne kui hüppeinstruktor, Luftwaffe staabiseersant
Paulus, annab teada, et nad on maandumispaiga kohal. See pol-
nud kuigi heaendeline algus Kaugushüppe operatsioonile.

Probleemiks oli kõrgus. Erioperatsioonide piloot kapten
Karl-Edmund Gartenfeld oli suurte kogemustega SD spetsialist
kaugdistantsi sissetoimetamiste alal, kes oli saanud Rüütliristi
selle eest, et ta oli Franzi ja Antoni parašütistid Iraani toimetanud.
Lend oli kulgenud ladusalt ja kehva isolatsiooniga kabiinis valit-
sev krõbe külm, mis mehi torisema pani, polnud mingi tõsine
mure, kui kiire Ju-290 oli Simferoopoli steppide kohal kõrgust
kogunud ja lennanud üle Musta mere Iraani poole. Aga kui
lennuk lähenes neutraalsele Türgile, tõmbas kapten Gartenfeld
juhthooba ja lennuki neli võimsat BMW mootorit kergitasid selle
kõrgemale tumedasse öötaevasse, pilvekihi kohale, kus radar seda
loodetavasti ei märka. Siis ületas ta Iraani piiri, kus mäeahelikud
ja võimalikud Nõukogude patrullhävitajad sundisid teda veelgi
kõrgust koguma, kuni nad olid 5,5 km peal.

Kogenud parašütistidele poleks ka selline kõrgus probleeme
valmistanud. Nemad teadsid, mida tuleb teha: istu vaikselt, ei

mingeid mittevajalikke žeste ega vestlusi, kabiinis ei maksa ringi käia. Sellisel juhul peaks hapnikuballoonide sisust piisama. Kuid vlassovlastel puudus põhjalikum väljaõpe. Seersant Paulus oli nendega teinud vaid ühe harjutushüppe Oranienburgi tornist; Skorzeny leidis, et mida rohkem proovihüppeid teha, seda tõenäolisem on, et mõni venelane jala murrab, aga ta vajas viimast kui meest. Kuid seda võis küll pidada andestamatuks möödalasuks, et neile polnud õpetatud, kuidas õhus olles hapnikku säästa.

Kui Ju-290 kähku kõrgust kogus, tungisid kabiini jäised tuuleiilid ning õhurõhu muutus sundis ärevil mehi üha rohkem hapnikku tarbima, kui rinnus pitsitama hakkas. Nad olid lennukile läinud piduliku teadmisega, et nende missioon vaenlase tagalas võib muuta ajaloo kulgu. Ühtlasi teadsid nad, et paljud neist – vahest isegi kõik, pidid praktilisemad mehed endale tunnistama – ei tule tagasi. Nad olid oma saatusega leppinud. Sõduri maailmas oli alati võimalik, et ühel hetkel istud veel rahulikult, ent järgmisel on ootamatu kuul su elule juba lõpu teinud. Aga nad polnud valmis selleks, et õhust tuleb puudu juba nüüd, et teadvusel püsimine saab olema tõsine pingutus, et missioon võib koost variseda juba enne selle algust. See tekitas neis pingeid. Niipea, kui esimene mees kokku vajub, puhkeb tõsine paanika.

Aga just siis, kui see hetk näis väga lähedal olevat, süttis kollane kabiinilamp ning lennuk alustas laskumist. Oli paika pandud, et hüpatakse saja meetri pealt, aga sellisel kõrgusel oli juba kerge hingata. Mehed ajasid end tuikudes püsti, üritasid end kokku võtta, kinnitasid langevarjukottide konksud vabastustraadi otsa ja asusid ukse juurde ritta.

Kahvatu kuusirp rippus taevas. Tuult oli vähe, mis oli tõeline õnnistus. Allpool võis Qazvīni linna taga näha tumedat tasandikku, mis laius keset tintmusta kõrbe. Kui lennuk hüppetsoonile lähenes, süttis kõrbes poolring autode esituledest, heites tontlikku valgust ümbritsevale maastikule. Hüppeinstruktor oligi seda märguannet oodanud: kaškaide tervituskomitee oma veoautodega on kohal.

Kabiinituli muutus roheliseks. „Minge! Minge!" hüüdis seersant Paulus.

Venelased hüppasid üksteise järel ööpimedusse. Kolmeteist-kümne sekundiga oli kabiin tühi. Kapten Gartenfeld hakkas taas kõrgust koguma, radariulatusest välja, soovides kiiremas korras Krimmi baasi tagasi jõuda. Tema missioon oli sooritatud.

Parašütistid tundsid, kuidas rihmad kere ümber pingule tõm-buvad; varjud olid avanenud. Nad hõljusid vaikselt alla, tuul oli nõrk. Alla vaadates nägid nad autotulede hajuvaid valgusvihke tasasel platool.

Laskumise edenedes võis üha selgemalt eristada ka autode kõrval seisvad mehi, kes polnud enam vaid hallid kriipsujukud.

Ilmselt just siis said nad aru, et midagi on viltu. Seal üleval õhus hõljudes taipasid nad oma õuduseks, et autode kõrval seisvad mehed ei meenutanud kohalikke hõimuliikmed. Ootajad kandsid khakiriidest mundreid nagu nad isegi, samu punaseid paguneid ja vormimütse.

Kõrbe vaikus ja rahu purunes hetkega. Laternakiired suunati üles õhku. Valgusvihkudesse püütult, võimetud manööverdama, kaitsetud, nägudel halastust paluv ilme, langesid parašütistid kergete sihtmärkidena maa poole. Nõukogude sõdurite kuuli-rahe rebestas nad nagu õlgnukud. Kolmel vlassovlasel vedas, nad maandusid tsoonist piisavalt kaugele ja panid elu eest plagama küngaste poole, tapatöö hääled kõrvus kumisemas. Kuid ka nemad olid järgmiseks pärastlõunaks üles leitud. Ükski vangi-võetu ei jäänud ülekuulamisel ellu, ega pidanudki jääma. Neil ei tekkinud võimalust peas lahti harutada seda reetmisvõrgustikku, mis oli nad hukatusse viinud.

Ka Mike oli sama päeva alguses muretsenud nende probleemide üle, mis võivad tekkida Teherani lendamisest suurel kõrgusel. Tegelikult tegi neist esimesena juttu admiral Ross McIntire, FDR-i usaldusalune ja ihuarst. Ta arvas, et lennukõrgus, mis on vajalik Iraani mäestike ületamiseks, võiks presidendi ja tema keskealiste nõuandjate tervist liigselt koormata (palju nooremate ja paremas vormis vlassovlaste läbielamiste põhjal võime öelda, et tegu oli õigustatud kartusega). Mike'ile anti käsk kohe Teherani minna ja uurida alternatiivseid linnapääsemise võimalusi.

Tal polnud selle vastu midagi. Suur kolmik saabub Teherani kolme päeva pärast. Ta teadis, et on viimane aeg koostada põhjalik julgeolekuhinnang. Selle ringreisi ajal ei kavatsenud ta end varjata. Ta kannab endast ette ja tutvub ühtlasi liitlastega, kes temaga edaspidi koos töötavad. Või tema vastu, nagu ta üha enam kahtlustas.

Sest varem samal hommikul oli president ta kurssi viinud intriigidega, mis olid juba alanud. Esiteks oli NSV Liidu välisasjade rahvakomissariaadi rahvakomissari esimene asetäitja, lipitsevalt viisakas Andrei Võšinski, juba kella kümne paiku hommikul teatanud, et marssal Stalin kutsub presidenti peatuma Nõukogude saatkonnas Teheranis. Sellele järgnes peagi telegramm, et peaminister Churchill pakub presidendile peavarju Briti saatkonnas. Mõlema pakkumise peamiseks põhjuseks pidi olema mugavam asjakorraldus: Ameerika saatkond asus linna ääres, teised kaks saatkonda paiknesid enam-vähem teineteise kõrval müüriga ümbritsetud pargitaolisel territooriumil. Siis ei peaks president ette võtma pingelist autosõitu läbi looklevate tänavate, vaid teda veeretataks ratastooliga mööda vulisevatest purskkaevudest, sädelevatest ilutiikidest ja erkrohelistest muruplatsidest, otse konverentsisessioonidele. Mike kahtlustas aga, et selle taga on midagi enamat. Ta oli kindel, et ka president teab seda.

278 • Salamõrvarite öö

FDR-i Ovaalkabineti kirjutuslaua lambi sisse oli peidetud mikrofon. Millalgi 1939. aastal, olles pahane, et põhimõttelagedad ajakirjanikud (selline oli presidendi subjektiivne arvamus) on ta sõnu moonutanud, lasi ta tuppa otse Ovaalkabineti kohal üles seada helisalvestustehnika, mida kasutati filmitööstuses. Nüüd võis president vajutada lauasahtlisse peidetud lülitile ja mikrofoni tööle panna. Kolmandaks ametiajaks kandideerides kasutas ta seda seadet palju, salvestades pressikonverentse ja eravestlusi. Seejärel, mingitel põhjustel, mida pikemalt ei seletatud (vähemalt mitte Mike'ile), lõpetas FDR mikrofoni kasutamise. President oli ühtlasi täiesti teadlik sellest, et ka sovettidele meeldib pealtkuulamisseadmeid kasutada. Moskva saatkonnast, otse USA suursaadiku töölaua kohalt, oli avastatud seina sisse peidetud mikrofon. Mike kahtlustas seega, et leidub teisigi, mitte just täiesti heatahtlikke motiive presidendile peavarju pakkumiseks. Ka president ei tahtnud olla kellegi külaline. Ta soovib „olla sõltumatum, kui külaline seda olla saaks," teatas ta Mike'ile, ning oli selge, mida ta silmas peab.

Tol hommikul kella poole kaheteistkümne paiku asus Mike kahe turjaka agendi saatel Teherani poole teele. Presidendi piloot major Bryan rääkis talle, et kogu tee saaks läbida kõrgusel alla kahe kilomeetri. Selline kõrgus ei koormaks kellegi südant liigselt, kuna Püha Lehma kabiin on hästi isoleeritud. Admiral Mac (nagu FDR-i rõõmsameelset ihuarsti siseringis nimetati) muretseb üle, kinnitas lendur enesekindlalt. Tõestage seda, vastas Mike.

Major Bryan tegigi seda. Kõrgusmõõturi näit jäi kogu reisi keskel alla kahe kilomeetri.

Mida oli vaja läinud selleks, et Valget Maja sõjaaja tingimustele kohaseks muuta, mõtiskles Mike süngelt, kui ta Ameerika diplomaatilist esindust üle vaatas. Kuulipildujapesad ja suurtükid. Fluoroskoobid ja „kõnelev tara". Õhutõrjepatarei katusel. Salateenistuse mehed kõikjal ringi luusimas, mikrofonid kuuerevääridel. Nende muudatuste elluviimine nõudis kuid. Seda Washingtonis. Ent ka pärast kõiki neid ettevaatusabinõusid polnud tal kunagi tunnet, et ta tohiks end täiesti lõdvaks lasta, ohutuses täiesti kindel olla. Nägemused potentsiaalsetest katastroofidest külastasid teda endiselt. Nagu ka mälestuspildid mineviku omadest: presidendi rinna poole lendab nuga ja tema seisab meetreid eemal ega saa sekkuda. Nüüd Teheranis tuli see talle taaskord meelde. Kuidas saaks ta Bossi julgeolekut tagada linnas, mis kahtlemata „kubiseb välisagentidest"?

Tal polnud muud valikut, kui tööle asuda. Ta paigutas esinduse katusele snaiprid. Kahekordistas valvurite hulka müüri ääres. Käskis sõjaväepolitseinikel luua kontrollpunktidega valvekordon esinduse ümber. Ta vaatas kogu krundi üle ja üritas tagada, et sõdurite valvepostide paigutus oleks strateegiliselt mõttekas. Ta kontrollis, kas kaldteed Bossi ratastooli jaoks on paigale asetatud, ning vaatas üle presidendi magamistoa – kas kõik aknad on lukus ja kardinaid saab tihedalt ette tõmmata, et ükski snaiper sihtmärki ei näeks. Ta astus läbi köögist, kuhu presidendi laevalt toodud filipiinlased ametisse asuma pidid, ning andis käsu, et iraanlasi ei tohi kasutada köögitööliste ega majateenritena sel ajal, kui Boss seal elab; nad asendatakse ameeriklastest sõduritega. Kuigi talle räägiti, et esinduse kraanide vesi on täiesti joogikõlbulik, leidis ta, et sellega ei tasu riskida. Ta oli juba korralduse andnud, et koos presidendiga saabub Teherani ka pudelivesi. Mike kinnitas endale, et nii on üks mure vähem.

Siis sõitis ta kuue kilomeetri kaugusele Briti saatkonda, kus talle näidati õhtusöögi- ja konverentsiruume. Ta pidi lootma, et inglastel piisab valvureid, aga olles näinud, kuidas Churchilli Washingtonis valvati, ei usaldanud ta neid eriti. Ta lohutas end mõttega, et ta ise püsib alati Bossi lähedal. Britid olid väga uhked saatkonna krundi üle – see lopsakas ja hoolitsetud park meenutas mõne Inglise maahäärberi oma. Mike nägi aga vaid džunglit, kuhu vaenlase agentidel on lihtne peituda.

Nõukogude saatkonda jõudmiseks tuli minna läbi sellesama pargi. Pikk ja majesteetlik kivitrepp viis kõrgete sammastega portikuse ja esiukseni. See tohutusuur hoone meenutas pigem tsaaripaleed, mitte bolševistliku proletariaadi ametnike residentsi.

Vastumeelselt anti Mike luba ka seal ringi luusida – ta kaebas küll, et tema saatjad olid „kahtlustavad", „süngeed" ja „otsekohesed, et mitte öelda jämedad". Peagi astus tema juurde üks venelasest ohvitser. Mike oli teda samal päeval juba näinud Gale Morghe lennuväljal, seal oli ta end tutvustanud kui kindral Dmitri Arkadjevit. Mike teadis, et tegu on NKVD mehega, ning arvas, et ilmselt peab ta Teheranis sama ametit mis temagi. See 43-aastane kindral oli luureohvitser, kuid ta ametipost polnud siiski nii kõrge, nagu Mike oleks pakkunud. Ta juhatas NKVD transpordiosakonda; NKVD rahvakomissar Lavrenti Beria oli küll samuti linna tulnud, et tippkohtumiseks ettevalmistusi teha, kuid tema ja Teherani jaoskonna ülem Andrei Vertinski eelistasid varjus püsida, nad ei tahtnud ilmuda ameeriklasest salateenistuse mehe ette. Arkadjev ei asunud seega Nõukogude luurehierarhia tipu lähedal, aga tema ettekanne Mike'ile oli igal juhul mõtlemapanev.

Eelmisel päeval olid sakslaste parašütistid maandunud Nõukogude sektoris Teherani lähedal, teatas ta, viidates Qazvīni kandis maandunud vlassovlastele. Ta ütles, et mõnedel õnnestus mägedesse peituda, tol hetkel oli see veel ka tõsi. Ta ei lisanud, et suurem osa erisalklastest lasti maha juba enne, kui nad maapinnale jõudsid. Või et venelased teadsid nende tulekust ja korraldasid neile varitsuse.

Venelane teatas, et see polnud kuigi oluline vaenlase operatsioon. Ta informeerib Mike'i parašütistidest pigem kollegiaalsest viisakusest, see pole mingi tegelik mureküsimus. Ta uskus, et tegu oli natside missiooniga, millega taheti saboteerida raudteed, mida mööda toimetati Venemaale ameeriklaste lendliisi abi. Mida muud sai see olla? Sakslased ei tea Teherani konverentsist. Ta märkis abivalmilt, et Trans-Iraani raudteed on vaenlane varemgi korduvalt rünnanud.

Väga võimalik, nõustus Mike napisõnaliselt. Ta ei hakanud luureohvitseriga jagama seda, mis tal meeles mõlkus. Tol hetkel ärkasid aga uuesti ellu kõik need vanad mured, mis olid ta meele salasoppidesse peitu pugenud. „Halvad uudised," ütles Mike endale. „Roosevelt, Churchill ja Stalin on juba mõne päeva pärast Teheranis." Ta küsis endalt, kas kõik see, mida võis pidada liialdatud hirmuks, oli tegelikult õigustatud valvsus. Või koguni intuitsioon.

Saatkonnast lahkumise järel lendas ta Basrasse Pärsia lahe ääres. Muud valikut polnud. Kui admiral McIntire jääb kindlaks arvamusele, et Teherani lennates riskib president südamerabandusega, siis tuleb tal välja uurida, mida kujutaks endast rongisõit Basrast pealinna. Seal ei näinud ta midagi, mis teda rõõmustanuks. Teherani viiv raudtee kerkis ajuti kahe ja poole kilomeetri kõrgusele ja lookles läbi kitsaste mäekurude. Kohalikel hõimudel oli kombeks ronge rünnata, selle käigus oli hukkunud või haavata saanud omajagu USA sõjaväepolitseinikke. Kui Mike vaatas üle šahhi erarongi, mille nelja privaatvagunit pakuti Rooseveltile elupaigaks selle kahepäevase reisi kestel, avastas ta sealt küll kuldkaunistustega uksed, mahagonipuust seintega kupeed ja puhtast kullast õhtusöögiserviisi, kuid ühtlasi näis talle, et vagunid kihisevad tüüfust levitavatest täidest. „Kindlasti kõige uhkem tüüfusepesa kogu maailma raudteedel," oli tema halastamatuks hinnanguks.

Olles Basras oma kohuse täitnud, lendas ta Kairosse tagasi. Seal räägib ta Bossile ja admiral Macile oma avastustest ja käib välja oma soovitused, ent lõplik otsus jääb nende teha. See küsimus lahendatud, otsustas ta rohkem mitte mõelda sellele, kuidas president Teherani pääseb. Selle asemel mõtiskles ta kogu tagasilennu vältel sellest, mis ootab Bossi ees linna jõudes.

Ta teadis, et sakslaste parašütistide riiki tulekul võis olla kaks võimalikku põhjust: kas „raudtee saboteerimine" või „liitlaste riigijuhtide mõrvamine". Võimalik, et nende missioon oli läbi kukkunud ja asi piirdub sellega, või siis saadetakse uusi langevarjureid presidenti tapma. Selleks ajaks, kui C-54 Kairos maandus, oli Mike otsusele jõudnud. Ta ei saa loota vaid venelaste või brittide peale; esimesed lähtuvad poliitilistest omahuvidest, teised aga võtavad julgeolekuküsimusi liiga lõdvalt. Enam ei üritanud ta ebameeldivaid mälestusi peletada, sest ta teadis iga ihurakuga, et edaspidi ei kavatse ta niisama paigal seista, kui presidendi pihta nuge pillutakse. Tema peas võttis kuju lahinguplaan.

Just siis, kui Mike lahinguks valmistus, oli Simferoopolist teele asunud kaks Ju-290 lennukit, ühes Ortel ja vlassovlased, teises Holten-Pflug ja tema erisalklased, mis suundusid öötaevas lõuna poole, Iraani suunas.

Berliinis jäi Schellenbergil üle vaid imestada, miks pole Põhjarühm saatnud signaali, et nad on maandunud. Vahest oli nende saatja hüppe käigus kannatada saanud? Aga peagi jõuavad nad Teherani. Ta oli kindel, et linnast leiavad nad raadio ja saadavad raporti.

34

VIIMANE AEG OLI LILI SANJARIGA VESTELDA. See oli Mike'i otsus, ja ta andis sellest teada vihaselt karjudes. Mike'il oli viimaks kogu asjast villand saanud, ehkki ta tavaliselt katsus oma tundeid vaos hoida ja alati professionaalset olekut säilitada. Aga sel hetkel, kui enesekontroll viimaks kadus, paiskusid pinnale kõik tema hirmud seoses sellega, mis neid Teheranis ees oodata võis.

Ta oli Basrast naasnud ärevil meeleseisundis, kuid samas võistlesid ta peas paljud erinevad teooriad ja ta tahtis need kõik hoolikalt läbi kaaluda, enne kui ta neist loobub. Mingi osa temast soovis uskuda, et Vene kindralil oli õigus, et natside parašütistide saatmine Iraani eelmisel ööl oli vaid järjekordne operatsioon lendliisi varustusrongide saboteerimiseks. Aga kuigi ta üritas selle seletusega leppida, tundus ajastus liiga suure kokkusattumusena – nad olid Teherani lähedale maandunud vaid mõni päev enne konverentsi algust. Muidugi oli ta valmis tunnistama, et kokkusattumusi tuleb vahel siiski ette. Aga kas oli siis rumal uskuda, et Saksa luureteenistused on kohtumisest haisu ninna saanud ja teavad kuupäevi, millal suur kolmik linnas viibib? Seda nõnda analüüsides teadis ta, et ta ei saa endale lubada selle võimalusega mittearvestamist. Ta pidi sügavamale kaevuma, avastama asjassepuutuvad luurelekked. Aga kuidas see tal õnnestuks? Talle meeldis enda kohta naljaga pooleks öelda, et ta on vaid „iirlasest võmm, kel on muskleid rohkem kui aru", kuid selles oli ka oma tõde. Ning ta asus kodust väga kaugel. Ta ei tundnud Teherani eksootilisi tänavaid ja turuplatse, tal polnud aimugi, millised luurevõrgustikud sakslastel siin leiduda võisid. Tema jaoks oli see kõik võõras territoorium. Kuid ta peab seda tundma õppima, ja kähku. Muidugi takistab teda selles ettevõtmises tõsiasi, et ta peab viibima presidendi kõrval – seda oli ta valmis kohe tunnistama. Aga tal leidusid ka teatud ressursid, näiteks rohkem kui tosin salateenistuse agenti – mehed, kelle ta oli ise välja valinud ja välja õpetanud. Sellest mõtete, kahtluste ja emotsioonide segadikust leidis ta viimaks vastuse: ta järgib oma instinkte. Ta ei lase teiste passiivsusel ja otsitud seletustel end häirida. Ta teadis, et ta ei saa lihtsalt ootama jääda, kuni vaenlane ründab. Seekord ei piisa vaid sellest, et ta on valmis kuule oma kehaga peatama.

Selles ärevas tujus viibides käis Mike seni peale, kuni talle korraldati kohtumine Binks Penrose'iga, kes oli verivärske Ameerika luureteenistuse OSS-i Lähis-Ida osakonna Kairos baseeruv ülem. Ta lootis, et luureametnikud suudavad talle anda täielikuma pildi sellest, millega natsid Iraanis tegelevad. Kuid õpetlaslik Penrose, kes oli varem olnud professor Beiruti Ameerika Ülikoolis ja kel oli magistrikraad keemias ja doktorikraad filosoofias, polnud sugugi vaimustatud mõttest, et tal tuleb neid teemasid arutada mingi salateenistuse jõmmiga – isegi kui kõne all oli presidendi võimalik atentaat. Ta kõneles kiirustades, nagu tahaks mõista anda, et temasugusel salaagendil on tähtsamatki teha kui mingeid ihukaitsjaid lohutada. Parim, mida Penrose teha saab – ja ta näis sedagi pidavat suureks vastutulekuks –, on korraldada talle jutuajamine maaväe vastuluurekorpuse (CIC) ohvitseriga, kes töötab kindral Connolly Pärsia lahe peakorteris. Nemad tegelesid seal Trans-Iraani raudtee sabotaažiaktidega. Penrose oli nimelt kindel, et see oli sakslaste saadetud parašütistide ainsaks eesmärgiks. Ei midagi muud, kuulutas ta veendunult.

Leiti turvaline telefoniliin ja Mike, kelle pahameel üha süvenes, kuna tema muresid ei võetud tõsiselt, kõneleski varsti CIC-mehega Teheranis. Armeeohvitser polnud sama ennasttäis ja üleolev nagu Penrose. Ta aitab teda hea meelega, ütles ta. Ta oli uhke selle üle, mida tema üksus on koostöös brittidega juba saavutanud.

Ta alustas oma lugu nagu mõnd spiooniromaani: üks ta mees, kes teeskles end olevat armee transpordiametnik, käis õhtuti tantsubändis mängimas. Tantsusaalis oli ta tutvunud kena noore iraanlasest neiuga, kelle nimi on Lili Sanjari ja kelle puhul on teada, et tal leidub tutvusi Teherani sakslaste kogukonnas. Varsti sai neil kombeks veeta pärastlõunaid teineteise kaisus. Neiu pillatud märkused viisid Franz Mayri arreteerimiseni – tegu oli võimeka natside salaagendiga, kes oli linnas juba kaua elanud. Lisaks arreteeriti mitmed tema kohalikud kaastöölised ja ka üks sakslasest parašütist, kes oli saadetud sabotaažimissioonile ja linnas põranda alla läinud, ning kätte saadi natside saladokumente ja ka üks raadiosaatja.

Mike kuulas seda juttu kannatlikult, ent samas kobrutas temas viha. Miks kuuleb ta kõigest sellest alles nüüd? Miks oli vaja läinud venelaselt – venelaselt! – saadud juhuslikku infokildu, et ta üldse jõuaks välja selle teema juurde, mis oli ameeriklastele juba ammu tuttav, nagu ta nüüd taipas. Kas need luureametnikud ei saa asja tähtsusest aru? President saabub Teherani kahe päeva pärast. Kas nad ei taipa, et nad on kõik samal poolel, peavad sama sõda?

Mike suutis end siiski vaos hoida. Ta mängis asjatundmatu salateenistuse mehe rolli edasi ja küsis nagu muuseas, kas oleks võimalik saata paar tema meest selle naisega vestlema. Vahest õnnestub neil temalt veel mingit luureinfot välja meelitada. Midagi sellist, millest on seni mööda vaadatud. Pole ju võimatu, et neiu tunneb inimesi, kes on endiselt kontaktis Berliiniga.

CIC-ohvitser mõtles mõnda aega, enne kui vastas. Ta tegi seda arglikul toonil, kogu tema senine enesekindlus oli haihtunud. Vaadake, asi on selles, ütles ta, et me katkestasime temaga suhted. Me pole talle sealtpeale enam erilist tähelepanu pööranud. Tundus, et sel pole mõtet. Me pole isegi kindlad, kus see Lili nüüd viibib.

Mike'il sai viimaks asjast kõrini. „Te lasite tal minna?" küsis ta, nagu ei usuks oma kõrvu. „Pole enam talle erilist tähelepanu pööranud? Kas teile ei tulnud pähe, et ta võib teada, millega sakslased Teheranis tegelevad? Teada, kas natsidel on presidendile mingeid üllatusi varuks? Otsige ta üles!" andis ta pahaselt käsu, karjudes torusse nõnda valjusti, et hiljem räägiti, nagu oleksid inimesed kabinetti sisse tormanud, olles kindlad, et seal on toimunud plahvatus, mis mõnes mõttes polnudki tõest kaugel.

Samal päeval sai Robert Merrick, pillimehest CIC-i salaagent, käsu endine armuke Lili Sanjari üles otsida ja ta arreteerida.

Nagu paljud väliteenistujad, kes peavad enda arule toetuma ega ole harjunud pimesi käske täitma, asus ka Merrick omast peast improviseerima. Hiljem on ta ka ise tunnistanud, et ei järginud korraldust täht-tähelt. Kas asi oli siis luuretehnikas või lihtsalt ihas, igatahes sattus ta naisega taas üüritoa voodisse. Armatsemise järel usalduslikult vesteldes sai Merrick kõik vajaliku teada – selle maja aadressi Kakhi tänaval, kus Lili peatub, ning tema kahe majakaaslase identiteedid: üks on sakslaste kaastööline ja teine salamissioonil viibiv Saksa major. Kui nad olid riidesse pannud, arreteeris Merrick naise.

CIC korraldas Kakhi tänava majja haarangu. Ei tulistatud ühtegi lasku. Merser tervitas neid elegantselt kummardades ja andis alla. Oberg eitas seda, et ta on Saksa major, ja nimetas seda vääritimõistmiseks. Kuid keldrist leiti relvi täis kastid ja kuna seda ei andnud kuidagi seletada, püsis ta edaspidi vait.

Kõigest sellest kanti Mike'ile telefoni teel Teheranist ette juba mõni minut peale haarangut, ning tema muresid see info mõistagi ei leevendanud. Talle räägiti, et CIC-i ülekuulajad panevad Merseri ja Saksa majori kõnelema: see on vaid aja küsimus. Kuid just aega leidus tal vähe. President asub Teherani poole teele vähem kui kahekümne nelja tunni pärast. Talle tuli pähe õel mõte, kui palju parem oleks olnud, kui need natside agendid oleks tabanud tema uus semu, sõbralik Nõukogude kindral Arkadjev, ja mitte tema enda kaasmaalased. NKVD oskaks neid paremini rääkima panna, arvas ta. Nemad pressiksid vangidel välja kõik, mida need teavad, ja vahest veidi rohkemgi.

Viha ja frustratsioon hakkasid vaikselt lahtuma ning ta asus juurdlema. Tema peas võttis kuju üks plaan.

———

Aga esmalt oli Mike'il vaja vestelda presidendi ja admiral McIntire'iga. Ta käis välja kõik, mida ta oli viimase päeva jooksul teada saanud, just nõnda, nagu vandekohtu esimees võiks otsust ette lugeda – kindlal häälel ja kokkuvõtlikult. Ta teatas, et Basra-Teherani rong on nakkusepesa; see kihab tüüfusetäidest. Ta lisas, et koos major Bryaniga lendasid nad läbi kogu selle marsruudi, ilma et lennuk pidanuks kerkima kahest kilomeetrist kõrgemale. Seega soovitas ta „lennata otse Kairost Teherani".

„Okei," nõustus admiral vastu puiklemata. President kiitis otsuse heaks.

Mike'ile tundus, et vähemalt üks probleem on nüüd lahendatud, ja sellest julgust saanuna lahkus ta presidendi juurest. Ta naasis turvalise telefoniliini juurde, et algatada järgmine ründeoperatsioon. Ta helistas NKVD kindralile Arkadjevile.

Üllatavalt head inglise keelt kõnelev venelane, kes kõne vastu võttis, andis talle teada, et kindral pole praegu kohal. Ta peab teile hiljem tagasi helistama.

„Võimalikult kiiresti," palus Mike. „Asi on väga pakiline. Ma ootan telefoni juures."

Niisama oodata polnud lihtne. Mike teadis, et tema on siin tegelikult paluja rollis, aga teadis ühtlasi, et tal poleks tark palujana käituda. Kuigi tema mulje venelastest põhines vaid paaril lühikohtumisel, tundus talle siiski, et nad ei pea nõrkusest lugu. Seega ei hakka ta esitama palvet. Vaid ta räägib kindralile hoopis, mida ta kavatseb teha, ja vaatab siis, mida selle peale tehakse. Võib saabuda aeg käituda karmi kuti kombel, või hoopis anuma hakata. Ta sai aru, et niipea, kui ta selle kõne teeb, pole tal enam võimalik taganeda; ta oli juba ühest piirist üle astunud.

Kui telefon helises, rääkis Mike kohe oma jutu ära. „Ma sooviksin mõned oma mehed teie ja teie meeste juurde saata. Kui märgatakse veel parašütiste ja toimuvad uued arreteerimised, siis ma tahan, et minu inimesed juures oleksid. Ma tahan, et minu mehed oleksid eesliinil teie omade kõrval. Euroopas peame me ühist sõda. Ma soovin ka Teheranis koos võidelda."

Mike jättis sihilikult ütlemata, mis tal veel meeles mõlkus: kui tal ei õnnestu tõelevastavalt hinnata natside tegevust linnas, kobab ta pimeduses. Ta pidi teadma, mis toimub mujal Teheranis, väljaspool konverentsiruumide suletud uksi. Tema ametipost asus presidendi kõrval, aga kui tema mehed on otse eesliinil ja kammivad linna läbi koos venelastega, siis loodetavasti aitab see tal eesootavateks sündmusteks paremini valmis olla.

Ta ootas, et kindral midagi vastaks. Ta oli juba otsustanud, et ta ei anna niisama alla. Ta oli valmis peale käima.

„Öelge, et nad minu juurde tuleksid," ütles kindral viimaks, pigem resigneerunult kui entusiastlikult.

See ära korraldatud, kiirustas Mike suursaadik Kirki residentsi. President täitis siin võõrustaja rolli tänupüha õhtusöögil. Churchill koos oma tütre Sarah'ga, FDR-i poeg Elliott, Harry Hopkins ja tema poeg Robert ning veel mõned presidendi personali liikmed nautisid pidusööki, mis koosnes kalkunist, jõhvikakastmest ja kõrvitsapirukast – kogu see kraam oli Iowaga üle mere toodud. Oma kõrgel troonil istuv president lõikas ise kalkuni lahti. „Lõbus õhtu," meenutas Churchill, „üks kõige meeldivamaid sündmusi Kairos olles."

See võinuks muidugi ka vähem lõbus olla. Schellenberg oli kaalunud võimalust korraldada rünnak just Roosevelti tänupüha õhtusöögi ajal. Viimaks loobus ta sellest plaanist, kuna polnud selge, kas see sündmus toimub Teheranis. Kõik sihtmärgid ei pruukinud kohal viibida.

Kuid järgmisel päeval, 27. novembril, on suur kolmik juba Teheranis.

Selsamal ööl kümbles maandumistsoon Qomist veidi ida pool autolaternate valguses. Ümbritseva platoo lõputu pimeduse seast torkas see väga selgelt silma. Lõunarühm, kuusteist vlassovlast, keda juhtis *SS-Sturmbannführer* Hans Ulrich von Ortel, hõljus öötaevast aeglaselt maapinna poole. Nad nägid veoautosid ja nende ümber seisvaid hõimuliikmeid – kõik näis korras olevat. Parašütistid hoidsid jalgu koos kindlas, aga mitte kramplikus asendis, kannad vastamisi, valmistudes maapinda tabama just nii, nagu Oranienburgis õpetati. Kõrbeliiv üha lähenes ja lähenes neile. Viimaks nad maandusid.

Sedapuhku ei oodanud neid venelased, neid ei külvatud kuulidega üle. Kas Gamotha polnud oma ülemustele teisest maandumispaigast ette kandnud? Või oli Moskva Keskus asjast valesti aru saanud? Võis ka olla, et Nõukogude väed olid endiselt hõivatud põhjapoolsete küngaste läbikammimisega, otsides eelmise öö operatsioonis ellujäänuid. Neile küsimustele pole kunagi leitud rahuldavat vastust.

Ortel ja ta mehed pakkisid langevarjud kärmelt kokku ja asusid kaškaide abiga varustust veokitele laadima. Sõidukeid oli oodatust vähem, kuid kohalikud olid ka kaameleid kaasa toonud. Neist peab piisama, ja vaevalt oskaks keegi kaamelikaravani kahtlustama hakata.

Veoautod laaditi kähku täis ja mehed istusid peale, kuid Ortel kõhkles veel. Oluline oli linna ja turvamajja jõuda enne koitu. Pimedusest ja tühjadest tänavatest on palju abi. Kuid plaan nägi ette, et oodatakse ära ka Holten–Pflug ja tema meeskond. Nende lennuk oli olnud Simferoopoli stardirajal kohe esimese Ju-290 taga. Nemadki pidid Qomi kohal alla hüppama. Mis oli nendega juhtunud? imestas Ortel.

Võimalik, et nende lennukil oli esinenud mingi probleem mootoriga ja nad olid Krimmi naasnud. Ta teadis ka, et vaenlase hävitajad võisid selle alla tulistada. Aga sama usutav näis see, et lennuk oli kursi osas eksinud ja erisalklased hüppasid alla ettenähtud maandumistsoonist kaugel. Alati jäi alles ka võimalus, et kui ta on piisavalt kannatlik ja veel veidi ootab, siis näebki ta nende kupleid öötaevas, meeskond hõljub juba maa poole.

SS-major ei teadnud, kas Holten–Pflug on elus või juba surnud; kas ta on liikumas Qomi poole või on kõrbes lootusetult ära eksinud. Ent peagi veendus Ortel selles, et kauem ei kannata oodata, ilma et tema meeste julgeolek ohtu satuks. Ta andis käsu, ja see päevinäinud veoautodest ja ähkivatest kaamelitest koosnev karavan asus edasitungiva armee kombel teele üle kõrbeliivade, magava linna poole, kus neid ootas ees ajalooline missioon.

35

NKVD öised patrullkäigud sõjaaja Teheranis olid pikad ja igavad tööotsad. Neil ei juhtunud kunagi midagi huvitavat. Need koidueelsed tunnid enne uue päeva saabumist olid eriti nürid: sa tead juba, et järjekordne patrullkäik on mööda saamas, ilma et midagi juhtuks, aga see pole veel läbi. Neil tundidel oli lihtne valvsust kaotada, tunda, et mingeid ohte ei ole ega saagi olema. Patrullid igatsesid juba oma sooje voodeid.

Kergeratsavägi oli aga teisest puust. Kõik olid alles noored poisid, alla kahekümnesed, ning nende sidemed Nõukogude luureteenistusega olid mitte ainult nõrgad, vaid ametlikult neid ei eksisteerinudki: tegu oli palgata vabatahtlikega, kelle tegevust Teherani jaoskonna profid heatahtlikult muiates pealt vaatasid. Aga nemadki tahtsid saada vaprateks salaagentideks. Nad olid meesteks kasvamas ajal, mil Emake Venemaa võitles elu eest õela ja tigeda vaenlase vastu. Tõsiasi, et nad viibisid sõjaväljadest nii kaugel, pigem suurendas nende indu. Nad tahtsid anda oma panuse, töötada parimal võimalikult viisil aate eest, millesse nad uskusid. Oma tulihingelise juhi, 19-aastase Gevork Vartanjani käe all olid nad valmis vastu võtma ükskõik kui igava tööotsa, niipea kui nende teeneid vajati. Igal õhtul kella kaheksa paiku läksid nad välja tänavatele, justkui oleks kuuldamatu signaalpasun andnud märku pealetungi algusest, ning täitsid oma kohust

292 • Salamõrvarite öö

innukalt. Kergeratsavägi jätkas tegevust kuni kella seitsmeni hommikul, sõites ratastel läbi linna, alati valvas ja tähelepanelik luurerühm oma patrullretkel.

Nende tööülesanded olid ähmased. Asi polnudki niiväga selles, et Andrei Vertinski, NKVD jaoskonnaülem (ehk resident, nagu neid Moskva Keskuses nimetati) oleks neid noormehi tühikargajateks pidanud – tal polnud lihtsalt kuigi selget käsitlust sellest, keda nad õigupoolest otsima peaksid. Jah, hoida silmad lahti ilmsete ohtude suhtes, aga kuna seda vist ei tasunud loota, et mõni Rommeli tank turuplatsile veereks, polnud tal neile täpsemaid juhtnööre anda: tõelise luureeksperdina ei pidanud ta vajalikuks puhthüpoteetilisi võimalusi loetlema hakata. Ta soovitas poistel usaldada iseenese tarkust. Luusige ringi ja hoidke silmad lahti kõige kahtlase suhtes, ja vajadusel andke häiret. Meie hoolitseme ülejäänu eest, ütles ta neile enesekindlal toonil.

Nüüd oli käes 27. novembri koidueelne tund, mil päike hakkas juba mägede kohale kerkima ja pimedust peletama, ning noorele Vartanjanile, kes oli sama valvas kui patrullkäigu alguses, jäi midagi silma. Ta ei pidanud seda kuigi ebatavaliseks, aga kuna tal polnud ka midagi paremat teha, pedaalis ta lähemale, et selgemini näha. Kuigi mitte liiga lähedale. Nii rumal ta ei olnud; tal leidus juba piisavalt praktikat, ta oli tänavavaatluse kunsti hästi omandanud ja teadis, et ta ei tohi ise silma torgata.

Tema esimeseks mõtteks oli, et see karavan näib ... veider. Vene sõduritest täidetud veokid, nojah, selles pole midagi ebatavalist. Aga miks on rooli taga hõimurahvas? Ta ei suutnud ette kujutada, et mõni Nõukogude ohvitser lubaks neil oma punaarmeelastele sohvrit mängida. Lisaks veel need kastidega koormatud kaamelid. See oli talle esimese asjana silma jäänud. Šahh oli keelanud kaamelitel linna siseneda. Ning ka see näis kummaline, et kaameleid kasutatakse sõjaväetranspordi puhul. Venelastel leidus lennuväljal tohutul arvul veoautosid, mis seal sirgetes ridades seisid. Milleks kaamelitega jännata? Endalt seda küsides jäi talle silma veel midagi, ja ta manas ennast, et ta seda kohe polnud märganud: sõidukitel puudusid sõjaväelised tähistused, põrkeraudadel polnud punatähti. Muidugi sai ta aru, et see kõik ei pruugi midagi tähendada. Ta võis leiutada tosinkond, ei, kaks tosinat põhjust, miks armee asub teele märgistamata veoautodel, hõimurahvas rooli taga, ja kaste veetakse kaamelite seljas. Siiski, ükski neist põhjustest ei tundnud põhjalikumal läbikaalumisel usutav. Väga veider olukord. Ta kihutas minema, et kambaliikmed kokku ajada.

Teheran on jälitustegevuseks hea linn. Kõrval- ja põiktänavatest koosnev labürint pakub luurajatele loomulikke ja staatilisi vaatlusposte, et jälitatavatest mõni sammuke taga püsida, nende eest peitu jäädes, laskmata neid samas liiga kaugele. Kui jälitajad on lisaks jalgratastel, siis on neil ühest küljest täiuslik maskeering – sest kes pööraks tähelepanu ratastega poisikestele? – ja teisest küljest on nad väga liikuvad. Käänulistel linnatänavatel pole usutav, et veoauto jalgrattal eest ära sõidaks, ning kaamel on ratturist selgelt aeglasem. Nii püsis Kergeratsavägi karavani kannul, hoides soliidset vahemaad.

Lõunarühm oleks poisid siiski peaaegu kannult raputanud. Esmalt liikus karavan alla mööda laia avenüüd ja tegid siis kõrvaltänavatel järjest mitu järsku vasak- ja parempööret. Mingil hetkel tundus, et see siirdub otse Syroosi tänavale NKVD peakorterisse ja Vartanjan pelgas juba, et ta on komistanud mõne käimasoleva luureoperatsiooni otsa ja võib jälitamise eest karistada saada. Kuid veokid vältisid siiski seda tänavat ja jätkasid teed läbi linna. Veidi enne kella seitset peatusid veoautod kitsal sõiduteel turuplatsi lääneserval. Poisid jäid piiluma ühe madala liivakivivärvi hoone nurga taha ja jälgisid tähelepanelikult, kuidas sõdurid veokid tühjaks laadisid ja kadusid ehitisse, mis paistis olevat vaibaladu. Kui hõimuliikmed veoautodel minema sõitsid ja koormast vabanenud kaamelid neile järgnesid, olid nad viimaks veendunud, et siin toimub tõesti midagi kahtlast.

Noor Vartanjan hakkas ohvitseri otsusekindlusega käske jagama. Kaks poissi saadeti silma peal hoidma hoone tagaosal, kus võis olla tagauks, mille kaudu põgeneda saaks. Üks poiss ronis kõrvaloleva hoone katusele, kust oli näha lao ülakorrusele. Ülejäänud jäid samasse kohta peitu, pilgud naelutatud esiuksele. Kui keegi hoonest lahkub, siis tuleb neid jälitada, hoiatas ta kaaslasi, ja parem oleks, kui neid ei nähta. Samal ajal kavatses ta ise võimalikult kähku sõita Syroosi tänavale ja anda NKVD-le teada, et Kergeratsavägi on avastanud Saksa operatiivteenistujad, kes on Vene sõduriteks maskeerunult Teherani imbunud.

Sageli oli kõige kõrvulõikavam müra mitte vali pauk, mis andis märku ukse lõhkamisest, vaid hoopis tasased, salalikud helid, mis sellele eelnesid: sammud kriiksuval trepil; nii nõrk sosistamine, et sõnadest polnud võimalik aru saada; klõpsatus, mis tekkis relva vabastamisel kaitseriivist. Haudvaikuses need kõik võimendusid.

Hans von Ortel kuulis neid. Ta sai aru, et midagi on viltu. Kas ehmatav äratundmine sundis teda aknast välja piiluma, et saada kinnitust oma kõige jubedamatele kartustele? Kas ta märkas NKVD agente, mõnel püssid üle õla, teised juba sihtimas, tänaval kohti sisse võtmas? Kas ta hoiatas vlassovlasi, et tuleb valmistuda tulevahetuseks?

Kindlalt teame vaid seda, et kui venelased sisse tungisid, viibis Ortel raadiosaatja juures. Ta raporteeris Berliini, kasutades seda koodi, mis oli ette nähtud kõige tõsisemateks hädaolukordadeks. „Katkestada! Katkestada! Missioon tühistatud!" signaliseeris ta.

Siis hakati tulistama. NKVD töötajad koos sõduritega tungisid ruumi sisse ja nende selja taga hiilis julguse kokku võtnud Vartanjan, kes oli järgnevate sündmuste šokeeritud tunnistajaks. Ta nägi, kuidas mitu punaarmeelasteks maskeerunud sõdurit oma püstolkuulipildujad tõstsid, kuid said kuulidest kohe maha niidetud. Ta nägi, kuidas teised relvad maha viskasid ja käed üles tõstsid, andes arglikult alla. Sel pikaks veninud hetkel, kui ta pilk ruumis ringi käis, märkas ta meest raadio taga, kes metsikult mikrofoni karjus veel ka siis, kui sel polnud enam mingit mõtet, sest saatja oli juba kuulidest läbi puuritud. Kui kõik oli läbi, nägi Vartanjan lähedalt pealt, kuidas ärevil vangid, näod surnukahvatud nagu invaliididel, välja marsitati ja laaditi ehtsatele Punaarmee veokitele, et nad viia Syroosi tänava majja.

Pärast sai ta kuulda, et oma vangipõlve kestel rääkisid nad ära kogu operatsioon Kaugushüppe loo, mis sai äkilise lõpu siis, kui sõjaväelane oli saatjasse karjunud oma meeleheitliku sõnumi. Poiss ei saanudki teada, mis neist vangidest edasi sai. Keegi ei tea seda. Nad lihtsalt haihtusid, nagu nii paljud teisedki, kes olid püssitorude ees viidud Syroosi tänava vereplekilisse keldrisse.

Ju-290 seisis Simferoopoli stardirajal, olles valmis erikomando pardaletulekuks, kui Skorzeny uudist kuulis: Ortel oli saatnud signaali missioon ära jätta. Ta teadis juba, et Wannsee raadiokeskus polnud saanud mingeid sõnumeid ei Põhjarühmalt ega ka Holten-Pflugilt ja ta meestelt. Ta oli kogu pärastlõuna kestel üritanud lahti mõtestada selle vaikuse tähendust operatsiooni jaoks. Tema enda välikogemused ütlesid talle, et leidus terve hulk loogilisi põhjuseid, miks meeskondadel mõnikord ei õnnestu ühendust võtta. Vahest olid nad linnas põranda alla läinud ja julgeoleku säilitamine nõudis raadiovaikust. Või olid nad maandunud ettenähtud tsoonidest kaugel ja rühkisid läbi kõrbe, ent saatjad olid hüppamisel kannatada saanud. Need ja veel tosinkond stsenaariumit olid täiesti võimalikud ja mitte kuigi ähvardava tähendusega seletused meeskondade vaikimisele. Aga pärast Orteli šokeerivat teadet polnud kahtlusteks enam ruumi. Enam polnud vaja toetuda instinktidele ega teooriatele. Lahingutes karastatud sõduri tundetusega sai ta aru, mis oli juhtunud. Mehed on surnud. Või on nad vangid, kes juba surmale näkku vaatavad ja palvetavad selle kiirema saabumise eest.

Aga mida tuleks temal teha? See küsimus – ei, õigemini väljakutse, taipas Skorzeny kähku – on endiselt õhus. Lennuk on juba stardirajal. Ta võiks koos oma karastatud võitlejatega pardale minna ja üritada missiooni ellu viia. Kui teda saadab edu, mäletatakse teda kangelasena. Kas ta polnud varemgi viibinud lootusetutes olukordades, kuid neist edukalt välja tulnud? Vaprus ja vahvus on sõduri voorused. Surmapõlgav tegutsemine viib sageli võidule. Teda teatakse kui Euroopa kõige ohtlikumat meest. Ta peaks suutma nad kõik üle kavaldada.

Aga kas suudab? Skorzeny oli veendunud, et surm lahingus on auväärne surm. Kuid seda, kes rumalalt otse lõksu suundub, ei oota au ega kuulsus. Praeguseks on kinnivõetud mehed muidugi rääkima hakanud, nad ei suuda venelaste piinamist välja kannatada. Liitlased teavad tema tulekust, nad oskavad teda oodata. Tal pole vähimaki šanssi. Tema ja ta mehed notitakse lihtsalt maha. Või mis veel hullem: võetakse elusalt kinni, ning nende häbi ja oskamatust demonstreeritakse avalikult kogu maailmale.

Skorzeny käskis meestel lennukile minna. Kui nad pardal olid, andis ta piloodile teada plaanide muutumisest. Ta käskis neid tagasi Berliini viia. Kui nad lendasid läände üle halli uttu mattunud metsade ja sõjast rüüstatud linnade, üritas Skorzeny Kaugushüpet unustama hakata. Ta tahtis pöörata uue lehekülje, kujutada ette järgmist uut seiklust, seda triumfi, mis tema legendistaatuse lõplikult kindlustab.

Iraanis istus *Sturmbannführer* Rudolf von Holten-Pflug soojaandva lõkketule ääres ja oli üha suuremas mures, oodates oma maakuulaja naasmist. Ta oli saatnud iraanlasest tõlgi Gorechi, kes oli koos tema meestega alla hüpanud, Teherani olukorda uurima. Tol hetkel, pärast katastroofiga lõppenud maandumist, mille järel neil ei õnnestunudki Ortelini jõuda, olid kõik sõjaväelase instinktid talle öelnud, et see on mõistlik plaan. Hea väliohvitser teeks seda. Reageeriks taktikalistele tagasilöökidele. Ent Gorechi pidanuks nüüd juba tagasi olema, ning Holten-Pflug küsis endalt, kas ta tegi vea. Kas Gorechi on kinni võetud? Kas ta juhib vaenlase otse nende laagrisse? Ümbritsev kõrb oli vaikne, täidetud tasastest ööhäältest. Kuid ta teadis, et siin pole neil julge olla. Talle näis, et oht hiilib üha lähemale.

Aga mida muud saanuks ta teha? Teda oli tabanud üks tagasilöök teise järel. Lennuk oli rängalt kursist kõrvale kaldunud ja visanud nad alla vähemalt 50 km kaugusel sellest kuivanud järvest Qomi lähedal. Ka raadio ei töötanud: see oli kas maandumisel viga saanud või rikkis juba siis, kui nad Simferoopolist lahkusid. Igatahes ei õnnestunud neil sõnumit saata. Kui nad olid viimaks jõudnud ettenähtud maandumistsooni, oli päike juba kõrgel taevas ja Ortelist ega veoautodest polnud jälgegi. Holten-Pflug teadis turvamaja asukohta Teheranis – üks vaibaladu. Aga kas ta suudaks koos meestega selle tee läbida päeva ajal, ilma et neid nähtaks? Nad liiguksid ju jalgsi, ning erinevalt vlassovlastest polnud neil seljas Vene mundreid, mis kohalikke juba kaugelt eemale peletasid. Õigupoolest meenutasid nad ise kohalikke, kandes suvalisi tsiviilriideid, mille oli neile välja valinud SD tehniline personal F-osakonnast. See võib probleeme põhjustada. Iraani politsei pelgaks vahest vlassovlasi, neid ähvardava olekuga venelasi, ent neil, tsiviilriietes sakslastel, oli üksinda palju vähem lootust linna ümbritsevatest kontrollpunktidest läbi saada. Võimud hakkaksid küsimusi esitama, ja mida nad siis teevad? Praktilisem oli turvamajja saata Gorechi, kes oli enne sõda Teheranis elanud. Kui tal veab, siis vahest õnnestub tal kuskilt hankida mõni veoauto. Siis võiksid nad pimeduse varjus linna sõita ja Gorechi tegeleb patrullidega, kui nad peatatakse. Ning juba enne seda laseb Gorechi

Ortelil saata sõnumi Berliini, kus kinnitatakse nende saabumist; ta kujutas juba ette, kuidas Schellenberg ja Skorzeny närviliselt ringi tammuvad ja raportit ootavad. Aga Gorechi polnud tagasi jõudnud. Holten-Pflug pidi leiutama uue plaani, kuid tundus, et tal on valida vaid halbade variantide vahel.

Sihikindel major üritas siiski olukorraga leppida. Ta oli seda läbi mõtlemas, kui Gorechi välja ilmus, hääletult nagu vaim, ja seadis end lõkke äärde istuma. Tema ettekanne osutus palju hullemaks, kui Holten-Pflug karta oskas.

Tõlk oli tähelepanu äratamata linna jõudnud. Vaibalao juurde jõudes jäi ta kõhklema ega julgenud lihtsalt sisse kõndida. Ette-vaatust säilitades võttis ta laua lähedalasuvas kohvikus. Kuna ta oli varem Teheranis elanud, teadis ta, et kohvikutes on lootust huvitavaid infokilde kuulda. Ümbritsevad lauad olid täidetud elevil klientidest, kes arutasid eelmise öö jubedaid sündmusi samas kvartalis. Raskelt relvastatud venelased olid vaibalattu sisse tunginud. Tulistamist oli nii palju, väitsid pealtnägijad, et tundus, nagu oleks linna vallutama tuldud. Viimaks toimetati sealt siiski välja vaid tosinkond ärahirmutatud sõdurit, venelaste mundrid seljas. Teadjad kinnitasid veendunult, et need mundrid olid kõigest maskeering. Vangivõetud olid tegelikult sakslaste saadetud sabotöörid. Kui Gorechi sellest kuulda sai, rüüpas ta kohvitassi rutakalt tühjaks ning laohoone poole vaatamatagi naasis ta kohe kõrbesse nende välilaagrisse.

Holten-Pflug pidi nüüd järele mõtlema. Ta teadis, et Kaugus-hüpe on läbi. Ortel ja vlassovlased on kahtlemata kõik ära rääkinud. Kuigi, mida nad tegelikult teadsid? Nad võisid paljastada Põhjarühma olemasolu ja nende turvamaja asukoha. Seega võis arvata, et ka need mehed on kinni võetud. Missioon pole kindlasti enam saladus. Liitlasi on hoiatatud, et erisalklased plaanivad mõrvata Roosevelti, Churchilli ja Stalinit. Üllatusmoment on kadunud.

Aga kas ikka on, küsis ta endalt, kuigi oli alles äsja seda väitnud. Teatud eelised on endiselt alles. Jah, võis kindel olla, et piinamise käigus on Lõunarühm ära rääkinud, et nad pidid kokku saama tema kuueliikmelise salgaga. Aga nad ei saanud paljastada tema asukohta, sest nad ei teadnud seda. Mitte keegi ei tea seda, isegi mitte Berliin. Kinnivõetud mehed ei teadnud ka mitmeid muid asju. Plaani põhielementidest teadsid vaid Schellenberg, Skorzeny ja tema. Tollal oli neid salajas peetud eelkõige seetõttu, et vlassovlased ei tohtinud teada, mille keskele nad kõnnivad, ja et nende elud plaanitakse tulevahetuses ohvriks tuua. Kuid kõige senijuhtunu valguses sai selgeks, et kogu see salastatus oli äärmiselt õige samm. Ülekuulajad ei saa teada rünnaku kuupäeva või selle läbiviimise meetodit. Üllatuse valmistamine on endiselt võimalik. Liitlased teavad, et kuskil Iraanis on kuus erisalklast, aga nad pole neid veel peatanud. Tal on kast Gammoni pommidega, ning ka automaatrelvi ja rohkelt laskemoona.

Muidugi on ohud ainult kasvanud. Nüüd teavad liitlased atentaadiplaanist ning turvameetmeid suure kolmiku ümber tõhustatakse veelgi. Ent lõppude lõpuks on oluline vaid üks küsimus: kas tema meeskond suudaks neist läbi pääseda? Ta käis uuesti läbi plaani, mis oli Oranienburgis välja töötatud, ning leidis, et see on lollikindel. See töötaks endiselt. Ta mehed jõuaksid suurele kolmikule piisavalt lähedale.

Vaid see on oluline. Ta ei hakanud endalt küsima, kas kuus meest suudaksid sooritada missiooni, mis oli planeeritud viiekümnele. Kuni mingi eduvõimalus on olemas, on sõduri kohuseks seda üritada. Ja kui tal see õnnestub? Siis jääb ta nimi igaveseks isamaa ajalukku.

Holten-Pflug teatas meestele, et peagi asutakse teele. Nad lähevad Teherani.

Inimesel on tohutu soov, et teda jäädaks mäletama.

36

WINSTON CHURCHILL KARTIS. Tema auto oli liiklusummikus kinni, ei saanud liikuda ei edasi ega tagasi. Samal ajal oli rahvameri paigalseisva sõiduki ümber piiranud ja tungis üha lähemale. Auto tagaosas istudes polnud tal kuhugi peituda. Teda oli võimatu mitte märgata. Tal võinuks olla märklaud seljal. „Kuidagi poleks saanud end kaitsta kahe-kolme otsusekindla mehe eest, kel on püstol või pomm," muretses ta. Minutid tiksusid mööda ja ta küsis endalt pidevalt, kas iga järgmine hetk saab olema ta viimane. Peaminister oli äsja Teherani jõudnud ja kartis, et ta võidakse tappa juba enne turvalisse Briti saatkonda jõudmist.

Tema mure julgeoleku pärast hakkas kasvama niipea, kui Kairost tulnud lennuk oli maandunud Gale Morghe lennuväljal 27. novembril hommikul kella üheteistkümne paiku. Churchill oli lootnud linna tasahilju sisse hiilida, see näis ka olevat loogiline saabumisviis konverentsile, mida ametlikult polnud olemas ja mille toimumist tema pressiteenistus kinnitamast keeldus. Ta ei eitanud sõjaohte ega ka vaenlase halastamatust. Ta ei kahelnud selles, et Hitler juubeldaks ta surma üle ning et natsid otsivad võimalusi anda otsustav löök; mälestus lennust 777, mille Luftwaffe oli taevast alla toonud, lootes teda mõrvata, oli seda kinnitav tõend. Ühtlasi teadis ja tunnistas ta, et tema riigijuhioskustest sõltub palju. Neil põhjustel soovis ta Teherani saabuda märkamatult.

Kuid juba mõni hetk peale lennukilt lahkumist tuli teda tillukese tseremooniaga tervitama vastuvõtukomitee, mida juhtis Briti suursaadik. Pahane peaminister kannatas selle tuima näoga välja. Kuid see oli veel väike mure võrreldes fiaskoga, mis ootas teda ees kohe, kui ta auto lennuväljalt lahkus. Tee oli ääristatud Iraani ratsaväelastest hobuste seljas, iga mees kandmas erksavärvilist ja veidi koomilist mundrit, mis näis pärinevat mõnest ooperist. Seda karnevali jätkus lausa viieks kilomeetriks ning raevunud Churchill mõtles vaid, kuidas too pidulik auvahtkond „kõigile kuritahtlikele inimestele kohe kuulutab, et siitkaudu on saabumas mõni tähtis isik" ning lisaks näitab ära ka täpse marsruudi. Olles need uhked valvurid mürgise pilguga üle vaadanud, jõudis ta kõigele lisaks veel järeldusele, et „nad ei pakuks mingit tegelikku kaitset". Abi polnud ka konvoi eesotsas sõitvast politseiautost; pigem vastupidi, „see hoiatas meie saabumisest ette". Talle tundus, et auto vilkurid on igale snaiprile signaaliks püss palgesse tõsta ja sihtima hakata.

Tema pahameel andis maad halvavale hirmule, kui auto, olles pööranud kvartalisse, kus asus saatkonnahoone, jäi äkitselt seisma. Briti saatkonna territooriumi perimeetrile püstitatud teetõke oli ummiku põhjustanud – peaministri sõiduk istus kinni keset seda autoderida ja manööverdamiseks polnud ruumi. See olnuks täiuslik hetk atentaadiks. Kui rahvas pressis end üha lähemale ja ta tajus, et on üha tõsisemas ohus, üritas peaminister lohutust leida mustast huumorist. „Kui me oleks sihilikult plaaninud võimalikult suuri riske võtta, loobuda nii vaikse üllatussaabumise pakutavast julgeolekust kui ka tõhusast eskordist," torises ta, „siis seda probleemi poleks saanud täiuslikumalt lahendada."

Autoderida hakkas viimaks liikuma ja Churchilli sõiduk läbis kontrollpunkti. See sõitis aeglaselt edasi, kuni jõudis

Briti saatkonna kõrgete müüride taha. Kuna nüüd kaitsesid teda relvastatud sõjaväelased, tundis Churchill end viimaks turvaliselt. Saatkonnas polnud tal vaja karta rünnakut „kahe-kolme otsusekindla mehe poolt, kel on püstol või pomm".

Mike polnud hulljulge ega ka naiivne. Tema oli hoolitsenud selle eest, et president oleks kaitstud nende riskide eest, mida britid oma peaministrile osaks saada lasksid. Bossi C-54 oli peale väikest viivitust, mille tekitas jonnakas udu, mis hajumast keeldus, lahkunud Kairo läänepoolselt lennuväljalt veidi peale kella seitset 27. novembril hommikul. Piloot „pidas oma sõna", nagu ütles Mike, kes lubaduste täitmist hindas, ega tõusnud kogu reisi kestel kordagi kõrgemale kahest kilomeetrist, seega polnud vaja reisijate tervise pärast muretseda. Kui nad täpselt kell kolm Teheranis maandusid, ei oodanud neid ees tseremoonia, vaid kuulikindlate klaasidega auto, mis nad kähku ja tõhusalt läbi tühjade tänavate Ameerika esindusse viis. Mike oli sellega väga rahul, kuidas kõik kulgenud oli, sest ta oli seda just nõnda planeerinud.

Kui ta oli presidendi tema tuppa toimetanud, tuli veel üks hea uudis: kindral Dmitri Arkadjev on allkorrusel ja tahab kõnelda. Mike'i jaoks oli see järjekordseks kinnituseks, et venelased suhtuvad tema algatatud plaani tõsiselt. Samal päeval pidi pool tosinat tema meest NKVD-ga koostööd alustama, kuid Mike oli rahul, et kindral ise oli viisakalt tulnud teda Teherani saabumise puhul tervitama.

Aga kui ta nägi kindrali sünget nägu, kokkupigistatud huuli ja väsinud pilku, sai Mike aru, et Arkadjev ei saabunud talle tere ütlema.

„Natsid on Teherani lähedale viimaste päevadega visanud kolmkümmend kaheksa parašütisti," teatas kindral tõsiselt toonil.

Ta pidas dramaatilise pausi ja andis siis tasasel häälel teada, et ta mehed on nad kõik kinni võtnud.

Mike'i suust pääses hääletu kergendusohe. Kui ta viimaks kõnelda suutis, pahvatas ta välja esimese mõtte, mis pähe tuli.

„Olete kindel, et neid oli kolmkümmend kaheksa?" uuris ta, taibates kohe, et see oli rumal küsimus.

„Täiesti kindel," teatas venelane. „Me uurisime seda kinni-võetutelt väga põhjalikult."

Mike kannatas tema pilgu välja ja mõtles, et „viis, kuidas ta seda ütles, tekitas minus kergendust, et ma ei pidanud viibima nende natside ülekuulamise juures." Aga tal oli raske venelasi hukka mõista. Oht oli elimineeritud. President võib end turva-liselt tunda.

Kindral teatas siis, et ülekuulamise käigus olid vangid pal-jastanud, et venelased polnud tabanud kõiki natside parašütiste. Kuus hästirelvastatud erisalklast on veel vabaduses. Tal polnud aimugi, kus nad viibivad ja millal nad rünnata võivad.

Mike'il tardus veri soontes.

IV OSA

KUUS PÄEVA

37

VENE KINDRALI ETTEKANDE JÄREL OLI Mike löödud ja vihane. Ta tegi oma tööd teadmisega, et ta kõige hullem hirm võib alati tõeks saada. Miks see teade teda siis sedavõrd jalust rabas? Aga just seda see tegi. Mike'il läks kaua aega, enne kui ta suutis midagi öelda. Ja ka siis oli tal tunne, et ta on tagasi Pennsylvanias: nuga lendab läbi õhu otse presidendi suunas. Nüüd võib see uuesti juhtuda: presidendist on taas saanud sihtmärk. Aga seekord on ründajaid kuus.

Ent Mike jäi profiks edasi ega näidanud oma keerulisi emotsioone välja, ning tegelikult polnud ta ka valmis NKVD mehele paljastama midagi, mis nende koostööd otseselt ei puudutanud. Ta juhatas kindrali tuppa esinduse allkorrusel, kus nad saaksid kõnelda, ilma et keegi neid kuuleks. Nad istusid toolidele teineteise vastu nagu vanad tuttavad, miski nende olekus ei andnud märku sellest, kui palju nüüd kaalul on. Venelane kõneles. Mike kuulas ja oli samas ametis oma mõtetega.

Arkadjev ei jaganud Mike'i kartusi. Tema analüüs olukorrast Teheranis oli enesekindel ja julgustav. Ta kuulutas veendunult, et oht suurele kolmikule on elimineeritud. Venelased võtsid kinni 38 natside erisalklast ja kogu operatsioon sai sellega läbi. Mitte et sakslastel leidunuks üldse mingeid edulootusi — sellest valvegarnisonist, mis siin kolme riigijuhti ümbritseb, ei pääse keegi läbi. Ja kuus vabadusse jäänud meest põgenevad nüüd elu eest. Kuna teised rühmad on kinni võetud, mõistavad nad kahtlemata, et nende missioon on läbi. Kuus meest kolme tuhande sõjaväelase vastu? Nad teavad, et neil puudub vähimgi šanss. Lisaks on liitlasi nüüd hoiatatud. Enam ei leidu võimalust neid üllatada. Kindral kinnitas Mike'ile, et praegu pagevad need kuus erisalklast juba läbi Iraani Türgi suunas. Vene vägesid põhjas on mõistagi hoiatatud. Küll piiripatrullid nad kinni võtavad. Peagi saadetakse talle sõna, et need kuus natsi on arreteeritud, lubas ta.

Mike kuulas tema juttu tähelepanelikult. Ta tahtis uskuda, et kindralil on õigus, et Bossi ei ähvarda enam oht. Kõigi mängureeglite põhjal tundus, et katastroofi suudeti vältida. Veel oli vaja lahtised otsad kokku siduda, kinni võtta need natsid, kui nad üritavad Türki pääseda. Aga Mike oli atentaatide ajalugu põhjalikult tudeerinud ja üritanud kogu oma senise karjääri vältel mõista tapja hingelaadi. Seetõttu tundus talle, et see plaan ei pruugi olla läbi.

Nüüd oli Mike'i kord kõnelda. Kui kõik, mida ta usub tõsi olevat, seda ka on, siis vajab ta eesootavatel päevadel kindrali abi. Seega alustas ta sellest, et tunnistas oma tänuvõlga venelaste ees. Poliitikute kõrval elades oli ta taibanud, et meelitused võivad olla väga tõhusaks relvaks. Muidugi oli ta neile ka päriselt tänulik. Mike väristas mõttes õlgu, kui ta üritas ette kujutada, mis saanuks siis, kui neid kolmekümmet kaheksat natside erisalklast poleks kinni võetud, kui nad oleksid edukalt Teherani sisse imbunud.

Viisakustega ühele poole saanud, asus ta kirjeldama oma nägemust olukorrast. Selle juures soovis ta vältida muljet, nagu ta vaidleks kindralile vastu; kui nad lõpetavad üksteise peale karjudes, ei võida sellest kumbki pool. Ta peab järgnevasse jutuajamisse suhtuma kui omaenda konverentsikõnelustesse, ning sarnaselt suure kolmiku aruteludega eesootavatel päevadel sõltub ka sellest palju.

Nende kokkuvõtete põhjal, mis meil nende vestlusest leiduvad, tunnistas Mike alustuseks, et pole võimatu, et kindralil on õigus. See on kindlasti üks võimalus, et antud hetkel liiguvad need kuus meest Türgi suunas. Aga ta ei usu, et kõige tõenäolisem. Ta seletab, kui lubatakse.

„Oma ülekuulamiste käigus avastasite hoolikalt kavandatud operatsiooni. Seda on juba mõnda aega ette valmistatud. Need mehed olid selle jaoks spetsiaalselt välja valitud. Neid oli põhjalikult instrueeritud relvade kasutamise osas. Neile olid otsitud turvamajad. On mul õigus?"

Kindral nõustus ettevaatlikult.

Mike lasi edasi. „Siis võib oletada, et nad saabusid Teherani lähistele väga konkreetse plaaniga. Kindla missiooniga, milleks nad olid välja õppinud."

Kindral sekkus jõuliselt. „Aga neil meestel, kelle me kinni pidasime, polnud aimu operatsiooni spetsiifilistest detailidest," parandas ta Mike'i. „Nad ei teadnud, millal see rünnak toimub. Neile pidi sellest rääkima Teheranis. Ent Berliini saadeti signaal missiooni katkestamiseks. Missioon on läbi. Rohkem ei saadeta kedagi."

Ent siis näis kindral kõhklevat. Tema olekus oli midagi, mis andis mõista, et ta hoiab end tagasi. Vahest ei tahtnud ta paljastada, mida veel oli vangide ülekuulamise käigus teada saadud. (Näiteks on kindel, et ta ei maininud Mike'ile Skorzeny osalust missioonis). Aga mis iganes Arkadjevil ka meeles mõlkus, ta ei soostunud seda jagama. Ta hoidis selle enda teada.

Mike'il polnud oma argumendi kinnituseks tuua muid fakte peale nende, mis ta oli venelastelt kuulnud. Ta üritas neid võimalikult veenvalt esitada.

Ta ütles: „Me peame eeldama, et ka need kuus meest, nagu teisedki, olid spetsiaalselt välja valitud selle missiooni jaoks. Mehed, kes osutusid valituks, sest tegu on kogenud erioperatsioonide sooritajatega. Õigus?"

Venelane noogutas.

„Kahtlemata olid ka nemad hästi relvastatud, kui nad Iraani kohal alla hüppasid. Nagu need teisedki."

Veel üks vaevumärgatav noogutus tema sõnade kinnituseks.

„Aga samas pole nad päris teiste sarnased," jätkas ta. „Nad erinevad millegi poolest. Näiteks ei sisenenud nad riiki koos nende meestega, kelle teie kinni pidasite. Nad olid eriüksus. Ma kahtlustan ka, et nad ei kandnud Vene mundreid, vastasel juhul oleksid teie mehed nad juba üles leidnud. Te olete kindlasti oma vägesid teavitanud ohust, et vaenlane võib katsuda nende ridadesse sisse imbuda. Õigus?"

Venelane näis taas kõhklevat. Kuid viimaks tunnistas ta vastumeelselt, et vägedele oli tõesti seda teatatud.

„Kes siis on need kuus meest?" esitas Mike retoorilise küsimuse. „Nad on nende sarnased, kelle te arreteerisite – spetsiaalselt välja valitud, hoolikalt välja õpetatud veteranid. Kuid millegi poolest ka erinevad. Nad pole venelasteks maskeerunud. Ma usun, et see viitab sellele, et neile oli salaplaanis ette nähtud teistsugune roll. Ma usun, et nemad pidid missiooni juhtima. Seega tuleb meil eeldada, et nad saabusid Iraani, olles täielikult informeeritud kogu salaplaanist.

Mida ma tahan öelda – nad tulid Iraani, kaasas hoolikalt kavandatud plaan turvameetmetest mööda pääsemiseks. Sellisel moel, mida nad pidasid lollikindlaks. Mingi viis suure kolmikuni jõudmiseks."

Venelane avas suu, ent Mike ei lasknud tal rääkida.

„Tõsiasi, et me pole neid veel tabanud, tõestab veel midagi," jätkas ta. „Need kuus on väga leidlikud mehed. Nad ei satu paanikasse. Nad on kannatlikud. Kõik mu instinktid ütlevad mulle..."

Venelane näis nüüd ärrituvat. „Instinktid?" küsis ta väljakutsuvalt. Selle vestluse ühe kokkuvõtte järgi otsustades: ta tegi Mike'ile siis selgeks, et ta ei taha arutada mingit nii udust teemat nagu ameeriklase kõhutunne.

Mike ei teinud sellest torkest välja. Ta ei lasknud end eksitada. Liiga palju oli kaalul.

„Need pole mehed, kes ära jookseksid," jätkas ta. „Neil on missioon. Nad ei anna alla. Nad viivad oma ülesande ellu. Neil on selleks ka vahendid olemas: neil on piisavalt relvi. Ja neil leidub ka võimalus: Berliinis kavandatud geniaalne plaan. Ma usun, et nad varjavad end Teheranis ja ootavat õiget hetke ründamiseks."

Kui Mike oli selle nõnda esitanud, siis kindral, kes ei pruukinud küll temaga nõustuda, polnud ka valmis ütlema, et Mike eksib. Nagu Mike pärast seletas: „Kui midagi peaks juhtuma Ameerika presidendiga, siis meil, salateenistuse meestel, oleks selle pärast väga häbi, aga kui Staliniga, siis Nõukogude salateenistujad oleks juba samal õhtul juba maha lastud."

Nad nõustusid, et tuleb ellu rakendada uued julgeolekumeetmed. Suurendatakse saatkonna valvurite arvu. Hoonetesse ei tohi kaupa sisse viia; kõik veokid suunatakse mujale ümber, neil ei lasta saatkondade territooriumile siseneda. Saatkondade katustel passivad nii päeval kui ööl snaiprid, neil on käsk kohe tuli avada, kui tundub, et keegi üritab müürist üle ronida. Püstitatakse uusi teetõkkeid, mis takistavad inimestel linna siseneda või sealt lahkuda.

Lisaks alustatakse kohe majahaaval linna läbikammimist – Mike pidas just seda kõige olulisemaks sammuks. See oleks oluline ennetav meede. Leiame tapjad juba enne, kui nad ründavad. Siis ei sõltu kõik vaid sellest, kas tal õnnestub Bossi oma kehaga kaitsta ja temale mõeldud kuule püüda. Mike'i agendid käivad koos venelastega Teheranis ukselt uksele. Palutakse ka brittide abi. Teherani-suuruses linnas tekitab selline ettevõtmine küll „parajalt peavalu", nagu Mike tunnistas. Kuid muud võimalust ei olnud, kui nad tahtsid erisalklaste peidupaika avastada.

Aga isegi kui need uued julgeolekumeetmed, sealhulgas majade läbiotsimine, otsekohe tarvitusele võtta, tooksid need Mike'i hirmudele vaid osalist leevendust. Ta uskus endiselt, et „pool tosinat fanaatikut, kel on piisavalt julgust, et lennukitelt alla hüpata, võivad siiski leida mingi viisi, kuidas sooritada otsustavad lasud". Lisaks kahtlustas ta, et „loogiline on eeldada, et natside parašütistide puhul võib piisata ka vaid ühest lasust."

Kui just Mike ei leia viisi nende peatamiseks.

Sel ööl oli Berliin leekides. RAF-i pommitajad olid hoogustanud öiseid reide linna kohal, niipea kui Kairo konverents pihta hakkas, ja neid jätkati ka siis, kui suur kolmik Teherani jõudis. Sireenid üürgasid nüüd igal ööl ja õhutõrjepatareid ragistasid tuld anda, kuid ikkagi võis linna kohal kuulda vaenlase pommitajate madalat mootorimüra, kui ligi 750 lennukit katsid tiheda, kilomeetritepikkuse parvena kogu tumeda öötaeva. Linnaelanikud ootasid hirmuvärinal hetke, mil pommid langema hakkavad ja hävitavad sajandeid arhitektuuriajalugu. Tuletormid möllasid edasi ka hommikul, külvates kaost üle kogu linna.

RAF-i pommitajate väejuhatuse ülem Sir Arthur Travers Harris ei kahetsenud midagi. „Mida külvad, seda lõikad," ei tundnud ta sakslastele kaasa.

Schellenberg, kes kõik need öised tuletormid läbi elas ja nägi iga järjekordse päeva hommikul uusi suitsevaid ahervaremeid, ei kahelnud, et kõige hullem on alles ees. Ta ennustas, et need öised kättemaksurünnakud on vaid eelmäng sellele, mis hakkab Saksamaal aset leidma siis, kui liitlased suruvad ta kodumaale peale tingimusteta allaandmise.

Kuus päeva • 313

Aga vahest õnnestuks seda kuidagi vältida.

Neil kartusest ja kahetsusest täidetud päevadel naasid ta mõtted sageli Kaugushüppe juurde. Tema ambitsioonikas plaan oli läbi kukkunud vaid mõne päevaga. Üks katastroof teise järel, kuni kõik koost varises, just nagu praegu linn tema ümber. Orteli meeleheitlik raadiosõnum tegi selgeks, et Lõunarühm on kinni võetud; praeguseks on nad pidanud oma hulljulguse eest eluga maksma. Põhjarühm ei suutnud isegi raadio teel kinnitada, et nad on Iraani jõudnud, kuigi neil oli saatja kaasas. Raadiovaikuse ainsaks seletuseks võis olla vaid see, et nad kõik on surnud. Obergiga on sama lugu. Temagi oli ootamatult eetrist kadunud ega olnud reageerinud ühelegi Wannsee sõnumile, millega nõuti – arvatavasti pigem anuti, kahtlustas ta – viivitamatut vastust. Ent Skorzeny? Tema oli selle katastroofi juurest lihtsalt minema kõndinud – see mees juba oskas oma nahka hoida.

Aga ikkagi üritas Schellenberg end veenda, et veel pole põhjust lootust kaotada. Ta tahtis uskuda, et ikka veel leidub võimalus, ükskõik kui väikene, et Holten-Pflug ja tema meeskond on suutnud liitlaste püünistest põgeneda. Et nad on kuskil veel elus ja peavad plaane edasi. Kas see ongi nii ebausutav, et neil õnnestus õigeaegselt teada saada Orteli tabamisest? Et neil ei tekkinudki võimalust tema saatjalt sõnumit saata? See seletaks nende vaikimist. Kui seda niimoodi vaadata, siis vahest polegi tobe uskuda, et see kindlameelne aristokraat Holten-Pflug koos oma meeskonnaga on endiselt operatiivne. Et nad on läinud põranda alla, ent pole oma plaanist loobunud. Et nad on veel praegugi Teheranis ja ootavad õiget hetke ründamiseks.

Sellised mõtted parandasid veidi tema matusemeeleolu, ning äkitselt tuli talle midagi meelde. See loeng, mida ta kuulas Quenzsee erikursantide koolis, kus enesekindlusest pakatav instruktor oma õpilasele veendunult teatas: „Viiskümmend meest! Midagi muud ma ei vaja! Viiskümmend oskajat ja teotahtelist

meest. Mehed, kel leidub piisavalt julgust ja eriteadmisi, et tungi-
da õigetesse kohtadesse. Üks väike kuul ühest väikesest revolvrist
võib teha rohkem kahju kui terve suurtükiväerügement." Seda
oli lubanud *Sturmbannführer* Rudolf von Holten-Pflug.

Holten-Pflugil ei olnud nüüd viitkümmet meest. Küll aga
julgust ja eriteadmisi. Jah, Schellenberg tahtis uskuda, et kui
keegi võiks veel edu saavutada, siis just Holten-Pflug.

Teheranis oli kätte jõudnud öö, ja see mees, kes oli kord lubanud,
et ta võib viiekümne mehega ajalugu muuta, oli peitu läinud. Ta
teadis, et oht varitseb kõikjal, ja temas võttis võimust meeleheide.
Iraanlasest tõlk Gorechi oli linna lähedalt leidnud mahajäetud
savionnikese. Kuigi see paistis iga hetk kokku kukkuvat, pidi
sellest piisama.

Holten-Pflug oli asja korraldanud nii, et ta mehed magasid
vahetustega; nii oli keegi alati valves. Meeskond üritas välja pu-
hata, ent Holten-Pflug ei saanud und. Ta meel oli ärev ja peas
ringlesid vastuseta küsimused. Ta kartis, et kui nad paigale jäävad,
avastatakse nad juba hommikul. Siin lähikonnas oli teisigi hütte,
mis kõik paistsid olevat asustatud. Seega tuleb neil siit lahkuda
enne koitu. Aga kuhu on neil minna? Retkel läbi selle üllatavalt
jaheda linna, jõudmaks siia ajutisse varjupaika, paistsid ohud
neid kõikjal varitsevat. Ta kahtlustas, et vaenlane ootab iga nurga
taga, piilub neid igast aknast. Teadmine, et ta juhib oma mehi
läbi ohtliku territooriumi, kus patrullisid vaenlase sõdurid, sun-
dis teda iga juhusliku heli peale kõrvu kikitama. Oli vaja järele
mõelda. Kuna näis üha usutavam, et nad tabatakse juba enne
rünnakuga alustamist, tundis ta sundi plaani muuta. Kui üritada
ühte saatkondadest rünnata juba homme? Aga isegi kui ta selle
mõtte peas tõstatas, ei suutnud ta selle osas valelootusi hellitada.
Ta teadis, kuidas selline kiirustades ette võetud rünnak lõppeks.

Nad sureksid juba enne, kui neil õnnestub riigijuhte tulistada. Põhjalikumalt kaaludes leidis ta, et nende ainus eduvõimalus peitub Oranienburgis välja töötatud plaani järgimises. Tal tuleb kinni pidada Schellenbergi seatud ajagraafikust. See tähendas, et on vaja oodata. Aga kuhu vahepeal peitu minna?

Tema mõtteid katkestas onnile läheneva veoauto heli. Tema sosinal antud käsu peale olid mehed kohe jalgel, relvad tõstetud. Nad ei kavatsenud oma elu odavalt müüa.

Onni sisenes Gorechi. Tema järel kõndis pika habeme ja laia rinnaga karutaoline mees. Öistes varjudes polnud ta nägu hästi näha, vaid silmad särasid ähvardavalt lokkis juuksepahmaka all.

Holten-Pflug oli Gorechi linna saatnud; tõlk viibis ju oma kodumaal ja võis siin tähelepandamatult ringi liikuda. Ta andis käsu leida mingi paik, kus nad võiksid peatuda kuni rünnakuga alustamiseni. Seega oli Gorechi läbi käinud nende meeste kodud, keda ta oli tundnud aastate eest ja kes kuulusid Melliyuni liikumisse – see oli kohalik natsimeelne erakond. Ta oli neilt küsinud, kas tema ja ta semud võiksid end nende juures mõne päeva jagu peita. Muidugi ei hakanud ta rääkima, et tegu on Saksa sõduritega, kuigi samas pole võimatu, et ta tuttavad oskasid seda kahtlustada. Oli teada, et venelased käivad juba majast majja ja otsivad välismaalasi. Igatahes vastasid nad kõik abipalvele eitavalt.

Siis läks ta *pahlevani*-maadleja Misbah Ebtehaji majja. See iraanlane oli olnud kauane Franz Mayri kaastööline, sama mees, kelle Ernst Merser oli värvanud Lili Sanjari päästmise julgustükki juhtima. Nagu neil kahel, õnnestus ka Gorechil mees rahaga ära osta. Ta pakkus 1000 naela ja lubas ka töökohta. Kui natsid peaksid sõja võitma, siis Berliin kindlustab, et Ebtehaj määratakse Teherani politseiülemaks. Briti naelad olid küll võltsitud ja väljavaade, et *Reich* hakkab määrama munitsipaalameteid Iraanis, näis väheusutav, kuid maadleja nähtavasti ei uskunud, et keegi julgeks teda alt vedada, või arvas, et šansid on riskimiseks piisavalt head. Igatahes nõustus ta appi tulema.

Ebtehaj ei lubanud siiski meestel oma majas peatuda. Tal oli naine ja neli tütart; tema arvates oli see sobimatu, kui nendega ühe katuse alla kolib kuus võõrast meest. Ta oli ka kuulnud majade läbiotsimisest; kindlasti koputavad venelased varsti ka tema uksele. Aga leidliku mehena nuputas ta parema variandi. Ta teadis üht täiuslikku turvapaika.

Kui ta sellel Gorechile välja pakkus, oli tõlk nõus. See oleks viimane koht, kust venelased või teised välismaalased otsima hakkaksid.

Erisalklased ronisid jõumehe veoauto peale. Väljas oli veel pime ja nad uskusid, et see pakub neile võimalust märkamatult lahkuda. Linnast läbi sõites olid nad kõik küll väga ärevil. Tänavad olid tühjad, aga Holten-Pflug ei osanud öelda, kas see on õnnistus või needus. Ta kartis, et veoauto mürin vaiksetel tänavatel võib tõmmata vaenlase patrullide tähelepanu. Ta manitses Ebtehaji vaiksemalt sõitma, kuid maadleja teeskles, et ta ei saa aru. Viimaks jõudsid nad siiski igasuguste vahejuhtumiteta Farahzadi tänavale.

Holten-Pflug uuris seda võõrapärast ja pentsikut hoonet. Sel oli ümar vundament ja kõrged müürid, mis ülal koonuseks ahenesid, nii et katus oli terav nagu odaots. Esmalt arvas ta, et tegu võib olla mošeega, kuid maadleja seletas, millega on tegu.

Major mõtles järele. Jah, otsustas ta viimaks, siit nad meid küll otsima ei tule. Tundus, et sündmused on viimaks võtnud soodsa pöörde. Ta oli leidnud täiusliku peidiku, kus õiget aega oodata. Ta käskis meestel varustuse maha laadida ja sisse kiirustada.

Kui linna kellad lõid kesköötundi, hakkasid Teherani Ameerika ja Briti saatkondades telefonid helisema. Helistajaks oli Vjatšeslav

Molotov, Nõukogude välisasjade rahvakomissar. Ta tahtis kõnelda Averell Harrimani ja Sir Archibald Clark Kerriga, Ameerika ja Briti suursaadikutega Nõukogude Liidus. Mõlemad mehed olid juba magama läinud, soovides korralikult välja puhata. Hommikul algab Teherani konverentsi esimene sessioon. Kuid Molotov nõudis nende äratamist. Ta peab nendega kohe kohtuma.

Ootamatust ülesajamisest ärevusse sattunud suursaadikud kiirustasid ööhämaruses Nõukogude saatkonda.

Kätte oli jõudnud 28. november.

38

KELL ÜHEKSA HOMMIKUL, ebadiplomaatiliselt varasel tunnil, koputas suursaadik Harriman presidendi magamistoa uksele Ameerika esinduses. Tal oli vaja ette kanda erakorralisest kohtumisest, kuhu ta oli keset ööd oma soojast voodist kutsutud Nõukogude välisministri käsuga. Ta oli saanud hoiatuse. Ja ähvarduse.

Hoiatus, nii nagu Harriman seda esitas, oli konkreetne: „Härra Churchilli ja marssal Stalini mõrva ohvriks langemise risk president Rooseveltiga kohtuma tulekul on vägagi tegelik."

Ähvardus oli sama pahaendeline: „Meie vastutaksime iga vigastuse eest, mis marssal Stalinile võib osaks langeda läbi linna sõites, et osaleda arutelul president Rooseveltiga." Harriman selgitas, et „vigastuse" all pidas Molotov silmas „mõrvamist", juhuks kui president sellest ise aru ei saanud.

Välisminister ei kutsunud Harrimani enda juurde vaid selleks, et teda ähvardada. Tema näol ei paistnud vähimatki muigevirvendust, kui ta kordas üht oma varasemat ettepanekut: venelased on valmis presidendile oma saatkonnas peavarju pakkuma. Ent nüüd ei põhjendatud seda vaid mugavusega; kuna natside salamõrvarid viibivad linnas, on see vajalik ettevaatusabinõu. „Nii saaks kolm riigipead," lausus Harriman venelaste loogikat selgitades, „ühte paika kokku tuua ja nad ei peaks enam läbi linna sõitma."

Esimese konverentsipäeva hommikul sekkusid arutelusse ka britid. Nad tegid presidendile selgeks, et ka nende leeris tuntakse ärevust. Churchill oli olnud närviline juba linnasaabumisest peale, mõtiskledes „otsusekindlatest meestest, kel on püstol või pomm". Ent siis oli Molotov suursaadik Kerrile teada andnud, et peaministri kartused on täiesti mõistlikud ja ehk koguni prohvetlikud. „Nõukogude salaluure," meenutab Churchill hiljem rahutukstegevaid uudiseid, mille ta oli saanud, „on paljastanud plaani tappa üks või mitu suure kolmiku liiget." Churchilli arust pakkus see piisavat kinnitust, et ta polnud ohtu üle paisutanud, vaid see oli vägagi tõeline. Ta teadis, et ohus pole vaid tema elu, vaid kogu sõja tulevik. Kas oleks siis liialdus öelda, et nemad kolm oma praeguses hilises eluetapis on saanud ülesande hoida maailma ühtsena sel ohtudest täidetud ajaloohetkel? Mis juhtuks siis, mõtles ta õudusega, kui natsidel õnnestub Teheranis mõrvata kõik kolm liitlasliidrit?

Ajendatuna tollest süngest nägemusest ning tõsiasjast, et tema ähmased kartused näisid täide minevat, tegi Briti peaminister Rooseveltile selgeks, mida tema asjast arvab. „Ma toetan kindlalt Molotovi palvet," teatas peaminister, „et president koliks otsekohe ümber Nõukogude saatkonda, mis on teistest kolm-neli korda suurem ja avara krundiga, mis on nüüdseks ümber piiratud Nõukogude vägedest ja politseinikest."

Kuna mõlemad liitlased talle survet avaldasid, küsis FDR nõu Mike'ilt, oma isiklikult julgeolekuülemalt. Mike oli heal meelel valmis seda andma. Oma teise päeva hommikul Teheranis oli ta ärganud masendava teadmisega, et ta on vaid segaduses pealtvaataja, kes ei suuda peatada kriisi, mis on tema ümber kuju võtmas. Teda oli sellesse jubedasse linna saabumise järel kostitatud uudisega, et kuus natside parašütisti on Iraanis maandunud. Iga mööduva tunniga oli see esialgne luureteave võtnud üha ähvardavama vormi: neid kuut meest ei õnnestu kuidagi leida.

Kuigi maju läbi otsiti, polnud salamõrvaritest seni märkigi. Just-kui oleksid nad õhku haihtunud mitte ainult linnast, vaid kogu planeedilt. Kindlasti neid abistatakse: keegi peab neid peitma, järeldas ta. Aga kes – kas üksainus kontakt? Või võrgustik? Kohalikud? Siin peituvad Saksa agendid? Võimetus üles leida neid kuut meest, kõigist erakordsetest pingutustest hoolimata, millele lisandus tõsiasi, et need mõrvarid pole seni veel rünnata katsunud, ainult tugevdas seda kurja kahtlust, mida ta nüüd juba tõelevastavaks pidas: tapjad ootavad kannatlikult seda ühtainust momenti, mis on Berliinis ette ära otsustatud ja mis annab neile parimad võimalused liitlaste turvameetmetest mööda hiilimiseks, et anda oma tappev löök.

Nii et kui temalt küsima tuldi, ei kõhelnud Mike presidendile vastamast, et ta on kesklinna kolimisega „täielikult nõus". Ta oli veendunud, et sel pingelisel hetkel on iga riske maandav tegu proovimist väärt. Kui Bossil pole enam vaja liikuda edasi-tagasi läbi Teherani tänavate, et osaleda kohtumistel teistes saatkon-dades, on see vähemalt paljutõotav algus. Tosinad muud mured vaevasid teda edasi, kuid praegu leidis Mike lohutust sellest, et vähemalt üks potentsiaalne katastroof on juba eos lämmatatud.

„Kas sinu jaoks on vahet, millisesse saatkonda ma kolin?" küsis FDR.

„Erilist vahet pole, söör," leidis Mike. Peamine oli see, et Boss pääseks saatkondade ühiskompleksi kõrgete kaitsemüüride taha.

„Olgu siis," kuulutas president. „Läheme venelaste juurde. Millal me kolime?"

Alles sel hetkel sai Mike aru, et tal on „probleem", nagu ta seda professionaalile kohase kiretusega nimetas. Kuidas korral-dada presidendi toimetamist Nõukogude saatkonda? „See oleks ka muul juhul olnud piisavalt raske ettevõtmine, aga nüüd, kus kuskil luuravad kuus natside parašütisti," lähtus ta mõistlikust eeldusest, et see retk saab olema palju riskantsem. „Ma polnud nii julge mees, et teda külma kõhuga Teherani rahvarohketele tänavatele saata," tunnistas Mike. Aga tal polnud muud valikut. Ta asus plaani koostama.

———

Hoone, kuhu maadleja oli erisalklased viinud, oli *zurkhaneh*. Selles võimlas Ebtehaj treeniski, ja selle nimi pidi väljendama vaimset ja kehalist distsipliini, mida *pahlevani*-atleetidelt nõuti; see sõna tähendas „jõumaja".

Neil koidueelsetel tundidel, mil võõras linnas varjumisest väljakurnatud Holten-Pflug siin kohaneda üritas, tundus talle-gi, et temasse on siin voolamas uut jõudu. Viimaks tundis ta, et on ohutus kohas. Maja eesuks oli sihilikult madal, et tulija peaks kummardama, nagu pühapaika sisenemisel kohane; ent natsimajori arust teeb see võimatuks sõdurite pataljoni ootamatu sissetormamise. Atleetide treeningupõrand – selle nimi on *gowd*, sai ta teada – koosnes umbrohu, kuivanud heina, söetolmu ja savi segust, ning ta avastas, et selle peal lesida on sama mugav kui tema Berliini korteri madratsil; ta mehed, kes alates Iraanis maandumisest olid pidevalt kartlikult üle õla vahtinud, said siin viimaks une täis magada. Ning ta tundis, et siin ei ähvarda teda ka peamine mure. Ta uskus, et liitlaste patrullid ei hakka oma nina toppima üle iraanlaste spordiklubi ukseläve; nad on ametis usutavamate peidupaikade läbituulamisega. Ta oli leidnud oma „jõumaja" ja taas süttis temas usk Kaugushüppe võimalikkusse. Ta heitis kõrvale kõik senised kahtlused. Tema otsusekindlus süvenes üha. Taas oli ta kindel, et missiooni saadab edu.

Kuid salamõrvari elu ei saa kunagi pikalt rahulik olla. Tunnid üha tiksusid mööda ja rünnakuaeg lähenes, ning koos sellega tõstsid ka kõhklused uuesti pead. See on loomulik, üritas Holten-Pflug en-dale öelda, kui mõneks ajaks vaigistatud mured taas pinnale sööstsid.

Kogu sellest eneseveenmisest hoolimata ei saanud Holten-Pflug siiski jätta mõtlemata, et ta oli *zurkhaneh*'i tulekuga teinud operatiivse eksisammu. Ta noomis ennast, et ta oleks ju pidanud seda ette nägema, ja ka see mõte ei tulnud ta võitlusmoraalile kasuks.

Sest neil tundidel, mil Mike linna teises otsas üritas leiutada plaani ohutult Nõukogude saatkonda jõudmiseks, näis Holten-Pflugi enda julgeolek üha tõsisemasse ohtu sattuvat. Ta mehed polnud enam üksi. Võimlasse ilmusid atleedid. Matt oli nüüd täis turskeid mehi, kes vehkisid kurikatega ja maadlesid üksteisega, ning kõik need rituaalsed jõunumbrid toimusid hirvenahast trummi ühtlase rütmi saatel. Atleedid vahtisid kuut erisalklast, ent ei söandanud neile läheneda. Holten-Pflug oli siiski kindel, et see varjupaik, mis talle alguses nii väga meeldis, pole enam kuigi turvaline. See oli luuremängu vana põhitõde: saladus pole enam saladus, kui teisedki sellest teavad.

Ebtehaj üritas majori kartusi leevendada. Ta selgitas, et iga *zurkhaneh* on seotud mõne poliitilise erakonnaga. See on natsi-meelse Melliyumi liikumise oma. Need atleedid peavad Hitler-šahhi Iraani päästjaks. Nad peavad *Reich*'i sõdureid kangelasteks. Neid võib usaldada, nad ei kõnele oma klubi külalistest.

Lisaks peavad *pahlevani*-atleedid kinni rangest moraalkoodeksist, ning nende elu juhivad au- ja kohusetunde kindlad põhimõtted. Nad ei reedaks oma külalisi kunagi. Kuid maadleja lõppjäreldus tundus Holten-Pflugile siiski kõige veenvam. „Teil pole kuhugi mujale minna," teatas Ebtehaj kindlalt. „Liitlased kammivad linna läbi. Kui te siit lahkute, püütakse teid kinni," leidis ta.

Holten-Pflug ei usaldanud ühtegi iraanlast, kõige vähem veel sellist, kelle sai ära osta tuhande naela ja jabura lubadusega politseiülema ametist. Ta poleks kõhelnud oma nuga võtmast ja selle ühe kiire liigutusega maadleja laia rinda torkamast, sihtides vasakule ribide vahele ja vahedat tera otse südamesse surudes. See oleks sobiv tasu selle eest, et ta meeskond tassiti siia avalikku paika. Kahe päeva pärast teeb ta ajalugu. Aga ta peab selle ajani peidus püsima. Ta peab lihtsalt plaanist kinni pidama. Vahepeal jäi tal üle vaid loota, et keegi ei söanda teda reeta. „Me jääme siia," ütles ta maadlejale.

Ta käskis meestel silmad lahti hoida ja valvsaks jääda. Relvad olgu kogu aeg käes, laetud ja tulistamiseks valmis. Ta jagas nendega tõotust, mille oli oma südames andnud: kahe päeva pärast teeme ajalugu. Nad kuulasid, ja tundus, et need sõnad kajasid vastu nende mõtetes, kui nad jäid trummipõrina saatel ootama oma kuulsusrikast saatust.

Mike leidis viimaks, et midagi muud ei jää üle, ning lasi kogu tee Nõukogude saatkonnani ääristada sõduritega. Ta lasi relvastatud meestel õlg õla kõrval seista. Salamõrvaril oleks raske nende vahelt läbi tungida, et presidendi auto pihta tuld avada. Tõsi küll, kui mõni hästi välja õpetatud saksa snaiper peaks küürutama katusel või akna taga, siis oleks tal üpris hea väljavaade surmavat lasku teha, seda pidi Mike tunnistama. Selle takistamiseks sai vähe ette võtta. Kuid kell kolm pärastlõunal andis Mike siiski käsu liikuma hakata ja presidendi korteež lahkus Ameerika diplomaatilisest esindusest.

Konvoi ninas sõitsid kaks maastikuautot, täidetud relvastatud ja valvsate sõduritega. Veel kaks samasugust tulid konvoi sabas. Sõdurid lasid pilgul ringi käia majakatustel ja rahvahulga seas, üritades relvakandjaid märgata. Keskel sõitis presidendi limusiin. Riigijuht istus tagaistmel ja naeratas kramplikult, lehvitades hõiskavatele kohalikele.

Kuigi tegelikult polnud tegu presidendiga, vaid salateenistuse agendi Bob Holmesiga.

Niipea, kui korteež teele asus, toimetas Mike presidendi ühte tolmusesse armeesedaani. „Hoidke pea maas, söör," juhendas ta,

ja seda seiklust nautiv FDR täitis käsku. Sedaani ees sõitis vaid
üks maastikuauto, ning need kaks sõidukit kihutasid meeletus
tempos läbi Teherani kõrvaltänavate. Presidenti veeretati juba
tema mitmetoalisesse sviiti Nõukogude saatkonnas, kui Bob
Holmes ametlikul marsruudil ikka veel rahvamassile lehvitas.
Agent ütles pärast, et ta oleks seda näitemängu nautinud, kui ta
poleks pidanud kogu aeg muretsema, et mõni kuul läbi akna sisse
lendab ja ta pealuu purustab.

Hiljem samal õhtul pidas Mike valvet õhtusöögil, kus president
võõrustas Churchilli ja Stalinit. Esimest korda peale Teherani
saabumist tundis ta end võrdlemisi enesekindlalt ja lootis, et va-
hest on olukord nüüd enam-vähem tema kontrolli all. Igatahes
oli tal õnnestunud Boss toimetada Nõukogude saatkonda ilma
mingite intsidentideta. Ta oli rahul, et „meie endi filipiini poisid
valmistavad meie toitu meie oma köögis." „Ajapikku harjud sa-
lateenistuses kogu selle pingega ära," selgitas ta valehäbita. Olles
ise kõva kangema kraami tarvitaja, vaatas ta lõbustatult ja mõnin-
gase imetlusega pealt vana sõbra Churchilli käitumist pidusöögi
ajal. „Briti Majesteedi esimene minister suutnuks toostitõstmisel
kergesti sammu pidada iga venelaste pataljoniga," märkis ta lu-
gupidavalt. Kuid Mike'i meelerahul polnud antud kaua kesta.

Kui pidu oli juba lõppemas ja presidenti hakati magamistup-
pa tagasi veeretama, lähenes Mike'ile USA vastuluurekorpuse
ohvitser. „Kas te mäletate seda sakslasest spiooni, kelle me kinni
võtsime, kui käisime haarangul majas, kus elas Lili Sanjari?" küsis
ta. „See mees on nüüd rääkima hakanud. Ja te peate kuulma,
mida ta räägib. Kohe!"

39

PEALE MIKE'ILE PALJU MURET TOONUD hilisõhtust jutuajamist
sõjaväeluure ametnikega toimus veel kaks sündmust, mis
näiliselt polnud üksteisega seotud. Mõlema juured peitusid
loos, mida *Sturmbannführer* Winifred Oberg, see väliagent, kelle
Schellenberg oli saatnud Teherani Kaugushüpet ette valmistama,
oli peale väikest veenmist viimaks jagada otsustanud. Mike võis
pärast rahuldatult nentida, et need ei pruukinuks kunagi aset
leida, kui ta poleks kannatust kaotanud ja nõudnud, et CIC-i
luurejuhid Lili Sanjari kinni võtaksid. Sest just see tujukas
naisspioon oli neile pakkunud luureandmeid, mis viisid Obergi
arreteerimiseni.

Esimeseks sammuks oli otsekohe saata pataljoni jagu sõdureid
valvama sissepääsu veetunnelisse, mille kindral Connolly insene-
rid olid kaevanud kõrbesse linna lähedal. Kui Obergile oli räägi-
tud, et 38 parašütisti on kinni võetud, sai ta aru, et kogu missioon
on läbi. Teda veendi tunnistust andma ka meeldetuletusega, et
sõja ajal spioonid hukatakse. Kuna nüüd pidi ta mõtlema vaid
omaenda naha päästmisele (sest seda ta ei osanud kahtlustada, et
kuus meest viibivad veel vabaduses), otsustas ta koostööle asu-
da. Välitöötaja uhkustundega kõneles ta neile sellest, kuidas ta
oli leidnud viisi saatkondade territooriumile sisenemiseks. Aga
hoolimata kõigist veenmiskatsetest ja ähvardustest ei suutnud

326 • Salamõrvarite öö

ta ameeriklastele pakkuda operatsiooni täpsemaid detaile. Ta ei osanud vastata neile põhiküsimustele, millega ülekuulajad teda pidevalt pommitasid. Ta ei paljastanud neile, millises saatkonnas see rünnak toimub. Või millal. Ta lihtsalt ei teadnud seda.

See oli järjekordseks kinnituseks Schellenbergi luureoskustest. Kaugushüppe algusest peale oli VI ameti ülem otsustanud, et osavõtjatega tasub jagada vaid seda osa plaanist, mida neil on tingimata vaja kuulda oma ülesannete sooritamiseks. Nii ei saanud vlassovlased kunagi teada, kuidas täpsemalt neid rünnaku ajal kasutada kavatsetakse. Ja kui Oberg oli oma hindamatu maakuulamistöö ära teinud, jäeti temagi infosulgu. Obergiga ei jagatud kunagi seda lõplikku plaani, mille Schellenberg oli suure töö ja vaevaga kokku pannud, sest tal polnud vaja sellest teada. Kui Oberg on mehed turvamajadesse paigutanud, on tema töö tehtud.

Aga ka see, mida CIC oli Obergilt välja pressinud, tundus piisavalt murettekitav. Niipea, kui Oberg oli kõnelnud veetunnelite ülevaatamisest, saadeti sinna mitu veoautotäit lahinguvalmis sõjaväelasi, et nad sissekäiku valvaksid. Nad võtsid kähku positsioonid sisse, olles vajadusel valmis tagasi lööma terve Wehrmachti pataljoni rünnaku. Mike oli kindel, et kuuel mehel pole nende vastu mingit võimalust. Nad lastakse maha juba enne, kui nad tarani jõuavad.

Samas oli Obergi leidlikkus andnud tõsise hoobi Mike'i enesekindlusele. Saksa operatiivtöötaja oli leidnud tee saatkonnakompleksi, mille kaudu salamõrvarid oleks jõudnud otse Bossi ukselävele. Spioon oli osavalt välja nuhkinud selle ohu, mida Mike, hoolimata oma põhjalikust uurimistööst ja planeerimisest, polnud üldse tähele pannud. Milliseid muid salateadmisi võib neil kuuel vabaduses viibival mehel olla, küsis ta endalt hirmuvärinal. Millise leidliku plaani on nad välja töötanud? Üha uuesti pidi ta endale meelde tuletama, et ta ei tea, millal nad ründavad.

Mike ragistas ajusid, kuid ei suutnud leida ühtegi ilmset tõsiasja, mis vihjaks kõige tõenäolisemale rünnakumomendile. Olles Obergi ülestunnistuse põhidetailidega tutvunud, suurenes tema lugupidamine vaenlase vastu. Ja sellest tulenevalt tajus ta nüüd veel suurema selgusega, et ülioluline on need kuus erisalklast kohemaid üles leida, sest varsti võib selleks juba hilja olla.

Ka teine sündmus tulenes otseselt Obergilt saadud informatsioonist ja ühtlasi sellest ärevusseisundist, milles Mike nüüd viibis. Kui patrullid olid linna läbi käinud, koputanud kõigile ustele, käinud läbi kõik põiktänavad ja kohvikud ning kiiganud isegi turuplatsi poodide tagaruumidesse, polnud kuuest salamõrvarist endiselt mingit märki. Paha lugu, aga veel halvem näis see nüüd, kui ohu suurust osati uue info põhjal paremini hinnata. Seetõttu anti linnas avalikult teada, et liitlased pakuvad 20 000 dollarit teabe eest, mis viib nende kuue saksa parašütisti tabamiseni, kes end kusagil peidavad.

Kogu turuplats kihas peagi sellest uudisest. Hämmastavast pakkumisest kõneldi iga leti ääres. Terve varandus sellele, kes juhtumisi teab, kus need natsid end varjavad.

Holten-Pflug ei teadnud sellest kõigest midagi. Tal polnud aimugi, et Oberg, see kontaktisik, kellele ta pidanuks saabumisest ette kandma, on paljastanud plaani veetunnelite kohta. Ta ei teadnud ka, millist summat tema pea eest pakutakse.

Tema püsis endiselt oma piiratud sõdurimaailmas, olles suundumas missioonile, millelt ta ilmselt ei naase. Neil rasketel hetkedel leidis ta lohutust lootusest, et teda ootab suremat kuulsus. Ta saavutab midagi tõeliselt erilist, millega vähesed hakkama saaksid. Ta muudab kogu sõja käiku. Ta nimi elab igavesti. Oma sõdurisüdames uskus ta, et selliste saavutuste nimel võib surra küll.

328 • Salamõrvarite öö

Ta käskis oma meestel jääda kindlameelseks ja keskendunuks.
Kahekümne nelja tunni pärast lahkuvad nad peidikust. Homme
teevad nad ajalugu.

———

Berliinis oli Schellenberg saanud uue ettekande Cicerolt. Kui ta
seda toimikut uurima asus, ei teadnud ta, mida sellest oodata –
Türgist tulevate saadetistega oli alati nii. Lugema asudes mõistis
ta kähku, et sedapuhku on tegu kuldaväärt infoga. See oli pea
reaalajas luureteave Kairo konverentsi – mis oli lõppenud vaid
nädal aega varem – telgitagustes toimunu kohta. Hämmastava
detailirikkusega kirjeldati seal Roosevelti lubadust Chiang Kai-
shekile: Mandžuuria tagastatakse Hiinale, kui Jaapan on alistatud.

Schellenberg juurdles selle tohutu kingituse üle, mida Roosevelt
oli helde käega lubanud hiinlastele nende toetuse eest, ning taaskord
naasid ta sünged mõtted selle juurde, mida kavatsevad liitlased võtta
Saksamaalt peale sõja lõppu. Oma meeleheite kuristikes ihanuks
ta loota – kuigi teadis, et terve mõistus ja igasugune vastuvõetav
loogika räägib sellele vastu –, et Holten-Pflug koos oma meestega
on miskitmoodi suutnud vabadusse jääda. Et nad on endiselt opera-
tiivsed. Ta teadis: kui meeskond järgmisel päeval oma lööki ei anna,
rebivad võitjad oma triumfihetke järel *Reich*'i tükkideks.

Just siis, kui Schellenberg maadles oma suurimate hirmudega,
olid need tol õhtul Teheranis tasahilju kinnitust saamas. Stalin
oli seal korraldanud uhke banketi. Õhtu edenedes tõusis marssal
püsti, et toosti öelda. „Saksa armee tugevus," alustas ta, „sõltub
umbes viiekümnest tuhandest ohvitserist ja tehnikust." Tõstes
viinaklaasi kõrgele, pani ta rahulikul toonil ette, et peale sõda
tuleks nad kõik kohe peale kinnivõtmist maha lasta.

Churchill tundis selle mõtte ees õudust. Toolilt tõustes teatas peaminister tõsisel tooni, et Briti parlament ja avalikkus ei kiidaks massimõrvu iialgi heaks.

"Viiskümmend tuhat tuleb maha lasta," kordas Stalin häirimatult.

Peaministri nägu läks raevust tumepunaseks. "Pigem ma eelistaksin," ütles ta oma jõuetus vihas iga sõna selgelt hääldades ja väliselt täiesti rahulikuks jäädes, "et mind siinsamas välja aeda viiakse ja maha lastakse, kui et määrida enda ja oma riigi au sellise häbiteoga."

Roosevelt sekkus. Ta pakkus välja kompromissi. Viiekümne tuhande asemel võib ju hukata vähem, leidis ta. "Kuidas oleks 49 500?" küsis president.

Ilmselt oli see naljana mõeldud, et pinget leevendada, kuigi sel segasel hetkel polnud see kõigile selge. Siis tõusis püsti presidendi poeg Elliott ja pidas sõjaka tooniga kõne, kus ta ütles, et nõustub marssal Stalini ettepanekuga, ja on kindel, et seda toetaks ka USA armee.

Churchillile oli see liiast. Ta kargas püsti ja kadus banketisaali kõrvalruumi. See oli pime ja tühi, ent ta ei paistnud seda märkavat. Ta üritas endiselt lahti mõtestada kõige kuuldu tähendust, kui ta tundis oma õlgadel kaht rasket kätt. Ta pöördus ja nägi Stalinit, kelle kõrval seisis Molotov. Mõlemad mehed irvitasid laialt. Churchilli hilisema kirjelduse kohaselt väitsid nad, et "kogu see jutt oli nali, nad ei mõelnud seda tõsiselt."

Churchilli see ei veennud. Ega oleks veennud ka Schellenbergi.

Hiljem samal õhtul, olles kindlaks teinud, et Boss on oma magamistoas ja selle ees seisab relvastatud valvur, taandus Mike oma magamistuppa. Ta oli surmväsinud ja lootis korralikku ööund nautida. Kuid mingil põhjusel asus ta siis üle vaatama järgmise päeva, 30. novembri, ürituste ajakava. Vahest tahtis ta järgmise päeva väljakutseteks varakult valmistuda. Uurides nummerdatud nimekirja, mille oli koostanud presidendi meeskond, pööras ta teise lehekülje ja märkas seal midagi, mis ta tähelepanu tõmbas. Ta mängis veidi aega selle võimalusega ja oli siis kindel: nüüd ta teab, millal salamõrvarid rünnata plaanivad.

Magamiseks polnud enam aega. Ta kiirustas toast välja, et oma mehi informeerida.

40

TEISIPÄEV, 30. NOVEMBER 1943, Winston Churchilli 69. sünnipäev. Järjekordne külm hommik Teheranis. Holten-Pflug tõusis koos esimeste koidukiirtega, nagu sõduril kombeks. Mida iganes see oluline päev ka tuua võib, igatahes teadis ta, et see on tema viimane *zurkhaneh*'is. Ootamine on läbi. Tema meeskond ründab õhtul. Kuus meest peavad ellu viima viiekümnele mõeldud ülesande. Nad liiguvad läbi veetunneli Briti saatkonda ja siis, kui vaenlane seda kõige vähem ootab, kui nad tõstavad seal peol ülbelt ja enesekindlalt toosti üksteise tervitamiseks, kaanivad šampanjat ja õgivad torti, tormavad tema mehed sisse ja tapavad Roosevelti, Churchilli ja Stalini. Ta läks mehi ette valmistama.

Kas Holten-Pflug pidas nende julgustamiseks väikese kõne, lausus mõned kirglikud sõnad enne missiooni kõrgpunkti saabumist? Kui ta seda ka tegi, pole neid kirja pandud. Ent tagasihoidlikkus ei käinud ta iseloomuga kokku. Küllap ta rääkis umbes sama juttu, mida Schellenberg oli kuulnud Quenzsees: võimekad mehed, kel leidub vaprust ja oskusi, võivad saavutada suuri asju. Kuidas „üks väike kuul ühest väikesest revolvrist võib teha rohkem kahju kui terve suurtükiväerügement." Ja kindlasti oleks ta lõpetanud siira lubadusega sellest kuulsusesärast, mis neile osaks langeb peale missiooni lõppu: nende nimed lähevad igaveseks ajalukku.

Kindel võib olla selles, et relvad vaadati üle. Mehed olid Skorzeny eelistuste kohaselt saanud endale Steni püstolkuulipildujad koos summutitega, ning neile anti käsk kaasa võtta piisaval arvul varumagasine. Kui nad saatkonna alale sisenevad, on üllatusmoment nende poolel, ent ikkagi võib oodata tulevahetust. Nad peavad olema valmis selleks, et endale tuleb pideva tulega teed teha nii majja sisenedes kui sealt väljudes. Lisaks Stenidele olid neil ka Walther PKK püstolid ja jala küljes tupes lahingunuga, nagu ka Holten-Pflugil endal.

Gammoni pommide kast tehti lahti, iga mees sai kaks tükki. Spordiklubis veedetud vaiksetel tundidel oli Holten-Pflugil piisavalt aega mõtlemiseks, ja ta oli otsustanud, et rünnakus peavad põhiosa mängima pommid, mitte püstolkuulipildujad. Gammonitega saab kompenseerida elavjõu vähesust. Suletud ruumis tekitaksid need tohutut kahju; need on sama tulemuslikud nagu viiskümmend erisalklast, leidis ta. Kuna Skorzeny oli mängust väljas, oli Holten-Pflug koostanud uue lahinguplaani, kus tema viskab esimese pommi. Sellest saab signaal teistele. Ta käskis meestel seada sütikud nõnda, et plahvatus oleks silmapilkne. Nad kas põgenevad järgneva kaose käigus või surevad seda üritades.

Gorechi sai käsu minna Ebtehaji veoautot tooma. Holten-Pflug uskus endiselt, et kohalik tõlk võib ohtu kartmata tänavatel liikuda. Kui ta naaseb, lähevad mehed kähku veoki kaetud kasti ja Gorechi sõidutab nad veetunneli sissepääsu juurde linna servas. Nii jääb neile piisavalt aega, et läbida kogu see pikk vahemaa betoonist veetunnelis. Kui kõik kulgeb graafiku kohaselt, jõuavad nad saatkonna territooriumile siis, kui sünnipäevapidu on ammu alanud. Nad läbivad aia pimeduse katte all, mööduvad tiigist ja jõuavad söögisaali terrassiuste ette. Nad tungivad sisse just siis, kui šampanjapudeleid avatakse ja pidu on täies hoos – hetkel, mil neid kõige vähem oodatakse.

Alles siis, kui Gorechi oli lahkunud, andis Holten-Pflug oma meestele teada, et plaani on muudetud.

———

Kui Mike oli Bossiga esimest korda läinud kuuetoalisesse sviiti Nõukogude saatkonnas, häiris teda see, kui palju teenreid siin oli. „Kõikjal, kuhu läksid,“ kaebas ta, „oli mõni jõujuurikas, lakei valge kuub seljas, ametis klaasi poleerimise või mööblilt tolmu pühkimisega, kuigi kõik siin säras niigi puhtusest. Kui nad kätel käia lasid, siis oli iga mehe puusal näha Lugeri automaatpüstoli piirjooni. Muidugi oli tegu NKVD poistega.“

Ent täna oli ta pigem rahul, et nad siin ringi luusisid. Tegelikul lootis ta isegi, et tol õhtul leidub neid ähvardava olekuga jõmme eriti rohkesti. Ta oli Arkadjevit juba oma kahtlustest informeerinud.

Viimaks oli ta lahti hammustanud natside salaplaani, ehkki ta sõimas ennast, et tal võttis see liiga kaua aega. Eelmisel õhtul presidendi ajakava lugedes asetusid kõik tükid oma õigele kohale ja üldpilt sai selgeks. Ta oli leidnud konkreetse fakti oma teooria kinnituseks. Ta oli uskunud, et erisalklased ootavad õiget aega oma rünnakuplaaniga alustamiseks. Ja viimaks oligi ta ära tundnud otsustava elemendi nende kannatlikus strateegias. Kogu see aeg olid nad oodanud tänast õhtut, Winston Churchilli sünnipäevapidu. Natsid olid ära jaganud, et mis iganes Teheranis muul ajal toimuda võiks, sel õhtul viibib kohal kogu suur kolmik. Stalin või Roosevelt ei saa ometi ära öelda Churchilli kutsest tõsta klaas oma sünnipäeva tähistamiseks. Poliitika, riiklikud ambitsioonid, kolme suure ego jonnitujud – see kõik jäetakse üheks õhtuks kõrvale. See rõõmus sündmus on ühtlasi meeldivaks vahelduseks kõigile neile nääklustele ja pingelistele läbirääkimistele. Pidustustest täidetud õhtu, mil isegi turvameeskonnad asja lõdvemalt võtavad. Berliinis olid nad jõudnud just sellele järeldusele, ja ta võis süüdistada vaid omaenda rumalust, et ta polnud seda juba varem taibanud. Kui venelased poleks kinni võtnud suuremat osa ründesalklastest, kui Oberg poleks paljastanud veetunneli kasutamise skeemi märkamatuks sisenemiseks saatkonda, oleks seda saatnud edu. Viiekümneliikmeline erisalk oleks Churchilli sünnipäevapeole sisse tunginud. Ta mõtiskles selle võimalikest tagajärgedest ja tema vaimusilma ette kerkis õõvastav kujutluspilt.

Aga kas see võiks ikkagi töötada? Kas kuus otsusekindlat meest võiksid leida tee õhtusele sünnipäevapeole? Hoolimata kõigist liitlaste pingutustest, hoolimata kolme võimsa riigi ühendatud jõududest, oli natside meeskond läbi lipsanud linna üle heidetud jälitusvõrgust. Need pole mingid tavalised mehed; Mike pidi endale taas meelde tuletama, et neid alahinnata oleks tõsine viga. See missioon ei saa läbi enne, kui nad on kinni võetud või tapetud. Mike'i täistuuridel töötav kujutlusvõime tootis vaid katastroofe – ta nägi kuulidest läbipuuritud Bossi oma ratastoolis kokku vajuvat.

Ta kõndis maha lühikese tee Briti saatkonda ja vaatas ringi köögis, lootes oma instinktide abil sealt avastada mõne koka, kes sinna ei kuulu, või kelneri, kes oma kohustustele kahtlaselt vähe tähelepanu pöörab. Kui seal miskit silma ei jäänud, siirdus ta suurde söögisaali. Pikk laud koos raskete kristall- ja hõbenõudega oli kolmekümnele külalisele juba valmis seatud. Iga koha juures seisis menüü, käsitsi kirjutatud kaunis kalligraafilises kirjas. Mike'il oli sõnade eristamisega raskusi, ja isegi kui ta oleks seda suutnud, poleks sellest palju kasu olnud, sest see oli prantsuse keeles. Mis asi on *Dinde farcie garni*, küsis ta endalt? Boss kindlasti teaks. Vahest on see tema Hyde Parki häärberis igapäevane roog.

Saali üle vaadanud, läks ta kahe laia ukse juurde ruumi tagaosas, kust pääses terrassile. Sealt avanes vaade aiale ja tillukesele nelinurksele ilutiigile. Ta katsus käepidet ja uks avanes kergesti. Nad polnud seda lukku pannud. Ta pööras ringi ja heitis pilgu söögilauale. Kohe siinsamas seisis peaminister Churchilli kohakaart, tema ühel käel president Roosevelti ja teisel pool marssal Stalini oma. Need kolm meest istuvad reas vaid mõne meetri kaugusel lukustamata uksest, mis avaneb saatkonna aeda. Mike seisis seal ja üritas ohjeldada hinges kobrutavat raevu, suruda endas maha soovi tormata laua juurde ja kõik need portselannõud ja läikima nühitud küünlajalad laiali peksta; tal oli tahtmine astuda mõni drastiline samm, et see pidu saaks lõpu juba enne selle algust. Kuid ta suutis seda impulssi ohjata. Nagu ta ütles, oli ta vaid võmm, kel oli rohkem muskleid kui aru, ning tal ei jäänud üle teha muud, kui püsida Bossi lähedal ja olla valmis kõigeks, ning paluda oma iirlasesüdames jumalat, et nad tuleksid läbi sellest lõputust ööst, kus ohud näisid luuravat kõikjal.

Holten-Pflug kõneles oma meestele uuest plaanist. Ta tahtis, et nad Saksa mundrid selga paneks. Maskeeringuks polnud enam mingit taktikalist põhjust. Au nõudis neilt seda: oma kuuluvuse näitamist. Oli tähtis, et kui nad saatkonna aias välja ilmuvad ja sünnipäevapeole sisse sajavad, siis saaks maailm selgelt aru, keda nad esindavad, et nad läheks ajalukku Kolmanda *Reich*'i sõduritena. Ta tahtis olla kindel, et kui ta Gammoni pommi söögisaalis Roosevelti, Churchilli ja Stalini poole viskab, on nende viimaseks üllatunud mõtteks enne kindlat surma, et Saksamaa pojad said nad kätte ka siit, maailma teisest otsast.

Mehed olid nõus. Nad panid relvad maha ja otsisid ranitsatest mundrid välja. Nad olid ametis oma iraanlaseriiete seljast võtmisega, mitmed olid lausa poolpaljad, kui rühm maadlejaid treeningupõrandale tormas. Kuusteist turset meest, mõnedel käes raudlatid, teistel kurikad.

Holten-Pflug sai aru, mis siin toimumas on. Ta haaras Sten-püssi järele.

Aga ta polnud piisavalt kiire. Talle löödi kurikaga pähe ja ta langes teadvusetult maha.

Kui ta üles ärkas, oli ta juba kinni seotud. Nagu ka neli tema meest.

Kaks ähvardava olekuga maadlejat, käes rasked raudlatid, valvasid neid. Teised olid läinud Syroosi tänava majja venelastele rääkima, et nad on natside erisalklased kinni võtnud. Nad lootsid preemiat saada.

———

Mike hoidis kogu õhtusöögi ajal terrassiustel hoolikalt silma peal. Kaks valvurit seisid ukseava kõrval, kuid sellest ei piisanud, et tema kartusi hajutada. Tema vaimusilmas püsis kujutlus, kuidas uksed lahti paisatakse ja kuulirahe võtab kolm riigijuhti maha, nad vajuvad oma toolidel abitult kokku. Iga kord, kui see fantaasia teda külastas, liikus ta instinktiivselt presidendile lähemale.

Need laua taga kõrvuti istuvad kolm meest „valitsesid ühiselt sisuliselt kõigi maailma merejõudude ja kolmveerandi õhujõudude üle, ning juhtisid ligi kahekümnest miljonist mehest koosnevaid vägesid selles kõige õudsemas sõjas, mis seni oli inimkonda tabanud," nagu Churchill öelnud oli. Aga Mike ei suutnud vabaneda jubedast eelaimusest, et iga hetk võivad kuus erisalklast leida viisi nende eluküünalde kustutamiseks. Ta kartis, et kogu tema valvsusest pole kasu nõnda vapra ja fanaatilise vaenlase vastu.

Ent lõppude lõpuks oli see lihtsalt üks rõõmus pidu. Tõsteti heatahtlikke tooste; laual oli hiiglaslik tort kuuekümne üheksa küünlaga; koos lauldi sünnipäevalaulu; ainus ebatavaline asi, mida Mike tähele pani, oli see, et viimaks tantsis koguni peaminister ise ennastunustavalt inglise rahvatantsu rõõmsa rütmi saatel.

Kella kahe paiku öösel seadsid viimased külalised end minekule ja Mike'il oli viimaks tunne, et kõik need metsikud mõtted ja eelaimused, mis olid teda vaevanud viimase ööpäeva kestel, ei saagi teoks. Ta leidis julgustust ka tõsiasjast, et homne päev – või tegelikult tänane, sest 1. detsember oli juba alanud – jääb neil viimaseks selles hullumeelses linnas ja nad võivad tagasi lennata veidi ohutumasse Kairosse. Ta küll ei teadnud, kus viibivad need kuus natside erisalklast, aga kui lennuk on viimaks õhku tõusnud ja ületab Iraani mäeahelikud, pole nende saatusel enam tähtsust. Nad ei kujuta enam ohtu.

Ta nautis seda väljavaadet, kui talle lähenes üks presidendi abilisi. Mike, ütles ta, ajakavas tuleb tilluke muutus. President nõustus Churchilli palvega veel kaks päeva kohtumisi pidada. Me ei lahku enne 3. detsembrit.

Syroosi tänaval oli aga selline probleem, et NKVD jaoskonnaülem, tema adjutant ja pea kõik agendid olid läinud saatkonda, et kaitsta marssal Stalinit Briti peaministri sünnipäevapeol. Seega ei saanud keegi preemiaraha välja maksta. Valves olev ohvitser tegi ettepaneku, et iraanlased neile räägiksid, kus need kuus natsi end peidavad, ja nad korjatakse üles.

Iraanlase vastasid, et seda infot ei anta enne raha väljamaksmist. Nad võivad ka oodata. Ega need natsid ju vahepeal kuhugi ei jookse.

Holten-Pflug ei suutnud uskuda, et kogu see asi lõppeb nõnda. Tema ja ta mehed on kinni seotud nagu praeahju minevad kanad ja ootavad, millal venelased neid üles korjama tulevad. Nii palju siis tema kohast ajaloos. Teda jäädakse mäletama hädapätakana. Tal oli selle totaalse läbikukkumise pärast tohutult häbi. Teda oli reedetud ja kõige hullem oli see, et tal ei õnnestunud teha ühtegi lasku.

Ent juba paar minutit hiljem kõmatas võimlas kaks kiiret lasku järjest. Üks valvur langes näoli matile. Seejärel ka teine. Mõlemaid oli selga tulistatud. Gorechi oli võimlasse tulnud ja heitnud vaid ühe pilgu seltsimeestele, kelle käed olid selja taha kinni seotud, ning ei hakanud midagi küsima, vaid tulistas kõigepealt üht ja siis ka teist iraanlast. Walther PKK käes laskevalmis, ootas ta nüüd, kas veel mõni valvur kuskilt välja tormab.

„Kähku, seo mind lahti!" ärgitas Holten-Pflug. „Me peame siit kohe minema saama. Venelased võivad iga hetk tulla."

Kuus meest koos relvadega kargasid kähku veoautosse, mis spordiklubi eest minema kihutas. Alles nüüd hakkas juhtunu Holten-Pflugile päriselt kohale jõudma. Tema esimeseks reaktsiooniks oli reetlikke maadlejaid manama hakata, ent ta taipas kähku, et selleks pole õige aeg. Ta koondas oma mõtted ja jõudis kiiresti süngele järeldusele, et esialgse operatsiooniga jätkamine pole enam võimalik. Selleks ajaks on pidu juba läbi, kui nad saatkonda jõuavad. Kuidas sealt sihtmärgid üles leida? Tal polnud aimugi hoonete ülakorruste tubade asetusest. Ta sai aru, et ta peab olukorra põhjalikult läbi mõtlema ja leiutama mingi muu variandi. Nad on taas vabad ja neil on Gammoni pommid. Rünnak on põhimõtteliselt võimalik. Aga esiteks vajavad nad ohutut paika, kus öö mööda saata ja uus plaan läbi kaaluda.

„Mul on üks mõte," ütles Gorechi viimaks.

41

GORECHI SÕIDUTAS ERISALKLASED politseijaoskonda.
Sõit läbi linna kujunes närvesöövaks. Holten-Pflug vahtis kartlikult ringi, otsides märke sellest, et Vene sõdurid on spordiklubisse jõudmise järel nende jälje üles korjanud. Mehed pigistasid peos püstolkuulipildujaid, sõrmed päästikul, valmis kohe tuld avama, kui jälitajad nähtavale ilmuvad. Nad piidlesid kahtlustavalt iga varju neil kuuvalgusega ülevalatud tänavatel.

Algse plaani ootamatu kokkuvarisemine, häbistav vangilangemine nende rahaahnete iraani musklimägede kätte oli küll tõsine löök, aga meeskond oli imekombel saanud teise võimaluse. Nad olid välja tulnud näiliselt lootusetust olukorrast ja olid nüüd vabaduses, endiselt relvastatud, endiselt ohtlikud, endiselt pühendunud suure kolmiku mõrvaplaanile. Nende tahe oli kindel. Nende sihtmärgid viibisid endiselt Teheranis. Nad korrastavad oma ridu ja leiutavad uue strateegia. Nad pesevad puhtaks oma määritud au.

Kui Gorechi ütles, et ta teab kohta, kus öö ohutult mööda saata, kuulas Holten-Pflug teda tähelepanelikult ja tänutundega. Ta ihkas kuulsust võita ega lubanud sel haledal reetmisel nurja ajada oma suurt võimalust ajalugu teha. Iraanlane rääkis nüüd, et Sadrag Movaqqar on tema vana sõber noorusajast, mil nad

olid koos käinud natsimeelse Melliyuni liikumise tõrviku-
rongkäikudel. Ta uskus, et Hitler-šahhi pühendunud imetleja
Movaqqar pakuks neile peavarju, eriti kui ta saab selle riski eest
heldelt tasustatud. Ta tundis siiski kohustust nendega jagada üht
tillukest tõsiasja, mis esmapilgul ehmatav näis: see Movaqqar on
leitnant Movaqqar, kes viibib öövahetuses Albassi tänava polit-
seikomissariaadis.

Holten-Pflug muutus kohe valvsaks. Kõik tema kahtlused
naasid kohe, saades värsket jõudu põlgusest, mida ta tundis neid
reetnud iraanlaste vastu. Kuid ta üritas nende praegust olukorda
õigesse perspektiivi panna. Iga missioon vaenlase territooriumil
koosneb nagunii ühest suurest riskist teise järel, ohud varitsevad
igast kandist. Sel hilisel tunnil, mil kõik senised plaanid olid
segi löödud, polnud tal muud võimalust, kui iga abipakkumine
vastu võtta – peaasi on valvsust säilitada ja olla valmis esimesena
tulistama, kui asjad võtavad ohtliku pöörde. Endiselt uskus ta
vankumatult, et viimaks saadab neid edu, ja see andis talle jõudu.
Ta nõustus politseijaoskonda minema.

Seal sai tehing kähku sõlmitud. Kui leitnant saab 5000 naela ja
teised kaks valves olevat meest mõlemad tuhat naela, siis võivad
kuus erisalklast öö mööda saata tühjades vangikongides. Tasu
suurus polnud tegelikult oluline: Holten-Pflug irvitas mõttes,
kui ta raha välja maksis, sest sedelid olid võltsitud. Ometi kartis
ta, et ka selle uue päästja sõnale ei saa loota. Aga muud võimalust
ei paistnud olevat. Ta andis endale mõttes lubaduse: seekord ei
võeta teda võitluseta kinni. Ta käskis meestel vahetuste kaupa
valves olla, relvad laskevalmis. Kui leitnant ja ta abilised peaksid
midagi üritama, siis tabab neid üllatus. Siin vangikongis istumine
tekitas temas kõhedust sellest hoolimata, et uks oli lukustamata.
Ta polnud iseloomult närvitseja, kuid see ei tähendanud veel, et
ta ei muretseks.

Ent öö möödus sündmustevaeselt. Oma kongi rahus ja vaikuses lõi Holten-Pflug aluse uuele plaanile. See oli küll kompromiss-strateegia, selgete puudustega, kuid ta suutis end veenda, et see võib õnnestuda. Tema ja ta mehed vajavad lisainfot, enne kui see skeem selgemat kuju võtta saab, aga ta uskus, et see praktiline leitnant suudab neile seda hankida, kui teda vääriliselt tasustatakse.

Movaqqar sisenes kongi veidi enne koitu. Ta teatas ootamatult, et erisalklased peavad lahkuma. Kätte on jõudnud uus päev – 1. detsember – ja peagi ilmub siia politseinike uus vahetus.

See uudis oli meestele suureks löögiks. Nad olid muudkui põgenenud alates ajast, mil nad langevarjudega Iraani hüppasid. Taas tundus, et sündmused võtavad ohtliku pöörde. Nad vaatasid abiotsivalt oma ülema poole.

Holten-Pflug tundis, et taas on tal vaip alt ära tõmmatud. Kust leida uus peidupaik? Kuhu neil minna on? Temas süvenes meeleheitlik veendumus, et ta meeskond peab iga hinna eest veel veidi aega Teheranis peidus püsima. Üksainus päev – sellest piisaks, et ajalugu teha.

Mike'i jaoks kõlas see ootamatu väljavaade veel mõneks ajaks Teherani jääda nagu eriti õel needus. Ta oli juba innukalt oodanud lahkumist väheturvalisest Nõukogude saatkonnast, kus NKVD jõmmid oma tolmuharjadega nende ümber luusivad ja mille õitsvad aiad on kergesti ligipääsetavad maa-aluste tunnelite kaudu. Ta oli lootnud, et peagi on Bossi ja natside salamõrvarite vahel tuhandeid kilomeetreid ja mitu kõrget mäeahelikku. Aga Iraanist lahkumine on ootele pandud. Boss asub Kairosse teele alles reedel. Teadmine, et president ja kuus natsi on Teheranis koos veel kaks päeva, äratas uuesti ellu kõik tema kahtlused ja kartused.

Ent sama ootamatult pöördus tema õnn uuesti. Kell pool üksteist sel hommikul tuli teade, et külm front liigub üle Kairo. Need jäised iilid tõid Mike'i jaoks häid uudiseid. Armee ilmateade ennustas, et front suundub peagi itta üle Iraani mäestike. Kui presidendi lennuk reedel stardib, peab see tiheda pilvkatte ja tõsise turbulentsi vältimiseks kerkima kahest kilomeetrist tublisti kõrgemale – FDR-i ettevaatlik ihuarst McIntire mõistagi ei lubanud seda. Seega otsustati, et president peaks Teheranist lahkuma järgmisel päeval, neljapäeva varahommikul.

Mike juubeldas, ent võidusoonel oleva hasartmänguri kombel otsustas ta kohe panuseid tõsta. Ta katsus presidendi personali veenda, et kui selle päeva kohtumised on läbi saanud, pole enam ühtegi head põhjust, miks Nõukogude saatkonnas veel minutitki veeta. Küll aga leidub piisavalt põhjuseid sealt lahkumiseks.

„Te peate aru saama," ta peaaegu anus neid, „et kuni need kuus natside erisalklast vabaduses on, jäävad nad ohuks edasi." Tema muret mõisteti. Otsustati, et kui konverentsipäev on läbi, sõidutatakse president USA armee baasi Amirabadis. See asus Elburzi mäestiku jalamil, lennujaamast kahekümne minuti kaugusel, ent Mike'i seisukohast vaadatuna oli põhiliseks plussiks ikkagi see, et baas oli koduks umbes kolmele tuhandele USA sõjaväelasele. Sellisest ihukaitsest peaks piisama, et neid kuut natsi eemal hoida, leidis Mike.

Nüüd oli tal vaja Boss turvaliselt läbi toimetada veel ühest kohtumistest täidetud päevast, ning siis pääseb president viimaks ohutusse paika.

Iraani politseileitnant oli vahepeal lahendanud Holten-Pflugi pakilise probleemi, kuigi taas teatud tasu eest. Ta sõidutas erisalklased omaenda majja, kus nad leidsid peavarju 2000 naela eest päevas.

Politseiniku maja rahus ja vaikuses jagas Holten-Pflug meestega oma uut plaani. Ta tunnistas, et see strateegia võtab arvesse nende vähenenud väljavaateid. Enam pole võimalust saatkonda ootamatult sisse tormata. Või toitu mürgitada. Või end märkamatult sisse smugeldada lasta. Kõik sedasorti plaanid oleksid selgelt liiga ambitsioonikad, vajaksid liiga põhjalikku eelplaneerimist, seega tuleb ette võtta midagi lihtsamat. Seetõttu, selgitas major, tuleb naasta rünnakuplaani juurde, mida Berliinis millalgi küll kaaluti, ent sellest kähku loobuti.

Nad korraldavad suurele kolmikule varitsuse siis, kui ametlikud autokonvoid lennujaama sõidavad.

Schellenberg oli selle plaani kõrvale heitnud, kuna see pakkus palju vähem lootust kõigi kolme mehe tapmiseks. Aga nüüd, võttes arvesse kõiki seniseid tagasilööke ja nende praeguse olukorra ebakindlust, pidi Holten-Pflug tunnistama, et liiga kõrgeid sihte ei tasu enam seada. Antud juhul võiks ka üheainsa riigijuhi surma pidada hiilgavaks võiduks *Reich*'i jaoks. Tõsi, ta polnud täielikult loobunud lootusest, et mingil moel õnnestub mõrvata kõik kolm, ning tema plaan sai ikkagi koostatud selle kavatsusega. Tema usk oma kuulsusrikkasse saatusesse polnud veel vankuma löönud.

Neid on kuus, liitlaste liidreid aga kolm. Lihtne matemaatika: nad jagunevad kolmeks üksuseks – igal on oma sihtmärk. Holten-Pflug jättis kõige magusama tüki endale. Koos Gorechiga üritab ta tappa Ameerika presidenti.

Nüüd tuli lahendada oluline luureküsimus: kuidas nad teavad, millal liidrid lennuvälja poole teele asuvad, ja mis marsruuti pidi? Holten-Pflug teatas meestele, et ta juba arutas seda küsimust politseileitnandiga. Nagu oli siis, kui suur kolmik Teherani saabus, vastutavad Iraani võimud rahvahulkade ohjamise eest ka nende lahkumise ajal. Politsei saab varakult teada, millal riigijuhid lennuväljale teele asuvad ja millised tänavad tuleb valve alla võtta. Politseinik on valmis neile seda infot müüma.

Mis puutub tegelikesse rünnakutesse, siis need panevad sõdurite vapruse proovile – nad peavad selgusele jõudma, mille nimel tasub surma minna. Neil on kastitäis Gammoni pomme, nendega saab korraldada tõsise hävitustöö. Üksainus hästi sihitud pomm hävitab auto koos kõigi seesviibijatega. Aga visketäpsuse peale ei saa lootma jääda. Et atentaadi edu tagada, peab see olema enesetapumissioon. Nad peavad riigijuhi auto ette viskuma koos pommiga, mis saab selsamal hetkel aktiveeritud. Nad peavad olema valmis surema oma riigi eest, selle aate nimel, millesse nad usuvad.

Kõik mehed nõustusid seda tegema.

———

Kui see viimane päev Nõukogude saatkonnas üha edasi venis, oli Mike rahutus meeleolus, mis muutus üha süngemaks. Millal Boss viimaks lõpetab? Millal nad lahkuda saavad? Esiteks ei tahtnud selle päeva konverentsisessioonid kuidagi lõppeda. Siis oli president veel tulnud spontaansele mõttele pidada hüvastijätu-õhtusöök Churchillile ja Stalinile. See korraldatigi kiirustades, õnneks oli see küll üsna lühike, kui eelmise õhtu pidusöögiga võrrelda. Kuid Mike'i pettumuseks kestsid läbirääkimised ka siis veel mõnda aega edasi ning ta pidi juba endalt küsima, kas neil õnnestub enne õhtut üldse saatkonnast minema saada. Ta ei hakanud midagi ennustama, otsustades keskenduda vaid hetke-kohustustele. Kuid ta mõtted naasid sageli kuue erisalklase juurde, ning iga kord üha suurema hirmuga.

Ka erisalklastel oli ette tulnud üks tagasilöök. Kui see mureküsimus tõstatati, sai Holten-Pflug kohe aru selle põhjendatusest – ja kaalukusest. Ta oleks pidanud seda ette nägema. Ta pidi oma meestele ausalt ja vennalikult tunnistama, et see polnud talle lihtsalt pähe tulnud.

Üks ta meestest oli märkinud, et politseileitnandilt saadud luureinfo oli ühes mõttes rängalt puudulik. Movaqqar oskas mainida vaid neid kvartaleid, mis saavad politseibarrikaadidega tõkestatud. Ei midagi enamat. Liitlased ei andnud teada, milliseid tänavaid pidi plaanivad autokonvoid sõita. Ilmselt on seda võimalik näha siis, kui mehed on juba valvekordoni perimeetrile jõudnud ja rahvamassi peitunud. Aga praegune ebaselgus tegi neile muret edasi. Kas meestele jääb piisavalt aega, et jõuda õigel hetkel õigesse paika? Olla piisavalt lähedal, et heita pomm – või vajaduse korral iseennast – õige auto ette? Ta teadis, et suuresti saab see sõltuma vedamisest. Kui tal leiduks rohkem elavjõudu, siis poleks see kuigi keeruline operatsioon. Panna näiteks kaks meest vaatlejateks, nemad annavad signaaliga märku, mis tänavale konvoi pöörab. Siis on teistel meestel piisavalt aega koht sisse võtta ja pommisütiku aktiveerimiseks valmistuda. Kui vaatlejad on olemas, siis saaks üllatusrünnaku ellu viia. Ilma nendeta ei tea aga keegi ette, mis seal juhtuda võib.

Kui mehed selle probleemi kallal pead murdnud olid, pidid nad viimaks resigneerunult tunnistama, et tuleb hea õnne peale lootma jääda. Muud võimalust pole. Nad peavad lootma, et nad suudavad marsruudi kindlaks määrata ja positsioonidele kiirustada. Ja et neil jääb ka piisavalt aega sütikutega tegelda. Holten-Pflug jäi siiski piisavalt realistlikuks, et tunnistada – soovmõtlemine pole kaugeltki optimaalne lahinguplaan. Korraks oli ta juba tunnetanud, et ta on suurele võidule väga lähedal, ent kahtluseussid õõnestasid nüüd seda enesekindlust.

Siis võttis sõna Gorechi. Kui vaatlejad on taktikaliselt hädavajalikud, siis ta teab, kust neid värvata saaks. Maadleja Ebtehajil on terve võrgustik oma meestest, nad on varemalt teinud igasugu räpast tööd SD ja Franz Mayri tarvis. Õige hinna eest on nad valmis ka kõrisid läbi lõikama. Auto pööramissuuna näitamine on sellega võrreldes kergelt teenitud raha.

Major andis nüüd vihale voli. Ta oli seda maadlejat kord juba usaldanud – tänu sellele oli ta uimaseks löödud ja kinni seotud, et ta venelastele üle anda. Kuidas saab soovitada, et selle mehega maksaks uuesti koostööd teha?

Gorechi, arvatavasti väga taktitundeliselt, märkis nüüd oma ülemusele, et Ebethaj ei kuulunud sellesse rühma, mis oli neid rünnanud. Ebethaj pole kellegi usaldust reetnud. Ta on *Reich*'ile lojaalne, tema sõna võib uskuda.

Holten-Pflugi see jutt ei veennud. Tema arust oleks uuesti maadleja jutule minek üks äärmiselt ettevaatamatu samm. Samas sai ta aru, et ilma vaatlejateta, kes ta meestele suuna kätte näitaksid, kukub rünnak ilmselt läbi. Nüüd pidi ta valima kahe halva variandi vahel: kas usaldada meest, kes ilmselt seda ei vääri, või oma missioon läbikukkumisele määrata.

Viimaks kuulutas ta välja oma otsuse, mis ei tulenenud operatsiooni praktilistest nõudmistest või tõlgi väidete veenvusest. Selle taga oli üks kõigest muust olulisem mõte – tal on endiselt võimalik oma nimi suurte tähtedega ajalukku kirjutada, seda juhul, kui ta usub oma kuulsusrikkasse saatusesse ka siis, kui kõik loogikal põhinevad argumendid näivad sellele vastu rääkivat. Kas ta on tulnud nii kaugele vaid selleks, et enne lõppvaatust kõhklema lüüa?

Too Ebtehaj siia, käskis ta.

42

HOLTEN-PFLUGI JA EBTEHAJI TAASKOHTUMISEL seisid vastakuti ühe mehe piiritu auahnus ja teise mehe täitmatu raha-ahnus. Natsimajor jagas temaga üldsõnaliselt oma plaani ja seda rolli, mida ta vaatlejatelt ootas. Seda ta küll ei maininud, et sellest võib saada enesetapumissioon ning ka vaatlejad võivad plahvatustes vabalt hukka saada. Maadleja kuulas ja hakkas siis tingima. Ta saavutas tulemuse, mida ta üpris rahuldavaks pidas. Ta pakub neile kuus meest ja saab vastu 4000 naela. Pool summast makstakse samal õhtul, kui ta oma meestega tuleb, teine pool peale töö sooritamist.

Maadleja oli juba uksest välja minemas, kui Holten-Pflug, kes ei suutnud endas publitsevat viha enam vaos hoida, avas veelkord suu. Viimane kord, kui ta Ebtehaji usaldas, oli teda reedetud. Ta oli uskunud meestesse, kes väitsid end olevat *Reich*'i toetajad, kuid loobusid oma vaadetest niipea, kui tekkis võimalus tasku pista kopsakas pearaha, mida liitlased pakkusid. Ta hoiatas, et kui see peaks uuesti juhtuma, korraldab ta asja nii, et reeturid maksavad selle eest oma eluga.

„Kas te süüdistate mind?" hüüdis Ebtehaj vastu. „Mina ei kuulunud sellesse jõuku. Jah, ka mina teadsin teie eest välja pandud rahast. Kogu linn teadis sellest. Terve varandus. Aga kui mina midagi luban, siis ma ei murra oma sõna."

„Igatahes tea, et ma mõtlen seda tõsiselt," ütles Holten-Pflug. „Räägi seda oma meestele: kui nad üritavad meid alt tõmmata, jääb see nende viimaseks teoks. Nad ei ela piisavalt kaua, et preemiaraha kulutama hakata."

———

Tänavat pidi kohvikusse sammudes, et oma meestele tööotsast teada anda, mõtiskles Ebtehaj süngelt majori sõnade üle. Teda reeta? Pigem reedab tema mind. Sellest ta ei rääkinud üldse, milline oht vaatlejaid varitseb. Nad võivad seal plahvatuses tükkideks lennata. Ja mis minust saab? Kui kaua liitlastel kulub, enne kui nad minuni jõuavad? Kõik need valelubadused, et minust saab politseiülem. Natsid ei võida seda sõda kunagi. See on selge. Nad kasutavad mind ära, peavad mind lolliks. Pealegi, kes siis ülejäänud raha ära maksab, kui major ja ta mehed kinni võetakse? Või tapetakse? Mõlemad võimalused on väga tõenäolised. Igas tehingus on kaks osapoolt ja mõlemad peavad ausaks jääma: seda peaksid nad teadma. Kui te mulle valetate, siis sellega saab leping tühistatud.

Siis mõtles ta rahale, mida liitlased natside peade eest pakkusid. Tõepoolest, terve varandus. Neli korda rohkem, kui see Saksa major mulle pakub. Seda ei peaks ka meestega jagama. Ja mis veel parem, kogu summa makstakse kindlasti välja.

Ebtehaj otsustas, et ta ei lähegi kohvikusse. Selle asemel seadis ta sammud Syroosi tänava poole.

Amirabadi baasis oli väga külm. Jäine öötuul puhus mägedest alla ja tabas Mike'i piitsahoobina näkku. Kuid Mike ei kaevelnud.

Kell oli ligi üksteist õhtul ja ta oli just saatnud Bossi D-kasarmusse, kus ta pidi koloneli eluruumides veetma oma viimase öö Iraanis. Nad olid Nõukogude saatkonnast lahkunud alles poole tunni eest. Kuid viimaks viibisid nad sõbralikul territooriumil ja neile pakkus siin seltsi mitu tuhat relvastatud USA sõjaväelast, kes kõik kutsumata külalised eemal hoiavad. Homme hommikul kell üheksa sõidavad nad lennuväljale. Kahekümneminutiline sõit, ja tema viibib kogu aeg Bossi kõrval. Peaaegu juba õnnelikult kodus, leidis Mike mõnusa enesekindlusega.

Siis läks ta oma tuppa ja seal helises telefon. Kindral Arkadjev tahtis temaga kõnelda.

————

Mike küürutas venelaste maastikuauto taga, binokkel silmade ette tõstetud. Talle avanes hea vaade sellele ühekorruselisele liivakivist hoonele elamukvartali teises otsas. Niipea, kui Arkadjev talle rääkinud oli, et nad teavad, kus kuus natsi end peidavad, oli ta kohe armeebaasist sohvri leidnud ja lasknud end siia sõidutada. Ta pakkus, et kell on umbes üks öösel. Linnas valitses haudvaikus. Aga see ei kesta enam kaua, kahtlustas ta.

Ta oli pealt kuulanud, kui venelasest ohvitser – ilmselt NKVD mees, otsustas Mike – oli turskele iraanlasest maadlejale käsud kätte andnud. „Natsimajor ootab sind, kas mul on õigus?" oli ohvitser küsinud. Maadleja kordas, et neil oli kokku lepitud, et ta tuleb koos kuue oma mehega öösel sinna. „Väga hea," ütles venelane. „Kui ta küsib, kus mehed on, siis ütle talle, et ta aknast välja vaataks."

Mike nägi, mida major kohe nägema pidi: Vene sõdurid olid kvartalis ja katustel kohad sisse võtnud. Nende relvad olid suunatud majale. Hoone oli ümber piiratud. Kui nad tule avavad, ei pääse keegi elusalt välja. Kas see on tõesti võimalik, et seesolijad pole midagi kuulnud? mõtles ta ärevalt. Kuid majas polnud paista mingit liikumist.

Venelane oli jätkanud, vaadates otse maadleja tumedatesse silmadesse. „Ütle natside ülemale, et tal on valida. Ta mehed panevad relvad maha ja tulevad ülestõstetud kätega välja, või me avame tule. Kas saad aru?"

Ebtehaj polnud sellest küsimusest välja teinud. „Aga raha?" uuris ta.

„Sa saad oma raha," lubas venelane. „Niipea, kui kuus natsi on käes."

Nüüd kõndis maadleja juba üle tänava. Mike'il oli revolver pihus, kuigi ta polnud kindel, mispärast. Kui läheb tulevahetuseks, tulevad venelased kõigega ise toime. Neil on siin piisavalt mehi.

Linnas pole sama külm nagu mägedes, mõtles ta erilise põhjuseta. Ta jälgis maadlejat pilguga. Ta võis kuulda tema sammude krudinat kruusal. Mees kõndis aeglaselt, kiirustamata. Ta kuulis, kuidas maadleja uksele koputab, ning vabastas relva kaitseriivist.

Uks avanes ja tänavale langes valgustriip. Kas natsid näevad sõdureid? Kuid uks sulgus kohe, sellise pauguga, et korraks pidas ta seda püstolilasuks. Pimedal tänaval lasus nüüd ärev vaikus. Seda hetke oli ta oodanud alates ajast, mil ta Teherani saabus. Kohe võetakse kinni mehed, kes olid siia tulnud tapma Roosevelti, Churchilli ja Stalinit. Ta oli lootnud, et see võimalus tekib, ja hetke pärast on see juhtumas.

Ta kujutas vaimusilmas ette, mis maja sisemuses toimuda võib. Maadleja ütleb, et ta mehed ei tule, ei tänasel ööl ega üldse kunagi. Natside major plahvatab seda kuuldes vihast. Kas ta hakkab ähvardama? Sihib maadlejat relvaga? Mike'il oli Ebtehajist jäänud mulje, et seda meest pole kerge rööpast välja viia. Küllap ta soovitab majoril aknast välja vaadata. Maja on ümber piiratud.

Mike'il tundus, et ta nägigi kardinat liikumas, kuid ta arvas, et praegusel pingsal hetkel võis ta seda ka ette kujutada.

Igatahes oli Mike kindel, et maadleja on Nõukogude ohvitseri ultimaatumi esitanud. Kuus natsi tulevad tõstetud kätega välja või nad notitakse maha.

Mike üritas end kujutleda natside majori nahas. Ta üritas ette kujutada kõiki neid pikki planeerimisest ja väljaõppest täidetud kuid, seda sihikindlust, mis oli tema ja ta mehed kõigist takistustest hoolimata toonud siia, sellesse viletsasse osmikusse Teheranis. Ta üritas mõista majori meeletuid ambitsioone, mis olid sundinud teda seda hukatuslikku missiooni ette võtma. Ta küsis endalt, mis oli meest selleks ajendanud. Kas vihkamine, või vaid kohusetunne? Või midagi veel sügavamat? Ta üritas ennustada, mida teeb major siis, kui ta taipab, et kõik tema unistused on luhtunud: ta peab kas alla andma või ohverdama oma meeste elud.

Sel hetkel kõlas kõrvulukustav pauk, millele järgnes ere valgussähvatus, mis taeva kilomeetrite ulatuses helendama pani. Kogu hoone varises hetkega kokku.

Kell pool kümme hommikul, pärast tegevusrohket magamata ööd, jälgis Mike nüüd, kuidas president C-54 pardal turvavööd kinnitab. Pärast plahvatust olid Mike ja Arkadjev üritanud kindlaks teha, mis siis õigupoolest juhtus. Neile jäi mulje, et natsid ei soovinud alla anda, vaid otsustasid oma saatuse enda kätesse võtta. Rusude vahelt oli leitud Gammoni pommikesti ja plahvatuse jõu põhjal võis oletada, et vähemalt pool tosinat neist said üheaegselt lõhatud. Ellujääjaid polnud.

Mike läks oma istmele C-54 tagaotsas ja leidis võimalikult mugava asendi. Üheks tema reegliks oli, et lennureisidel magas ta haruharva; ta tahtis üleval olla, juhuks kui Boss teda vajab. Aga kui suur lennuk kerkis Gale Morghe lennuvälja kohale ja võttis suuna läände, Kairo poole, sulges Mike silmad. Ta uinus kähku, olles veendunud, et pikk salamõrvarite öö on viimaks läbi saanud.

Epiloog:
saladused

REPORTERID OLID OVAALKABINETIS võtnud tihedasse pool-ringi Franklin D. Roosevelti töölaua ees. President istus ratastoolis hiiglasliku mahagonipuust laua taga, mis oli kunagi kuulunud Herbert Hooverile. Mike seisis Bossi paremal käel akna kõrval, mitte kuigi kaugel temast, nagu tal pressikon-verentside ajal alati tavaks oli. Väljas oli kohutav ilm. Kuupäevaks oli 17. detsember 1943 ja press oli kohale tulnud, et kuulda Kairo ja Teherani konverentsidest.

Mingil hetkel tegi president juttu ka julgeolekuprobleemidest, mis teda reisil saatsid. „Teherani-suguses paigas on sadu sakslaste spioone, ilmselt enam-vähem kõikjal," ütles ta. „Kindlasti olnuks see nende jaoks päris hea saak, kui nad suutnuks tänavatel meid kõiki kolme tabada."

„Aga detailidel pole mõtet peatuda," lisas ta. Ta naeris selle peale südamest ja kõminal, ning press naeris kaasa.

Mike'i nägu jäi liikumatuks, nagu oleks see kivist välja ta-hutud.

Reporteritel polnud lisaküsimusi ning president liikus kähku muude teemade juurde, hakates rääkima Hiinast.

Järgnevatel päevadel ja kuudel, kui sõda edasi kestis ja Teherani sündmused unustusse vajuma hakkasid, hoidsid kõik teadjad saladused endale ega teinud neist juttu. Sel tormilisel ajal olid nende elud niigi sündmusterohked.

Berthold Schulze-Holthus, Abwehri mees Iraanis, sattus Nasr-khaani silmis viimaks halba kirja. Kaškaid andsid ta brittide kätte. Kuid 1945. aasta jaanuaris toimunud vangide vahetusel andsid liitlased ta sakslastele üle ja ta sai Berliini naasta. Kui USA sõdurid vallutasid Tirooli, avastati ta ühest kõrgel kaljuserval asuvast mägimajast karget mäestikuõhku nautimas. Ta arreteeriti „selge turvariskina".

Franz Mayr, Iraani jäänud SD spioon ja Lili Sanjari kunagine armuke, põgenes 1946. aastal brittide käest ja läks Egiptuses põranda alla. Võltsitud Briti passi abil pääses ta viimaks Šveitsi ja alustas seal uut elu.

Nõukogude topeltagendi Roman Gamotha edasine elusaatus on mõistatuseks jäänud. Ühe ettekande kohaselt olevat Nõukogude sõjatribunal ta 28. jaanuaril 1952 mõistnud „surma mahalaskmise läbi". Teise sama autoriteetse allika kohaselt sattus ta aga Egiptusesse Fatahi terroriste välja õpetama.

Elyesa Bazna, koodnimega Cicero, kolis Istanbuli, kus ta lootis nautida pensionipõlve selle varanduse abil (2020. aasta vääringus umbes 1,8 miljonit USA dollarit), mille ta oli SD käest varastatud dokumentide eest saanud. Peagi avastas ta, et need Briti naelad on võltsitud. Oma õiglases vihas üritas varas sõjajärget Lääne-Saksa valitsust selle eest kohtusse kaevata. Muidugi naerdi ta välja.

Gevork Vartanjan, see poiss, kes oli Teherani tänavatel juhtinud Kergeratsaväge, suutis täita oma noorpõlve unistuse ja temast saigi Moskva Keskuse operatiivtöötaja. Aastatepikkuse salateenistuse eest autasustati teda Punalipu ja Punatähe ordenitega ja tema matustel 2010. aasta jaanuaris nimetas Venemaa president

Dmitri Medvedev teda oma järelehüüdes „legendaarseks luure-agendiks".

Euroopa kõige ohtlikum mees Otto Skorzeny, kes viimasel minutil otsustas Kaugushüppe juurest minema kõndida, pääses liitlaste kohtuprotsessil süüdimõistmisest sõjakuritegudes. Teda süüdistati selles, et ta oli oma erisalklased riietanud USA armee-mundritesse, et nad saaksid Ardennide lahingus vaenlase tagalasse hiilida. Peale sõda lisas kuulus natsikütt Simon Wiesenthal ka Skorzeny oma sõjakurjategijate nimekirja. Ent samal ajal kuu-lutas Iisraeli meedia, et riigi luureteenistus Mossad on Skorzeny palganud endisi natse jahtima.

Kaugushüppe plaani põhiautor Walter Schellenberg suutis oma rivaali (ja sõbra) admiral Wilhelm Canarise viimaks üle kavaldada. Ta viibis ise Canarise arreteerimise, koonduslaagris-se saatmise ja viimaks ka hukkamise juures. Ta võttis kontrolli Abwehri üle enda kätte. Sõja järel, nagu ta oligi kartnud, saatis liitlaste tribunal ta kuueks aastaks vangi. Mis puutub tõenditesse, mis võiksid paljastada tema sõjaaja salasepitsuste kogu ulatuse, siis nende kohta kirjutas ta: „Ma lasin kõik olulisemad toimikud oma osakonnas mikrofilmile üles võtta. Filmid pandi kahte teraskarpi, mis olid piisavalt väikesed, et portfelli mahtuda. Ettevaatusmeet-mena varustati karbid mehhanismiga, mis süütaksid lõhelaengu juhul, kui keegi kombinatsiooni mitteteadev inimene üritab karpi jõuga avada. Viimaks mõlemad karbid hävitati."

Mike Reilly saatis FDR-i ka Jalta konverentsil ning samuti viibis tema kõrval 12. aprillil 1945 aastal, kui president Georgia osariigis Warm Springsis ajuverejooksu suri. Ta lausus sõbra eest palve ja korjas igaks juhuks kokku presidendi hommikusöögist järelejäänud palakesed, et lasta keemikul neid analüüsida. Midagi kahtlast ei leitud, kuid Mike tahtis lõpuni kindel olla, et sala-mõrvaril ei õnnestunud presidenti tabada seni, kui tema FDR-i julgeoleku eest vastutas.

Kui Stalin oli Teheranist Moskvasse naasnud, saatis ta FDR-ile sõnumi Iraani kohtumiste teemal. „Ma olen õnnelik," kirjutas ta, „et saatus pakkus mulle võimaluse teile Teheranis teenet osutada."

„Mida võis marssal Stalin sellega mõelda?" küsivad imestunud ajaloolased järgnevatel kümnenditel. Mis teenet ta presidendile osutada võis?

Vastus jäi kauaks peitu tolmustesse salaarhiividesse, kuhu riigid on ootele pannud need läbikukkunud draamad, mida kuritahtlikud hinged kunagi sepitsesid. Kuni praeguse hetkeni.

Märkus allikate kohta

ÜKSKÕIK MILLISE LUUREPEAKORTERI, aga eriti veel Moskva Keskuse pühade saalide jaoks ebatavalise meediakära saatel korraldas Venemaa välisluureteenistus SVR 18. novembril 2003 pressikonverentsi, kus anti teada uue raamatu ilmumisest. *Тегеран-43: Крах операции „Длинный прыжок", ЭКСМО*, 2003 („Teheran '43: operatsiooni Kaugushüpe läbikukkumine"), autor Juri Kuznets (eraviisiliselt tõlgitud ka inglise keelde), oli detailne ülevaade natside salaplaanist mõrvata Roosevelt, Churchill ja Stalin Teherani konverentsi käigus. See põhines luureallikate kuldstandardil: varem salastatud Vene luureraportitel, NKVD analüütilistel dokumentidel ja dekodeeritud sõnumitel. Raamatu tõepärasust toodi kiitma Vladimir Kirpitšenko, endine KGB I peavalitsuse (välisluure) asejuht, kellel oli ligipääs Moskva Keskuse arhiivides leiduvatele Kaugushüppe toimikutele. Ta kiitis Kuznetsi teost kui „rangelt dokumentaalset" ja kinnitas seda hämmastavat lugu, mis kõneles natside vandenõu planeerimisest, elluviimisest ja läbikukkumisest. Kohal viibis ka nende sündmuste pealtnägija Gevork Vartanjan, kunagine Kergeratsaväe noor kangelane, nüüdne kõigi poolt austatud, pensionile jäänud salaagent. „Meie vastutasime konverentsi julgeoleku eest ja meie teadsime, mis seal toimus," teatas ta tulise veendumusega.

Kui ma sellest sündmusest kuulda sain, hakkasin otsima teisigi Vene allikmaterjale operatsiooni Kaugushüpe kohta, ning leidsin muid kirjutisi, mis põhinesid hiljuti avaldatud dokumentidel: Aleksandr Lukin, *„ОперацияДлинный прыжок"* („Operatsioon „Kaugushüpe""), *Ogonjok*, nr 33 (1990), 15. august, 1965, 25; ja nr 34 (1991), 22. august, 1965, 25–27. Viktor Jegorov, *Заговор против „Эврики". Брошенный портфель* (*Vandenõu „Eureka" vastu: kadunud portfell*) (Moskva: Sovetskaja Rossija, 1968); Nikolai Dolgopolov, *„Как спасали „Льва и медведя""* („Kuidas päästeti lõvi ja karu"), *Rossiiskaja Gazeta*, 29. november, 2007 ja *„Тройная опасность: нацистский план убить лидеров Второй мировой войны в Тегеране".* („Kolmekordne hoop: natside plaan II maailmasõja riigijuhtide tapmiseks Teheranis"), *RIA Novosti* vol. 4 (jaanuar 2007); „Tehran-43: Wrecking the Plan to Kill Stalin, Roosevelt, and Churchill" („Teheran-43: Stalini, Roosevelti ja Churchilli tapmise plaani nurjamine"), *RIA Novosti*, 16. oktoober, 2007; Pavel Sudoplatov, Anatoli Sudoplatov, *Special Tasks: The Memoirs of an Unwanted Witness — a Soviet Spymaster*, koostöös Jerrold L. ja Leona P. Schecteriga; Christopher Andrew, Vasili Mitrokhin, *The Mitrokhin Archive and the Secret History of the KGB* (New York: Basic Books, 2001).[5]

Minusuguse inimese jaoks – kirjanik, kes on ka varem uurinud ammu unustusse vajunud luureoperatsioonide telgitaguseid, et leida põnevaid lugusid – oli Venemaa arhiivide salastuse lõpetamine uueks võimaluseks: viimaks sain kõnelda suure kolmiku tapmise salaplaani loo.

Kui ma veel veidi otsinud olin, läks asi veel põnevamaks, sest ma leidsin silmapaistval hulgal Läänes avaldatud raamatuid ja monograafiaid, mille kirjeldus Kaugushüppest suuresti kinnitas venelaste versiooni juhtunust. Nende seast võis leida lugupeetud

---

[5] Eestikeelses tõlkes on ilmunud: Pavel Sudoplatov, „Erioperatsioonid" (Tallinn: Olion, 2000) ja Christopher Andrew, Vassili Mitrohhin „Mitrohhini arhiiv" (Tallinn: Sinisukk, 2002). *Tõlkija märkus.*

ajaloolaste teoseid: Richard Deacon, *A History of the Russian Secret Service* (London: Frederick Muller, 1972); Nigel West, *Historical Dictionary of World War II Intelligence* (Lanham, MD: Scarecrow Press, 2008); John Erickson, *The Road to Berlin: Stalin's War with Germany* (London: Weidenfeld and Nicolson, 1983); Miron Rezun, *The Iranian Crisis of 1941* (Köln: Bohlau, 1982); ja Warren Kimball, *Churchill and Roosevelt: The Complete Correspondence* (Princeton, NJ: Princeton University Press, 1987). Lisaks veel vähem usaldusväärseid (ehk siis pseudonüümidest, ebatäpsustest ja spekulatsioonidest kubisevaid) raamatuid ja pressiartikleid, nagu Laslo Havas, *Hitler's Plot to Kill the Big Three* (New York: Bantam Books, 1971); Bill Yenne, *Operation Long Jump* (Washington, DC: Regnery Publishing, 2015); ja Kyril Tidmarsh, „How Russians Foiled Nazi Plot to Kill Tehran Big Three", *The Times of London*, 20. detsember, 1968. Lisaks veel nn hübriidteosed – väidetavalt ajaloolised-dokumentaalsed, kuigi ma leidsin põhjust selles kahelda –, mis kirjeldasid Saksa erioperatsioone Kairo ja Teherani tippkohtumiste ajal, mis pakkusid huvi eelkõige seetõttu, et nende autorid võisid teada palju enam, kui nad kirja panid: näiteks OSS-i endise uurimis- ja arendusjuhi Stanley Lovelli raamat *Of Spies and Stratagems* (New York: Pocket Books, 1964); Teheranis Churchilli kõrval viibinud politseiuurija Walter H. Thompsoni *Assignment: Churchill* (Toronto: McLeod, 1955) ja *Beside the Bulldog* (London: Apollo, 2003). Kaugushüppe lugu räägiti kinemaatiliste liialdustega pikitult ka mängufilmis „Teheran-43", mis oli valminud NSV Liidu, Prantsusmaa ja Šveitsi koostöös ja kus peaosa mängis Alain Delon, ning 13-osalise Briti doksarja „Churchill's Bodyguard" ühes episoodis, mis põhines Tom Hickmani samanimelisel raamatul (London: Headline, 2005).

Kuigi usaldusväärset tõendusmaterjali ja varasemaid uurimistöid leidus seega hunnikute viisi, tuli mul tähelepanu pöörata ka skeptikutele. Adrian O'Sullivan oli raamatu *Nazi Secret Warfare in*

Occupied Persia (Iran) (London: Palgrave Macmillan, 2014) koostamisel teinud hindamatut uurimistööd Wehrmachti arhiivides, ning tema argumendid väärisid ärakuulamist. Tema ei uskunud Kaugushüppesse üldse, nimetades seda Nõukogude „valeinfoks" ja looks, „mida üldiselt võib seostada ajalugu ümberkirjutavate neofašistlike või antifašistlike teostega", mille on loonud „stalinistliku mütoloogia levitajad". Kuigi temagi pidas kõigi nende mürgiste torgete keskel vajalikuks märkida: „Sama selge pole aga see, miks Putini ajastu luureteenistused peaksid huvituma Pärsiat puudutava tõendamata ja vähetuntud stalinistliku müüdi elluäratamisest ja levitamisest". Olles seda maininud, jätkab O'Sullivan oma tiraadi ja tal õnnestub viimaks vältida oma küsimusele vastamist (sealhulgas kõige ilmsemat vastust: sest see on tõsi). Gary Kern oma essees „How 'Uncle Joe' Bugged FDR," mis avaldati CIA salastamata ajakirjas *Studies in Intelligence* 47, nr 1 (2003) asub kõhklevalt O'Sullivani poolele, jättes samas avatuks muudki võimalused. „Pole täiesti võimatu, et natsid plaanisid rünnata liitlasriikide liidreid, vahest isegi Teherani konverentsi ajal," tunnistab ta. Kuid temagi väidab veendunult, et see konkreetne oht, millest venelased Rooseveltile kõnelesid, oli kõigest otsitud ettekääne presidendi meelitamiseks pealtkuulamisseadmetest kubisevasse saatkonda. (Sellele vaatekohale vaidleb aga vastu hilisem CIA Luureuuringute Keskuse essee Walter Kimballilt, „A Different Take on FDR at Tehran," *Studies in Intelligence* 49, nr 3 [2007], kes ei pea presidenti nõnda naiivseks, et ta oleks „vabatahtlikult kõndinud pealtkuulajate seatud lõksu", kui tal poleks selleks leidunud head põhjust.)

Seega on selge, et ajaloolaste seas esineb lahkarvamusi. Ühtlasi sai selgeks, et üritades kõnelda Kaugushüppe lugu, pean ma kaaluma üksteisele vasturääkivate sündmuskirjelduste vahel. Minu jaoks oli see tuttav territoorium. Sarnasele politiseeritud miiniväljale olin ma astunud näiteks siis, kui uurisin venelaste koodide lahtimurdmist, mis viis KGB spiooniringi arreteerimiseni, seda raamatus *In the Enemy's House* (New York: HarperCollins, 2018). Sealgi tuli mul vastata liialdatud väidetele, et Julius Rosenbergile seati lõks, et tema vastased süüdistused olid välja mõeldud ja Venona dekrüpteeritud sõnumid olid FBI fabritseeritud. Ma olin hakanud uskuma, et sedasorti takistused kuuluvad iga spiooniloo kirjutamise juurde. Maailmas, mis koosneb saladustest, kus avalikest arhiividest leiab vähe verifitseeritavat materjali ja veel vähem leidub usaldusväärseid tunnistajaid, pole lihtne tõeni jõuda – või seda ära tunda isegi siis, kui see sulle näkku vahib. Neis pärielu mõrvamüsteeriumites ei leidu ülemteenrit, kes viimases vaatuses süü omaks võtab. Nagu ütles James Angleton, CIA legendaarne vastuluureülem (laenates need sõnad T. S. Eliotilt), on tegu „peeglite metsaga", maailmaga, kus leidub palju tõlgendusvõimalusi, arvukalt lahendusi, mitmeid tõdesid.

Näiteks võib tuua tegelase, kes selles raamatus vaid korraks lavale astub – spiooni koodnimega Cicero. Näis olevat kindel, et ta oli sakslaste agent, kes pakkus neile kuldaväärt luurematerjali, mis oli liitlastelt varastatud. Kuid Malcolm Gladwell oma imeliselt asjatundlikus essees („Pandora's Briefcase," *The New Yorker*, 10. mai, 2010) meenutab, kuidas Briti luureülem Stewart Menzies, kelle saladusi Cicero oli müünud, kõneles vahetult enne surma intervjueerijale teistsuguse versiooni. „Muidugi oli Cicero meie kontrolli all," paljastas ta. Mispeale Gladwell mõtiskleb: „Kui sina oleksid olnud MI6 juht sõja ajal ja andnud veidi enne oma surma intervjuu, siis ilmselt sa kinnitaksid, et Cicero oli sinu mees. Aga võib ka olla, et enne surma on sul võimalus intervjuudes viimaks tõtt rääkida. Kes teab?"

Tõesti, kes teab? Tõde on igas spiooniloos veel keerulisem välja selgitada seetõttu, et luureülesanded on olemuselt poliitilised draamad. Kallutatus on ilmne, selle üle tuntakse lausa uhkust. Ühe mehe lugu venelaste sangaritegudest on teise mehe arust

stalinistlik revisionism. Alati jääb alles „vältimatu duaalsus",
nagu Angleton ütles autor Edward James Epsteinile [*James Jesus
Angleton: Was He Right?* (New York: CreateSpace, 2014)]. Igas
loos on vähemalt kaks poolt, ja sina kaldud üht neist uskuma,
sest nagu Pirandello ütleb: see on nii, sest sa arvad, et see on nii.

Kuidas ma siis lähenesin oma uurimistöödele ja selle raamatu
kirjutamisele? Esialgseks ideeks oli kõnelda operatsiooni Kau-
gushüpe lugu, ja narratiivi osas oli mul mitmeid eesmärke. Ma
tahtsin kirja panna põneva karakteripõhise loo kangelastest ja
kurikaeltest, kes tegutsevad pingelisel, meeleheitlikul ajaloope-
rioodil ning peavad olema piisavalt julged ja kavalad, et teenida
oma riiki ja täita oma kohust, nii nagu ametiau neilt nõuab. Ma
soovisin, et see oleks faktiliselt täpne, vastaks ajaloosündmustele,
kuid tunduks ka seikluslik. Mõistagi ei pidanud see olema aka-
deemiline uurimistöö. Ma ei tahtnud teksti voolavust rikkuda
üha korduvate märkustega, et allikad räägivad siin üksteisele vas-
tu. Ent peamine oli siiski see, et ma tahtsin kirja panna tõsilugu.

Kas see on järjekordne võimatu missioon, muretsesin ma. Kas
minu ees seisvad takistused on sama tõsised nagu need, millega
olid silmitsi Kaugushüppe erisalklased (kes neid viimaks ületada
ei suutnudki)?

Asusin siiski Kaugushüppe uurimistöö kallale (vt ka peatük-
kide allikaid). Materjali oli palju: hiljuti avalikuks tehtud Nõu-
kogude luuredokumendid, mida on tsiteeritud Vene allikates,
tõlgitud Wehrmachti allikad (Bundesarchiv-Militararchiv, Frei-
burg; Bundesarchiv, Berliin), OSS-i ja CIA toimikud (NARA
ehk USA Riiklik Arhiivi- ja Dokumendihalduse Amet, College
Park, MD), Briti luureraportid (Suurbritannia riigiarhiiv, Kew;
Riiklik Sõjamuuseum, London; lisaks veel A. J. Farrington,
toim., *British Intelligence and Policy on Persia, 1900–1949*, Leiden:
IDC, 2004), USA välisministeeriumi materjalid kogumikus *Fo-
reign Relations of the United States: The Conferences at Cairo and Teh-*

ran, 1943 (Washington, DC: US Government Printing Office, 1961) ja USA salateenistuse dokumendid ja diplomaatilised paberid Franklin D. Roosevelti presidendiraamatukogu arhiivides (nt kaarditoa paberid ja presidendi sekretäri toimikud) ja muudes FDR-i raamatukogu kogudes. Lisaks veel mitmed memuaarid, mis aitasid selle loo tegelastega paremini tutvuda. Sealhulgas Michael Reilly *Reilly of the White House* (New York: Simon & Schuster, 1947), Walter Schellenbergi *The Memoirs of Hitler's Spymaster* (London: Andre Deutsch, 1956), millele lisandub tema ülekuulamise protokoll Briti võimude poolt peale tema arreteerimist, mida on tsiteerinud Adrian O'Sullivan, ja ka Reinhard R. Doerries, *Hitler's Last Chief of Intelligence: Allied Interrogations of Walter Schellenberg* (London: Frank Cass, 2003); Winston S. Churchilli *The Grand Alliance, vol. 3 of The Second World* War (Boston, MA: Houghton Mifflin, 1951), *The Hinge of Fate, vol. 4 of The Second World War* (Boston, MA: Houghton Mifflin, 1951), ja *Closing the Ring, vol. 5 of The Second World War* (Boston, MA: Houghton Mifflin, 1951); Berthold Schulze-Holthusi erakordselt värvikas *Daybreak in Iran: A Story of the German Intelligence Service* (London: Mervyn Savill, 1954); ja Otto Skorzeny paljud põhjalikud kirjeldused oma elust ja ettevõtmistest, sealhulgas *Hitler's Commando* (New York: Skyhorse Publishing, 2016), *For Germany: The Otto Skorzeny Memoirs* (San Jose: Bender, 2005), ja *Skorzeny's Special Missions (*London: Hale, 1957. Ilmunud ka eesti keeles: „Skorzeny erimissioonid" (Tallinn: Olion, 2008*)*.

Lisaks ajasin kokku tillukese raamatukogu II maailmasõja ajalugudest, sõjaaegsetest sündmustest Iraanis ja Teherani konverentsist. Mulle tundub, et sedasorti populaarteadusliku raamatu puhul pole mul vaja neid kõiki eraldi nimetama hakata. Aga siiski, asjast huvitatud lugejatel tasuks alustuseks uurida järgnevaid teoseid: Ashley Jackson, *Persian Gulf Command* (New Haven: Yale University Press, 2018); Robert I. Baker, *Oil, Blood, and Sand*

(New York: Appleton-Century, 1942); Faramarz Fatemi, *The U.S.S.R. in Iran* (New York: Barnes, 1980); David Kahn, *Hitler's Spies: German Military Intelligence in World War II* (Cambridge, MA: Da Capo Press, 2000); John Toland, *Adolf Hitler* (New York: Doubleday, 1967); Richard Stewart, *Sunrise at Abadan: The British and Soviet Invasion of Iran, 1941* (New York: Praeger, 1988); Keith Eubank, *Summit at Tehran* (New York: William Morrow, 1965); John R. Deane, *The Strange Alliance: The Story of Our Efforts at Wartime Cooperation with Russia* (New York: Viking Press, 1947); Paul D. Mayle, *Eureka Summit: Agreement in Principle and the Big Three at Tehran, 1943* (Newark: University of Delaware Press, 1987); *George Crocker, Roosevelt's Road to Russia* (Chicago: Henry Regnery, 1959); Suleyman Seydi, „Intelligence and Counter-Intelligence Activities in Iran During the Second World War", *Middle Eastern Studies* 46, nr 5 (2010); ja Anita L. P. Burdett, toim., *Iran Political Developments 1941–1946: British Documentary Sources—Iran Under Allied Occupation*, 13 kd. (London: Archives Edition, 2008).

Ma kohtusin ka pensionile jäänud luureametnikega, kes selgitasid mulle tausta, kuid ei lubanud oma nimesid kasutada, ning ühtlasi toitsid mu usku, et Kaugushüppe saladused said sihilikult maha maetud ja ootavad väljakaevajat.

Kui materjal kokku kogutud sai, tuli otsuseid tegema hakata. Ma pidin selgusele jõudma, mis igas kirjelduses tõepärane on. Ma pidin hindama, millised versioonid minevikust tunduvad kõige usaldusväärsemad ja loogilisemad. Ma pidin kõik need eraldi tükid kokku sobitama. Näiteks oli Laslo Havas 1950-ndatel, kui jälg oli veel soe, teinud mõned suurepärased intervjuud missioonis osalenutega, ent ta oli kirjutanud ka pseudonüümi all esinenud naisest, kes oli Franz Mayri kaastööline, ja see lugu ei kõlanud minu arust kuigi usutavalt. Aga kui olin lugenud hiljuti salastatusest vabaks lastud Briti ja

Ameerika luureraporteid, sain aru, et ta oli kirjutanud (kuigi teatud liialdustega) Lili Sanjarist. See andis mulle võtme, millega vähemalt osa loost lahti muukida. Edasi töötades hakkasid tosinatest kirjeldustest kogutud tükid tasapisi kokku klappima – ja kokkupandud piltmõistatus võttis lehekülje vormi. Mul oli mu tõsilugu viimaks olemas.

Ma mängisin järgnevate reeglite järgi.

Kui dialoog on antud jutumärkides, saab neid sõnu otseselt tunnistada mõne selle loo tegelase omaks. Need on võetud kas tema enda kirjutistest – raamatud, kirjad, päevikud – või tolleaegsetest ajaleheartiklitest. Näiteks on Walter Schellenbergi vestlus Ribbentropiga, kus kõneldakse Windsori hertsogi röövimisest, võetud Schellenbergi memuaaridest.

Kui ma kirjeldan, mida mõni selle loo osaline mõtleb või tunneb, siis neid mõtteid või emotsioone on see isik ise kellegagi jaganud, need on sisaldunud ametlikes luureraportites või võetud transkribeeritud intervjuudest nendega, kes neist mõtetest või tunnetest teadsid. Näiteks Mike Reilly kõhklused Teherani saabudes on võetud tema memuaaridest *Reilly in the White House*, kus ta sellest kõigest ausalt ja paljusõnaliselt räägib.

Kui kirjeldatakse mõnd sündmuspaika või intsidenti, siis põhinevad üksikasjad minu uurimistööl. Näiteks kui ma kirjeldan, kuidas Franzi meeskonna liige Teherani jõudis, kasutasin ma Wehrmachti luuretoimikuid ja brittide ülekuulamisraporteid (paljusid neist on algselt tsiteerinud ja tõlkinud tööks uuriv ajaloolane Adrian O'Sullivan), et lugu tõelähedasem oleks. Kui ma üritasin taasluua Teherani kohvikuelu, oli palju abi S. H. I. Moeini jt artiklist „The Beverage Drinking Rituals and the Semantics of Alternative Culture: Tehran Cafés" kogumikus *Urban Culture in Tehran* (New York: Springer International Publishing, 2017). Sõjaeelse ja sõjaaegse linnaõhustiku tabamise puhul oli abi John Guntheri raamatust *Inside Asia* (New York: Harper

& Brothers, 1939). Forrest Davis, „What Really Happened at Tehran," *Life*, 13. ja 20. mai, 1944, pakub pealtnägija kirjeldust konverentsist (kuigi see oli hoolikalt tsenseeritud ettekanne; FDR vaatas need artiklid läbi ja kinnitas enne trükkiandmist, väidavad ajaloolased).

Seega tahan taas kinnitada, et tegu on tõsilooga. Kuid ühtlasi soovin lugejat hoiatada. Kui spioonilugudest tõde otsida, on see, kui parafraseerida Karl Popperit, vaid parima hüpoteesi otsimine. Spioonidraamad pole juba selle žanri loomusest tulenevalt kunagi lõplikult valmis teosed. Riigid paljastavad oma suurimaid saladusi tilkhaaval, mitte ühekorraga. Näiteks ei tea me tänagi kindlalt, kas britid tõid Coventry linna Luftwaffele ohvriks seetõttu, et tahtsid kaitsta ülisalajast sõjaaja programmi Ultra, mis oli lahti muukinud natside koodid. USA valitsus on salastatusest vabastanud lugematul arvul Kennedy atentaati puudutavaid lehekülgi, aga kas keegi usub, et see lugu on lõpuni räägitud?

Sedasorti küsimustele sain mingil määral rahuldava vastuse ühel CIA peakorteris toimunud jutuajamisel kõrge luureametnikuga. Ta hakkas valjusti naerma, kui ma talle rääkisin, et ma kirjutan tõsilugu. Ta teatas mulle, et mitte keegi ei tea kogu tõde, kui kõne all on rangelt salastatud luuretöö. Mõni toimik on alati kuskil peidus.

Mis toob mind tagasi Kaugushüppe juurde. Sel pretsedenditul SVR-i pressikonverentsil 2003. aastal, kus anti teada Kaugushüppe toimikute salastatusest vabastamisest, küsis üks reporter: „Kas Teherani konverentsiga seoses on veel mingeid saladusi alles? Ja kui arhiivides leidub veel selliseid saladusi, siis millal need avalikustatakse?" Endine esimese peavalitsuse ülem Vladimir Kirpitšenko vaikis mõnda aega. Ja vastas siis: „Ma ei usu, et ükski luureteenistus maailmas avalikustaks viimast kui üht dokumenti."

Kuni seda tehakse, võib käesolevat pidada kõige põhjalikumaks kirjelduseks Kaugushüppest. Järgnevas on ära toodud iga peatüki põhiallikad.

Allikad

Proloog: „Stalin Bared Plot against President", *New York Times*, 18. detsember, 1943.

Peatükk 1: Ian Colvin, *Flight 777* (London: Evan Brothers, 1957) ja *Admiral Canaris: Chief of Intelligence* (London: Colvin Press, 2008) [edaspidi *Chief*]; Ronald Howard, *In Search of My Father* (London: Saint Martin's Press, 1984); Ben Rosevink, Herbert Hinze, "Flight 777", *FlyPast*, nr 120 (juuli 1991); William Stevenson, *A Man Called Intrepid* (Guilford, DE: Lyons Press, 1976); Ian Onions, "The Mystery of Flight 777", *Bristol Evening Post*, 31. mai 2010; Joaquim da Costa Leite, "Neutrality by Agreement: Portugal and the British Alliance in World War II", *American University International Law Review* 14, nr 1 (1988); Hugh Kay, *Salazar and Modern Portugal* (New York: Hawthorn Books, 1970); Ben Macintyre, *Double Cross* (New York: Broadway Books, 2013); Neill Lochery, *Lisbon: War in the Shadows of the City of Light* (New York: Public Affairs Books, 2011); "Portugal, the Consuls, and the Jewish Refugees, 1938–1941", https://www.yadvashem.or/righteous/stories/portugal-historical-background.html; Larry Loftis, "Ian Fleming, Lisbon, and the WWII Espionage Game", https://literary007.com/2017/02/10/ian-fleming-and-the-wwii-espionage-game; Royal Air Force Historical Branch, *Rise and Fall of the German Air Force, 1933–1945* (RAF Northolt) "Luftwaffe Operational Chain of Command"; Winston Churchill, *The Hinge* *of Fate* [edaspidi *Hinge*]; Robert Forczyk, *Fw 200 Condor vs. Atlantic Convoy* (London: Osprey, 2010); E. R. Hooton, *The Luftwaffe: A Study in Air Power* (London: Classic Publications, 2010); Heinz Hohne, *Canaris* (New York: Doubleday, 1979) [edaspidi *Canaris*]; David Kahn, *Hitler's Spies* [edaspidi *HS*]; Walter Schellenberg, *The Memoirs of Hitler's Spymaster* [*Spymaster*]; Laslo Havas, *Hitler's Plot to Kill the Big Three* [edaspidi *Plot*]; Michael Dobbs, *Saboteurs: The Nazi Raid on America* (New York: Knopf, 2004); Perry Biscombe, "The Deployment of SS Saboteurs and Spies in the Soviet Union, 1942–1945", *EuropeAsia Studies* 6 (2000) [edaspidi Deployment].

Peatükk 2: USA salateenistuse (*US Secret Service*) arhiiv USA riigiarhiivis [edaspidi Salateenistus]; Mike Reilly, *Reilly of the White House* [edaspidi *Reilly*]; Donald Ritchie, *Electing FDR* (Lawrence: University Press of Kansas, 2007); Hugh E. Evans, *The Hidden Campaign: FDR's Health and the 1944 Election* (Abingdon, UK: Routledge, 2002); *FDR Day by Day*, Roosevelti presidendiraamatukogu, http://www.fdrlibrary.marist.edu/daybyday/ [edaspidi *Day*].

Peatükk 3: *Reilly*; Anaconda, Montana, ametlik veebileht, http://adlc.us/; Jerry Calvert, "The Rise and Fall of Socialism in a Company Town," *Montana* 36, nr 4 (detsember 1986); "Mike Reilly Is Dead at 63; Headed Secret Service Detail," *New York Times*, 19. juuni 1973; Salateenistus; Jane Reilly Harte'i järelehüüe, 2. märts, 2009, *The Independent*, https://helenair.com/news/local/obituaries/jane-reilly-harte/article_6019ce63–5db7–5b85–99aa-2901a99d28fb.html

Peatükk 4: *Reilly*; Doris Kearns Goodwin, *No Ordinary Time* (New York: Simon & Schuster, 1994) [edaspidi *Ordinary*]; Salateenistus; Roosevelti raamatukogu salateenistuse toimikud [edaspidi STT].

Peatükk 5: *Reilly*; *Ordinary*; www.alcaponemuseum.com; "FDR Hitched a Ride in Al Capone's Car," https://www.history.com/

shows/brad-meltzers-lost-history/season-1/episode-5/fdr-hitc-hed-a-ride-in-al-capones-car; STT.

Peatükk 6: *Reilly*; STT; *Ordinary*; *Hinge*; John L. Chase, "Uncon-ditional Surrender Reconsidered," *Political Science Quarterly* 70, nr 2 (1955) [edaspidi Surrender]; Michael Howard, *Grand Strategy*, vol. 4 (London: Her Majesty's Stationery Office, 1972) [edaspidi *Strategy*]; Winston Churchill, *Closing the Ring* [edaspidi *Ring*].

Peatükk 7: *Spymaster*; Reinhard R. Dorries, *Hitler's Last Chief of Foreign Intelligence: Allied Interrogations of Walter Schellenberg* [edaspi-di *Last Chief*]; *HS*; Michael Bloch, *Ribbentrop* (London: Bantam, 1992) [edaspidi *Ribbentrop*]; F. H. Hinsley, C. A. G. Simkins, *British Intelligence in the Second World War* (New York: Cambridge University Press, 1984) [edaspidi Hinsley ja Simkins]; Bill Yenne, *Operation Long Jump* [edaspidi *Long Jump*]; *Plot*; Surrender; *Strategy*.

Peatükk 8: *Spymaster*; *Last Chief*; *Canaris*; *Chief*; *HS*; *Plot*; *Long Jump*; Ashley Jackson, *Persian Gulf Command* [edaspidi *Command*]; Su-leyman Seydi, "Intelligence and Counter-Intelligence Activities in Iran during the Second World War" [edaspidi Seydi]; Hinsley ja Simkins.

Peatükk 9: *Spymaster*; *Last Chief*; *Command*; Seydi; Adrian O'Sullivan, *Nazi Secret Warfare in Occupied Persia* [edaspidi *Secret Warfare*]; *HS*; Christer Jorgensen, *Hitler's Espionage Machine* (Guilford, CT: Lyons Press, 2004); Anthony Read, *The Devil's Disciples: Hitler's Inner Circle* (New York: W. W. Norton, 2004); Berthold Schulze-Holthus, *Daybreak in Iran* [edaspidi *Daybreak*].

Peatükk 10: Reader Bullard, "Persia in the Two World Wars," *Jour-nal of the Royal Central Asian Society* 50, nr 1 (1963); *Secret Warfare*; Hinsley ja Simkins; USA Riiklik Arhiivi- ja Dokumendihalduse Amet (*National Archives and Records Administration*), College Park, MD [edaspidi NARA]; *Daybreak*; Wolfgang Schwanitz, *Germany and the Middle East, 1871–1945* (Princeton: Markus Wiener,

2004); Franz Mayri päevik, Suurbritannia riigiarhiiv (Kew) [edaspidi Päevik]; Seydi; CICI Pärsia vastuluure kokkuvõtted Mayri, Moritzi ja Gamotha kohta, Suurbritannia riigiarhiiv, Kew, esimesena tsiteerinud O'Sullivan [edaspidi TNA]; Richard A. Stewart, *Sunrise at Abadan: The British and Soviet Invasion of Iran, 1941*; Hinge.

Peatükk 11: *Reilly*; STT; Salateenistus; National Museum of the United States Air Force, "Factsheet: Douglas VC–54C SACRED COW"; *Spymaster*; *Last Chief*; TNA; NARA; *Plot*; Juri Kuznets, *Tehran 43: Operation Long Jump* [edaspidi *43*]; Florian Berger, *With Oak Leaves and Swords: The Highest Decorated Soldiers of the Second World War* (Viin, Austria: Selbstverlag, 1999), eraviisiline tõlge.

Peatükk 12: *Spymaster*; *Last Chief*; *HS*; *43*; Terrence O'Reilly, *Hitler's Irishmen* (Cork, IR: Mercier Press, 2008); Franz Kurowski, *The Brandenburger Commandos* (Mechanicsburg, PA: Stackpole Books, 2005); *Plot*; *Long Jump*.

Peatükk 13: *Spymaster*; Last Chief; "Sachsenhausen-Oranienburg", http://jewishgen.org.forgottencamps/Camps/SachsenhausenEng.html; "History of Sachsenhausen," http://www.jewishvirtual-library.org; Otto Skorzeny, *Hitler's Commandos; For Germany; Special Missions* [edaspidi Skorzeny]; *Secret Warfare*; *Plot*; *Long Jump*; NARA; TNA; *HS*.

Peatükk 14: *Spymaster*; *Last Chief*; *Plot*; *Long Jump*; *43*; *Canaris*; *Chief*; "Eden Hotel," http://www.potsdamer-platz.org/eden.htm; *Reilly*; STT.

Peatükk 15: *43*; *Plot*; Aleksandr Lukin, "Operation Long Jump" [edaspidi Lukin]; Viktor Jegorov, *The Plot Against 'Eureka'* [edaspidi *Eureka*]; John Erickson, *The Road to Berlin* [edaspidi *Berlin*]; Nigel West, *Historical Dictionary of World War II Intelligence* [edaspidi *Dictionary*]; Miron Rezun, *The Iranian Crisis of 1941* [edaspidi *Crisis*]; *Long Jump*; *Spymaster*.

Peatükk 16: Skorzeny; *Spymaster; Last Chief; Plot; Long Jump;* Lukin; *Eureka; Berlin; Dictionary; Crisis; Secret Warfare.*

Peatükk 17: *Reilly; Spymaster;* US State Department, *Foreign Relations of the United States: The Conferences at Cairo and Tehran, 1943* [edaspidi *Conferences*]; Roosevelti raamatukogu Kaarditoa toimikud [edaspidi Kaardituba]; *Hinge;* Paul D. Mayle, *Eureka Summit: Agreement in Principle and the Big Three at Tehran, 1943* [edaspidi *Summit*]; *Plot; Long Jump.*

Peatükk 18: Skorzeny; *Spymaster; Secret Warfare; Daybreak;* Pierre Oberling, "Qashqai Tribal Conference," *EXLAN,* 7. jaanuar, 2004; Lois Beck, *The Qashqa'i of Iran* (New Haven, CT: Yale University Press, 1986) [edaspidi Beck]; *HS;* TNA.

Peatükk 19: *Daybreak; Last Chief;* TNA; NARA; *Plot; Canaris; Chief; Long Jump; 43;* Lukin; *Dictionary; Eureka;* Päevik.

Peatükk 20: *Spymaster; Last Chief;* Surrender; *Plot; Long Jump; 43; Dictionary;* Lukin; *Summit;* Nicolas Farsen, *Corridor of Honor* (Indianapolis, IN: Bobbs-Merrill, 1958); Richard Deacon, *A History of the Russian Secret Service* [edaspidi *Russian Secret Service*].

Peatükk 21: *Reilly;* STT; *Plot; Long Jump; 43; Dictionary;* Lukin; *Russian Secret Service; Crisis;* Pavel ja Anatoli Sudoplatov, *Special Tasks* [edaspidi *Tasks*]; Christopher Andrew ja Vassili Mitrohhin, *The Mitrokhin Archives and the Secret History of the KGB* [edaspidi Mitrokhin]; TNA.

Peatükk 22: Skorzeny; *Canaris; Plot; Dictionary; 43; Long Jump; Russian Secret Service;* Max Hastings, *Das Reich: The March of the 2nd SS Panzer Division Through France, June 1944* (Minneapolis, MN: Zenith Press, 2013).

Peatükk 23: *Reilly*; STT; Gary J. Byrne, *Secrets of the Secret Service* (New York: Center Street, 2018); *Plot*; *43*; *Eureka*; *Long Jump*; Chris McNab, *Soviet Submachine Guns of World War II* (Oxford, UK: Osprey Publishing, 2014); Skorzeny; *Plot*; *Spymaster*; *Last Chief*.

Peatükk 24: *Spymaster*; *Last Chief*; *HS*; *Plot*; *43*; *Long Jump*; *Dictionary*; *Conferences*; NARA; *Ribbentrop*; Elyesa Bazna, *I Was Cicero* (London: A. Deutsch, 1962); Anthony Cave Brown, *Bodyguard of Lies* (New York: Harper, 1975) [edaspidi *Bodyguard*].

Peatükk 25: *Reilly*; NARA; *Conferences*; John R. Deane, *The Strange Alliance: The Story of Our Wartime Cooperation with Russia* [edaspidi *Alliance*]; *Spymaster*; *Last Chief*; *Bodyguard*.

Peatükk 26: *Secret Warfare*; TNA; *Daybreak*; *43*; *Eureka*; *Plot*; *Long Jump*; *Dictionary*; *Tasks*; STT; Kaardituba; *Alliance*; Charles Pick Jr., "A Dry-Run Torpedo Just Missed Roosevelt," *Sunday Star*, 27. august, 1948; *Reilly*; *Day*; Mitrokhin.

Peatükk 27: *Plot*; *43*; *Long Jump*; *Eureka*; *Secret Warfare*; NARA; *Daybreak*; *Command*; Seydi; Päevik; TNA.

Peatükk 28: *Reilly*; STT; *Plot*; *43*; *Eureka*.

Peatükk 29: *Plot*; *Long Jump*; O'Sullivan; *Daybreak*; *Reilly*; "The Quanats of Iran," *Scientific American*, vol. 218, nr 4 (aprill 1968), lk 94–107; Medi Saberloon, *Traditional Water Tunnels in Iran* (London: Archeological Press, 2010); Amir Afkhami, "Disease and Water Supply: The Case of Cholera in 19th Century Iran," *Yale F&ES Bulletin*, 2010; *Command*; *43*; *Eureka*.

Peatükk 30: NARA; TNA; Päevik; *Plot*; *Long Jump*; *43*; *Eureka*; *Dictionary*; *Russian Secret Service*; Skorzeny.

Peatükk 31: *Reilly*; STT; *Day*; *Ring*; Martin J. Bollinger, *Warriors and Wizards: Development and Defeat of Radio Controlled Glide Bombs of the Third Reich* (Annapolis, MD: Naval Institute Press, 2010); 43; *Eureka*; *Dictionary*; Lukin; *Plot*; Nikolai Dolgopolov, "How the Lion and the Bear Were Saved" [edaspidi Saved].

Peatükk 32: *Reilly*; *Day*; STT; Kaardituba; *Conferences*; *Plot*; 43; *Eureka*; Lukin; *Saved*; *Long Jump*; *Tasks*.

Peatükk 33: 43; *Eureka*; *Plot*; Skorzeny; *Dictionary*; *Long Jump*; Lukin; *Saved*; *Reilly*; *Summit*; Gary Kern, "How 'Uncle Joe' Bugged FDR" [edaspidi Bugged]; Warren Kimball, "A Different Take on FDR at Tehran" [edaspidi Different]; STT; Kaardituba.

Peatükk 34: NARA; TNA; *Plot*; 43; *Eureka*; Lukin; *Long Jump*; *Reilly*; STT; *Ring*; *Tasks*.

Peatükk 35: 43; *Eureka*; *Plot*; *Long Jump*; *Saved*; "Gevork Vartanian: Spy Who Helped Foil Hitler Death Plot," *The Independent*, 1. detsember, 2012 [edaspidi Foil]; "Gevork Vartanian," *The Telegraph*, 11. jaanuar, 2012 [edaspidi GV]; *Dictionary*; Lukin; *Crisis*.

Peatükk 36: *Ring*; STT; *Reilly*; Bugged; Different.

Peatükk 37: *Reilly*; STT; Kaardituba; 43; *Plot*; *Long Jump*; Saved; Lukin; *Spymaster*; *Last Chief*; *Conferences*; *Day*.

Peatükk 38: *Conferences*; *Ring*; STT; Kaardituba; *Day*; *Reilly*; "Zurkana," http://www.iranicaonline.org/articles/zur-kana; Fazad Nekoogar, "Traditional Iranian Martial Arts," http.//www.pahlavani.com; 43; Lukin; *Eureka*; Saved; *Plot*; *Long Jump*; Bugged.

Peatükk 39: Foil; GV; 43; *Eureka*; Lukin; Saved; *Dictionary*; *Plot*; *Long Jump*; *Spymaster*; *Conferences*; *Summit*; Kaardituba; *Ring*; *Day*.

Peatükk 40: *Conferences*; Kaardituba; *Day*; *43*; *Eureka*; Lukin; Saved; *Plot*; *Long Jump*; STT; Foil; GV; *Reilly*; Bugged.

Peatükk 41: *43*; *Plot*; *Eureka*; Lukin; Saved; *Long Jump*; Foil; GV; *Reilly*; STT; *Conferences*.

Peatükk 42: *43*; *Plot*; *Long Jump*; *Eureka*; Saved; *Dictionary*; *Reilly*; Foil; GV; *Day*; STT; Kaardituba; STT.

Epiloog: *Reilly*; "Stalin Bared Plot Against President," *New York Times*, 18. detsember, 1943; *Daybreak*; Secret Warfare; TNA; Bodyguard; GV; Foil; "Medvedev Grieves Over Death of Legendary Intelligence Officer," *Tass*, 11. jaanuar, 2012; *HS*; Skorzeny; *Spymaster*; *Last Chief*; *Reilly*; STT; *Conferences*; Kaardituba.

Pildiallikad: 1. Universal History Archive / Getty Images;
2. Bettmann / Getty Images; 3. Bettmann / Getty Images;
4. Universal History Archive / Getty Images;
5. National Archive / KV2 / 1481;
6. National Archive / KV2 / 1481;
7. Truth Seeker (fawiki) / Wikimedia Commons;
8. Museum of Flight Foundation / Getty Images;
9. Popperfoto / Getty Images;
10. ullstein bild Dtl. / Getty Images;
11. Heritage-Images / TopFoto / Scanpix;
12. Bundesarchiv;
13. Duch.seb / Wikimedia Commons;
14. Bundesarchiv / Wikimedia Commons;
15. avaldatud Uus-Nahhitševani armeenia kogukonna loal;
16. Pictorial Press Ltd / Alamy Stock Photo;
17. Corbis Historical / Getty Images;
18. IWM / Getty Images

Tänusõnad

Doktor James Joyce'i retsept kirjanikueluks kirjutab ette „vaikust, üksindust ja leidlikkust". Kui ma tõmbusin oma mägieraklasse, mida ümbritsevad paks mets, koloniaalajastu niidud ja puuviljaaiad ning ka üks mudase veega tiik, said „vaikuse" ja „üksinduse" nõuded täidetud. „Leidlikkuse" osas on asi keerulisem. Seega läks mul selle väljakutse puhul vaja paljude tarkade ja heldete sõprade abi. Nende sekka kuuluvad järgmised.

Lynn Nesbit, kes on mu agendiks olnud pea sama kaua, kui ma olen kirjutanud, ja ka kolmeteistkümne raamatu järel toetun endiselt tema arukusele ja sõprusele. Hiljuti saabus tema kontorisse tööle Mina Hamedi, jõudes kohale just selle raamatu ajaks, ning ma olen ka talle tänulik tema headuse eest.

HarperCollins on avaldanud mu viimased neli raamatut ja seal töötan ma koos inimestega, keda ma austan ja kes mulle meeldivad; kirjastusäris (nagu ükskõik millises äris) pole see alati nii. Jonathan Burnham on olnud heasoovlik sõber ja ühtlasi kirjastaja, kes ka tegelikult loeb läbi need raamatud, mida ta kirjastab – ja pakub kasulikku nõu! Jonathan Jao on aga just selline toimetaja, keda olen alati soovinud; minu Maxwell Perkins, kuigi kindlasti lõbusama loomuga. Sarah Haugen hoiab oma tarkuse ja hoolega asju liikumas.

Bob Bookman on mind esindanud Hollywoodis juba kaua aega, tundub, et juba enne helifilmide tulekut; ta on mu laia silmaringiga tark sõber. Jason Richman hüppas pardale selle raamatu kirjutamise ajal, kuid temagi on oma aastatest arukam ja ma saan tema nõuannetele loota.

Graydon Carter on mulle pakkunud võimalust kirjutada Vanity Fairile ja nüüd ka oma uuele internetiväljaandele Air Mail. Olen talle väga tänulik.

Lisaks veel kõik need sõbrad, kelle poole saab häda korral pöörduda. Mu õde Marcy, kes küll peab juhatama nõudlikku ja äärmiselt edukat äri, on minu jaoks alati olemas; ta on parim. Võin alati loota ka järgmiste inimeste peale: Susan ja David Rich; Irene ja Phil Werber; John Leventhal; Bruce Taub; Betsy ja Len Rappoport; Sarah ja Bill Rauch; Pat, Bob ja Marc Lusthaus; Ken Lipper; Claudie ja Andrew Skonka; Nick Jarecki; Scott Silver; Destin Coleman; Daisy Miller; Beth DeWoody; Lacey Bernier; Arline Mann ja Bob Katz; ja Sara Colleton.

Mu kolm last – Tony, Anna ja Dani – on juba laia maailma läinud ja jätnud sellele oma jälje viisidel, mis nende vana isa uhkusega täidab. Nende saavutustest leian ma pidevalt rõõmu.

Ja viimaks tahan tänada Ivanat.

Autorist

HOWARD BLUM on endine New York Timesi ajakirjanik, keda on kaks korda esitatud Pulitzeri auhinna kandidaadiks, kes kirjutab väljaannetele Vanity Fair ja The Hill ning on paberile pannud mitmeid populaarteaduslikke menuteoseid, sealhulgas Edgari auhinna võitnud „American Lightning", „Wanted!", „The Brigade", „Dark Invasion" ja „The Last Goodnight". Tema eelmine raamat „In the Enemy's House", mis leidis äramärkimist New York Timesi 2018. aasta parimate raamatute nimekirjas, kandideeris lõppvoorus J. Anthony Lukasi auhinnale, mida annavad välja Columbia ajakirjanduskool ja Harvardi Niemani sihtasutus. Tal on kolm last ja ta elab Connecticutis künka otsas.